MANUALE

DELLA

LETTERATURA ITALIANA

A. D'ANCONA E O. BACCI

MANUALE

DELLA

LETTERATURA ITALIANA

AD USO DEI LICEI

ANNOTATO E AGGIORNATO IN CONFORMITÀ AI NUOVI PROGRAMMI

(R. D. 7 Maggio 1936-XIV)

DA

MARIO STERZI

VOLUME I.
Parte Seconda.

FIRENZE

S. A. G. BARBÈRA EDITORE

1936-XIV.

PROPRIETÀ LETTERARIA

Printed in Italy

20 Settembre 1936-XIV.

Firenze, 350-1936-37. — Tipografia Barbèra, Alfani e Venturi proprietari.

SECOLO QUINDICESIMO

LEON BATTISTA ALBERTI.
(1404 – aprile 1472).

Nacque in Genova, ove viveva in esilio il padre: fatti gli studj di legge a Padova e a Bologna e rimasto orfano, fu dai parenti abbandonato al destino, ma egli trovò modo di poter continuare a coltivare le scienze a lui più care, la matematica e la fisica. Postosi al seguito, com'era uso, di cospicui personaggi, viaggiò in Francia ed in Germania, finchè, tornato a Roma, fu eletto abbreviatore apostolico, carica, ch'egli tenne fino al 1464 (anno in cui quest'ufficio fu soppresso), molto caro ai papi Eugenio IV, Nicolò V e Pio II, nè da Roma si mosse per il resto della vita. Dotato di mente poliedrica, egli ricorda Leonardo: il desiderio insaziabile di dottrina lo portò a coltivare i campi più disparati del sapere: dalla musica alle lingue classiche, all'anatomia umana; dalla pittura alla poesia, alla scultura, alla giurisprudenza; dalla matematica all'astronomia. Come architetto infine conquistò bella fama, costruendo in Rimini la chiesa di S. Francesco, in Mantova quella di S. Andrea; in Firenze la facciata di S. Maria Novella ed il palazzo Rucellai. Nel 1441 fu dei promotori di quel *Certame coronario*, tenuto in Firenze, al quale egli presentò il IV libro del trattato *Della famiglia*.

Lasciando di parlare delle opere in latino, tra le quali vi ha anche una commedia, ricorderemo l'opera sua più celebre, che è il già citato dialogo *Della Famiglia* in 4 libri; il terzo dei quali è scritto in lingua così tersa e pura, che lo si credette per lungo tempo opera d'un trecentista: Agnolo Pandolfini. Così pure degni di menzione sono gli altri trattati *Della tranquillità dell'animo* e *Della Pittura*, il *Teogenio*, il *De Iciarchia* ed alcuni opuscoli di sapore lucianesco (*Intercaenales*).

[Per la biografia resta sempre fondamentale la *Vita di L. B. Alberti*, Firenze 1882 di G. MANCINI; per l'opera principale puoi vedere l'ottima edizione de *I primi tre libri della famiglia* annotati per le Scuole Medie da F. C. PELLEGRINI, di cui è il bellissimo studio messo innanzi come prefazione (Firenze, Sansoni); buone anche le *Pagine Scelte* a cura di STEFANO DE SIMONE (Torino, Lattes)].

Sull'amore di donna.

(Dalla *Epistola* a PAOLO CODAGNELLO).

.... E che piacere degno d'animo studioso e perito,[1]
quale ciascuno dice essere il tuo, mai a te potrà por
gere una femina indotta, quali tutte sono, inetta e da
ogni parte[2] sciocca e insulsa? Vederàila presentarsi
a te — se ella meno sarà familiare — leziosa, intera,[3]
con la fronte altiera, con la bocca e occhi socchiusi,
quale se così ella venisse per mezzo al fummo e fra
la polvere; col capo ora su questa, ora su quell'altra
parte abbandonato, quasi come a lei fusse il collo di
vischio e i nervi di pasta; nè ti guarda, se non con lo
estremo dell'uno occhio, nè ti risponde se non prima
salutata e appellata tre volte. Pur poi sogghigna ella;
e prima è fatto sera, che ella a proposito ti renda uno
sì solo o uno no. E pure, se forse vuole non parere
in tutto muta, ella prima si fiuta la sommità delle dita
e volgeti la guancia; e per vezzi proferisce le parole
sibilando e scilinguata;[4] e vuole, co' suoi gesti impu-
dicissimi, lievissimi[5] e inonestissimi, parere un'altra
Lucrezia rarissima, santissima e religiosissima. E se
forse a te già ell'era famigliare,[6] eccola venir dondo-
loni e avventata, colla voce quale chi gridando seguita
i levrieri; e ridendo simile a chi dell'orto fughi li stor-
nelli,[7] salútati con li occhi e con la bocca aperta, e
vienti persino con le mani e col ceffo in suso il viso;
e comincia mille istorie; nè sa ristare di biasimarti
quella e quell'altra, e mai finisce quella predica sua:
*così disse, e così fece, e eravi il tale, e sopraggiunse,
partissi, tornò, ed io, e lei, e poi lui;* e in una novella
ti racconta la vita e gesti di tutti i suoi passati; nè
da lei ti è lecito partire, se non quando l'arai bene
stracca di domandare comiato. E, se, da te pure ella
convinta, ragiona a' tuoi proposti,[8] maligna femina,

---

[1] Raffinato dagli studi e dall' esperienza della vita.
[2] Per ogni verso.
[3] Tutta d' un pezzo.
[4] Con una pronunzia esotica per rendersi interessante.
[5] Leggieri, opposti ai gesti gravi.
[6] È il secondo caso: se ti conosce....
[7] Ben reso quel clamore incomposto (più comune per vero nelle
donne), con cui si crede di mostrare la nostra cordialità all' amico
[8] Accetta di parlare di cose che t' interessino.

subito o ti richiede di mille cose, o comincia a dolersi di te, non dico sanza ragione solo, ma certo sanza
misura. Così posso non fare, ch'io non ti nieghi, che in
femina alcuna a te siano piaceri non puerili e degni?...
.... Ora seguita: veggiamo se questa, quale tu tanto
ami, per altri suoi meriti così forse era da te non in-
degna d'essere amata. Dicono a chi tu ami debbi pari,
quanto in te sia, rendere fede e benivolenzia. Se tu
da costei te conosci esser amato, non ti storrò da questo
dovuto officio di amare chi ami te; ma come farai tu
me certo, che ella te non molto abbia in odio e a vile?
« Oh, ella mi guardò! » Gran male fu, se tu non
guardavi lei, ella guardassi te; nè fu meno da biasi-
marla, se ella, guardando gli altri, ancora guardò te.
« Ella mi sorrise ». Non dirò gli paresti ridicolo e
da così riderti, [1] chè sempre fusti, e a tutti paresti,
grave e maturissimo; ma ella così leggiero sorrise per
parerti più bella, per più farsi richiedere, chè dicono
che ridendo più paiono vezzose. « Ella mi salutò, e
strinsemi la mano, e mi soppresse [2] il piede con duoi
suoi piedi ». Ehi, Paolo mio poco prudente, se tu non
conosci, questi tutti essere segni piuttosto di chi voglia
infiammarti e molto da te essere amata, che di chi vero
ti ami!...
E parimente, sì nella tua amata, sì in qualunque
altra femina, quanto sia falsato, non che lei, tu con
tuoi occhi vedi.[3] La natura le diede i capelli non ar-
gentei e chiari, quali ella te li mostra; e forse credi
sieno suoi crini, quali furono di quell'altra, già più
anni morta, fanciulla. Il viso suo naturale, prima ch'ella
il dipignesse, era pallido e rugoso e vizzo e fosco;
quale tu vedi con arte fatto candido troppo [4] e splendido. Le gote e i labbri erano non di colore di corallo e rose, quanto ora, tinti, a te così già paiono. Ed
ella, benchè piccola, non però ti si presenta, se non
grande.... Che più? al tutto mai vedrai in loro nulla
non finto a meraviglia e simulato; in modo che questa
medesima, quale tu ieri in via scontrasti sì adornata
e pulita, oggi in casa poco riconosceresti vedendola,

---

[1] E degno d' esser così deriso....
[2] Compresse, toccò coi suoi piedi il mio.
[3] Non dico che lei veda, ma tu stesso lo vedi.
[4] Un candore artificiale.

com'è loro usanza, chiuso l'uscio, sedersi oziosa, col
capo male pettinato; sbadigliare; grattarsi dove la
chioma gli piove in qua e in là; poi con quelle unghie
graziose stuzzicarsi bene a drento il naso; e cominciare uno gracchiamento [1] che cieco gaglioffo [2] non si
trova, che non perdessi con loro a gargagliare; [3] e con
suoi stracci, stoppe e panierette ed altro fastidio avere
imbrattate e ingombrate le tavole, panche, deschetti e
tutta la casa; e coi rimbrotti comandare cose a nulla
necessarie a qualunque li venga inanti: *su, chè non
vai? chè non fai?* anzi: *non volesti? non dicesti?* e ac-
canirsi contro chi non li portò presto il catinuzzo, non
meno che se avesser morto il marito! E così con ciascuno sempre avere apparecchiata lunga materia di
litigare, e garrendo assordare tutta la vicinanza; poi
levarsi da sedere, lasciare quivi parte delle sue mas-
seriziuole, e irne in camera con quella cioppetta, [4]
piena d'infinite note, [5] e sì coperta dalla polvere che
tu non scorgi, qual sia suo primo colore; e dal lato gli
pende quella bella merceria, chiavi, borse, aghieri, col-
tellini, e insieme quel pannicello tanto bianco e mon-
dissimo. [6]

Non mi stendo più oltre, ma certo affermo questo,
che cosa niuna tanto a un'altra sarà dissimile, quanto
una femina apparata a sè stessa non acconcia e ripu-
lita sarà dissimilissima: tanto sanno, e piacegli con-
trafarsi. E, come ella in questi portamenti di fuori si
porge da ogni parte armata di finzioni e decezioni, [7]
così voglio ti sia persuaso ogni loro opera e pensiero
mai essere vacuo di simile arte e fraude....

.... Che certo, ben quando le nostre di sopra veris-
sime trascorse ragioni non confirmassono così essere
gli animi feminili ingiusti, iniqui, ingrati, pieni di fal-
sità e fellonia, [8] pure non doveresti, tu Paolo mio,
qualche volta conoscerti uomo ed avvederti di tanto
errore?...

---

[1] Schiamazzo.
[2] Allude ai mendicanti, che ad alta voce. cercano d' intenerire i pas-
santi per indurli all' elemosina, e l' uno supera con grida l' altro.
[3] Gridare.
[4] Vestaglia.
[5] Macchie.
[6] Ironia sanguinosa: la figura della donna sudicia e trasandata è
viva e parlante.
[7] Inganni (lat. *deceptio*).
[8] Slealtà.

S. Maria del Fiore – Canti liturgici.

(Dal trattato: *Della tranquillità dell'Animo*).

E certo questo tempio ha in sè grazia e maestà; e, quello che io spesso considerai, mi diletta ch'io veggo in questo tempio giunta insieme una gracilità vezzosa[1] con una sodezza robusta e piena, tale che, da una parte, ogni suo membro pare posto ad amenità, e dall'altra parte comprendo, che ogni cosa qui è fatta ed offirmata[2] a perpetuità. Aggiungi, che qui abita continuo la temperie, si può dire, della primavera: fuori vento, gelo, brina; qui entro socchiuso da' venti, qui tiepido aere e quieto; fuori vampe estive ed autunnali; qui entro temperatissimo refrigerio. E s'egli è, come e' dicono, che le delizie sono, quando a' nostri sensi soggiungono[3] le cose, quanto e quali le richiede la natura, chi dubiterà appellare questo tempio nido delle delizie? Qui, dovunque tu miri, vedi ogni parte esposta a giocondità e letizia; qui sempre odoratissimo; e, quel che io sopra tutto stimo, qui senti in queste voci al sacrificio[4] e in questi, quali gli antichi chiamavano misteri, una soavità meravigliosa. Che è a dire, che tutti gli altri modi e varietà dei canti reiterati fastidiano, solo questo cantare religioso mai meno ti diletta? Quanto fu ingegno in quel Timoteo musico,[5] inventore di tanta cosa! Non so quello s'intervenga agli altri; questo io affermo di me, che e' possono in me questi canti ed inni della chiesa quello, a che fine[6] e' dicono, che furon trovati: troppo m'acquietano da ogni altra perturbazione d'animo, e commuovomi a certa non so quale io la chiami lentezza d'animo,[7] piena di

---

[1] Elegante sveltezza.
[2] Dal lat. *obfirmo*: saldamente costruita.
[3] Vengono incontro, si presentano....
[4] Complemento di tempo; durante il sacrificio, ossia la messa.
[5] Timoteo di Mileto (398-357 circa a. C.) è rimasto noto per aver aggiunto due corde alla lira, che era di cinque. Essendo stata considerata tale innovazione come una pericolosa concessione alla mollezza, gli Spartani lo bandirono in esilio.
[6] Quel fine al quale ecc.
[7] L'anima, ritratta dal mondo del mutevole, gode nel sentirsi una con Dio; ed in questo stato gode indugiarsi sorretta da quelle stesse gravi armonie liturgiche, che l'hanno trasportata fuori del mondo della realtà, nè mai vorrebbe che l'incanto cessasse: ecco che cosa intende l'A. con quella parola: lentezza. A noi dà la visione d'una nuvoletta d'incenso, che salga esitando dinnanzi all'altare; e in alto si dispieghi quasi diffusa dall'armonia grave dell'organo.

riverenza verso di Dio. E qual cuore sì bravo si trova,
che non mansueti[1] sè stesso, quando e' sente su bello
ascendere e poi discendere quelle intere e vere voci
con tanta tenerezza e flessitudine?[2] Affermovi questo,
che mai sento in quei misteri e cerimonie funerali invocare da Dio con que' versicoli greci[3] aiuto alle nostre miserie umane, che io non lacrimi. E fra me talora
mi maraviglio, e penso quanta forza portino seco quelle
a intenerirci....

Le doti che deve avere il pittore.

(Dal trattato *Della Pittura*).

Ma piacerammi sia il pittore, per bene potere tenere
tutte queste cose, uomo buono e dotto in buone lettere.
E sa ciascuno quanto la bontà dell'uomo molto più
vaglia che ogni industria o arte ad acquistarsi benivolenzia da' cittadini. Ed interviene spesso, che i ricchi,
mossi più da benivolenzia che da maravigliarsi d'altrui
arte, prima dànno guadagno a costui, modesto e buono,
lasciando a drieto quell'altro pittore, forse migliore in
arte, ma non sì buono in costumi....

Piacemi il pittore sia dotto, in quanto e' possa, in
tutte l'arti liberali;[4] ma in prima desidero sappi geometria. Piacemi la sentenzia di Panfilo, antiquo e nobilissimo pittore, dal quale i giovani nobili cominciarono ad imparare dipignere: stimava niuno pittore
potere bene dipignere, se non saprà molta geometria.
I nostri dirozzamenti,[5] dai quali si esprime tutta la perfetta assoluta arte di dipignere, saranno intesi facile
dal geometra, ma chi sia ignorante in geometria nè
intenderà quelle, nè alcun'altra ragione di dipignere:
per tanto affermo sia necessario al pittore imprendere
geometria. E farassi per loro[6] dilettarsi de' poeti e degli oratori. Questi hanno molti ornamenti comuni col
pittore, e, copiosi di notizia di molte cose, molto gio-
veranno a bello componere l'istoria, di cui ogni laude
consiste in la invenzione, quale suole avere questa

---

[1] Si disponga alla pace.
[2] Volubilità nei toni e nei suoni.
[3] Kyrie eleison: o signore abbi pietà.
[4] Grammatica, retorica, dialettica (Trivio); aritmetica, musica, geometria, astronomia (Quadrivio).
[5] Insegnamenti.
[6] E da parte loro si farà in modo di dilettarsi....

fôrza, quanto vediamo, che sola, senza pittura, per
sè, la bella invenzione sta grata. Lodasi leggendo
quella descrizione della Calunnia, quale Luciano[1] racconta dipinta da Apelle. Parmi cosa non aliena dal
nostro proposito qui narrarla per ammonire i pittori
in che cosa, circa alla invenzione loro, convenga essere vigilanti. Era quella pittura uno uomo con sue
orecchie molto grandissime, appresso del quale, una di
qua e una di là, stavano due femine: l' una si chiamava
Ignoranzia, l'altra si chiamava Sospezione. Più in là
veniva la Calunnia: questa era una femina a vederla
bellissima, ma parea nel viso troppo astuta. Tenea
nella sua destra mano una face incesa, con l'altra mano
trainava, preso pe' capelli, uno garzonetto, il quale
stendea sue mani alte al cielo. Ed eravi uno uomo
pallido, brutto, tutto lordo, con aspetto iniquo, quale
protresti assimigliare a chi ne' campi dell'armi con
lunga fatica fusse magrito e riacceso:[2] costui era guida
della Calunnia e chiamavasi Livore. Ed erano due
altre femine, compagne alla Calunnia, quali a lei ac-
conciavano suoi ornamenti e panni: chiamasi l' una
Insidia e l'altra Fraude. Drieto a queste era la Penitenzia, femina vestita di vesti funerali, quale sè stessa
tutta stracciava. Drieto seguiva una fanciulletta vergognosa e pudica, chiamata Verità. Quale istoria, se
mentre che si recita piace, pensa quanto essa avesse
grazia e amenità a vederla dipinta di mano d'Apelle!...
Per tanto consiglio ciascuno pittore molto si faccia familiare a i poeti, retorici[3] e agli altri simili dotti di
lettera, sia che costoro doneranno nuove invenzioni o
certo aiuteranno a bello componere sua storia, per
quali certo acquisteranno in sua pittura molte lodi e
nome. Fidias,[4] più che gli altri pittori famoso, confes-
sava avere imparato da Omero poeta dipignere Giove
con molta divina maestà. Così noi, studiosi d' imparare
più che di guadagno, da i nostri poeti impareremo più
e più cose utili alla pittura.

---

[1] Luciano di Samasata, autore dei Dialoghi degli dèi e dei morti
(130-200 d. C.); Apelle, il più gran pittore ch' ebbe la Grecia: visse
tra il V ed il IV secolo av. C. alla corte d' Alessandro.
[2] Inasprito, eccitato.
[3] Oratori e poeti.
[4] Scultore greco celebratissimo vissuto ai tempi di Pericle (496-431).
Sotto la sua direzione fu eretto il Partenone, nel quale fu posta la statua di Minerva, da lui appositamente scolpita. La statua colossale di

Ma non raro avviene, che gli studiosi e cupidi d'imparare non meno si straccano, ove[1] non sanno imparare che dove l'incresce la fatica. Per questo diremo in che modo si diventi in quest'arte dotto.

Niuno dubiti capo e principio e così ogni suo grado a diventare maestro, doversi prendere dalla natura; il perficere l'arte si troverà con diligenza, assiduitate, e studio.[2] Voglio che i giovani, quali ora nuovi si danno a dipignere, così facciano quanto veggo di chi impara a scrivere: questi in prima separato insegnano tutte le forme delle lettere, quali gli antiqui chiamano elementi, poi insegnano le sillabe, poi appresso insegnano componere tutte le dizioni; con questa ragione ancora seguitino i nostri a dipignere. In prima imparino ciascuna forma distinta di ciascuno membro, e mandino a mente qualunque possa essere differenzia in ciascuno membro. E sono le differenze de' membri non poche e molto chiare. Vedrai a chi sarà il naso rilevato e gobbo; altri aranno le narici scimmie[3] e arrovesciate aperte; altri porgerà i labbri pendenti; alcuni altri aranno ornamento di labbrolini magruzzi; e così esamini il pittore qualunque cosa a ciascuno membro: essendo più o meno, il facci differente. E noti ancora quanto veggiamo; che i nostri membri fanciulleschi sono ritondi, quasi fatti a tornio, e dilicati; nella età più provetta sono aspri e canteruti.[4] Così tutte queste cose lo studioso pittore conoscerà dalla natura, e con sè stesso molto assiduo le esaminerà in che modo ciascuna stia. E continuo starà in questa investigazione ed opera, desto con suoi occhi e mente. Porrà mente il grembo a chi siede;[5] porrà mente quanto dolce le gambe a chi segga sieno pendenti; noterà di chi stia dritto tutto il corpo, nè sarà ivi parte alcuna, della quale non sappi suo officio e sua misura.[6] E, di tutte le parti, li pia-

---

Giove, per la quale si ispirò al noto passo d'Omero in cui si descrive il cenno di Giove, fu da lui scolpita pel tempio del dio nell'Elide.

[1] Quando non sanno imparare altro che ciò, che costa molta ingrata fatica.

[2] Natura ed arte, dunque, osservazione e studio: è affermazione della più alta importanza per la storia del pensiero e dell'arte.

[3] *Simiae*, cioè camuse.

[4] Angolosi.

[5] Osserverà la posizione dell'addome in chi siede.

[6] Si noti come lo studio della matematica, delle proporzioni, dell'anatomia, della geometria fosse considerato il fondamento indispensabile della pittura da quei nostri maestri della linea e del colore.

cerà non solo renderne similitudine, ma più aggiugnervi
bellezza;[1] però che nella Pittura la vaghezza non meno
è grata che richiesta. A Demetrio, antiquo pittore,
mancò, ad acquistare l'ultima lode, che fu curioso di
fare cose assimigliate al naturale molto più che vaghe. Per questo gioverà pigliare da tutti i belli corpi
ciascuna lodata parte, e sempre ad imparare molta vaghezza si contenda[2] con istudio e con industria; qual
cosa, bene che sia difficile, perchè none in uno corpo
solo si truova compiute bellezze ma sono disperse e
rare in più corpi; pure si debbe, ad investigarla ed
impararla, porvi ogni fatica....

Ma, poichè la istoria[3] è somma opera del pittore, in
quale dee essere ogni copia ed eleganzia di tutte le
cose, convensi curare sappiamo[4] dipingere non solo
uno uomo ma ancora cavalli, cani e tutti altri animali
e tutte altre cose, degne d'essere vedute....

E, quando aremo a dipingere storia, prima fra noi
molto penseremo qual modo e quale ordine in quella
sia bellissimo; e faremo nostri concetti e modelli di
tutta la storia e di ciascuna sua parte, prima; e chia-
meremo tutti gli amici a consigliarci sopra a ciò. E
così ci sforzeremo avere ogni parte in noi prima ben
pensata, tale che nella opera abbia a essere cosa alcuna, quale non intendiamo ove e come debba essere
fatta e collocata....[5] In lavorare la istoria aremo quella
prestezza di fare congiunta con diligenzia, quale a noi
non dia fastidio o tedio lavorando; e fuggiremo quella
cupidità di finire le cose, quale ci farà abborracciare
il lavoro. E qualche volta si conviene interlassare la
fatica del lavorare, ricreando l'animo. Nè giova fare
come alcuni; intraprendere più opere, cominciando
oggi questa e domani quest'altra, e così lassarle non

---

[1] Ritrarre la natura dunque ma non meccanicamente, sì dando al
vero grazia e armonia cioè idealizzandolo.
[2] Ci si sforzi.
[3] Così dicesi nel linguaggio degli artisti la rappresentazione d'un
fatto successo o anche immaginato: l'invenzione.
[4] Elisione della congiunzione e dell'articolo: si conviene che sappiamo curare di....
[5] Lavoro prima analitico di allenamento tecnico, per dir così, nel
rappresentare le figure; poi un lavoro tutto di riflessione e di meditazione per svolgere sapientemente il tema (era questo il momento cui al-
ludeva Leonardo, quando sollecitato da Ludovico il Moro, rispose che i
grandi artisti mai lavoran tanto, quando sembra restino inoperosi);
quando poi nel pensiero l'artista vede il suo quadro fino nei particolari,
allora metta mano alla composizione.

perfette, ma, qual pigli opera, questa renderla da ogni
parte compiuta. Fu uno, a cui Apelles rispose, quando
li mostrava una sua dipintura dicendo: « oggi [1] feci
questo », disseli: « non me ne meraviglio, se bene
avessi più altre simili fatte ». Vidi io alcuni pittori e
scultori, ancora retorici e poeti, — se in questa età si
trovano retorici o poeti, — con ardentissimo studio
darsi a qualche studio; poi, freddato quello ardore d'ingegno, lassano l'opera cominciata e rozza e con nuova
cupidità si dànno a nuove cose. Io certo vitupero così
fatti uomini; però che qualunque vuole le sue cose
essere, a chi dopo viene, grate e accette, conviene
prima bene pensi quello che elli à a fare, e poi con
molta diligenzia il renda bene perfetto. Nè in poche
cose più si pregia la diligenzia che l'ingegno; ma conviensi fuggire quella decimaggine [2] di coloro, i quali,
volendo ad ogni cosa manchi ogni vizio, e tutto essere
troppo pulito, prima in loro mani diventa l'opera vecchia e sucida che finita. Biasimavano gli antichi Pro-
togene [3] pittore, che non sapesse levare la mano d'in su
la tavola: meritamente questo, però che, ben che si convenga sforzare, quanto in noi sia ingegno, che le cose
con nostra diligenzia sieno ben fatte; pure volere in
tutte le cose più, che a te non sia possibile, mi pare
atto di pertinace e bizzarro, non d'uomo diligente.
Adunque alle cose si dia diligenzia moderata; ed abbisi
consiglio degli amici; e, dipignendo, s'apra [4] a chiunque viene, e odasi ciascuno. L'opera del pittore cerca
essere grata a tutta la moltitudine, quando ancora sia
lecito satisfare a loro opinione. Dicono che Apelles,
nascoso drieto alla tavola, acciò che ciascuno potesse
più libero biasimarlo e lui più onesto udirlo, udiva
quanto ciascuno biasimava e lodava....

Ebbi da dire queste cose della Pittura, quali se sono
commode e utili a' pittori, solo questo domando in
premio delle mie fatiche, che nelle sue istorie dipin-
gano il viso mio, ciò dimostrino sè essere grati e me
essere stato studioso dell'arte.

---

[1] Come per dire: nel breve corso di questa giornata....
[2] Smania di perfezione fino nei più minuti particolari.
[3] Altro celebre pittore greco nato a Rodi e morto nel 360 a. C.
[4] Si ammetta nella stanza ove si dipinge chiunque affinchè ognuno
dia il suo giudizio e di questo si faccia gran conto.

Come debbasi comportare l'Iciarca.[1]

(Dal *De Iciarchia*, VI).

BATTISTA.... Sono gli uomini e menti degli uomini
varii e differenti, alcuni sùbiti al corruccio; alcuni più
facili a misericordia; alcuni acuti, suspiziosi; alcuni
creduli, puri; alcuni sdegnosi, provani,[2] acerbi; alcuni
umani, trattevoli, ossequiosi; alcuni festerecci, aperti,
goditori; alcuni subdoli, solitarii, austeri; alcuni amano
esser lodati, soffrono esser ripresi; alcuni contumaci,
ostinati a ubbidire a niuno altro che alla legge; duri
nel comandare; crudeli nello sdegno; effeminati ne' pericoli e simili: sarebbe prolisso raccontarli. Conviene
che 'l nostro prudente Iciarca splori, tenti, riconosca
ora per ora costumi, vita e fatti di ciascuno de' suoi; e
con ciascuno adoperi ottima e accomodata ragione di comandare. Adunque userà non sempre con tutti quello
uno medesimo moderamento, ma adatterà la varietà
degli imperii alla varietà degli animi.... Tutti questi
imperii bisogna che il nostro Iciarca sappi adoperare
in tempo. Di questi niuno da natura perfetto più che
'l paterno. E quando dallo Iciarca si richiede, come
noi dicemmo, che sia per amore padre a tutti, converrà
si porga tale, che meriti riverenzia paterna. Adunque
sarà maturo, grave, moderato; fuggirà ogni suspezione
di lascivia, però che i vizii, benchè minimi, sono molto
notati negli uomini degni; comanderà non come ai
servi, ma esorteralli, commoveralli, come carissimi figliuoli a fare quelle cose, onde e' sieno salvi e beati;
e cercherà in tutti i modi essere amato da loro e ri-
ceverne in tempo consolazione di vederli per sua opera
fatti felici. A questo nulla gioverà quanto farli ama-
tori della onestà e studiosi delle cose lodate. Tanto
sarà ogni imperio perfetto, quanto il principe farà

---

[1] È uno dei più bei dialoghi: si potrebbe dire il testamento spirituale di L. B. Alberti: l'iciarca è il capo di famiglia e di un popolo
ideale mosso solo dal vivo desiderio di promuovere attraverso l'esercizio
della virtù il bene di quanti lo circondano: questa parola è derivata
dalla composizione di altre due greche: οἴκος casa e ἄρχω comando.
È prospettato il gran dramma tra vizi e virtù umane. Interlocutori L. B.
Alberti, Niccolò Cerretani, Paolo Niccolini, suo figlio, e due nipoti del-
l'Alberti.

[2] Ostinati, che vogliono entrare in gara con tutti pretendendo di
dare la prova di quanto essi pensano.

bene a' suoi, e quanto i suoi ameranno lui. E tu,
quanto chi t'è figliuolo sarà migliore, tanto lo amera'
più; e lui pari a te retribuirà vero amore. Con quelli
che saranno aspri e ritrosi ed elati [1] (forse perchè sono
più fortunati che gli altri).... tu Iciarca,... seguirai mi-
tigando con blandizia più che con rigore di parole, e
conducera'li con lusinghe più che con precetti, e aiute-
ra'li mitigare que' suoi costumi inurbani, persuadera'li,
che la facilità e umanità, l'essere ossequioso, rapporta
più utile che l'essere riputato abbiente e potente. A
quelli, che saranno ventosi [2] e cupidi d'essere appellati
splendidi, e godono essere accerchiati da molti assentatori,[3] i dotti e periti nella ragione del vivere mostre-
ranno, col raccontare gl'incomodi seguìti agli altri simili mal consigliati, che la vera gloria e degna fama
non s'acquista con prodigalità e vane ostentazioni, ma
con moderare sè stessi e curare più di essere giusto,
buono, temperato, officioso, che d'essere portato in
voce da' fabulatori.[4] Con quelli, che troppo attribui-
scono [5] alle voglie sue, e troppo stimano il proprio giudizio suo e sentenzia, useremo la licenzia concessa a
chi te ama, favelleremo aperto, libero, in modo che
s'avvederanno, quanto ci piacerebbe, che seguissero
instituto e via più atta a intendere il vero delle cose
da' suoi principii, in acquistar prudenzia e sapienzia.
Con questi simili ingegni voglio, quanto sta in te, usi
ogni diligenzia circa i principii, onde succedono a' giovani corruttele e alle famiglie perturbazioni....[6]

.... Del nostro Iciarca gl'instrumenti atti alla opera
sua sono le parole e autorità. Nulla porge tanta autorità
presso la moltitudine quanto essere conosciuto buono
e degno d'essere onorato. Manterrete adunque autorità
e gravità, ma adatterete le parole e gesti a tempo, a
modo che non possono riceverle a contumelia, e quasi,
come trattasi simile a' fanciulli, abbino da pigliarne
da sè sdegno.[7]

---

[1] Orgogliosi.
[2] Cupidi di vano fasto e di vani titoli.
[3] Adulatori.
[4] Quanti si compiacciono di chiacchiere.
[5] Danno troppa importanza ai loro capricci.
[6] Tu usi ogni diligenza per svellere quelle cause, dalle quali ecc.
[7] Le sue parole non devono essere ispirate da rabbia o da sdegno;
ma devono esser tali da destare in coloro cui sono rivolte salutare resi-
piscenza.

Italia, Italia!
Nulla può la Fortuna sui popoli forti.

(Dal *Proemio* a *I Primi Tre Libri della Famiglia,* ed. cit., pp. 9-17).

E della nostra Italia non è egli manifesto il simile? Mentre che da noi' furono le ottime e santissime nostre vetustissime discipline osservate, mentre che noi fummo studiosi porgere noi simili a' nostri maggiori, e con virtù demmo opera di vincer le lodi de' passati, e mentre che i nostri estimorono ogni loro opera, industria e arte e al tutto ogni sua cosa debita e obbligata alla patria, al ben publico, allo emolumento e utilità di tutti i cittadini, mentre che si esponea l'avere, il sangue, la vita per mantenere l'autorità, maiestate e gloria del nome latino, trovoss'egli alcun populo, fu egli nazione alcuna barbara ferocissima, la quale non temesse e ubbidisse nostri editti e leggi?[1] Quello imperio maraviglioso, sanza termini; quel dominio di tutte le genti, acquistato con nostri latini auspizii,[2] ottenuto colla nostra industria, amplificato con nostre armi latine, dirass'egli ci fusse largito dalla fortuna? Quel che a noi vendicò[3] la nostra virtù,[4] confesseremo noi esserene alla Fortuna obbligati? La prudenzia e moderanzia di Fabio,[5] quello uno uomo, il qual indugiando e supersedendo restituì la quasi caduta latina libertà; la iustizia di Torquato,[6] qual per osservare la militare disciplina non perdonò al figliuolo: la continenzia di Cincinnato,[7] quello il quale, contento nella sua agricoltura, più stimò la onestà che ogni copia d'auro; la severità di

---

[1] Qui pare di leggere certe pagine, tutte pervase di generosi sentimenti, di romanità, del Machiavelli.

[2] I riti coi quai si consultavano le vittime per conoscere gli eventi.

[3] Acquistò.

[4] Valore: alla latina.

[5] Massimo il temporeggiatore: l' A. traduce il classico *qui cunctando nobis restituit rem.* Infatti egli, assunto il comando degli eserciti nella 2ª Guerra Punica, coll' evitare d' incontrarsi in campo aperto con Annibale e logorando con piccole sorprese e colpi di mano la spicciolata, riuscì a porlo in pessime condizioni ed a stancarlo: visse dal 275 al 205 av. C.

[6] Fu console nel 337 a. C., e rimase celebre per aver condannato a morte il figlio, reo d' aver disubbidito in guerra ad un ordine dato da lui per quanto colla sua disubbidienza il figlio avesse rivendicato davanti al nemico il valore del soldato romano.

[7] Fiorì verso il 438 a. C., e per due volte salvò Roma: celebre pel suo valore e pel suo disinteresse.

Fabrizio;[1] la parsimonia di Catone; la fermezza di Orazio Cocles; la sofferenzia di Muzio; la fede e religione di Regolo; la affezione inverso la patria di Curzio;[2] e l'altre esimie e prestantissime e incredibili virtù le quali tutte furono celebratissime e illustrissime appo gli antichi, e colle quali virtù non meno che col ferro e colla forza delle battaglie i nostri ottimi passati Itali debellorono e sotto averono[3] tutte le genti in qualunque regione barbare, superbe, contumaci e nimiche alla libertà, fama e nome latino: ascriveremle noi alla Fortuna? La iudicaremo noi tutrice de' costumi, moderatrice delle osservanzie e santissime patrie nostre consuetudini? Statuiremo noi nella temerità della Fortuna l'imperio, quale i maggiori nostri più con virtù che con ventura edificorono? Stimeremo noi suggetto alla volubilità e alla volontà della Fortuna quel, che gli uomini con maturissimo consiglio, con fortissime e strenuissime opere a sè prescrivono? E come diremo noi avere balía con sue ambiguità e incostanzie la Fortuna a disperdere e dissipare quel, che noi vorremo sia più sotto nostra cura e ragione che sotto altrui temerità! Come confesseremo noi non essere più nostro che della Fortuna quel che noi con sollecitudine e diligenzia delibereremo mantenere e conservare?

Non è potere della Fortuna, non è, come alcuni sciocchi credono, così facile vincere chi non voglia essere vinto. Tiene giogo la Fortuna solo a chi se gli sottomette. E in quanti modi si vide con ogni sua possa e

---

[1] Gaio Luscinio: console, rifiutò le proposte del medico di Pirro, che gli offriva d'avvelenare il re (281 a. C.) e morì povero, tanto che il Senato dovè fare le spese del funerale, e dotare le figlie.

[2] Marco Porcio Catone il Vecchio, proavo di Catone l'Uticense: rimase celebre per la severità dei suoi costumi e per l'austerità portata nelle sue funzioni di censore (232-147 a. C.). Orazio Coclite, noto per la difesa a oltranza fatta di Roma contro gli Etruschi di Porsenna e per aver dato ordine si tagliasse dietro a lui il ponte, sicchè egli dovè poi gettarsi nel Tevere, se volle tornare tra i suoi (507 a. C.). Muzio Scevola che in quello stesso tempo avendo tentato d'uccidere Porsenna ed avendo sbagliato il colpo mostrò la sua forza d'animo tenendo sulle fiamme la mano che aveva errato, per punirla; Attilio Regolo, console e generale romano, mandato a morte nel 231 a. C. dai Cartaginesi per aver esortato il Senato Romano a non fare la pace cogli odiati nemici; Marco Curzio nel 362 a. C. si gettò in una voragine per salvare Roma da certe calamità, che gli oracoli avevano predetto: quale nobile senso d'orgoglio queste memorie di romanità destano nell'animo dell'Alberti! Egli è che l'Italia ogni volta che s'è ricordata della sua gran madre riacquistò la fede nei suoi destini!

[3] Sottomisero.

malizia a Canne, a Trebia, a Transimene,[1] fra le Gallie,
nelle Ispanie, e in altri luoghi non con minor odio e
ira che crudelissimi e inmanissimi inimici la Fortuna
contro gli eserciti latini militari e combattere e in molti
modi affaticarsi per opprimere e abbattere l'imperio e
la gloria d'Italia, la quale con assidui e innumerabili
trionfi di dì in dì maravigliosi cresceva? E chi mai rac-
contasse come spesso e in che modi contro noi, a que'
tempi e poi, la Fortuna istessa ci fusse*iniqua e infesta
sollevando ad invidia populi, principi, nazioni, e a tutto
il mondo perseminando avverso di noi odio e malivolenzia? Nè lei pur valse mai con alcuna sua furia o
bestiale impeto frangere gli animi di que' buoni patri-
zii senatori latini, i quali, vincendo e superchiando ogni
avversità, domorono e oppressorono tutte le genti superbe
e tutto in provincie il mondo ridussero, e fuori degli
àmbiti e circuiti della terra affissero i termini dello
incredibile nostro latino imperio. Poterono adunque gli
avoli nostri latini ivi opporsi e sostenere ogni inimico
impeto, ove mai per niuna sinistra fortuna quegli animi
virilissimi, quelle menti divine restorono[2] di volere, come
volendo poterono e potendo saperono, grandirsi e augu-
mentarsi triunfando.[3] Si fu la loro immensa gloria spesso
dalla invidiosa Fortuna interrotta, non però denegata
alla virtù,[4] nè, mentre che giudicorono l'opere virtuose
insieme colle buone patrie discipline essere ornamento
ed eterna fermezza dello imperio, all'ultimo mai con
loro seguì la Fortuna se non facile e seconda. E, quanto
tempo in loro quegli animi elevati e divini, que' consigli gravi e maturissimi, quella fede interissima verso
la patria fioriva, e quanto tempo ancora in loro più
valse l'amore delle pubbliche cose che delle private,
più la volontà della patria che le proprie cupiditati,
tanto sempre con loro fu imperio, gloria e anche fortuna. Ma subito che la libidine del tiranneggiare, i singulari commodi, le ingiuste voglie in Italia più poterono
che le buone leggi e santissime consuete discipline,

---

[1] Le tre battaglie della seconda guerra punica che segnarono pei
Romani tre terribili sconfitte (218, 217 e 216 a. C.).
[2] Cessarono.
[3] È noto per esempio che i Galli opposero una resistenza che durò
all'incirca 130 anni prima di lasciarsi domare e sottomettere da Cesare,
ed i Celtiberi prima di arrendersi si opposero con ogni forza e ogni
mezzo.
[4] Valore.

subito incominciò lo imperio latino a debilitarsi e ina-
nire, [1] a perdere la grazia, il decoro e le sue pristine
forze; e videsi offuscata e occecata la divina gloria latina, quale persino fuori dell'Oceano prima risplendea
per tutto e collustrava. E tu, Italia nobilissima, capo
e arce [2] di tutto l'universo mondo, mentre che tu fusti
unita, unanime e concorde a mantenere virtù, a con-
seguire laude, ad ampliarti gloria; mentre che tuo studio
e arte fu debellàr i superbi e essere umanissima e giustissima co' tuoi sudditi, [3] e mentre che tu sapesti con
animo rilevato e dritto, sostenere le impetuose avversità,
e riputasti con minor lode in ogni ardua e laboriosissima
cosa vincere sofferendo che evitarla schifando; e quanto
tempo gl'inimici virtù, gli amici fede, i vinti misericordia in te essere conobbero; tanto tempo allora
potesti contro alla fortuna e sopra tutti i mortali; e potesti in tutte l'universe nazioni immettere tue santissime leggi, fàsces [4] e magistrati, e persino al termine
degl'Indii ti fu permesso costituire fulgentissimi insigni [5]
della tua inestimabile divina meritata gloria; e per le
prestantissime virtù, pe' tuoi magnificentissimi, validis-
simi e fortissimi anni, fusti pari agli dii, riverita, amata
e temuta. Ora poi [6] con tue discordie e civili dissen-
sioni subito incominciasti cadere di tua antica maiestà,
subito le are, templi e teatri tuoi latini, quali soleano
di giuochi, feste e letizia vedersi pieni, e coperte e
carche di ostili esuvie, [7] vittoriosi vóti, e lauree [8] trionfali, subito cominciorono essere piene di calamità e
miseria, asperse di lacrime, celebrate con merore [9] e
pianti. E le barbare nazioni, le serve remotissime genti,
quali soleano al tuo venerando nome, Italia, rimettere
ogni superbia, ogni ira, e tremare, subito queste tutte
presono audacia d'inrompere in mezzo al tuo santissimo
seno, Italia, sino ad incendere [10] il nido e la propria

---

[1] Indebolirsi al punto da divenire nullo.
[2] Rocca, dal latino arx, arcis.
[3] È la nota apostrofe virgiliana, nel VI dell'Eneide, v. 853, ai
Latini: parcere subiectis et debellare superbos.
[4] Il complesso delle cariche civili, che mettevan capo alla suprema,
il consolato, di cui il fascio littorio era l'insegna.
[5] Monumenti. Da Augusto a Diocleziano i Romani dovettero sempre
combattere contro i Parti: nel 298 d. C. arrivarono oltre il Tigri.
[6] Per dopochè.
[7] Spoglie, dal lat. exuviae.
[8] Corone trionfali di lauro.
[9] Amarezza: dal latino maeror.
[10] Alla latina per incendiare.

antica sedia dello imperio di tutti gli imperii. E ora poi che altre nazioni se l'ànno per nostra negligenza e desidia[1] usurpato, poi che noi Latini abbiamo tanto a noi dovuta gloria abbandonata e derelitta, chi è che speri più mai recuperare il perduto nostro imperial scettro, o che giudichi più mai riavere o rivedere la porpora e diadema nel suo qui in Italia primevo sacratissimo e felicissimo domicilio e sedia, la qual già tanto tempo, nostro difetto, n'è rimasta spogliata e nuda? E chi adunque stimasse tanta incomparabile e maravigliosa nostra amplitudine e gloria latina per altri che per noi medesimi essere dal suo vero recettacolo e nido esterminata e perduta? Qual multitudine di genti haria mai potuto contro a chi tutto il mondo ubidiva? E chi avesse potuto, non volendo nè lo permettendo noi, non obbedirci? Così adunque si può statuire la Fortuna essere invalida e debolissima a rapirci qualunque nostra minima virtù, e dobbiamo giudicare la virtù sufficiente a conscender[2] e occupare ogni sublime e eccelsa cosa, amplissimi principati, supreme laude, eterna fama e immortal gloria. E conviensi non dubitare, che cosa qual si sia, ove tu la cerchi e ami, non t'è più facile ad averla e ottenerla che la virtù. Non ha virtù se non chi non la vole.[3] E, se così si conosce la virtù, costumi e opere virili, le quali tanto sono de' mortali quanto e' le vogliono; i consigli ottimi, la prudenzia, i forti, constanti e perseveranti animi, la ragione, ordine e modo, le buone arti e discipline, l'equità, la giustizia, la diligenzia e cura delle cose, adempiono e abbracciano tanto imperio, e contro l'insidiosa Fortuna salgono in ultimo supremo grado e fastigio di gloria; o giovani Alberti, chi di voi per questa, quale spesso si vede, volubilità e incostanzia delle cose caduche e fragili mai stimasse facile persuadermi, che quello, il qual non può a' mortali essere vietato, in modo che a loro arbitrio e volontà essi non lo apprendano e rendanselo suo, questo, già in possessione degli omini riduto, possa non sanza grandissima difficultà a' diligenti e vigilanti possessori essere sottratto, o a' virili e forti defensori rapito? Saremo

---

[1] Inerzia: l'impero di nome e di fatto apparteneva nel secolo XV, com'è noto, alla casa d'Austria (Federico III, 1440-1493).
[2] Latinismo: salire, come prima *virtù* ha il senso latino di valore.
[3] Virile conclusione su cui farai bene a fermarti ed a riflettere come uomo e come cittadino.

adunque sempre di questa opinione, nella qual credo
siate ancora voi, i quali tutti siete prudenti e savj,
che nelle cose civili e nel viver degli omini più certo
stimeremo vaglia la Ragion che la Fortuna, più la Prudenzia che alcuno caso.

Vecchi e giovani.

(Da *I Primi Tre Libri della Famiglia*, L. I, pp. 37-41).

LORENZO. — ....E così, o figliuoli miei, veggo essere
officio de' giovani amare ed ubbidire i vecchi, riverire
l'età, ed avere i maggiori [1] tutti in luogo di padre, e
rendergli, [2] come è dovuto, grandissima osservanzia e
onore. Nella molta età si truova lunga pruova [3] delle
cose, ed èvvi il conoscere molti costumi, molte maniere
ed animi degli uomini, e stavvi l'aver veduto, udito,
pensato infinite utilitati, e ad ogni fortuna ottimi e
grandissimi rimedi. Nostro padre messer Benedetto, del
quale omo, come fo in ogni cosa, però m'è debito ri-
cordarmi, perchè in ogni cosa lui sempre cercò da noi
essere conosciuto prudentissimo e civilissimo, trovandosi con alcuni suoi amici in Rodi, [4] intrò in ragionamenti delle inique e acerbe calamità della famiglia
nostra; [5] e giudicavano avesse la nostra famiglia Alberta
dalla fortuna ricevuto ingiuria troppo grande; e, vedendo forse in qualcuno de' nostri cittadini qualche
fiamma d'invidia e d'ingiusto odio essere incesa, ac-
cadde al ragionamento, che messer Benedetto allora pre-
disse alla terra nostra molte cose, delle quali medesime
già n'abbiamo non poca parte vedute. Ivi, parendo a
chi l'udiva cosa molto maravigliosa così apertamente
predire quel, che agli altri era udendo difficile comprendere, pregorono gli piacesse manifestargli, donde egli
avesse quel, che così da lunge prediceva. Messer Benedetto, uomo umanissimo e facilissimo, [6] sorridendo si

---

[1] *Maióres natu*: i vecchi. Il dialogo comincia alla presenza d'un
malato infermo in letto, Lorenzo Alberti e si continua in una sala
vicina tra Adovardo, Lionardo, Giannozzo ed altri della famiglia Alberti.
[2] Gli, per loro usitatissimo presso gli antichi.
[3] Esperienza.
[4] Tornando da un pellegrinaggio al S. Sepolcro mes. Benedetto infermò in Rodi, e vi morì.
[5] Le *iniquità* ossia le disgrazie degli Alberti erano incominciate col
bando inflitto nel 1388 a Benedetto, il nonno di Leon Battista, per ragioni politiche.
[6] Affabilissimo.

discoperse alto la fronte e mostrògli que' canuti, e disse:
« Questi capelli di tutto mi fanno prudente [1] e conoscente ». E chi ne dubitasse nella età lunga essere gran
memoria del passato, molto uso delle cose, assai esercitato intelletto a pregiudicare [2] e conoscere le cagioni,
il fine e riuscimento delle cose, e sapere congiungere
da ora le cose presenti con quello che fu ieri; e indi
presentire, quanto domani possa riuscirne; onde, prevedendo, conséguiti e apparisca certo e accomodatissimo
consiglio,[3] e, consigliando, renda ottimo rimedio a sostenere la famiglia in stato riposato e rilevato [4] e di-
fenderla da qualunque súbita ruina e addirizzarla e
restituirla, se già fusse dagli urti della fortuna in parte
alcuna commossa o piegata? L'intelletto, la prudenzia,
e conoscimento de' vecchi insieme colla diligenzia sono
quelle, che mantengono in fiorita e lieta fortuna; e ador-
nano di laude, gloria e splendore la famiglia. A chi
adunque può questo ne' suoi,[5] mantenerli in felicità,
reggergli contro all'infelicità, non senza ornamento a
ogni fortuna, qual possono i vecchi; debbesegli non
avergli grandissima riverenzia? Non dico al padre, da
chi tu ài avuto l'essere e molti principj ad acquistare
virtù; il quale con suo sudore, sollecitudine e industria
t'à condotto ad essere uomo in quella età, quella fortuna e a quello stato, ove ti truovi.... Adunque sia debito a' giovani riferire co' padri e co' suoi vecchi ogni
volontà, pensiero e ragionamento suo, e di tutto con
molti consigliarsi, e con quegli in prima, a' quali co-
noscono sè essere, più che agli altri, cari e amati, udirgli
volentieri, come prudentissimi ed espertissimi, seguire
lieti gli ammaestramenti di chi abbia più senno e più
età. Nè siano i giovani pigri ad aiutare ogni maggiore
nella vecchiezza e debolezze: sperino in sè da' suoi
minori quella umanità e officio, quale essi a' suoi maggiori aranno conferita. Però siano pronti e diligentissimi
cercando di dargli, in quella stracchezza della lunga
età, conforto, piacere e riposo. Nè stimino a' vecchi
essere alcuno piacere o letizia maggiore, quanto è in
loro di vedere la gioventù sua ben costumata e tale

[1] Saggio al punto da divenire previdente.
[2] Prevedere.
[3] Sicuro e opportunissimo.
[4] Posizione privilegiata.
[5] Familiari.

che meriti d'essere amata. E di certo niuno è maggiore
conforto a' vecchi, quanto è di vedere quelli, in cui
lungo tempo ànno tenuto ogni loro speranza ed espet-
tazione, quegli per chi ànno avuti sempre i suoi desi-
derj curiosi e solleciti,[1] questi, vederli pregiati, amati
e onorati. Molto è contenta quella vecchiezza, quale
vegga ciascuno de' suoi addritti[2] ed avviati in pacifica
e onorevole vita. Però sia vostro officio, o giovani, cercare di contentare i padri e ogni maggiore, come nelle
altre cose così in queste, le quali sono in voi lodo[3] e
fama, e a' vostri rendono allegrezza, voluttà e letizia.
E così, figliuoli miei, seguite la virtù, fuggite i vizii,
riverite i maggiori, date opera d'essere ben voluti, fate
di vivere liberi, lieti, onorati e amati....

Della necessità di studiare e secondare le tendenze dei giovani.

(Ibid., L. I, pp. 77-82).

LIONARDO. — Piacciati udirmi, Adovardo.[4] Io stimo
a uno padre diligente e desto non sarà questo molto
difficile, conoscere a che esercizio e a che laude[5] i figliuoli suoi sieno proclivi e addisposti. Qual più è incerto e dubbioso che ritrovare quelle cose, le quali in
tutto voleano starsi nascose, le quali la natura si serbava molto entro coperte sotto la terra? Pure questo
si vede, gl'industriosi artefici l'ànno ritrovate e giunte.[6]
Chi disse all'avaro e cúpido, là sotto fussero metalli,
argento e auro? Chi l'insegnò? Chi gli aperse la via sì
difficile e ambigua ad andarvi? Chi gli fe' certi, fussino
miniere più tosto di preziosi metalli che di piombo?
Furono gl'indizi, furo i segni, per li quali si mossono
ad investigare, e co' quali investigando gli consegui-
rono, ed addusserli in notizia ed uso. E tanto à potuto
la industria e la diligenza degli uomini, che nulla cosa
di quelle ocultissime più a noi è non conosciuta. Ecco
ancora gli architetti vorranno edificare il pozzo o la

---

[1] Desideri desti o come diciamo noi, vivi e pieni di preoccupazioni.
[2] Indirizzati.
[3] Lode.
[4] Aldovardo di Alberti di messer Jacopo, giureconsulto, uno degli
interlocutori, come s'è detto in nota altrove.
[5] Quale lodevole tendenza.
[6] Raggiunte.

fonte: prima cercano gl'indizi, nè però cavano in ogni luogo, perchè egli sarebbe inutile spesa cavare,[1] dove non fusse buona, netta e presta[2] vena. Però pongono mente sopra terra, onde possano conoscere quello, che sta sotto, entro dalla terra nascosto: e, dove e' veggono il terreno tufoso, arido e arenoso, ivi non perdono opera, ma dove sorgano virgulti, vinci[3] e mirti, o simili verzure, ivi stimano porre sua opera non indarno. E così non senza indizio si dánno a seguire quanto allo edificio saria accomodato, ma dispongono l'edificio a meglio ricevere quel, che gl'indizi gli prescrivono. Simile adunque faccino i padri verso de' figliuoli: rimirino di dì in dì, che costumi in loro nascono, che volontà vi durino, a che più spesso ritornino, in che più sieno assidui, e a che peggio volentieri[4] s'induchino. Imperò che di qui aranno copiosi e chiari indizii a trarne e fermarne perfetta cognizione. E, se tu credessi nell'altre cose ascosissime avere i segni manco fallaci che ne' costumi e nel viso degli uomini, i quali sono da essa natura[5] congregabili[6] e volentieri e con studio[7] si congiungono e fra gli uomini lieti convivono, fuggono, spiacegli e attristagli la solitudine; se tu in costoro credessi trovare meno indizio e meno certezza che in quell'altre cose copertissime e in tutto dal necessario uso, presenzia e giudizio de' mortali rimosse, certo erreresti. La natura, ottima constitutrice delle cose, à voluto nell'uomo non solo che viva palese e in mezzo degli altri uomini; ma certo ancora pare, gli abbia imposto necessità, che con ragionamento e con altri molti modi comunichi e discopra a' medesimi uomini ogni sua passione e affezione; e raro patisce in alcuno rimanere o pensiero o fatto ascoso e da qualcuno degli altri non saputo. E pare, che la natura stessa, dal primo dì che qualunque cosa esce in luce, abbia loro ingiunte e interserite[8] certe note e segni patentissimi e manifesti, co' quali porgano sé tali che gli uomini possano

---

[1] Scavare, diciamo noi.
[2] Zampillante.
[3] Giunchi, salici indizi di terreni acquitrinosi.
[4] Con minore inclinazione.
[5] Per la loro stessa natura.
[6] Socievoli.
[7] Desiderio intenso.
[8] Inserite, diciamo noi più semplicemente, o innate.

conoscerle, quanto bisogna a saperle usare in quelle
utilità [1] sieno state create. . . . Nè a' fanciulli à
dato sì ambigue e oscure operazioni, nè a' padri sì
rozzi e inesperti giudizi, che non possano di molti
luoghi comprendere, a che i figliuoli suoi più s'addiriz-
zino. E vederai dal primo dì, che il fanciullo comincia a dimostrare suo alcuno appetito, subito si scorge
a che la natura lo 'nchina. Rammentami [2] udire da'
medici, che i parvuli, quando e' ti veggono così grillare [3] colle mani, allora, se vi badano, se vi si destano,[4] dimostrano essere composti all'esercizi virili e
all'arme. E, se più loro piace que' versi e canti, eo'
quali si sogliono ninnare e acquietare, significa che
sono nati all'ozio e riposo delle lettere e scienzie. E un
diligente padre di dì in dì comprenderà e peserà, per
meglio giudicare ne' figliuoli ogni piccolo atto, parola
e cenno, come si scrive fece quel ricco agricoltore Servio Oppidio Canusino; [5] perchè e' vedeva uno de' suoi
figliuoli sempre avere il seno suo pieno di noci, giocare e donare a questo e a quello; l'altro vedev'egli
tutto queto starsi, e tristerello annoverandole e per le
bucheràtole [6] trasponendole, conobbe per questo solo
indizio in ciascuno di loro, che ingegno e che animo
fussi. Però, morendo, gli chiamò; e disse dividea loro
la eredità, perchè e' non volea, se alcuna pazzia toccasse loro, avessero insieme materia d'adirarsi; e fe-
celi certi, come e' vedeva, non erano d'una natura, ma
l'uno saria stretto e avaro, l'altro prodigo e gittatore.
Nessuno uomo è di così compiuta e pratica età, nè di
tanta malizia, nè di sì artificioso e astuto ingegno a
occultare i suoi appetiti, voglie e passioni d'animo, che,
se tu più dì v'arai l'intelletto e l'occhio desto a mi-
rare e comprendere suoi cenni, atti, e maniere, nel
quale tu non comprenda ogni suo vizio, per occulto che
sia. Scrive Plutarco per solo un guardo, quale a certi

---

[1] Sottinteso: per le quali.
[2] Impersonale: mi torna a mente.
[3] Agitare le mani producendo determinati rumori col batterle l' una
coll' altra: il *grillare* è il rumore che fa il vino quando si travasa.
[4] Se seguono con grande attenzione.
[5] *Ut Oppidius olim*; è Orazio che racconta il fattarello nelle Satire
(L. 11, 3, vv. 168-86).
[6] Nascondigli: nel passo oraziano cit. trovi il corrispondente *cavis
abscondere tristem*, riferito a Tiberio ed alla manìa di costui di nascondere le noci.

vasi barbari fe' Demostene, che subito Arpallo [1] conobbe quanto e' fusse avaro e cupido; e così uno cenno,
uno atto, una parola spesse volte ti scopre e apre a
vedere per tutto dentro l'animo d'uno uomo; e molto
più facile ne' fanciulli che ne' più saggi per età e per
malizia, già che questi non sanno coprirsi bellamente
con finzioni o simulazioni alcune. E ancora credo così
che un gran segno di buono ingegno ne' fanciulli sia
quando raro si stanno oziosi, anzi vogliono fare ciò, che
fare veggono; uno grande segno di buona e facile natura, quando presto e si racchetano e la ricevuta ingiuria si dimenticano, nè sono nelle cose ostinati, ma
rimettono e cedono senza troppa durezza e senza vendicarsi e senza vincere ogni volontà. Uno grande segno
d'animo virile sta in uno fanciullo, quando egli è a
risponderti desto e pronto, presto e ardito a comparire
tra gli uomini, e senza salvatichezza e sanza rustico
alcuno timore; e in questo molto pare l'uso e consuetudine gli aiuti; però sarà utile, non come alcune madri usano, sempre tenerseli in camera e in grembo,
ma avvezzargli tra la gente e ivi costumargli essere a
tutti riverenti, nè mai lasciargli soli, nè sedere in ozio
femminile, nè ridursi covando tra le femine....

Vantaggi dell'esercizio.

(Da *I Primi Tre Libri della Famiglia,* ed. cit., L. I, pp. 84-89).

LIONARDO. — .... Dicono i fisici [2] i quali lungo tempo
ànno notato e conosciuto quanto ne' corpi umani vaglia, l'esercizio conserva la vita, accende il caldo e vigore naturale, schiuma [3] le superflue e cattive materie,
fortifica ogni virtù e nerbo.[4] Ed è l'esercizio necessario
a' giovani, utile a' vecchi: e colui solo non faccia esercizio il quale non vuole vivere lieto, giocondo e sano.
Ed è l'esercizio una di quelle medecine naturali, colle
quali ciascuno può sè stesso senza pericolo alcuno me-

---

[1] Tesoriere d'Alessandro Magno: cacciato dalla corte macedone
con regali e denaro avrebbe indotto ·Demostene a desistere dalla oppo-
sizione assunta dapprima contro di lui. Lo racconta Plutarco nella Vita
di Demostene, § 25.

[2] Medici.

[3] Efficacissimo per l'immagine che rievoca del purificare l'acqua o
altro, togliendo colla schiuma le impurità: qui *elimina*.

[4] Energia e vigore.

dicare, come il dormire e il vegghiare, saziarsi e aste-
nere,[1] stare caldo e fresco, mutare aere, sedersi quieto,
ed esercitarsi più e manco ove bisogna. E soleano l'in-
fermi, uno tempo, solo colla dieta e collo esercizio pur-
garsi e raffermarsi.[2] A' fanciulli che sono per età sì
deboli, che quasi sostengono sè,[3] più si loda il giacere
in quiete molta e in lungo ozio, però che costoro, stando
troppo ritti e sofferendo fatica, s'indeboliscono. Ma a'
fanciulletti più forteruzzi e agli altri tutti troppo nuoce
l'ozio: empionsi per ozio le vene di flemma,[4] stanno
acquidosi[5] e scialbi, e lo stomaco sdegnoso, i nerbi
pigri e tutto il corpo tardo e addormentato; e più l'ingegno per troppo ozio s'appanna e offuscasi, ogni virtù
nell'animo diventa inerte e straccuccia.[6] E, per contrario, molto giova l'esercizio: la natura si vivifica, i
nervi s'ausano[7] alle fatiche, fortificasi ogni membro,
assottigliasi il sangue, impongono le carni sode,[8] l'ingegno sta pronto e lieto. Nè accade per ora riferire,
quanto sia l'esercizio utilissimo e molto necessario a
tutte l'età e in prima a' giovani. Vedilo come sieno
più i fanciulli allevati in villa alla fatica e al sole robusti e fermi, che questi nostri cresciuti nell'ozio e nel-
l'ombra, come diceva Columella,[9] a' quali non può la
morte aggiugnervi di sozzo[10] più nulla. Stanno palli-
ducci, seccucci, occhiaie e mocci; e però giova ausarli
alle fatiche, sì per renderli più forti, sì ancora, per
non li lasciare sommergere dall'ozio e inerzia, usargli
a ogni cosa virile. E anche lodo coloro, i quali costu-
mano i figliuoli sofferire col capo scoperto e il piè
freddo, molto vegghiare addrento alla notte, levare

---

[1] Dal cibo.
[2] Ristabilirsi in forze.
[3] Che a mala pena si reggono.
[4] I vecchi medici così chiamavano uno dei quattro umori costitutivi
del sangue e cioè una mucosità umida e fredda, che rendeva alieni dal-
l'agire e dal reagire coloro, nei quali prevaleva.
[5] Linfatici, diremmo noi.
[6] Diminutivo che getta maggior discredito sul bambino cui si rife-
risce, a differenza del *forteruzzi* ove vuole temperare il comparativo.
[7] Si abituano.
[8] Non si tratta di carne, che potrebbe essere anche effetto di pin-
guedine, ma di muscoli robusti e asciutti.
[9] Lucio Giulio Moderato di Cadice, vissuto sotto l'imperatore Clau-
dio e autore del *De re rustica*; nella prefazione trovi un passo, da cui
evidentemente ha tradotto le parole che seguono subito dopo.
[10] Sono così spettrali che la Morte non può renderli più di quanto
già non sieno: sono le parole di Columella,

avanti il sole, e nell'avanzo [1] dar loro quanto richiede
l'onestà e quanto bisogna a imporre e a confermarsi [2] la
persona: assuefarli adunque in queste necessitadi e così
farli quanto si può virili, però che le giovano più molto
non nocendo, che elle non nuocono non giovando. [3]
Così volse Licurgo, quello prudentissimo re de' Laceni,
che i cittadini suoi s'ausassino da piccoli non con vezzi
ma nelle fatiche, non in piazza co' sollazzi ma nel
campo coll'agricoltura e con gli esercizii militari: e
quanto bene conoscea potere assai l'esercizio in ogni
cosa! Non sono eglino pur tra noi alcuni destri e forti
diventati, quali prima erano deboli e disadatti, e alcuni
per veemente esercizio sono riusciti ottimi corridori,
saltatori, lanciatori, e saettatori, quali prima a tutte
queste cose erano rozzissimi e inutilissimi? [4] Demostene ateniese, oratore, non fec'egli collo esercizio la
lingua agile e versatile? Il quale, avendo le parole da
natura pigre e aggroppate, si empiva la bocca di cal-
culi [5] e appresso de' liti con molta voce declamava.
Giovògli questo esercizio tanto, che niuno poi era più
di lui soave a udirlo, niuno quanto lui netto e spic-
cato a proferire. Può adunque di certo l'esercizio assai,
non solamente d'uno languido e cascaticcio farlo fresco
e gagliardo, ma più ancora d'uno scostumato e vizioso
farlo onesto e continente; d'un debole ingegno, pos-
sente; d'una inferma memoria farla tenacissima e fer-
missima. Nessuno vezzo [6] è sì strano, nè sì indurato in
te che in pochi dì una tua ferma diligenzia e sollecitudine non lo emendi, nè lo rimuti. Scrivono che Stil-
pone [7] megarese, filosofo, da natura era inclinato a
essere ubbriaco e lussurioso, ma con esercitarsi in asti-
nenza e virtù vinse la sua quasi natura [8] e fu sopra gli
altri costumatissimo. Virgilio, quel nostro divino poeta,
da giovane fu amatore; e così di molti altri si scrive,

---

[1] Nel resto.
[2] A formare ed a irrobustire il corpo.
[3] Quando non nuociono giovano assai più di quello che possan nuocere quando non giovano.
[4] L' A. qui doveva pensare al suo caso personale: chè i biografi
sono concordi nel dire ch' egli colla ginnastica e col moto riuscì a rafforzare mirabilmente il corpo per natura debole e gracile.
[5] Sassolini.
[6] Abitudine.
[7] Discepolo d' Euclide: la notizia riferita da Cicerone (*De fato,* 5).
[8] Il vizio così radicato da esser divenuto una seconda natura.

i quali per consuetudine o per corrotto ingegno avevano in sè qualche vizio, poi con studio esercitandosi
in cose lodatissime, sè corressero, Nè può solo nel
corpo tanto l'esercizio, ma nell'animo ancora tanto potrà, quanto vorremo colla ragione seguire. Metrodoro,
quel filosofo antico, il quale fu ne' tempi di Diogene
cinico,[1] tanto acquistò con uso e con esercitarsi la memoria, che non solo referiva cose insieme dette da molti,
ma ancora con quel medesimo ordine e sito profferiva
le medesime loro parole. Che diremo noi di quel sidonio
Antipatro, il quale solea per molta esercitazione ed
uso, esametri, pentametri, i lirici, comici, tragèdi, ed
ogni ragion di versi, ragionando di qualunque propo-
sta materia, esprimere e continuato proferirgli senza
punto prima avergli pensato? A costui, per molto avervi
l'ingegno esercitato, fu possibile e facile fare quello,
quale a' meno esercitati, eruditi, con premeditazione e
spazio, si vede esser faticoso. Se in costoro in cose sì
difficili l'esercitarsi tanto valse, chi dubita quanto sia
grandissima la forza dell'esercizio? Ben lo conoscevano
i Pitagorici, i quali fermavano con esercizio la memoria, riducendosi ogni sera a mente qualunque cosa fatta
il dì. E forse questo medesimo gioverìa a' fanciulli,
ascoltare ogni sera quello, che il giorno avessero imparato. E mi rammenta che nostro padre spesso, non
bisognando, ci mandava con imbasciate a più persone,
solo per esercitarci la memoria; e spess'ora di molte
cose voleva udire il parer nostro per acuirci e destarci
l'intelletto e l'ingegno, e molto lodava, chi meglio avesse
detto per incenderci a contenzione d'onore. E così sta
bene a' padri in molti modi provare l'ingegno de' suoi;
star sempre desto; notare in loro ogn'atto e cenno;
quelli che sono virili e buoni, trarli innanzi e lodarli;
quegli che sono pigri e lascivi, emendarli, farli esercitare, secondo tempi, quanto bisogna. Esercitarsi colla
persona subito drieto al pasto si dice che nuoce; muo-
versi innanzi al cibo e affaticarsi alquanto non nuoce,
ma straccarsi non giova. Esercitare l'ingegno e l'animo
in virtù in qualunque ora, in ogni luogo, in tutte le

---

[1] Metrodoro di Scepsi ministro di Mitridate VI visse due secoli
circca dopo Diogene; di lui parla CIC., De or., 11, 88. Forse è confuso
col Metrodoro di Chio: fu un virtuoso della memoria come il contemporaneo Antipatro di Sidone, che destava la meraviglia di tutti pei ver-
che riusciva a ricordarsi (CIC., De or., III, 50).

cose, è lodatissimo. Piglinsi i padri questa faccenda
adunque none a maninconia, ma più tosto a piacere.
Tu vai alla caccia, alla foresta, affatichiti, sudi, stai la
notte al vento, al freddo, il dì al sole e alla polvere,
per vedere correre, per pigliare; èt'egli manco piacere
veder concorrere due o più ingegni ad attingere la virtù?
Ètt'egli manco utile con tua lodatissima e giustissima
opera vestire e ornare il tuo figliuolo di costumi e civiltà, che tornare sudato e stracco con qualunque sal-
vaggiume? Adunque i padri con piacere incitino i figliuoli a seguire virtù e fama, confortingli concorrere
ad attignere onore, festeggino chi vince, godano d'avere
i figliuoli presti e avidi a meritare lode e pregio.

Dare ai figli prima di tutto forza d'animo!

(Ibid., L. I, pp. 89-93).

LIONARDO. — Quale dee pesare[1] più al padre, o la
bottega, lo stato, la mercatanzia, o il bene e salva-
mento del figliuolo? Solea dire Crates,[2] quello antico
e famosissimo filosofo, se a lui fosse licito, salirebbe
in sul più alto luogo della terra, e griderebbe: « O cittadini, o stolti, dove ruinate voi? Seguite voi con
tante fatiche, con tanta sollecitudine, con tante innumerabili arti e infinito affanno questo vostro coadunare
ricchezze? e di quelli, a cui avete e le volete lasciare,
non vi curate, non vi avete pensiero alcuno nè diligenzia? ». De' figliuoli adunque si vuole avere cura
imprima; e poi delle cose, le quali noi procuriamo, perchè siano utili e commode a' nostri figliuoli. E sarebbe
non sanza stultizia non far che questi, per chi tu acquisti roba, meritino d'averla e possederla; e sarebbe poca
prudenzia volere, che i figliuoli tuoi avessero a tra-
scinare[3] e governare cose, quali e' non conoscessero,
nè sapessino, quanto si debba, maneggiare. Nè sia chi
stimi le ricchezze se non faticose e incommode a chi
non sa bene usarle; e sarà non dannosa ogni ricchezza
a colui, il quale non la saprà bene usare e conservare.

---

[1] Stare a cuore come noi usiamo il verbo premere nei modi di dire
mi preme, ti preme ecc.
[2] Cratete, ma deve essere sbaglio per *Socrates,* essendo il discorso
che più sotto si riporta ricavato dal trattato *Dell' educazione de' figli* di
Plutarco, che tali parole attribuisce a Socrate.
[3] Trattare.

Nè a me piacerebbe chi donasse un cavallo gagliar-
dissimo e generosissimo a un, che non ben lo sapesse
cavalcare. E chi dubita gl'impedimenti [1] e istrumenti
da far il vallo,[2] da nutrire l'esercito, da contenere
gl'impeti ostili, l'armi da propulsare e seguire fugando
gl'inimici, e così simili altre molte cose essere allo
esercito non men utili che necessarie? Ma qual isciocco
non conosce lo esercito ivi essere inutile, ove o d'arme
o d'impedimenti sia troppo grave? E qual prudente
non giudica tutte quelle medesime cose, le quali mo-
derate giovano, allora nuocere, quando siano immode-
rate? Sono l'arme, quanto basta, utilissime a difendere
la salute propria e ad offendere il nimico: le troppe
armi certo ti convien o gittarle per vincere o perdere
per servarle. Adunque era meglio venire a vincere
senza quello pericoloso incarco che, dubitando perdere,
convenirtene iscaricare. Nè mai nave alcuna stimo io
si potrà riputar sicura, quando di cose, benchè al sicuro navicar utilissime, remi, sartie, e vele sia superchio carica. Suol in ogni cosa non meno esser dannoso
quel, che v'è troppo, che utile quel che basta. Nè sarà
poca ricchezza a' figliuo' nostri lasciarli che, da parte
niuna, cosa necessaria alcuna loro manchi; e sarà di
certo ricchezza lasciare a' figliuoli tanto de' beni della
fortuna, che non sia loro forza dire quella acerbissima
e agli ingegni liberali odiosissima parola, cioè: *Io ti
prego*. Ma certo sarà maggior eredità lasciar a' figliuoli
tale instituzion d'animo, che sappino più tosto soffrire
la povertà, che indursi a pregare o servire per ottenere
ricchezze. Assai ti sarà grande eredità quella, la qual
satisfarà non tanto a tutte le tue necessità, ma e [3] alle
voglie. Chiamo io voglia solo quella, qual sia onesta:
le voglie inoneste a me sempre parsero più tosto furore di mente e vizio d'animo corrotto che voglie....
Però si vuole insegnare a' tuoi virtù, farli imparare
reggere sè imprima ed emendare gli appetiti e le
volontà sue; instituirli che sappiano acquistar lodo,
grazia e favore; ammaestrarli che sieno dotti, come
nell'altre cose civili, così a conservarsi onore e benivolenzia. Già però chi non sarà ignorante in questo

---

[1] Bagagli, carriaggi.
[2] Il terrapieno.
[3] Nel senso della cong. *et* latina usata per *etiam*: ma anche.

modo ad esornarsi di fama e dignità, per certo sarà saputo [1] e dotto [2] a conquistare e conservare ogn'altra
minor cosa.

L'educazione letteraria nei fanciulli.

(Ibid., L. I, pp. 121-127).

E voi, giovani, quanto fate, date molta opera agli
studj delle lettere; siate assidui; piacciavi conoscere
le cose passate e degne di memoria; giovivi comprendere i buoni e utilissimi ricordi; gustate il nutrirvi
l'ingegno di leggiadre scienzie; dilettivi ornarvi l'animo
di splendidissimi costumi: cercate nell'uso civile abbondare di maravigliose gentilezze: studiate conoscere le
cose umane, quali con intera ragione sono accomodate
alle lettere. Non è sì soave, nè sì consonante congiunzione di voci e canti, che possa agguagliarsi alla con-
cinnità e eleganzia di un verso di Omero, di Virgilio,
o di qualunque degli altri poeti. Non è sì dilettoso, nè
sì fiorito spazio alcuno, quale in sè tanto sia ameno e
grato, quanto la orazione di Demostene o Tullio o Livio o Senofonte, o degli altri simili soavi e da ogni
parte perfettissimi oratori. Niuna è sì premiata fatica,
se fatica si chiama piuttosto che spasso e ricreamento
d'animo e d'intelletto, quanto quella del leggere e rivedere buone cose assai; tu ne sei abbondante d'esempli, copioso di sentenzie, ricco di persuasioni, forte d'argomenti e ragioni, fai ascoltarti; stai tra' cittadini udito
volentieri; miranti, lódanti, ámanti. Non mi estendo,
chè troppo saria lungo il recitare quanto sieno le lettere,
non dico utili, ma necessarie a chi regge e governa le
cose; nè descrivo, quanto elle sieno ornamento alla repubblica. Dimentichianci noi Alberti (così vuole la nostra fortuna testé),[3] dimentichianci le nostre antiche lodi,
utili alla repubblica e conosciute ed amate da' nostri
cittadini, nelle quali fu sempre adoperata la famiglia

---

[1] Sarà capace di ornarsi.
[2] Ed abile ecc.
[3] Allude al fatto che gli Alberti, come avversari politici dei Medici,
che venivan prendendo sempre maggior potere, furon da questi com-
battuti, esclusi da quelle cariche onorifiche, a cui i loro antenati ed essi
stessi fino a qualche anno prima che i Medici non fosser saliti in tanta
potenza erano stati ripetutamente eletti. Si sente un' eco di profonda melanconia in quel *dimentichianci.*

nostra, solo per la gran copia de' litterati prudentissimi
uomini, quali sopra tutti gli altri al continuo nella nostra famiglia Alberta fiorirono. S'egli è cosa alcuna, o
che stia benissimo colla gentilezza, e che alla virtù degli
uomini sia grandissimo ornamento; o che alla famiglia
dia grazia, autorità e nome, certo le lettere sono quelle,
senza le quali si può reputare essere in niuno vera gentilezza, senza le quali raro si può stimare in alcuno
essere felice vita, senza le quali non bene si può pensare
compiuta e ferma alcuna famiglia. Facciano adunque
i padri, che i fanciulli si dieno alli studj delle lettere
con molta assiduità; insegnino a' suoi intendere e scrivere molto corretto, nè stimino averli insegnato, se non
veggono in tutto i garzoni fatti buoni scrittori e lettori;
e sarà forse quasi simile qui mal sapere la cosa, o nolla
sapere.[1] Apprendano dipoi l'abbaco, e insieme, quanto
sia utile ancora, veggano geometria: le quali due sono
scienzie atte e piacevoli a' fanciulleschi ingegni, e in
ogni uso ed età non poco utili. Poi ritornino a gustare
i poeti, oratori e filosofi; e soprattutto si cerchi avere
solleciti maestri, da' quali i fanciulli non meno imparino costumi buoni e lettere. E arei io caro, che i miei
si ausassero co' buoni autori; imparassero grammatica
da Prisciano e da Servio,[2] e molto si facessino familiari
non a cartule e gregismi,[3] ma sopra tutti a Tullio, Livio
e Sallustio, ne' quali singularissimi ed emendatissimi
scrittori, dal primo ricevere di dottrina, attingano quella
perfettissima e splendidissima aere di eloquenzia[4] con
molta gentilezza della lingua latina. Allo intelletto, si
dice, interviene non altrimenti che a uno vaso; se dapprima tu vi metti cattivo liquore, sempre da poi ne
saprà.[5] Però si vogliono fuggire tutti questi scrittori
crudi e duri, seguire que' dolcissimi e soavissimi, avergli in mano, non mai restar di leggerli, recitarli spesso,
mandarli a memoria. Non però biasimo la dottrina d'alcuno erudito e copioso scrittore, ma bene propongo i
buoni: e avendo copia di perfetti, mi spiace chi pigliasse

---

[1] Un' infarinatura, come si suol dire, in fatto di cultura è lo stesso
che essere ignoranti completamente.
[2] Di Cesarea il primo, grammatico del quinto secolo; celebre com-
mentatore dell' Eneide il secondo: fiorì sotto Teodosio.
[3] Appunti e grecismi come per dire: pedanterie.
[4] Lo splendido impeto oratorio....
[5] Ne conserverà il sapore.

i mali. Cerchisi la lingua latina in quelli, i quali l'ebbono netta e perfettissima; negli altri togliànci le altre
scienzie, delle quali e' fanno professione. E conoscano
i padri, che mai le lettere nuocono, anzi sempre a qualunque si sia esercizio molto giovano. Di tanti letterati,
quanti nella casa nostra sono stati, certo egregi e singolari, niuno per le lettere mai all'altre faccende fu se
non utilissimo. E quanto la cognizione delle lettere
sia a tutti sempre nella fama e nelle cose giovata, testè
non bisogna proseguire. E non credete però, Adovardo,
che io voglia che i padri tengano i figliuoli incarcerati
al continuo tra' libri; anzi lodo, che i giovani spesso
e assai quanto per recrearsi basta, piglino de' sollazzi.
Ma siano tutti i loro giuochi virili, onesti, senza sentire di vizio o biasimo alcuno; usino que' lodati esercizj, a' quali i buoni antichi si davano. Giuoco, ove
bisogni sedere, quasi niuno mi pare degno d'uomo virile. Forse a' vecchi se ne permette alcuno; scacchi e
tali spassi da gottosi; ma giuoco niuno, senza esercizio
o fatica, a me pare, che a' robusti giovani mai sia lecito. Lascino i giovani non dessidiosi,[1] lascino sedersi
le femmine, e impigrirsi; loro in sè piglino esercizj,
che muovino la persona in ciascuno membro: saettino,
cavalchino, e seguino gli altri virili e nobili giuochi.
Gli antichi usavano l'arco: ed era una delicatezza de'
signori uscire in pubblico colla faretra e l'arco, e era
loro scritto [2] a laude il bene adoperarli. Trovasi di Domiziano Cesare, che fu sì perito dell'arco, che tenendo
un fanciullo per segno la mano aperta, costui faceva
saettando passare lo strale fra tutti gli intervalli di que'
diti. E usino i nostri giovani la palla, giuoco antichis-
simo e proprio alla destrezza, quale si loda in persona
gentile. E solevano i supremi principi molto usare la
palla, e fra gli altri Caio Cesare [3] molto in quest'uno
degnissimo giuoco si dilettò. . . . .
Nè mi dispiaceria, che i fanciulli avessino per esercizio il cavalcare, imparassino a stare nelle armi, usas-
sino correre, e volgere e in tempo ritenere il cavallo,
per potere al bisogno esser, contro gl'inimici, alla pa-

---

[1] Pigri, lenti dal lat. *desidia*, che vuol dire pigrizia.
[2] Ascritto.
[3] Per Domiziano v. Suet, *Fl. Dom.*, § 19; e per Cesare Macrobio,
Sat., II, 6, 5.

tria utili. Solevano gli antichi, per consuefare la gioventù a' questi militari esercizj, far quei giuochi troiani,
quali bellissimi nella *Eneide* descrive Virgilio.[1] . . .

E così amerei io ne' nostri da piccoli si dessino, e
insieme colle lettere imparassino questi esercizj e de-
strezze nobili, e in tutta la vita non meno utili che
lodate: cavalcare, schermire, nuotare, e tutte simili
cose, quali in maggiore età spesso nuocono nolle sapere.
E se tu vi poni mente, troverai tutte queste essere necessarie all'uso e vivere civile,

Lodi della masserizia.

(Ibid., L. III, pp. 297-303).

GIANNOZZO. — A chi vuole parere non pazzo, gli
sta necessità esser massaio[2] più che spendente. Ma, se
Dio t'aiuti,[3] perchè non s'ha egli da volere prima[4]
essere massaio più che spendente? Queste spese, credete
a me, li quali omai per prova uso e per prova intendo
qualche cosa, queste simili spese non molto necessarie,
tra savi sono non lodate. E mai vidi, e così stimo vedrete mai fatta sì grande nè sì abbondanti spesa, nè
sì magnifica, ch'ella non sia da infiniti per infiniti
mancamenti, biasimata;[5] sempre v'è stato o troppo
quella, o manco quell'altra cosa! Vedetelo se uno apparecchia un convito, benchè il convito sia spesa civi-
lissima,[6] e quasi censo e tributo[7] a conservare la beni-
volenza, e contenere familiarità fra gli amici. Lasciamo
addietro il tumulto, la sollecitudine, gli altri affanni;
quello si vorrà; questo bisognerà; anzi quest'altro; il

---

[1] Ne trovi la descrizione là dove si parla della partecipazione presa
da Ascanio ai ludi che Enea celebrò in onore dell'anniversario della
morte di Anchise (*Aen.*, L. V, 66).
[2] Economo, amministratore, e *masserizia* nel linguaggio dell'A. significa l'arte di fare economia.
[3] Formula deprecativa familiare per indicare la benevolenza con cui
ci rivolgiamo al nostro interlocutore, corrisponde al moderno: Dio ti
benedica!
[4] Piuttosto.
[5] Allude ai mille commenti non troppo benevoli, coi quali generalmente sono accolte spese fatte con certa larghezza.
[6] Una spesa non solo giustificata, ma voluta dalle consuetudini di
civile convivenza.
[7] Una tassa, diremmo noi, che si paga all'amicizia. Vuol mettere in
chiaro, che le spese per un banchetto o una festa non dipendono del tutto
da noi, sì da potere essere considerate spese di lusso, ma talora ci sono
imposte. Con tutto ciò, sono argomento d'infinite critiche e d'infiniti
commenti.

trambusto, la seccaggine, chè prima ti senti stracco,
che tu abbi cominciato a disponere alcuno apparecchio.
E anche passiamo il gittar via la roba in scialacqua-
menti, strusciamenti[1] per tutta la casa: nulla può stare
serrato; perdesi questo; domandasi quest'altro; cerca
di qua; accatta da colui: compera, spendi, rispendi,
gitta via! Aggiugni qui dipoi, i ripitii[2] e molti pentimenti, quali tu e col fatto e dopo nell'animo porti:
che sono affanni e stracchezze inestimabili e troppo
dannose. Delle quali tutte, spentone il fumo alla cucina,
spenta n'è ogni grazia, Lionardo, ogni grazia! E appena ne se' guardato in fronte; e se la cosa è ita alquanto assettata,[3] pochi ti lodano di veruna tua pompa,
e molti ti biasimano di poca larghezza. E hanno questi molto bene ragione: ogni spesa non molto necessaria non veggo io possa venire se non da pazzia: e
chi in cosa alcuna diventa pazzo, gli fa mestiero ivi
in tutto essere pazzo; imperocchè volere essere con
qualche ragione pazzo, sempre fu doppia e incura-
bile pazzia. Ma lasciamo andare tutte queste cose, quali
sono piccole a petto a queste altre, quali testè diremo.
Queste continue spese del convivere e onorare gli amici
possono una o due volte l'anno venire, e seco portano
ottima medicina; chè chi una volta le prova, se già
costui non sarà fuori di sè, credo fuggirà la seconda.
Vieni tu stesso, Lionardo, qui appresso un poco pensando; pon mente, che niuna cosa più sarà atta a fare
rovinare, non solo una famiglia, ma un comune, un
paese, quanto sono questi.... come li chiamate voi nei
vostri libri, questi, i quali spendono senza ragione? —
LIONARDO. Prodighi. — GIANNOZZO. Chiamali come tu
vuoi: se io avessi di nuovo a imporli nome, che potrei
io chiamarli, se non molto male che Iddio loro dia?
Sviati ch'e'sono da sè, molto e' sviano altrui.[4] L'altra
gioventù (com'è corrotto ingegno de' giovani trarre
piuttosto ai sollazzosi luoghi che alla bottega, ridursi
piuttosto tra' giovani spendenti che tra' vecchi massaj)
veggono questi tuoi prodighi abbondare d'ogni sollazzo:
subito ivi s'accostano; dànnosi con loro alle lascivie,

---

[1] Logoramenti, guasti.
[2] Le recriminazioni.
[3] Con aggiustatezza, ma senza sfoggi.
[4] Quanta verità in queste osservazioni!

alle delicatezze; fuggono i lodati esercizj; pongono la
loro gloria e felicità in gettar via; non amano essere,
quanto si richiede, virtuosi; poco stimano ogni masserizia! Vero? E chi di loro mai potesse [1] diventare
virtuoso, vivendo assediato da tanti assentatori,[2] ghiotti,
bugiardi, e da tutte le turme de' vilissimi e disone-
stissimi uomini, trombetti, sonatori, danzatori, buffoni,
frastagli, livree e frange; e forse che tutta questa bri-
gatina non concorre a fare cerchio in su l' uscio a chi
sia prodigo, come a una scuola e fabbrica de' vizi?
Onde i giovani, usati a tale vita, non sanno uscirne,
e per continuarvi (Dio buono!), che non fanno egli di
male? Rubano il padre, parenti, amici; impegnano,
vendono; e chi mai potrebbe di tanta perversità dirne
a mezzo? Ogni dì senti nuovi richiami; ognora vi
cresce fresca infamia; al continuo si stende maggior
odio, e invidia e nimistà e biasimo! Alla fine, Lionardo mio, questi prodigi si truovano poveri; e in
molta età, senza lodo, con pochissimi, anzi con niuno
amico. Imperocchè quelli goditori lecconi,[3] quali e' ri-
putavano in quelle grandi spese essere amici, e quelli
assentatori [4] bugiardi, i quali lodavano e chiamavano
virtù lo spendere, cioè il diventare povero; e col bicchiere in mano giuravano e promettevano versare la
vita, [5] tutti questi sono fatti, come tu vedi, i pesci:
mentre che l'esca nuota a galla, i pesci in grande
quantità germogliano; dileguata l'esca, solitudine, di-
serto!... Non mi voglio stendere in questi ragionamenti,
nè dartene esemplj, o raccontarti quanti io n'abbia con
questi occhi veduti, prima ricchissimi, poi, per sua
poca masserizia, stentare, Lionardo, chè sarebbe lunga
narrazione! non ci bastarebbe il dì! Sì che, per essere
brieve, dico così: quanto la prodigalità è cosa mala,
così è buona, utile e lodevole la masserizia. La masserizia nuoce a niuno, giova alla famiglia. E dicoti:
conosco la masserizia sola essere sufficiente a mante-
nerti, chè mai arai bisogno d'alcuno. Santa cosa la masserizia! e quante voglie lascive, e quanti disonesti appetiti ributta indietro la masserizia! La gioventù pro-

---

[1] Potrebbe.
[2] Adulatori, lusingatori.
[3] Parassiti.
[4] V. n. 2.
[5] Dar la vita per voi.

diga e lasciva, Lionardo mio, non dubbiare, sempre
fu attissima a ruinare ogni famiglia; i vecchi massari
e modesti sono la salute della famiglia. E' si vuol esser massaio, non fosse questo per altro, se non che a
te stesso resta nell'animo una consolazione maravigliosa
di viverti bellamente con quello, che la fortuna a te
concesse: e chi vive contento di quello, che possiede,
a mio parere non merita essere riputato avaro. Questi
spendenti veramente sono avari; i quali perchè non
sanno saziarsi da spendere, così mai si sentono pieni
di acquistare, e d'ogni parte predare questo e quello.
Non stimassi tu però essermi grata alcuna superchia
strettezza! Ben confesso questo; a me pare da dislo-
dare troppo uno padre di famiglia, se non vive piuttosto massaio che godereccio.

La villa.

(Ibid., L. III, pp. 377-395).

Giannozzo. — Io mi comprerei la possessione de' miei
danari, che fusse mia, poi e de' figliuoli miei, e così
oltre de' nipoti miei, acciocchè io con più amore la
facessi governare bene e molto coltivare, e acciocchè
i miei rimanenti, in quell'età, prendessono frutto delle
piante e delle opere, quali io vi ponessi. — Lionardo.
Vorreste voi campi da ricôrre tutto in un sito insieme,
quanto dicevate: grano, vino, olio, e strame e legne?
— Giannozzo. Vorrei, potendolo. — Lionardo. Or di-
temi, Giannozzo: a volere buono vino bisogna la costa
e il solìtìo; - a fare buono grano, si richiede l'aperto
piano, morbido e leggiero; le buone legne crescono
nello aspero e alla grippa;[2] il fieno nel fresco e mol-
liccio. Tanta adunque diversità di cose, come trovere-
ste voi in uno solo sito? Che dite, Giannozzo? stimate
voi si trovino simili molti siti atti a vigna, semente,
boschi e pascoli? E trovandoli, credereste voi averli a
pregio non carissimo? — Giannozzo. Quanto sì! ma
pure, Lionardo mio, io mi ricordo a Firenze quanti
sieno degni altri assai, e ancora quelli nostri luoghi,[3]
quelli di messer Benedetto, quelli altri di messer Nic-

---

[1] L'esposizione al mezzogiorno.
[2] Su pe' greppi. Più comunemente, greppo.
[3] Possessi, poderi.

colaio, quelli di messer Cipriano e quelli di messer Antonio, e gli altri de' nostri Alberti, a' quali tu non
desideriresti cosa più niuna. Posti in aere cristallina,
in paese lieto, per tutto bell'occhio,[1] rarissime nebbie,
non cattivi venti, buone acque, sano e puro ogni cosa.
Ma tacciamo di quelli, i quali sono palagi de' signori,
e più tengono forma di castella che di ville. Non ci
ricordiamo al presente delle magnificenzie alberte, dimentichianci quelli edificj superbi e tanto ornatissimi,
ne' quali molti, vedendovi testè nuovi abitatori trapas-
sano sospirando e desiderandovi le antiche fronti[2] e
cortesie nostre alberte.[3] Dico, cercherei comprare la
possessione, ch'ella fosse tale, quale l'avolo mio Caroccio, nipote di messer Iacopo iurisconsulto e padre
di quello nostro zio messer Iacopo, di cui nacque il secondo Caroccio Alberto, solea dire voleano essere le
possessioni: che portandovi uno quartuccio di sale, ivi
si potesse tutto l'anno pascere la famiglia.[4] Così adunque farei io: provvederei, che la possessione in prima
fosse atta a darci tutto quello bisognasse per pascere
la famiglia; e se non tutto, almeno insieme le più necessarie cose: pane e vino. E per la via d'andare alla
possessione, o ivi presso, torrei il prato, per potere,
andando e rivenendo, porre mente, se cosa ivi mancasse;
e così sempre per quivi farei la via, rivedendo tutti i
campi e tutta la possessione; e molto vorrei, o tutto
insieme o ciascuna parte bene vicina, per meglio po-
terli spesso, senza troppa occupazione, tutti trascor-
rere . . . .
  Io cercherei questa possessione in luogo, dove nè
fiume, nè ruine di piove me gli potessero nuocere, e
dove non usassono furoncelli;[5] e cercherei ivi fosse
l'aria ben pura. Imperocchè io odo si trovano ville,
per altro fruttuose e grasse, ma ivi hanno l'aere pieno
di alcune minutissime e invisibili muscoline;[6] non si

---

[1] Bella veduta, o, com' ora direbbesi, bella prospettiva.
[2] La parte pel tutto: si allude ai volti ospitali che gli antichi Alberti
facevano a quanti alle loro ville si presentassero.
[3] Già altrove s' è trovato, come qui, *Alberto* in funzione di aggettivo:
le cortesie consuete agli Alberti. L' amarezza dell' A. per le belle ville che
alla sua famiglia eran state confiscate al tempo dell' esilio, apparisce da
queste parole.
[4] Un fondo a varia coltura che potesse offrire tutto il necessario
per vivere.
[5] Ladroncelli: dal lat. *fur furis.*
[6] Moscherini, moscini, moscerini.

sentono, ma passano, alitando, sin entro al pulmone,
ove giunte, si pascono; e in quel modo tarmano le
'nteriori, e uccidono gli animali ancora e molti uomini.

Però cercherei non manco d'avere ivi buono aere,
che buono terreno. In buono aere, se i frutti non crescono in grandissima quantità, come certo vi crescono,
quelli pur che vi crescono molto più sono saporiti,
molto più, che gli altri altrove, migliori. Aggiugnì qui
ancora, che la buona aere, riducendoti in villa, con-
ferma molto la sanità, e porgeti infinito diletto. E ancora, Lionardo mio, cercherei di avere la possessione
in luogo, donde i frutti e le ricolte mi venissono a casa
senza troppa vettura:[1] e potendola avere in luoghi non
lunghi dalla terra,[2] troppo mi piacerebbe; però che io
più spesso v'anderrei, spesso vi manderei, e ogni mattina andrebbe[3] per le frutta, per l'erbe e per fiori. E
anderemivi io stesso spassando per esercizio: e quelli
lavoratori, vedendomi spesso, raro peccherebbono; e
a me per questo porterebbono più amore e più riverenza, e così sarebbono più diligenti a' lavorii. E di
queste possessioni così fatte, poste in buona aere, lontane da diluvj, vicine alla Terra, atte a pane e vino,
credo io se ne troverębbe assai. E di legne in poco
tempo me la farei io fertilissima: imperò che mai re-
sterei di piantarvi così in sulle margini,[4] onde s'aug-
giasse[5] il vicino campo, non il mio. E vorrei allevare
ogni delicato e raro frutto. Farei, come solea messer
Niccolaio Alberti, uomo dato a tutte le gentilezze,
quale volse in le sue ville si trovassino tutti i frutti
nobilissimi, quali nascono per tutti i paesi. E quanta
fu gentilezza in quell'uomo! Costui mandò in Sicilia
per pini, i quali, nati, fruttano prima, ch'eglino aggiun-
gano al settimo anno: costui ancora negli orti suoi
volle pini, de' quali i pinocchi da sè nascono fessi; lo
scorzo dall'uno de' lati e rotto;[6] costui ancora di Pu-
glia ebbe quelli pini, i quali fruttano pignuoli collo

---

[1] Senza farle venire troppo di lontano, con spesa e perdita di tempo.
[2] Città.
[3] Per andrei: altri ci andrebbe, ci si andrebbe. Il testo del PALER-
MO: s' andrebbe.
[4] Sulle prode dei campi.
[5] In modo che l' ombra proiettata dagli alberi pregiudicasse al terreno altrui, non al mio.
[6] Meno elegantemente noi diremmo: colla scorza aperta dall' un dei
lati ecc. Nota il maschile per il fem. *scorza*.

scorzo tenerissimo, da frángelli[1] colle dita: e di questi
fece la selva. Sarebbe lunga storia raccontare, quanta
strana e diversa quantità di frutti quello uomo genti·
lissimo piantasse negli orti suoi, tutti di sua mano,
posti a ordine, a filo, da ⁓ardalli e lodalli volentieri.
E così farei io; pianterei molti e molti alberi con ordine, a un filo, però che così piantati, più sono vaghi
a vedelli, manco auggiano[2] i seminati, manco mungono[3]
il campo, e per côrre i frutti, manco si calpesta i lavorati. E are'mi grande piacere così piantare, inestare
e aggiugnere diverse compagnie[4] di frutti insieme; e
dipoi narrare agli amici, come, quando e onde io avessi
quelle e quelle altre frutte. Poi a me sarebbe, Lionardo
mio, che tu sappia, utile molto grande, se quelli piantati fruttassono bene; e se fruttassono, a me ancora
sarebbe utile: tagliare'gli per legne, ogni anno disve-
glierei i più vecchi e meno fruttiferi, ed ogni anno ivi
restituirei migliori piante . . . .
    Porge la villa utile grandissimo, onestissimo e cer·
tissimo; e pruovasi: qualunque altro esercizio s'intoppa
in mille pericoli; hanno seco mille sospetti, seguonli
molti danni, e molti pentimenti; in comperare, cura;
in condurre, paura; in serbare, pericolo; in vendere,
sollecitudine; in credere,[5] sospetto; in ritrarre,[6] fatica;
nel commutare, inganno. E così sempre degli altri
esercizj ti premono infiniti affanni e agonie di mente.
La villa sola sopra tutti si truova conoscente,[7] graziosa,
fidata, veridica: se tu la governi con diligenza e con
amore, mai a lei parerà averti satisfatto; sempre aggiugne premio a' premj. Alla primavera, la villa ti
dona infiniti sollazzi, verzure, fiori, odori, canti; sfor-
zasi in più modi farti lieto; tutta ti ride, e ti promette
grandissima ricolta: empieti di buona speranza e di
piaceri assai. Poi, e quanto la truovi tu teco alla state
cortese! Ella ti manda a casa ora uno, ora un altro
frutto; mai ti lascia la casa vuota di qualche sua libe-

---

[1] Frángelli, guardalli, lodalli, vedelli, serballo, riavello, consegnalle,
eseguille, ecc., per frangerli, guardarli, lodarli, vederli, serbarlo, riaverlo,
consegnarle, eseguirle, ecc.: idiotismi tuttora vivi.
[2] Danneggiano coll' ombra.
[3] Sfruttano, esauriscono.
[4] Qualità.
[5] Dare a credito.
[6] Guadagnare.
[7] Riconoscente.

ralità. Eccoti poi presso l'autunno: qui rende la villa
alle tue fatiche e a' tuoi meriti smisurato premio e co-
piosissima mercè; e quanto volentieri, e quanto abbondante, e con quanta fede! Per uno, dodici! Per uno
piccolo sudore, più e più botti di vino! E quello, che
tu aresti vecchio e tarmato in casa, la villa con grandissima usura te lo rende, nuovo, stagionato, netto e
buono. Ancora ti dona le passule, e le altre uve da
pendere e da seccare. E ancora a questo aggiugne, che
tu riempi la casa per tutto il verno di noci, pere e
pomi odoriferi e bellissimi. Ancora non resta la villa
di dì in dì mandarti de' frutti suoi più serotini.[1] Poi
neanche il verno si dimentica teco essere la villa libe-
rale; ella ti manda le legna, l'olio, ginepri e lauri per
quando ti conduca in casa dalle nevi e dal vento,[2]
farti qualche fiamma lieta e redolentissima. [3] E se ti
degni starti seco, la villa ti fa parte del suo splendi-
dissimo sole, e porgeti la leprettina, il caprio, il cervo,
che tu gli corra dietro avendone piacere, e vincendone
il freddo e la forza del verno.[4] Non dico de' polli, del
cavretto, delle giuncate, e delle altre delizie, quali
tutto l'anno la villa t'alleva e serba. Al tutto così è la
villa: si sforza a te in casa manchi nulla: cerca che
nell'animo tuo stia niuna malinconia; empieti di piacere e d'utile. E se la villa a te richiede opera alcuna,
non vuole, come quegli altri esercizj, tu ivi ti rattri-
sti, nè vi ti carchi di pensieri, nè punto vi ti vuole
affannato e lasso; ma piace alla villa la tua opera ed
esercizio pieno di diletto, il quale sia non meno alla
sanità tua che alla cultura utilissimo . . . . . .
. . . . Aggiugni qui, che tu puoi ridurti in villa e
viverti in riposo, pascendo la famigliuola tua, procurando tu stesso i fatti tuoi; la festa sotto l'ombra ra-
gionarti piacevole del bue, della lana, delle vigne e
delle semente, senza sentire romori o relazioni, o alcuna altra di quelle furie, quali dentro alla terra [5]
fra cittadini mai restano: sospetti, paure, maledicenti,
ingiustizie, risse e altre molte bruttissime a ragionarne

---

[1] Tardivi.
[2] Per la stagione in cui ti riconduci a ripararti in casa a cagiona
delle nevi e del vento: perifrasi per dire l'inverno.
[3] Profumata di aromi: pensa ai lauri ed ai ginepri (lat. *redolens*).
[4] Un accenno ai piaceri della caccia.
[5] V. n. 2 a p. 37.

cose, ed orribili a ricordarsene. In tutti i ragionamenti
della villa nulla può non molto piacerti: di tutte si ragiona con diletto; da tutti se' con piacere e volentieri
ascoltato. Ciascuno porge in mezzo quello, che conosce
utile alla cultura; ciascuno t'insegna ed emenda, ove
tu errassi in piantare qualche cosa, o sementare. Niuna
invidia, niuno odio, niuna malivolenzia ti nasce dal
coltivare e governare il campo. — LIONARDO. E anche
vi godete in villa quei giorni aerosi e puri, aperti e
lietissimi. Avete leggiadrissimo spettacolo, rimirando
quei colletti fronditi, e quelli piani verzosi, e quelli
fonti e rivoli chiari, che seguono saltellando e perden-
dosi fra quelle chiome dell'erba. [1] — GIANNOZZO. Sì,
Dio! uno proprio paradiso! E anche, quello che più
giova, puoi alla villa fuggire questi strepiti, questi tumulti, questa tempesta della terra, della piazza, del
palagio. Puoi in villa nasconderti, per non vedere le
ribalderie, le scelleraggini, e la tanta quantità di pes-
simi mali uomini, quali pella terra continuo ti farfal-
lano innanti agli occhi; quali mai restano di cicalarti
torno alle orecchie; quali d'ora in ora seguono, stridendo e mugghiando per la terra, bestie furiosissime e
orribilissime! Quanto sarà beatissimo lo starsi in villa!
felicità non conosciuta!....

Intimità familiari.

(Ibid., L. III, pp. 435-460).

Quando la donna mia fra pochi giorni fu rassicurata
in casa mia, e già il desiderio della madre e de' suoi
li cominciava essere meno grave; io la presi per mano,
e andai mostrandoli tutta la casa. E insegnàli suso
alto essere luogo per le biade; giù a basso, essere
stanza per vino e legne; mostràli ove si serba ciò,
che bisognasse alla mensa. E così per tutta la casa rimase niuna masserizia, quale la donna non vedesse, ove
stesse assettata, e conoscesse a che utilità si adoperasse.
Poi rivenimmo in camera mia, e ivi, serrato l'uscio, li
mostrai le cose di pregio; gli arienti, gli arazzi, le veste, le gemme, e dove queste tutte si avessono ne' luoghi loro a riposare. . . . .

---

[1] L'esteta cerca con gioia la parola più propria e suggestiva per
ricreare dinnanzi alla fantasia la bellezza del paesaggio.

Chè siate certi, figliuoli miei, non è prudenzia vivere, sì, che tutta la famiglia sappia ogni nostra cosa; e stimate minore fatica guardarvi da pochi che da tutti. Quello, 'l quale è saputo da pochi, più sarà sicuro a serballo: ancora, perduto, più sarà facile a riavello da pochi che da molti. Ed io per questo e per molti altri rispetti sempre riputai meno pericolo tenere ogni mia cosa preziosa, quanto si può occulta e serrata, in luogo rimoto dalle mani e occhi della moltitudine. Sempre volli quelle essere riposte in luogo, ov'elle si serbino salve e libere da fuoco e da ogni sinistro caso; e dove spessissimo, e per mio diletto, e per riconoscere [1] le cose, possa io solo, e con chi mi pare, rinchiudermi, senza lasciare di fuori a chi m'aspetta, cagione di cercare di sapere i fatti miei, più che io mi voglia. Nè a me pare a questo più atto luogo, che la propria camera mia, ove io dormo, in quale, come io diceva, volsi niuna delle preziose mie cose fosse alla donna mia occulta. Tutte le mie fortune domestiche gli apersi, spiegai e mostrai; soli i libri e le scritture mie e de' miei passati a me piacque, ed allora e poi sempre, avere in modo rinchiuse, che mai la donna le potesse, non tanto leggere, ma nè vedere. Sempre tenni le scritture non per le maniche de' vestiri,[2] ma serrate; e con suo ordine allogate nel mio studio, quasi come sagrate e religiose. In quale luogo mai diedi licenzia alla donna mia, nè meco nè sola v'entrasse; e più gli comandai, se mai s'abbattesse a mia alcuna scrittura, subito me la consegnasse. E per levargli ogni appetito; se mai desiderasse vedere o mie scritture o mie segrete faccende, io spesso molto gli biasimava quelle femmine ardite e baldanzose, le quali danno troppo opera in sapere i fatti fuor di casa o del marito, o degli altri uomini . . .

Così adunque feci: i segreti e le scritture mie sempre tenni occultissime; ogni altra cosa domestica, in quella ora e dipoi sempre mi parse lecito consegnalle alla donna mia, e lasciarle non in tanto a custodia sua, che io spesso non volessi e sapere e vedere ogni minuta cosa, e dove fusse e quanto stesse bene salva. E poi che la donna ebbe veduto e bene compreso, ove ciascuna cosa s'avesse a rassettare, io gli dissi: « Mo-

---

[1] Passare in rivista, controllare.
[2] Come dire, in vista di tutti; sotto gli occhi di tutti.

glie mia, quello che doverà essere utile e grato a te,
come a me, mentre che sarà salvo, e quello che a te
sarebbe dannoso e arestine disagio, se noi ne fussimo
straccurati, [1] di questo conviene a te ancora esserne
sollecita, non meno che a me. Tu hai veduto le nostre
fortune, le quali, grazia di Dio, sono tante, che noi
doviamo bene contentarcene; se noi sapremo conser-
valle, queste saranno utili a te, a me, e a' figliuoli nostri. Però, moglie mia, a te si appartiene essere diligente e averne cura, non meno che a me » . . . .

Rispose, e disse, che aveva imparato ubbidire il padre e la madre sua; e che da loro aveva comandamento, sempre obbedire me; e pertanto era disposta
fare ciò, che io gli comandassi. « Adunque, diss' io, moglie mia, chi sa obbedire il padre e la madre sua, tosto impara a satisfare al marito. Ma, dissi, sa' tu
quello che noi faremo? Come chi fa la guardia la notte
in sulle mura per la patria sua, se forse di loro qualcuno s'addormenta, costui non ha per male, se 'l compagno lo desta a fare il debito suo, quanto sia utile
alla patria; io, donna mia, molto arò per bene, se tu
mai vedrai in me mancamento alcuno, me n'avvisi; imperò che a quello modo conoscerò, quanto l'onore nostro,
l'utilità nostra ed il bene de' figliuoli nostri ti stia a
mente: così a te non spiacerà, se io te desterò, dove
bisogni: in quello, che io mancassi, supplisci tu; e così
insieme cercheremo vincere l'uno l'altro d'amore e di-
ligenzie. Questa roba, questa famiglia e i figliuoli che
nasceranno, sono nostri, così tuoi come miei: così miei
come tuoi; però qui a noi sta debito pensare, non
quanto ciascuno di noi ci portò, ma in che modo noi
possiamo bene mantenere quello, che sia dell'uno e
dell'altro. Io procurerò di fuori, che tu qui abbia in
casa ciò che bisogni; tu provvedi, nulla si adoperi
male » . . . .

E non potrei dirti con quanta riverenzia ella mi
rispondesse! Dissemi, la madre gli aveva insegnato a
filare, cucire, solo ed essere onesta ancora e obbediente;
che testè da me imparerebbe volentieri in reggere la
famiglia, ed in quello che io le comandassi, quanto a
me paresse d'insegnargli. . . . .

---

[1] Metatesi tanto frequente nei dialetti toscani per *trascurati*.

Nè ti dispiacerà udire in quanto bello modo io le ponessi in odio ogni liscio;[1] e perchè a voi sarà utilissimo avermi udito, ascoltatemi. Quando io ebbi alla donna mia consegnato tutta la casa, ridutti, come raccontai, serrati in camera e lei e io, c'inginocchiammo e pregammo Iddio ci desse facoltà di bene usufruttare quelli beni, de' quali la pietà e la beneficenzia sua ci aveva fatti partefici;[2] e ripregammo ancora con molta devotissima mente, ci concedesse grazia di vivere insieme con tranquillità e concordia molti anni lieti, e con molti figliuoli maschi; e a me desse ricchezza, amistà e onore; a lei donasse integrità e onestà, e virtù d'essere buona massaia.[3] Poi levàti diritti, dissi: « Moglie mia, a noi non basta avere di queste ottime e santissime cose pregatone Iddio, se in esse noi non saremo diligenti e solleciti, quanto più ci sarà lìcito, per quanto pregammo essere, e per asseguille.[4] Io, donna mia, procurerò con ogni mia industria e opera, d'acquistare quanto pregammo Iddio; tu il simile con ogni tua volontà, con tutto lo ingegno, con quanta potrei modestia, farai di essere esaudita e accetta a Dio in tutte le cose, delle quali pregasti. E sappi, che di quelle niuna sarà necessaria a te, accetta a Dio e gratissima a me e utile a' figliuoli nostri, quanto la onestà tua. La onestà della donna sempre fu ornamento della famiglia; la onestà della madre, sempre fu parte di dota alle figliuole; la onestà in ciascuna sempre più valse che ogni bellezza. Lodasi il bello viso; ma e' disonesti occhi lo fanno lordo di biasimo, e spesso, troppo acceso di vergogna o pallido di dolore e tristezza di animo. Piace una signorile persona: ma uno disonesto cenno, un atto di incontinenzia, subito la rende vilissima. La disonestà dispiace a Dio: e vedi, che di niuna cosa tanto si truova Iddio essere severo punitore contro alle donne, quanto della loro poca onestà: rendele infami, e in tutta la vita male contente. Vedi la disonestà essere in odio a chi veramente e di buon amore

---

[1] Belletto o tintura.
[2] Partecipi.
[3] Par di vederla sorgere innanzi alla fantasia questa coppia di sposi del buon tempo antico, che sentivano fortemente Dio e della famiglia avevano una vera e propria religione. Pel valore del sost. *massaio* vedi il brano precedente.
[4] Dal latino *adsequor*: conseguirle, diremmo noi.

ama; e sente costei la disonestà sua solo essere grata
a chi a lei sia inimico; e a chi solo piace ogni nostro
male e ogni nostro danno, a costui solo può non di-
spiacere vederti disonesta. Però, moglie mia, si vuole
fuggire ogni spezie di disonestà, e dare modo di parere [1] a tutti onestissima: chè, a quello modo faresti
ingiuria a Dio, a me, a' figliuoli nostri e a te stessa:
e a questo modo acquisti lodo, pregio e grazia da tutti,
e da Dio potrai sperare le preghiere ed i voti tuoi essere non poco esauditi. Adunque, volendo essere lodata
di tua onestà, tu fuggirai ogni atto non lodato, ogni
parola non modesta, ogn'indizio d'animo non molto
pensato e continente. Ed in prima arai in odio tutte
quelle leggerezze, con le quali alcune pazze femmine
studiano piacere agli uomini, credendosi così lisciate, [2]
impiastrate e dipinte, in quelli loro abiti lascivi e ino-
nesti più essere agli uomini grate, che mostrandosi
ornate di pura semplicità e vera onestà. Chè bene sono
stultissime e troppo vane femmine, ove porgendosi lisciate e disoneste, credono essere da chi le guata lodate, e non s'avveggono del biasimo loro e del danno.
Non s'avveggono (meschine!), che con quelli indizj di
disonestà, elle allettano le turme de' lascivi: e chi con
improntitudine, e chi con assiduità, chi con qualche
inganno, tutti l'assediano e combattonle per modo, che
la misera e isfortunatissima fanciulla cade in qualche
errore, d'onde mai si lieva, se non tutta brutta di molta
e sempiterna infamia . . . .

Tutte le mogli sono, a' mariti, ubbidienti, quanto
questi sanno essere mariti. Ma veggo alcuni poco prudenti, che stimano potere farsi ubbidire e riverire dalle
mogli, alle quali essi manifesto, e miseri servono; [3] e
dimostrano con loro parole e gesti l'animo suo troppo
lascivo ed effemminato, onde rendono la moglie non
meno disonesta che contumace. [4] A me mai piacque in
luogo alcuno, nè con parola, nè con gesto, in quale
minima parte si fusse, sottomettermi alla donna mia:
nè sarebbe paruto a me potermi fare ubbidire da quella,
a chi io avessi confessato me essere servo. Adunque

---

[1] Nel senso di apparire, manifestarsi e non di sembrare.
[2] Per *lisci* intendevano il complesso di ciprie, unguenti, belletti usati
per l' abbigliamento femminile.
[3] Manifestamente, e come miseri o dappoco ecc.
[4] Disubbidiente, aspra.

sempre me li mostrai virile e uomo; sempre la con-
fortai ad amare l'onestà; sempre li ricordai fusse onestissima; sempre li rammentai qualunque cosa io conosceva degna sapere alle perfette madri di famiglia;
e spesso le dicea: « Donna mia, a volere vivere in
buona tranquillità e quiete in casa, conviene che in
prima sia la famiglia tutta costumata e molto modesta;
la quale, stima tu questo,[1] tanto sarà, quanto saprai
farla ubbidiente e riverente. E quando tu in te non
sarai molto modesta e molto costumata, sia certo quello,
quale in te tu non puoi, molto manco potrai in altri;
e allora potrai essere conosciuta modestissima e bene
costumatissima, quando a te dispiaceranno le cose
brutte: e gioverà questo ancora, che quelli di casa se
ne guarderanno, per non dispiacerti. E se la famiglia
da te non arà ottimo esempio di continenza e costume
interissimo, non dubitare, ch'ella sarà poco a te ubbidiente e manco riverente. La riverenzia si rende alle
persone degne; solo e' costumi danno dignità; e chi sa
osservare dignità, sa farsi riverire; e chi sa fare sè
riverire, costui facilmente si fa ubbidire: ma chi non
serba in sè buoni costumi, costui subito perde ogni
dignità e riverenzia. Per questo, moglie mia, sarà tua
opera, in ogni atto, parole e fatti, essere e volere parere modestissima e costumatissima; e rammentoti, che
una grandissima parte di modestia sta in sapere tem-
perarsi con gravità e maturità in ogni gesto, in tem-
perarsi con ragione e consiglio in ogni parola, sì in
casa tra' suoi, sì molto più fuora tra le genti. Per
questo molto a me sarà grato vedere, a te sia in odio
questi gesti leggieri, questo gittare le mani qua e là,
questo gracchiare, quale fanno alcune treccaiuole[2] tutto
il dì, e in casa e all'uscio e altrove con questa e con
quella, dimandando e narrando quello, che le sanno e
quello che le non sanno; imperò che così saresti reputata
leggiera e cervellina. Sempre fu ornamento di gravità
e riverenzia in una donna la taciturnità; sempre fu
costume e indizio di pazzerella il troppo favellare.
Adunque a te piacerà, tacendo, più ascoltare che favellare; e, favellando, mai comunicare e' nostri segreti ad altri, nè troppo mai investigare i fatti altrui.

---

[1] Sii certa che quello, che ecc.
[2] Rivendugliole, mercatine, donnette plebee.

Brutto costume, e gran biasimo a una donna, star tutto
il dì cicalando, e procurando più le cose fuori di casa,
che quelle di casa! Ma tu con diligenzia, quanto si
richiede, governerai la famiglia, e conserverai e ado-
prerai le cose nostre domestiche bene » . . . . .

Dissili: « Moglie mia, reputa tuo uffizio porre modo
e ordine in casa, che niuno mai sia ozioso ; a tutti di-
stribuisci qualche a lui condegna faccenda: [1] e quanto
vederai fede ed industria, tu tanto a ciascuno com-
metterai ; e dipoi spesso riconoscerai quello, che ciascuno s'adopera; [2] in modo che chi sè esercita in utile
e bene di casa, conosca averti testimone de' meriti
suoi ; e chi con più diligenzia ed amore che gli altri
farà il debito suo, costui, moglie mia, non t'esca di
mente molto in presenza degli altri commendarlo ; [3]
acciocchè pell'avvenire a lui piaccia di essere di dì in
dì più utile a chi e' senta sè essere grato: e così gli
altri medesimi studino piacere fra' primi lodati. E noi
poi insieme premieremo ciascuno secondo i meriti suoi ;
ed a quello modo faremo che de' nostri ciascuno porti
molta fede e molto amore a noi e alle cose nostre ».

LUIGI PULCI.
(15 agosto 1432 - 28 agosto 1484).

Spirito bizzarro fiorentino, più intento a poetiche fantasie
che non ai fatti della vita reale, fu per due volte salvato dal
Magnifico Lorenzo (cui fu legato da fortissimo affetto) da ro-
vesci di fortuna, in cui stava per cadere in conseguenza del fal-
limento commerciale del fratello Luca ; e fu adoprato in com-
missioni e ambascierie. Da Lucrezia degli Albizi, ch'egli sposò
nel 1474, ebbe quattro figlioli : morì a Venezia solo, lontano da
parenti ed amici, e, sospettato d'eresia, fu sepolto in terreno non
benedetto.

L'opera sua maggiore è il *Morgante* che, incominciato nel
1466 veniva pubblicato nel 1482. Per soddisfare il desiderio
espressogli da Lucrezia Tornabuoni (la pia mamma di Lorenzo,
che al Pulci dava le sue laudi sacre da correggere e da rivedere) fuse in quest'unico poema elementi derivati dai due ro-

---

[1] Darai da fare a ciascuno secondo la sua fedeltà ed attitudine, e
riconoscerai, cioè premierai, l'opera di ciascuno.
[2] Si fa.
[3] Lodarlo.

manzi, l'*Orlando* e la *Spagna*, con altri tutti suoi originali. Franco fino al punto di divenire spesso rude; popolaresco fino ad esser volgare, egli rievoca il mondo cavalleresco, rivivendolo attraverso l'arguta bonarietà del popolano fiorentino, mediocremente cólto; insuperabile maestro nel valersi d'una lingua vivace, spigliata, nervosa e colorita còlta di sulle labbra dei contemporanei. Si comprende, che con tale disposizione d'animo egli sia il primo a prendersi gioco dei suoi personaggi romanzeschi, e a far crollare sotto una risata plebea il bel castello fiabesco, che, abbandonandosi all'estro veniva via via costruendo. Margutte e Astarotte sono figure originalissime: incarnazione il primo della malizia e di quello scetticismo, che veniva per effetto dell'umanesimo impadronendosi degli animi; il secondo d'un razionalismo, che va oltre il bene ed il male ed incarna il diavolo ed il teologo ad un tempo: qualche diecina d'anni prima che Colombo scoprisse il Nuovo Continente il Poeta ne affermava in sonanti ottave l'esistenza!

« Lo stile per altro non è sempre sostenuto, anche dove la materia lo richiederebbe; e l'ottava in generale scorrevole e facile, è talvolta avviluppata e pedestre, ritraendo più del cantare improvviso di piazza, che del magistero di un culto poeta.... Certo è che nel *Morgante* le qualità più opposte formano un tutto di bizzarra originalità, che non è a tacere essere piaciuto assai ai dì nostri a un gran poeta.... cioè al Byron, che ne tradusse il primo canto; e ricordò il poeta con onore, chiamandolo *Signore della rima semiseria.* Il serio e il faceto, l'eroico e il volgare, il grave e il grottesco, il devoto e l'irriverente sono fra loro commisti: talvolta in modo un po' rozzo, più spesso con molta efficacia, come può vedersi nella descrizione appunto, che qui appresso riferiamo, della battaglia di Roncisvalle. Male si apposero coloro, che definirono eroicomico il *Morgante,* poichè tale non fu pensatamente l'intento del Pulci, e doveva correre altro tempo perchè il Tassoni trovasse la parola e la forma propria a tal foggia di poemi: la ragione del mescolamento di cose tanto discordi deve piuttosto cercarsi nella natura stessa dell'ingegno del Pulci e in quella ancora della consorteria e clientela medicea; anzi nell'indole della civiltà fiorentina di quel periodo. Come in tutto ciò che i Medici, e segnatamente Lorenzo, produssero o promossero, v'ha qui del plebeo raggentilito e del gentile trattato da mano plebea.

Così considerato, il *Morgante* non ha soltanto un valor suo proprio, ma è anche immagine di ciò che la democrazia fiorentina, governata dai Medici, seppe produrre di più caratteristico nel rafforzare l'antica materia epica, già ben nota alle plebi, dando ad essa una impronta tutta nuova e speciale ».

[Su *Luigi Pulci, l'uomo e l'artista* vedi il lavoro di C. PEL-LEGRINI, Pisa, Nistri, 1912; e per le opere sempre grande valore conservano le pagine del DE SANCTIS sul *Morgante* negli

Scritti in. e rari a c. di B. CROCE, Napoli, Morano, 1898, I, p. 259,
e in *St. d. Lett. It.*; che potrai integrare collo studio di A. MO-
MIGLIANO su *L'indole e il riso di L. Pulci*, Rocca S. Casciano,
1907. Edizioni del Morgante precedute da importanti prefazioni
sono quella curata da G. VOLPI, Firenze, Sansoni, e la più recente curata da G. FATINI, Torino, Utet, 1927. Vedi poi l'anto-
logia di A. GARSIA, già citata a proposito del Poliziano, e l'altra di E. RHO, *Poeti Maggiori del Quattrocento*, Firenze, Val-
lecchi, pp. 1-335; e l'edizione di brani scelti p. c. di C. CURTO,
nella collezione *L'Italica* (Barbèra). Pel testo integrale puoi
usare la più recente ristampa procurata da G. B. WESTON, Bari,
Laterza, 1930].

Margutte.

(Dal *Morgante*, C. XVIII, st. 112-138).

Giunto Morgante [1] un dì 'n su 'n crocicchio
uscito d'una valle in un gran bosco,
vide venir di lungi, per ispicchio, [2]
un uom, che in volto parea tutto fosco.
Dette del capo del battaglio [3] un picchio
in terra, e disse: « Costui non conosco! »
E posesi a sedere in sur 'n sasso,
tanto che questo capitoe al passo.

Morgante guata [4] le sue membra tutte
più e più volte dal capo alle piante,
che gli pareano strane orride e brutte.
« Dimmi il tuo nome, — dicea — viandante! »
Colui rispose: « Il mio nome è Margutte,
ed ebbi voglia anco io d'esser gigante,
poi mi penti', quand'al mezzo fui giunto,
vedi che sette braccia sono appunto ». [5]

---

[1] Gigante smisurato, d'una voracità e d'una forza incredibile, che
Orlando, bandito dalla corte di Re Carlo per le male arti di Gano, trova
in Pagania: il paladino l'affronta, lo converte al cristianesimo e lo tra-
sforma nel suo migliore collaboratore: è personificazione della forza rude,
primitiva, dominata in qualche modo da un'idea superiore, cui sog-
giace, senza poterne avere una compiuta comprensione.

[2] Di traverso, di fianco.

[3] Morgante infatti portava come armi *una spadaccia* ed un battaglio di campana, col quale soleva sgombrare il terreno per ogni verso, facendo carneficina di quanti attorno a lui si stringessero. Qui batte a
terra l'estremità del battaglio così in segno di dispetto per non conoscere
il nuovo protagonista, che ora gli si presenta, come anche per esprimere
con maggiore energia il risoluto proposito di volerlo conoscere.

[4] Esprime la meraviglia e l'attenzione, con cui il gigante dall'alto
considera parte a parte il nuovo venuto, dall'aspetto così poco rassicu-
rante.

[5] Motteggiatore spiritoso e mordace ad un tempo egli si prende
gioco di sè e di quel bonaccione di Morgante che gli sta dinnanzi: ac-

Disse Morgante: « Tu sia il ben venuto;
ecco ch'i' arò pure un fiaschetto allato,[1]
che da due giorni in qua non ho beuto;
e, se con meco sarai accompagnato,
io ti farò a cammin quel ch'è dovuto.[2]
Dimmi più oltre: io non t'ho domandato
se se' Cristiano, o se se' Saracino
o se credi in Cristo o in Apollino ».[3]

Rispose allor Margutte: « A dirtel tosto,
io non credo più al nero ch'all'azzurro, [4]
ma nel cappone, o lesso o vuogli arrosto;
e credo alcuna volta [5] anco nel burro,
nella cervogia [6] e, quando io n'ho, nel mosto,
e molto più nell'aspro che il mangurro; [7]
ma sopra tutto nel buon vino ho fede,
e credo che sia salvo chi gli crede.[8]

E credo nella torta e nel tortello;
l'uno è la madre e l'altro è il suo figliuolo;
il vero paternostro è il fegatello,[9]
e possono esser tre, due ed un solo,[10]
e diriva dal fegato almen quello;
e perch'io vorrei ber con un ghiacciuolo,[11]

cenna in modo faceto alla sua piccola statura ed al suo aspetto min-
gherlino col dire, che s'era pentito a mezza via del desiderio di diventare pur lui un gigante.

[1] Capisce subito Morgante, che solo un buon fiaschetto di vino con
gente, quale Margutte, può cattivare la simpatia e la confidenza.

[2] Ti darò da bere ogni volta, che me ne richiederai.

[3] Apollino (ossia Apollo), Maometto e Trivigante formerebbero la
trinità pagana, secondo le tradizioni dei poemi romanzeschi, in opposi-
zione a quella Cristiana.

[4] Ad una forma di religione che ad un'altra: Margutte è la personificazione di quello scetticismo in fatto di religione, di quell'epicureismo in fatto di filosofia e di pratica della vita, che venne sempre più
affermandosi coll'umanesimo.

[5] Quando mi conviene.

[6] Birra.

[7] Aspro era moneta turca del valore d'un soldo nostro; mentre il
mangurro è monetina del valore di 1 centesimo.

[8] Come si vede è tutta una caricatura delle formule religiose di
fede: è un genere di letteratura popolare assai diffuso nel '400 = p. es.
« Me confesso a madona S. Galina, qual fa grassa la cusina — A madona Sancta Oca — quando l'è mior, me par poca »; ecc. ecc. (cfr.
NOVATI, Studî critici e letterari, Torino, 1889).

[9] Colla sua forma rotondeggiante e per la disposizione in serie il
fegatello richiama alla mente di M. il grano della corona del Rosario.

[10] Istituendo una specie di confronto tra i fegatelli messi nello spiedo
o singolarmente un per uno, o a coppie o anche a tre a tre non senza
sacrilega allusione parodistica alla Trinità.

[11] Con un bigonciolo da ghiaccio largo e profondo anzichè col bicchiere....

se Macometto il mosto vieta e biasima,
credo che sia il sogno o la fantasima,[1]
     Ed Apollin debbe essere il farnetico
e Trivigante forse la tregenda.[2]
La fede è fatta, come fa il solletico;[3]
per discrezion mi credo che tu intenda:
or tu potresti dir, ch'io fussi eretico;
acciò che invan parola non ci spenda,
vedrai che la mia schiatta non traligna
e ch'io non son terren da porvi vigna.[4]
     Questa fede è come l'uom se l'arreca;
vuoi tu veder che fede sia la mia?
Ché nato son d'una monaca greca,
e d'un papasso in Bursia, là in Turchia;[5]
e nel principio sonar la ribeca[6]
mi dilettai, perch'avea fantasia
cantar di Troia e d'Ettore e d'Achille,
non una volta già, ma mille e mille.
     Poi che m'increbbe il sonar la chitarra,
io cominciai a portar l'arco e 'l turcasso;
un dì, ch'io fe' nella moschea poi sciarra[7]
e ch'io uccisi il mio vecchio papasso,
mi posi allato questa scimitarra
e cominciai pel mondo a 'ndar a spasso;
e per compagni ne menai con meco
tutti i peccati o di turco o di greco.[8]

---

[1] Che Maometto esista come le ombre dei sogni o delle notti: cioè non esista. Insomma Margutte crede solo in quel Dio, che permette ai suoi adepti di bere vino: la questione religiosa per questo cinico materialista si riduce ad una questione gastronomica.
[2] Il farnetico è la pazzia: Maometto (qui identificato con Apollino) che proibisce ber vino; solo per questo è la follia e la fantasticheria personificate, cioè non esiste per un ubriacone come Margutte. S'è già notato più sopra (n. 3 a pag. 49) che nella tradizione romanzesca Apollo, Maometto e Trivigante (appellativo derivato da Trivia come pare, divinità infernale e molto usato come soprannome di Mercurio) formavano una specie di trinità della magia nera.
[3] Non credo, come alcuni intendono, che voglia dire che la fede fa' ridere; ma che alcuni la sentono, altri no come il solletico. Difatti più sotto dice: Questa fede è, come l' uom se l' arreca.
[4] Non sono uomo, cui si possan dar da bere.
[5] Figlio dunque d'una monaca, che aveva ripudiato i voti, e d'un vescovo (papas) di rito greco: però con questo nome si solevano nel secolo XV chiamare anche i sacerdoti maomettani.
[6] Violino a due o tre corde.
[7] Lite: vivo ancora nel Siciliano.
[8] Ha ucciso dunque il vecchio papasso (così è chiamato il prete greco, ma qui ha il senso lato di prete orientale musulmano) suo padre, e perciò Margutte ha iniziato la sua carriera col parricidio, e dice avere

    Anzi quanti ne son giù nello inferno,
io n'ho settanta e sette de' mortali,[1]
che non mi lascian mai la state o 'l verno;
pensa quanti io n'ho poi de' venïali!
Non credo, se durassi il mondo eterno,
si potessi commetter tanti mali
quanti ho commessi io solo alla mia vita;
ed ho per alfabeto ogni partita.[2]

    Non ti rincresca d'ascoltarmi un poco,
tu udirai per ordine la trama;
mentre ch'io ho denar, s'io sono a gioco,
rispondo come amico a chiunque chiama:[3]
e giuoco d'ogni tempo e in ogni loco,
tanto che al tutto la roba e la fama
io m'ho giocato e 'l pel già della barba:
guarda se questo pel[4] primo ti garba.

. . . .

    La gola ne vien poi drieto a quest'arte.
Qui si conviene aver gran discrezïone,
saper tutti i segreti, a quante carte,[5]
del fagian, della starna e del cappone;
di tutte le vivande a parte a parte,
dove si truovi morbido il boccone;
e non ti fallirei di ciò parola,
come tener si debba unta la gola.

. . . .

    Mettimi in ballo, mettimi in convito[6]
ch'io fo il dover co' piedi e colle mani:
io son prosontüoso, impronto, ardito,
non guardo più i parenti che gli strani;
della vergogna io n'ho preso partito;[7]
e torno a chi mi caccia, come i cani,

---

ereditato tutti peccati del padre turco e della madre: levantino insomma
con tutti i vizi del suo paese e della sua razza.

  [1] È espressione numerica usata nelle SS. Scritture per indicare l'infinito.

  [2] Conosco ogni specie di malvagità in ordine alfabetico, disposti
come in un repertorio, sicchè ho regole e suggerimenti per ognuna.

  [3] I due verbi qui li devi intendere col senso, in cui li usano i
giocatori intenti ad una partita: l'uno *chiama carte*: chi tiene banco *risponde*. Insomma M. vuol dire, che finchè à soldi non smette di giocare.

  [4] Per difetto, peccato.

  [5] Con esattezza tale da sapere perfino la pagina....

  [6] Non è forse qui da escludere la parodia dell'oraziano: *Pone me....*,
con cui finisce il carme a Fusco (*Carm.*, I., 1, 22, v. 17),

  [7] Me la sono venduta.

e dico ciò ch'io fo per ognun sette [1]
e poi v'aggiungo mille novellette.

. . . .

E trapani e paletti e lime sorde,
e succhi [2] d'ogni fatta e grimaldelli,
e scale, o vuoi di legno o vuoi di corde,
e levàne e calcetti di feltrelli,[3]
che fanno, quand'io 'vo, ch'ognuno assorde,[4]
lavoro [5] di mia man puliti e belli;
e fuoco, che per sè lume non rende,
ma collo sputo a mia posta s'accende.[6]
S' tu mi vedessi in una chiesa solo,
io son più vago di spogliar gli altari,
che 'l messo del contado del paiuolo: [7]
poi corro alla cassetta de' danari;
ma sempre in sagrestia fo il primo volo,
e se v'è croce o calici, io gli ho cari,
e' crucifissi scuopro tutti quanti,
poi vo spogliando le Nunziate e' santi.[8]

. . . .

I sacramenti falsi e gli spergiuri
mi sdrucciolan giù proprio per la bocca,
come i fichi sampier, que' ben maturi,
o le lasagne, o qualche cosa sciocca;
nè vo' che tu credessi ch'io mi curi [9]
contro a questo o colui; zara a chi tocca![10]

---

[1] Racconto le cose con incredibile esagerazione e poi v'aggiungo mille invenzioni mie.

[2] Succhielli e trivelle, tutti strumenti, de' quali ha bisogno il malandrino.

[3] Leve e babbuccie di feltro per non fare rumore.

[4] Ognuno diventa sordo.

[5] Mi fabbrico, mi preparo.

[6] Una lampada fosforescente, al contatto dell'umidità dà luce.

[7] L'esattore di campagna, come si presenta nella casa del contribuente, che non paga le tasse, per prima cosa mette gli occhi sul paiolo, che, essendo di rame, rappresenta sempre un certo valore.

[8] Dei doni *ex voto*: il culto della Vergine Annunziata è dei più diffusi tra le classi popolari in Toscana, e perciò all'altare ad esso consacrato sono appesi in genere i quadri più ricchi di voti.

[9] Che io pronunzi questi falsi giuramenti contro uno piuttosto che contro un altro: non faccio differenza alcuna, li uso con tutti!

[10] Modo di dire cavato da un gioco con dadi, che si chiamava *Zara*, perchè quando, gettati i dadi, risultava una certa combinazione che equivaleva a zero, si diceva *zara a chi tocca!* come per dire: peggio per chi gli capita!

Ed ho commesso già scompiglio e scandolo,
che mai non s'è poi ravviato il bandolo.[1]

Io t'ho lasciato indrieto un gran capitolo
di mille altri peccati in guazzabuglio;
chè, s' i' volessi leggerti ogni titolo,
e' ti parrebbe troppo gran miscuglio;
e cominciando a sciorre ora el gomitolo,[2]
ci sarebbe faccenda insino a luglio;
salvo che questo alla fine udirai
che tradimento ignun non feci mai.[3]

La rotta di Roncisvalle. La morte d'Ulivieri.

(C. XXVI, st. 43-49 e C. XXVII, st. 50-68).

Or ecco[4] la gran ciurma de' Pagani,
chè Falserone[5] ha presso i suoi stendardi,
ch'eran tutti calati giù ne' piani,
e dicea: « Questi Franciosi o Piccardi,
quando in su' campi saremo alle mani,
tosto vedrem se saranno gagliardi:
oggi fia vendicato il mio figliuolo! »
e minacciava il conte Orlando solo.

« Io v'ho pur, cavalieri, a tutti detto,
ogn'un di questo ammaestrato sia,
che, come Orlando si muove in effetto,
e' non sia ignun, che mi tagli la via;
io gli trarrò per forza il cuor del petto:
ogn'un si scosti, la vendetta è mia;
chè Ferraù, s'io non ne sono errato,
degno fu certo d'esser vendicato ».

---

[1] Uno scandalo tale che non s'è trovato modo di rimediare e di rimettere le cose in sesto.

[2] La serie delle mie azioni disoneste.

[3] Non credo si debba intendere seriamente, ma soltanto come una prova della sua arte nel mentire. Come può darsi questo vanto chi ha già detto che i giuramenti falsi sono per lui una consuetudine? O l'abbruciare la casa di quel povero oste, che per sua sventura ebbe ad ospitare Orlando e Morgante per una notte, non era un tradimento? Forse non è a escludere che il Pulci giochi sul valore della doppia negazione: *non* feci mai *nessun* tradimento per confessarsi (estendendo alla sintassi italiana una caratteristica della sintassi latina) reo proprio di tradimenti.

[4] Il piano di tradimento ordito da Gano di Magonza coll' infedele Marsilio, re di Spagna, ai danni d' Orlando ha la sua piena esecuzione: il gran paladino, sorpreso a Roncisvalle, è circondato dai nemici ed avviene la strage.

[5] Un condottiero saraceno, che avendo avuto un figlio ucciso in guerra da Orlando era assetato di vendetta.

E' si sentiva i più stran naccheroni,[1]
e tante busne [2] e corni alla moresca,
che rimbombava per tutti i valloni,
e par che de gli abissi [3] quel suon esca:
tanti pennacchi, tanti stran' pennoni,
tante divise, la più nuova tresca: [4]
era cosa a veder per certo oscura,
e fatto arebbe a Alessandro paura.[5]

L'anitrir de' cavalli, e il mormorare [6]
de' pagan, che venivan minacciando,
ch'ogn' un voleva e' Cristian trangugiare,
e sopra tutto Falserone Orlando,
parea quando più forte freme il mare,
Scilla e Cariddi co' mostri abbaiando,
e tutta l'aria di polvere è piena,
come si dice del mar dell'arena.[7]

Quivi eran Zingani, Arbi e Soriani,[8]
dello Egitto e dell' India e d' Etiopia,
e sopra tutto di molti marrani,[9]
che non avevon fede ignuna propia,
di Barberia, d'altri luoghi lontani:
e Alcuin [10] che questa istoria copia,
dice che gente di Guascogna v'era; [11]
pensa che ciurma è questa prima schiera!

---

[1] Nacchere: tamburelli con sonagli.
[2] Buccine, conchiglie ritorte, acconciamente accomodate in modo che, soffiandovi dentro, si ottiene un suono molto potente.
[3] Inferno.
[4] *Pennacchi* sono l' ornamento degli elmi; *pennoni* sono le bandiere; e *tresca*, che propriamente vuol dire danza, qui sta per movimento impetuoso e disordinato, come succede sul campo di battaglia.
[5] Ad un uomo coraggioso, ad un duce d' eserciti, quale Alessandro Magno.
[6] Nel senso latino di far fracasso: qui è lo strepito ed il rombo delle grida di guerra, con cui i Pagani movevano all' attacco.
[7] L' aria è piena di polvere, come di rena è piena l' aria sulla spiaggia del mare in un giorno di tempesta.
[8] Tzigani o Zingari: denominazione unica per indicare certi popoli di razza nomade, provenienti dalle regioni a oriente dell' Ungheria e della Polonia; Arabi e Turchi (di Soria).
[9] *Marrano* era l' epiteto, che si dava ai cristiani, che per effetto della dominazione turca si piegavano alla religione musulmana, e che per lo più finivano col non credere nè nella legge di Cristo, nè in quella di Maometto.
[10] Dotto anglo-sassone alla corte di Carlo, cui la leggenda attribuì la compilazione di certe cronache, che sarebbero poi divenute le fonti dei poeti romanzeschi: la stessa tradizione si formò attorno a Turpino, arcivescovo di Reims.
[11] Guascogna, terra continuamente contesa tra i cattolici Franchi e gli Arabi di Spagna: non deve perciò far meraviglia di trovare dei musulmani o dei *marrani*.

E avevan pur le più strane armadure
e i più stran cappellacci quelle genti;
certe pellacce sopra' al dosso dure
di pesci, coccodrilli e di serpenti,
e mazzafrusti [1] e grave accètte e scure; [2]
e molti colpi commettono a' venti,
con dardi e archi e spuntoni e stambecchi,[3]
e catapulte che cavon gli stecchi.[4]

    Quivi già i campi l'uno all'altro accosto,
da ogni parte si gridava forte;
chi vuol lesso Macon,[5] chi l'altro arrosto;
ogn'un volea del nimico far torte.
Dunque vegnamo alla battaglia tosto,
sì ch'io non tenga in disagio la Morte,
che colla falce minaccia, ed accenna
ch'io muova presto le lance e la penna.[6]

. . . .

    E' si vedeva tante spade e mane,
tante lance cader sopra la resta; [7]
e' si sentia tante urle e cose strane,
che si poteva il mar dire in tempesta:
tutto il dì tempelloron [8] le campane,
senza saper chi [9] suoni a morto o festa:

---

  [1] Arme per colpire da vicino e da lontano, essendo essa fornita d' una fionda per lanciar pietre al bisogno.

  [2] Scuri.

  [3] Stocchi e lancie.

  [4] Macchine da lanciar sassi contro gli assedianti; le quali eran così potenti da spianare gli steccati antistanti.

  [5] Naturalmente qui si parla dei Cristiani. Macon, s' è detto tante volte, sta per Maometto.

  [6] Curioso modo arguto d' esprimersi, quasi che la Morte desiderosa di vedersi compiutamente rappresentare nella descrizione della strage di Roncisvalle stia in disagio fin tanto che l' immensa carneficina non è qui ritratta in tutta la sua gravità (*le lance* alla latina per la *bilancia*, qui in senso figurato quasi che con questa si dovesse pesare la gravità dell' avvenimento) e in tutto il suo orrore, mediante la descrizione: o *le lancie* in senso proprio, descriva la pugna.

  [7] La *resta* era quel ferro ribattuto e avvitato sulla corazza sul petto e più precisamente sulla regione del cuore, ove il cavaliere poggiava la base della lancia, impugnata orizzontalmente contro il nemico, quando egli si lanciava all' attacco: onde la frase: tenere la lancia in resta.

  [8] È popolaresco fiorentino così per la parola come per la desinenza: da un latino *tempellare*, rimandare una cosa da una breve dilazione ad un' altra: cioè essere incerto, irresoluto, vacillante (cfr. il detto *tempella sempre e non risolve mai*) onde poi il significato materiale del dondolio lento delle campane, quando suonano,

  [9] Per chi: uso popolaresco.

sempre tuon sordi con baleni a secco,[1]
e per le selve rimbombar poi Ecco.[2]

E' si sentiva in terra e in aria zuffa,
perchè Astarotte,[3] non ti dico come,
e Farfarello,[4] ogn' un l'anime ciuffa,
e n'avean sempre un mazzo per le chiome;
e facean pur la più strana baruffa,
e spesso fu d'alcun sentito il nome:
« Lascia a me il tale, a Belzebù lo porto! ».
L'altro diceva: « È Marsilio[5] ancor morto?

E ci farà stentar prima che muoia:
non gli ha Rinaldo ancor forbito il muso,
chè noi portiam[6] giù l'anima e le cuoia:
o ciel, tu par questa volta confuso!
O battaglia crudel, qual Roma o Troia!
Questa è certo più là ch'al mondano uso.
Il sol pareva di fuoco sanguigno,
e così l'aire d'un color maligno.[7]

Credo che gli era più bello a vedere
certo gli abissi il dì[8] che Roncisvalle:
chè i Saracin cadevon come pere,[9]
e Squarciaferro[10] gli portava a balle;
tanto che tutte l'infernal bufere[11]
occupan questi ogni roccia, ogni calle,

---

[1] Fragore e balenare di armi.
[2] Eco: per necessità di rima.
[3] Diavolo curioso, che in fatto delle cose di Dio, si mostra così dotto e ragionatore serrato da dare dei punti ad un sottile teologo.
[4] Diavoli tutti e due: ne abbiamo fatto conoscenza nella Divina Commedia (*Inf.* c. XXI, v. 123): e *Farfarello e Rubicante pazzo*: Farfarello ed Astarotte entrati nel corpo dei due cavalli di Rinaldo e di Ricciardetto, dall'Egitto a gran carriera hanno portato i due paladini a Roncisvalle; ed ora naturalmente sul campo della strage i due emissari si danno un gran da fare per acciuffare anime a più non posso.
[5] Il re di Spagna, che s'era unito ad Agramante, re d'Africa, contro Carlo.
[6] Rinaldo con una sciabolata non gli ha ancora pulito il muso, perchè si possa portarne il cadavere e lo spirito nel profondo inferno.
[7] Paesaggio tragico, che sorge ad un tratto dinnanzi a noi e si perde in distanza per effetto di questi due versi.
[8] Quel giorno della rotta di Roncisvalle era più bello vedere l'Inferno che quel campo di battaglia.
[9] Le pere maturan tutte contemporaneamente; sicchè scrollando un albero per farne cadere una, se sono mature, cascan tutte. Simile strage avveniva dei Saraceni.
[10] Un altro diavolo, le portava a sacchi: il mezzo di trasporto è adattissimo alle pere su ricordate.
[11] Luoghi tormentati dalla bufera.

e le bolge, e gli spaldi, e le meschite,[1]
e tutta in festa è la città di Dite.[2]

Lucifer avea aperte tante bocche,
ché pareva quel giorno i corbacchini [3]
alla imbeccata, e trangugiava a ciocche
l'anime, che piovean de' Saracini;
che par che neve monachina [4] fiocche,
come cade la manna a' pesciolini:
non domandar se raccoglieva i bioccoli,[5]
e se ne fece gozzi d'anitroccoli.[6]

E' si faceva tante chiarentane,[7]
che ciò ch'io dico è di sopra una zacchera: [8]
e non dura la festa ma demane,
crai, e postcrai, e postcri, e postquacchera,[9]
come spesso alla vigna le romane; [10]
e chi sonava tamburo e chi nacchera,
baldosa e cicutrenna e zufoletti,[11]
e tutti affusolati gli scambietti.[12]

E Roncisvalle pareva un tegame
dove fussi di sangue un gran mortito [13]

---

[1] Riminiscenza dantesca (*Inf.*, c. VIII, 70 e IX, 133): piccole moschee: la chiesa dell' infedele presta al cristiano la parola per esprimere l' Inferno.

[2] Contrasto tra la carneficina di Roncisvalle e la baldoria nell' Inferno per l' affluire di tante anime.

[3] L' avidità dei piccoli corvi al sopraggiungere del corvo padre o madre è tale che fa loro spalancare i becchi: è immagine arguta ed efficacissima.

[4] Essendo le anime dei Turchi infette dal peccato, sono scure; sicchè il fioccare di esse nell' Inferno richiama alla mente una nevicata d' una neve rossa, tendente allo scuro per effetto di certe crittogame (*uredo nivalis*) che vi si mescolano; neve che era nota col nome di monachina.

[5] Avendo tante anime da saziarsi, Lucifero non stava certo a raccogliere le briciole!

[6] Gli anatrini o anitroccoli per la loro avidità e ingordigia inghiottono tanto grano e pastone da farsi dei gozzi straordinariamente gonfi di cibo: così Lucifero fece delle anime.

[7] Balli impetuosi e movimentatissimi.

[8] Che quello ch' io dico più sopra è un nonnulla rispetto alla realtà.

[9] La festa, cioè la battaglia, arde sì da dovere durare non solo dimani, ma nei giorni appresso: *crai* e *postcrai* dal lat.; *postcri* e *postquacchera*, vocaboli coniati su quello stampo dal poeta per provocare la risata parodiando con tono popolaresco i crudi latinismi dei pedanti: *cras* ecc.

[10] Le vigne per i Romani eran luoghi di vita spassosa, onde quando le loro donne cominciavano i balli non la finivano più.

[11] Strumenti musicali.

[12] Ed i salti fatti secondo tutte le regole: continua in stile faceto a parlare della confusione dei guerrieri.

[13] È una pietanza fatta di testa di maiale e zampe di castrone, tagliate a pezzi e cotte in vino con droghe: l' immagine perciò rappresen

di capi e di peducci e d'altro ossame:
un certo guazzabuglio ribollito,
che pareva d'inferno il bulicame,[1]
che innanzi a Nesso non fusse sparito: [2]
e 'l vento par certi sprazzi avviluppi
di sangue in aria con nodi e con gruppi.[3]

La battaglia era tutta paonazza,
sì che il mar rosso pareva in travaglio,[4]
ch'ogn'un, per parer vivo, si diguazza:
e' si poteva gittar lo scandaglio.
Per tutto, in modo nel sangue si guazza,
per poi guardar, come e' suol l'ammiraglio
ovver nocchier, se cognosce la fonda,[5]
chè della valle trabocca ogni sponda.

Credo che Marte di sangue ristucco
a questa volta chiamar si potea;
e sopra tutto Rinaldo era il cucco,[6]
che con la spada a suo modo facea.
Orlando intanto ha trovato Malducco,[7]
che Berlinghieri e Otton [8] morto avea:
ma questa morte gli saprà di lezzo,[9]
chè Durlindana [10] lo tagliò pel mezzo.

E Ulivier riscontrava Brusbacca,[11]
che per lo stormo [12] combatteva forte;
e 'l capo e l'elmo a un tratto gli fiacca,
ma non sapea, ch'egli [13] ha presso la morte;

terebbe alla perfezione lo spettacolo d'un campo di battaglia coperto di
corpi sanguinolenti, se quell'aria di cucina che si sviluppa dal *tegame*
e dal *mortito* non venissero a seppellire tutto sotto una risata plebea.
[1] Reminiscenza dantesca (*Inf.*, XII, 127 e segg.): *bulicame* chiama
D. il fiume di sangue in cui stanno gli omicidi.
[2] Di quello dell'Inferno D. dice che andava via via decrescendo
di profondità fino a sparire e divenire terra ferma: il P. invece vuol
dire di questo gran lago di sangue, che esso manteneva in tutto il campo
la sua profondità.
[3] Qui l'esagerazione è portata fino al grottesco: forse il P. voleva
far la parodia a quei cantimpanca che facevano a chi le desse da intendere più grosse. Il tragico si fonde bizzarramente col comico.
[4] Sì che sembrava il Mar Rosso in tempesta.
[5] Quando vuol riconoscere la profondità del mare.
[6] Era il preferito di Marte, tanti nemici questo gran paladino
uccideva.
[7] Un guerriero saraceno.
[8] Due paladini cristiani.
[9] Gli puzzerà, cioè sarà a Malducco causa di gran penitenza.
[10] La spada d'Orlando, s'è già detto altre volte.
[11] Guerriero saraceno, che sarà ucciso dal paladino Ulivieri,
[12] Nell'impeto dell'assalto (dal ted. *sturm*),
[13] Ulivieri....

che l'Arcaliffa in tanto di Baldacca [1]
lo sopragiunse per disgrazia a sorte
a tradimento, e la spada gli mise
nel fianco, sì che alla fine l'uccise.
   Ulivier, come ardito, invitto e franco,
si volse indietro ; e vide il traditore,
che ferito l'avea dal lato manco,
e gridò forte: « O crudel peccatore,
a tradimento mi desti nel fianco,
per riportar, come tu suoli, onore:
questa sia sempiterna egregia lalde [2]
del re Marsilio e sue gente ribalde ».
   E trasse d'Altachiara [3] con tant' ira,
che gli spezzò l'elmetto e le cervella,
sì che del Saracin l'anima spira,
che tutto il fèsse insino in sulla sella:
e come cieco pel campo s'aggira,
e colla spada percuote e martella:
ma non sapea dov'e' si meni il brando,
e non vorrebbe anche saperlo Orlando. [4]
   Orlando avea il Marchese sentito,
e come il veltro alle grida si mosse; [5]
Ulivier, tanto sangue gli era uscito,
che non vedeva in che luogo e' si fosse,
tanto ch'Orlando in sull'elmo ha ferito,
che non sentì mai più simil percosse,
e disse: « Che fai tu, cognato mio;
ora hai tu rinnegato il nostro Iddio ? » [6]
   Disse Ulivier: « Perdonanza ti chieggio,
s'io t'ho ferito, o mio signore Orlando;

---

   [1] Il capo religioso supremo di Bagdad.
   [2] Lode. Piena di movimento e di pathos è la morte di questo baldo
e valoroso paladino.
   [3] Bei nomi sonanti di per sè stessi: spada d' Ulivieri; come Fusberta_
è quella di Rinaldo.
   [4] Con quest' arguzia il P. viene ad attenuare la tragica visione d' Ulivieri, che, lordo di sangue e di polvere, come una furia assetata di sangue, ma già cieco per l' estrema debolezza infuria pel campo; e con
rapidità mirabile ci fà capire d' un tratto che anche Orlando (sia pure
per isbaglio), ne ha buscate da Ulivieri e sode anche, come si narra nel
seguito del racconto.
   [5] Al richiamo del padrone.
   [6] Ulivieri, come vedremo tra poco, era il fratello di Alda, la donna
amata da Orlando: perciò questi poteva chiamare l' altro cognato. Non
essendosi accorto che Ulivieri è cieco pel tanto sangue versato, Orlando
crede che sia impazzito o si sia fatto saraceno, e perciò risponde alla
percossa con quella domanda.

sappi che più nïente lume veggio,
sì ch'io non so dove io mi meni il brando,
se non che presso alla morte vaneggio,
tanto sangue ho versato e vo versando;
che l'Arcaliffa m'ha ferito a torto,
quel traditor: ma di mie man l'ho morto ».[1]

Gran pianto Orlando di questo facea,
perchè molto Ulivier gli era nel core,
e la battaglia perduta vedea,
e maladiva il Pagan traditore;[2]
e Uliver così orbo dicea:
« Se tu mi porti, come suoli, amore,
menami ancor tra la gente più stretta,[3]
non mi lasciar morir senza vendetta » !

Rispose Orlando: « Sanza te non voglio
viver quel poco, che di vita avanza:
io ho perduto ogni ardir, ogni orgoglio,
sì ch'io non ho più di nulla speranza;
e perch'io t'amo, Ulivier, come io soglio,
vienne con meco a mostrar tua possanza,
una morte, una fede, un voler solo ».
Poi lò menò nel mezzo dello stuolo.

Ulivier sendo nella pressa entrato,[4]
come e' soleva, la gente rincalcia,[5]
e par che tagli dell'erba del prato,
da ogni parte menando la falcia;
chè combatteva come disperato,
e pota e tonde e scapezzava e stralcia,[6]
e in ogni luogo faceva una piazza,
chè come gli orbi girava la mazza.

---

[1] Bellissima quest'avversativa, con cui Ulivieri tutela la sua fama guerresca: morte per morte!
[2] L'Arcaliffo di Bagdad che, come s'è visto sopra, a Ulivieri aveva dato a tradimento il colpo mortale.
[3] Al folto della mischia: non poteva morire più da guerriero e da eroe!
[4] Nel folto della mischia.
[5] Assale da vicino incalzando, viene a corpo a corpo: a così fare oltre che dal suo furore, è costretto anche dal fatto, ch'egli non può più servirsi degli occhi.
[6] Quell'immagine della falciatura, cui seguono le altre particolari del contadino che pota, tosa, scavezza e taglia tralci ritrae all'evidenza la strage terribile, implacabile che Ulivieri faceva attorno a sè in quegli ultimi istanti. L'altra immagine della piazza, dove prima c'era folla, completa ed integra la precedente: là l'azione nello svolgimento, qui l'effetto ottenuto.

E tanto insieme per lo stormo [1] vanno
Orlando e Ulivier ferendo forte,
che molti Saracin traboccar fanno: [2]
ma Ulivier già presso era alla morte;
e poi che il padiglion ritrovato hanno
diceva Orlando: « Io vo' che ti conforte:
aspetta, Ulivier mio, che a te ritorno,
chè in su quel poggio vo a sonare il corno ».[3]
 Disse Ulivier: « Omai non ti bisogna;
l'anima mia da me già vuol partire,
chè ritornare al suo Signore agogna ».
E non potè le parole espedire
come chi parla molte volte e sogna;
e bisognò quel che e' voleva dire
per discrezion intender, che Alda [4] bella
raccomandar volea, la sua sorella.

**Orlando suona per tre volte il corno
e sentendo appressarsi la morte santamente si confessa.**

(C. XXVII, st. 69-116).

Orlando, sendo spirato il Marchese,[5]
parvegli tanto solo esser rimaso
che di sonar per partito pur prese,
acciò che Carlo sentissi il su' caso;
e sonò tanto forte, che lo intese,
e 'l sangue uscì per la bocca e pel naso.
Dice Turpino, che il corno si fèsse,[6]
La terza vòlta ch'a bocca sel messe

. . . .

 Era tanto il terror, ch'avean d'Orlando
i Saracin, che assai fuggiti sono

---

[1] L' assalto.
[2] Fanno cadere giù da cavallo.
[3] Era il segnale stabilito con Carlo Magno per chiedere soccorso. Orlando ormai vedeva, che pei Cristiani la partita s' era messa troppo male; e soffia nel corno sperando di far sì che C. Magno accorra di Francia in suo aiuto.
[4] Alda, di cui Orlando appare innamorato fino dalla più antica *Chanson de geste*: quest' Amore è però tenuto talmente in ombra che lo si viene a conoscere solo in fine, quando, morto Orlando a Roncisvalle, al sopraggiungere della notizia alla corte di Carlo, Alda dal dolore sviene.
[5] Ulivieri.
[6] Da fendere, si spaccò.

per la campagna e per le selve, quando
sentito fu questo terribil suono.
Dice Turpin,[1] che per l'aria volando
molti uccelli stordirono a quel tuono;
e maraviglia non fu Carlo udissi,
chè si pensò che la terra s'aprissi.[2]
    Or quel che fece allo estremo Rinaldo,
non ardisce narrar più la mia penna,
chè pareva un serpente irato in caldo: [3]
e questo e l'altro e poi quello scotenna,
e ributtava quel popol ribaldo;
e non sapea del marchese di Vienna: [4]
e rompe e fiacca e sdruce e smaglia e straccia.[5]
    Baiardo ritto le zampe menava,[6]
e come l'orso fa scostare i cani;
tal volta un braccio o la coscia ciuffava,[7]
e sgretola quell'ossa de' Pagani,
come pan fresco, che all'otta si cava,[8]
non fûr tanto crudel mai tigri ircani:
con tanta rabbia mordeva e dimembra,
tanto che Ecuba forsennata sembra.[9]
    E Ricciardetto facea cose ancora,
che l'autor,[10] che le vide, nol le crede:
egli avea fatto pel campo una gora:
beato a chi potea studiare il piede [11]
chè non uccide, anzi proprio divora:

---

    [1] La solita autorità invocata per ischerzo dal Pulci tutte le volte
che sta per sballarne una più grossa delle altre: la tradizione lo faceva
vescovo di Reims e autore di certe cronache dei tempi di C. Magno.
    [2] Fosse il terremoto.
    [3] Nel periodo degli amori, quando è più terribile per aggressività.
    [4] Rinaldo infatti nulla sapeva della morte d' Ulivieri.
    [5] La ricchezza e la vivacità della lingua del P. è veramente singo-
lare: da quella serie di verbi sorge la visione dei particolari scontri, nei
quali Rinaldo abbatte, atterra, ferisce, mette fuori combattimento, riduce
in fin di vita l' avversario, mentre l' ultimo verso ti descrive la folla dei
Saraceni fuggenti incalzati da Rinaldo.
    [6] Qui hai il senso della solidarietà tra cavallo e cavaliere a formare
un' unica anima.
    [7] Coi denti....
    [8] Che in quel momento (per ora) si cavi dal forno.
    [9] La tradizione letteraria, accolta anche da Dante ci rappresenta
Ecuba impazzita per le tante sciagure, che su di lei si riversarono.
    [10] Turpino.
    [11] Affrettare il passo per svignarsela, perchè chi restava poteva esser
sicuro d' essere ucciso da Ricciardetto: studiare il passo in gergo militare vuol dire affrettarlo.

non fe' Pirrato [1] di bestie mai prede
qual fa costui di Saracini il giorno,
tanto ch'ogn'un gli spariva d'intorno.

. . . .

   Tornossi Orlando sbigottito in tutto
al campo, poi che il Marchese [2] fu morto,
come chi torna dal funereo lutto
alla sua famigliuola a dar conforto;
o come nave, sperando alcun frutto,
con gran iattura è ritornata in porto;
e duolsi ben di sua fortuna acerva,[3]
ma molte ancor più della sua conserva.[4]

. . . .

. . . .

   E si vedea cader tante cervella
che le cornacchie faran tafferugia;[5]
chi aveva men forate le budella
pareva il corpo come una grattugia
o da far le bruciate la padella,
tanto che falsa sarà la minugia:[6]
e perchè Orlando per grande ira scoppia,
sempre la furia e la forza raddoppia.[7]

   E' si cacciava inanzi quelle torme,
ch'un superbo lion parea foresto,[8]
che fa tremar con la voce e con l'orme;
e dice: «In ogni modo fia pel resto
a questa volta![9] E fa svegliar chi dorme,
anzi forse dormir chi era desto;[10]

---

  [1] Per Pirro: la tradizione delle innumerevoli perdite inflitte ai Romani da Pirro, re degli Epiroti è così nota, che non v'è bisogno di ricordarla.
  [2] Il cognato Ulivieri.
  [3] Acerba.
  [4] Orlando, che ha perduto tanti valorosi compagni, tornato fuori della mischia al campo è come una nave che riesce a scampare alla tempesta ma subendo grandissime avarie e, arrivata in porto, i naviganti superstiti non possono non piangere ad alte grida i compagni perduti: chè *conserva* è per brigata, compagnia.
  [5] Tafferuglio per contendersi i resti dei cadaveri.
  [6] Gli intestini saranno *falsi*, cioè saranno un inganno dell'occhio, che non può rendersi ben conto del contenuto della cavità addominale, perchè gli intestini saranno scivolati fuori dalle tante ferite.
  [7] Anche Orlando come Ulivieri: raddoppia di furore guerresco, quando si sente presso a morire.
  [8] Selvaggio.
  [9] Questa volta si deciderà, in qualunque modo vada, per sempre.
  [10] Gioco di parole per dire che dava la morte a chiunque gli movesse incontro.

chè viver non volea più con dispetto,
poi che Ulivieri è morto e Sansonetto.[1]

  ' Egli arebbe il dì Cesare in Tessaglia [2]
rotto, o il Barchino a Transimeno o Canni; [3]
e' si sentia rugghiar per la battaglia,
tanto che un verro par, ch'ogn'uno azanni;
e braccia e capi e mani in aria scaglia,
per finir con onor questi ultimi anni:
chè 'l tempo è breve, e pur la voglia pronta
e dolce cosa è vendicar giusta onta.[4]

  E dove e' vede la gente s'aggruppa,
come aquila gentil si chiude e serra:[5]
si che la schiera sbaraglia e sviluppa,
e tutti gli stendardi caccia in terra.
Pensa, lettor, come il campo s'inzuppa!
Alla turchesca sì facea la guerra; [6]
abbatte e urta e spezza e sbrana e strugge,
tanto che solo sperar può chi fugge.

  E' si vedeva or a poggia ora a orza [7]
la battaglia venirsi travagliando:
il campo pe' Cristian facea gran forza;
tanto l'alto valor, l'ardir d'Orlando
folgor pare, che nulla cosa ammorza;
e ogni volta che menava il brando,
e' rimanea del maestro la stampa.[8]
tanto che pochi di sua man ne scampa.

 . . . .

  Orlando per lo affanno ricevuto
non potea sostener più l'elmo in testa,
tanto avea quel giorno combattuto;
e perchè molto la sete il molesta,

---

   [1] Altro paladino ucciso.
   [2] Quel giorno Orlando avrebbe sconfitto un avversario quale fu Cesare il giorno di Filippi.
   [3] O avrebbe vinto Annibale Barca il giorno della battaglia del Trasimeno o nello scontro di Canne.
   [4] Versi tutti pieni d'eroica esuberanza ed irruenza.
   [5] Va nella mischia e si fa' stringere d'intorno dai nemici.
   [6] Colla ferocia mussulmana.
   [7] *Poggia* dicesi quella corda che si lega all'un de' capi dell'antenna di mano destra; *orza* dicesi invece l'altra di mano sinistra, sicchè procedere di poggia e d'orza è lo stesso che andare avanti ora offrendo la vela della barca a destra, ora a sinistra: è la manovra di vela che si segue, quando s'ha contrario il vento. Qui vuole rappresentare il riattizzarsi della zuffa qua e là sul campo di battaglia.
   [8] Lasciava l'impronta della sua mano maestra.

si ricordò dove egli avea bevuto
a una fonte, e va cercando questa;
e ritrovata appiè della montagna,
quivi soletto si riposa e bagna.

Vegliantin,[1] come Orlando in terra scese,
a' piè del suo signor caduto è morto:
e inginocchiossi, e licenzia gli chiese,
quasi dicessi: Io t'ho condotto a porto.[2]
Orlando presto le braccia distese
all'acqua, e cerca di dargli conforto;
ma poi che pure il caval non si sente,
si condolea molto pietosamente.[3]

« O Vegliantin, tu m'hai servito tanto,
o Vegliantin, dove è la tua prodezza?
o Vegliantin, nessun si dia più vanto,
o Vegliantin, venuta è l'ora sezza:[4]
o Vegliantin, tu m'hai cresciuto il pianto,
o Vegliantin, tu non vuoi più cavezza;
o Vegliantin, s'i' ti feci mai torto,
perdonami, ti priego, così morto ».[5]

Dice Turpin, che mi par maraviglia,
che, come Orlando — perdonami — disse,
quel caval parve ch'aprissi le ciglia,
e col capo e co' gesti acconsentisse;
tanto che Orlando riprese la briglia,
forse pensando che si risentisse:
dunque Piramo e Tisbe al gelso e al fonte
a questa volta è Vegliantino e 'l Conte.[6]

Ma poi che Orlando si vide soletto,
si volse, e guarda in verso la pianura,

---

[1] Il cavallo d' Orlando.

[2] Il povero cavallo sentendo un grande affetto pel suo signore, sapendolo tormentato dalla sete fa' un ultimo sforzo, che gli riesce fatale, e lo porta fino alla fontana.

[3] Commovente corrispondenza di affetti tra cavallo e cavaliere! Questi paladini, che non esitano un momento a fare strage attorno a sè sul campo di battaglia, sono poi sensibili in altre occasioni ai più gentili affetti di amore e di riconoscenza, perfino nei riguardi delle bestie.

[4] Ultima.

[5] Quel nome che ricorre coll' insistenza d' un' invocazione disperata pare tradisca l' illusione da parte del paladino di far risorgere a vita quel povero animale, che sta per morire.

[6] Ovidio nel racconto dell' episodio dei due amanti tebani, descrive l' ultimo sguardo che Piramo, già sul morire, rivolse a Tisbe che dava in pietose invocazioni: così conclude il P. successe di Vegliantino e il Conte. Più sotto vedremo un prodigio analogo, quando Orlando risuscita per un momento per consegnare Durindana a Carlo.

e non vede Rinaldo o Ricciardetto,[1]
tanto che i morti gli fanno paura ;
chè il sangue aveva trovato ricetto,
e Roncisvalle era una cosa oscura: [2]
e pensi ogn'un quanto dolor quel porta,
quando e' vedeva tanta gente morta.

  E disse: « *O terque o quaterque beati,*
(come disse il Troian famoso ancora); [3]
e miseri color, che son restati,
come son io, insino all'ultim'ora:
chè, ben che i corpi sien per terra armati,
l'anime son dove Gesù s'onora:
o felice Ulivier, voi siete in vita!
Pregate or tutti per la mia partita.

  Or sarà ricordato Malagigi,[4]
or sarà tutta Francia in bruna vesta,
or sarà in pianto e lacrime Parigi,
or sarà la mia sposa afflitta e mesta: [5]
or sarà quasi inculto San Dionigi, [6]
or sarà spenta la cristiana gesta: [7]
or sarà Carlo e il suo regno distrutto,
or sarà Ganellon contento in tutto ».[8]

  In tanto vede Terigi [9] apparito,
che come il tordo pur s'era spaniato ; [10]
e tanto il suo signor cercando è ito,
che finalmente l'avea ritrovato;
e domandò quel che fusse seguito,
e dove sia Rinaldo capitato;
disse Terigi: « Io non v'ho posto cura »;
e raccontò poi ben la sua sciagura.

---

[1] I due valorosissimi campioni, nei quali più riponeva la sua fiducia.
[2] Era in tale quantità sulla pianura di Roncisvalle, che s' era disteso come uno stagno oscuro.
[3] Enea minacciato dalla tempesta sulle coste africane esprime con queste parole la sua invidia per gli eroi morti sulle mura di Troia (*Aen.*, I, v. 94).
[4] Prevedendo tanto lutto pei Cristiani il buon mago Malagigi aveva fatto venire Rinaldo e Ricciardetto a Roncisvalle.
[5] Alda.
[6] Il santo protettore di Parigi.
[7] La famiglia dei paladini cristiani come in DANTE (*Inf.*, c. XXXI, v. 17).
[8] Gano di Maganza il traditore.
[9] Scudiero di Orlando.
[10] Rappresenta realisticamente il viluppo di cadaveri e di feriti, dai quali riuscì in qualche modo dopo molti sforzi a liberarsi.

Dice la istoria, che Orlando percosse
in sur un sasso Durlindana bella
più e più volte con tutte sue posse;
nè romper nè piegar non potè quella;
e 'l sasso aprì come una scheggia fosse.
E tutti i peregrin questa novella
riportan di Galizia ancora espresso,
d'aver veduto il sasso e il corno fesso.[1]

Orlando disse: « O Durlindana forte,
se io t'avessi cognosciuta prima,
com'io t'ho cognosciuta ora alla morte,
di tutto il mondo facea poca stima,
e non sarei condotto a questa sorte;
io t'ho più volte, operando ogni scrima;[2]
per non saper quanta virtù in te regna,
riguardata, o mia spada tanto degna ».

. . . .

Or qui comincian le pietose note:
Orlando essendo in terra ginocchione,
bagnate tutte di pianto le gote,
domandava a Turpin remissïone;
e cominciò con parole devote
a dirgli in atto di confessïone
tutte sue colpe, e chieder penitenzia,
chè facea di tre cose conscïenzia.

L'ultima preghiera d'Orlando ed apparizione di Gabriele.

(C. XXVII, st. 121-135).

« O Redentor de' miseri mortali,
il qual tanto per noi t'umilïasti
che, non guardando a nostri tanti mali,
in quell'unica Vergine incarnasti,
quel dì che Gabriel aperse l'ali,
e la umana natura rilevasti;

---

[1] Quanti andavano al santuario di S. Jacopo in Galizia non mancavano di visitare un certo sasso spaccato, che si diceva esser proprio quello che si aprì in due sotto il taglio di *Durindana bella* vibrata da Orlando nell'ultima sua disperazione.

[2] Ad ogni scherma o difesa, cioè in combattimento. Orlando prova come un rimorso d'aver avuto dei riguardi per Durindana, non sapendo che era dotata d'una tempra così forte da poter fare con essa cose stupefacenti; assai più meravigliose di quante ne avesse effettivamente compiute.

dimetti il servo tuo, come a te piace: [1]
lasciami a te, Signor, venire in pace.

Io dico pace, dopo lunga guerra,
ch'io son per gli anni pur defesso e stanco;
rendi il misero corpo a questa terra,
il qual tu vedi già canuto e bianco,
mentre che la ragion meco non erra,
la carne è inferma, e l'animo ancor franco,
sì che al tempo accettabil tu m'accetti, [2]
chè molti son chiamati, e pochi eletti.

Io ho per la tua fede combattuto,
come tu sai, Signor, sanza ch'io il dica,
mentre ch'al mondo son quaggiù vissuto:
io non posso oramai questa fatica;
però l'arme ti rendo, [3] ch'è dovuto;
e tu perdona a questa chioma antica,
ch'a contemplare omai suo uficio parmi
la gloria tua, e porre in posa l'armi.

. . . .

Non entrare in judicio, Signor, meco, [4]
chè nel cospetto tuo giustificato
non sarà alcun, se tu no 'l vuoi già teco,
perchè tutti nascemo con peccato;
e ciò che nasce al mondo, nasce cieco,
se non sol tu nascesti alluminato:
abbi pietà della mia senettute,
non mi negar il porto di salute.

Alda la bella mia ti raccomando,
la qual presto per me fia in veste bruna,
chè, s'altro sposo mai torrà che Orlando,
sia maritata con miglior fortuna:
e poi che molte cose ti domando,
Signor, se vuoi ch'i' ne chiegga ancor una,

---

[1] È la parafrasi del *Nunc dimittis servum tuum, Domine* con cui il sacerdote comincia l'orazione degli agozinanti: sono i versi di ringraziamento, che secondo la tradizione rivolse a Dio il vecchio gran Sacerdote Simeone dopo aver ricevuto da Maria il divino Infante tra le sue braccia ed averlo contemplato e adorato.

[2] È dunque il tempo *accettabile*, cioè opportuno per Orlando per morire, perchè per quanto la carne sia inferma, egli sente confermato su di sè il predominio della ragione e l'animo libero dalle passioni.

[3] Il forte paladino sente d'aver compiuto il suo dovere di campione della fede, adoperando quelle armi, che Dio per la difesa della fede gli aveva date; e perciò egli glie le offre sul punto di morte.

[4] Anche questo è parafrasi del rituale: *Noli venire in judicium cum famulo tuo* della preghiera pei defunti.

ricòrdati del tuo buon Carlo vecchio,
e di questi tuoi servi in ch'io mi specchio ».[1]
    Poi che Orlando ebbe dette le parole
con molte amare lacrime e sospiri,
parve tre corde o tre linee dal sole
venissin giù, come mosse da Iri.
Rinaldo e gli altri stavan come suole
chi padre o madre ragguarda che spiri,[2]
e ogn'un tanta contrizïone avea,
che Francesco alle stimite parea.[3]
    Intanto giù per quel lampo apparito
un certo dolce mormorio suave,
come vento talvolta, fu sentito
venire in giù, non qual materia grave:
Orlando stava attonito e contrito:
ecco quell'Angel, che a Maria disse *Ave*,
che vien per grazia de' superni Iddei,
e disse un tratto: *Viri galilei*.[4]
    Poi prese umana forma, e in aria stette,
e inanzi al conte Orlando inginocchiato,
disse queste parole benedette:
« Messaggio sono a te da Dio mandato,
e son colui, che venne in Nazarette,
quando il vostro Gesù fu incarnato
nella Vergine santa, che dimostra
quant'ell'è in ciel sempre avvocata vostra.
    E perch'io amo assai l'umana prole,
come piace a chi fece quel pianeta,
ti porterò lassù sopra quel sole,[5]
dove l'anima tua fia sempre lieta:

------

[1] Questa volta il P. s'è totalmente immedesimato col suo personaggio: il pensiero della morte e di Dio lo commuovono e gli impediscono di distogliere l'animo suo anche per un solo momento dalla solennità austera, che spira dalla morte.
[2] Rinaldo, venuto dall'Egitto e gli altri stavano attorno ad Orlando morente con quella trepida commozione, con cui il figlio spia il dileguare della vita dal caro volto dei genitori. Quanto affetto in tutta questa scena!
[3] Pareva ripieno di quel fuoco serafico, di cui sfavillava Francesco d'Assisi quando nel 1224 ebbe le SS. Stimmate.
[4] Negli *Atti degli Apostoli* si racconta come ai discepoli, che si meravigliavano dopo la Risurrezione di non trovare il corpo del Cristo nella tomba, apparisse un angelo, che disse loro: *Viri galilaei quid aspicite? Quem quaeritis non est hic* (L. I, 9-11). Quell'angelo era lo stesso dell'Annunciazione: Gabriele.
[5] Transito sereno questo d'Orlando, che si sente in pace colla sua coscienza.

e sentirai cantar nostre carole,[1]
perchè tu se di Dio nel mondo atleta,
vero campion, perfetto archimandrita [2]
della sua gregge, sanza te smarrita.

Sappi che in ciel fu bene esaminata
la tua giusta devota orazion latria,[3]
ch'a tutti i santi e gli angeli fu grata,
sendo tu cittadin di quella patria;
e perchè la sua insegna hai onorata,
e spento quasi in terra ogni idolàtria,
Dio t'esaudirà pe' tuo' gran meriti,
chè scritti son tutti i tempi preteriti ».[4]

Gli estremi congedi: la morte edificante.

(C. XXVII, st. 149-158).

Così posto in silenzio le parole,
si dipartì questo messaggio santo: [5]
ogn'un piangeva, e d'Orlando gli duole.
Orlando si levò su con gran pianto,
ed abbracciò Rinaldo quanto e' vuole,
Turpino e gli altri; e adorato alquanto,
parèa proprio Geronimo quel fosse,[6]
tante volte nel petto si percosse.

Era a vedere una venerazione,
nunc dimittis, mormorando seco,
come disse nel tempio il buon vecchione: [7]
« O Signor mio, quando sarò io teco?
L'anima è in carcer di confusïone:
libera me da questo mondo cieco,

---

[1] Danze di beati.
[2] Pastore.
[3] Piena di zelo religioso.
[4] I tuoi meriti del tempo trascorso sono tutti scritti e nessuno può cancellarli: ebbene saranno tutti compensati dalla beatitudine, cui tu sarai assunto.
[5] L'angelo Gabriele che è venuto a confortare gli estremi momenti d'Orlando annunziandogli che a lui si spalancherà tra poco il Paradiso. Messaggio per Messo.
[6] S. Gerolamo è dipinto come il prototipo della rassegnazione ai voleri di Dio.
[7] Il vecchio sacerdote Simeone, che dopo l'offerta di Gesù al tempio pronunziò nella sua preghiera quelle parole; che poi sono rimaste come la preghiera rituale, con cui il sacerdote accompagna gli agonizzanti. Vedi anche più sopra la n. 1, p. 70

non per merito già, per grazia intendo;
nelle tue man lo spirto mio commendo ».[1]
Rinaldo l'avea molto combattuto,
e Turpino, e Terigi, e Ricciardetto,
dicendo : « Io son dello Egitto venuto,[2]
dove mi lasci, o cugin mio, soletto? »
Ma poi che tempo era tutto perduto,
inteso quel che Gabriello ha detto,
per reverenzia alla fine ognun tacque;
chè quel che piace a Dio sempre a' buon piacque.
  Orlando ficcò in terra Durlindana,
Poi l'abbracciò, e dicea : « Fammi degno,
Signor, ch'io riconosca la via piana;
questo sia in luogo di quel santo legno,
dove patì la giusta carne umana,[3]
sì che il cielo e la terra ne fe' segno,[4]
e non sanza alto misterio gridasti:
Elì, Elì; tanto martir portasti ».[5]
  Così tutto serafico al ciel fisso,
una cosa parea trasfigurata,
e che parlassi col suo Crocifisso.
O dolce fine, o anima ben nata,
o santo vecchio, o ben nel mondo visso!
E finalmente la testa inclinata,
prese la terra, come gli fu detto,[6]
e l'anima spirò del casto petto.
  Ma prima il corpo compose alla spada,
le braccia in croce, e 'l petto al pome fitto;

---

[1] Qui tornano motivi tolti dal rituale delle preghiere, che al P. dovevano essere molto familiari: l'ultimo verso poi traduce le estreme parole di Gesù: *in manus tuas, Domine, commendo spiritum meum.*

[2] Difatti Rinaldo in questo poema ritrae in sè oltre che il tipo tradizionale di cavaliere, anche l'uomo del '400 colla sua curiosità di nuove regioni da esplorare e da vedere. Dall' Egitto, ov' era andato per visitare quelle terre, il mago Malagigi l'aveva portato, come s'è detto, in Spagna, sul campo di Roncisvalle.

[3] Della Croce: l'impugnatura di Durlindana rappresenta il santo segno.

[4] I terremoti e l'eclisse nella morte di Gesù segnarono il sacrilegio perpetrato contro il Giusto.

[5] Estreme parole di Gesù sulla Croce (Matt., XXVII, 46): *Eli, eli lamma sabachtani* che in latino vorrebbero dire: *Pater mi, pater mi, cur dereliquisti me?* padre mio, padre mio, perchè mi hai abbandonato?

[6] In mancanza di particole consacrate *in extremis* un po' di terra deposta tra le labbra del moribondo può avere gli stessi effetti d'una comunione vera e propria: per questo quel bel tipo del Cellini si ritrovò colla bocca piena di terra, quando riprese i sensi dopo lo svenimento causatogli dalla percossa ricevuta in pieno petto in seguito al colpo d' artiglieria in Castel S. Angelo.

ma poi si sentì un tuon, che par che cada
il ciel, che certo allor s'aperse al gitto; [1]
e come nuvoletta che in su vada,
In exitu Israel, cantar, *de Egitto*
sentito fu dagli angeli solenne;
chè si conobbe al tremolar le penne.[2]

Poi apparì molte altre cose belle,
perchè quel santo nimbo a poco a poco
tanti lumi scoprì, tante fiammelle,
che tutto l'aer pareva di foco;
e sempre raggi cadean dalle stelle:
poi si sentì con un suon dolce e roco
certa armonia con sì soavi accenti,
che ben parea d'angelici strumenti.

Turpino e gli altri accesi d'un fervore
eran, che ignun già non parea più desso; [3]
perchè quel foco dell'eterno amore,
quando per grazia ci si fa sì presso,
conforta e scalda sì l'anima e 'l core,
che ci dà forza d'obliar sè stesso: [4]
e pensi ognun quanto fussi il lor zelo,[5]
veder portarne quell'anima in cielo.

E dopo lunga e dolce salmodia,
ad alta voce udìr cantar *Te Deo,*
Salve Regina, Virgo alma Maria; [6]
e guardavano in su come Eliseo,
quando il carro innalzar vide d'Elia:
o come tutto stupido si feo
Moisè, quando il gran rubo gli apparse:
insin che al fine ogni cosa disparse.[7]

Sì che di nuovo un altro tuon rimbomba,
che fu proprio la porta in sul serralla; [8]
poi si sentì come un rombar di fromba,
e pareva di lungi una farfalla:

---

[1] È l'anima del grande eroe, che si sviluppa dalla salma corporea.
[2] Tratto di alata poesia: è il versetto iniziale del salmo 113, che torna anche in DANTE, *Purg.,* II, 46.
[3] Si era trasfigurato davanti a così prodigioso avvenimento.
[4] È l'estasi prodotta dallo stato di grazia.
[5] L'amore intenso, di cui sfavillavano....
[6] Il *Te Deum,* il *Salve Regina* preghiere rituali e *Virgo Alma Maria* preghiera non rituale.
[7] Allude alla visione, che Eliseo ebbe del carro di fuoco di Elia dileguantesi per l'aria: *et non vidit amplius* (IV, Reg. II, 11-12), ed al roveto ardente veduto da Mosè.
[8] Un rumore impetuoso come d'uscio che si chiuda.

ecco apparire una bianca colomba,[1]
e posossi a Turpino in sulla spalla;
a Rinaldo, a Terigi, a Ricciardetto
or qui di gaudio ben traboccò il petto.

Gano smascherato.
Carlo Magno sul campo di Roncisvalle. Il prodigio.

(C. XXVII, st. 161-211).

Dunque Terigi [2] da lor [3] s'è partito,
e lascia il suo signore Orlando morto.
Or ritorniam, ch'io non paia smarrito,
a Carlo e la sua gente a Piè di Porto;
che, come il corno sonare ha sentito,
subito parve del suo danno accorto.
E disse a Namo ed agli altri d'intorno:
« Udite voi, com'io, sonare il corno? »

Questa parola fa, ch'ogn'uno ascolta: [4]
Gan si turbò, chè gli parve sentire: [5]
Orlando suona la seconda volta.
Carlo dicea: « Pur questo che vuol dire? »
Rispose Gan: « Suona forse a raccolta,
perchè la caccia sarà in sul finire: [6]
da poi che ognun qui tace, io ti rispondo:
che pensi tu, che rovini là il mondo?

E' par che ancor tu non conosca Orlando,
tanto che quasi ci hai messo sospetto;
ch'ogni dì debbe per boschi ir cacciando
con Ulivieri e col suo Sansonetto;
non ti ricorda un'altra volta, quando
in Agrismonte, sendo giovinetto,

---

[1] È l'anima d'Orlando: ricorda il prodigio della colomba del San Graal: sul formarsi di queste leggende influì forse la tradizione della discesa dello Spirito Santo in forma di mistica colomba.
[2] Lo scudiero d'Orlando, come s'è già detto.
[3] Dai paladini, che avevano assistito pieni d'ammirazione al transito d'Orlando.
[4] Porge attentamente l'orecchio per distinguere tra tanti rumori il suono del corno.
[5] Ecco il traditore che teme di vedere i suoi piani perfidi compromessi, come sarebbe stato se Carlo, sentito il richiamo, si fosse precipitato coll'esercito in soccorso dell'eroico paladino, sopraffatto in Roncisvalle.
[6] Cerca di persuadere Carlo, che si tratta d'una partita ordinaria di caccia.

ogni dì era o con orsi alle mani,
o porci o cervi o cavriuoli o dani? »
   Ma poi che Orlando alla terza risuona,
perch'e' sonò tanto terribilmenté [1]
che fe' maravigliare ogni persona,
Carlo, il qual era a sua posta prudente: [2]
« Quel corno, disse, alla fine m' introna
l'anima e 'l cuore, e fa tremar la mente,
ed altra caccia mi par che di bosco:
duolmi che tardi i miei danni cognosco. [3]
   Io mi son risvegliato d' un gran sogno;
o Gano, o Gano, o Gan.... tre volte disse:
di me stesso e non d'altri mi vergogno,
a non creder che questo m'avvenisse;
d'aiuto e di consiglio è qui bisogno,
ch'è s'apparecchian dolorose risse:
voi siete, dico, mondi, ma non tutti,
e parmi or tempo a giudicare a' frutti. [4]
   Pigliate adunque questo traditore:
meglio era al mondo e' non fussi mai suto; [5]
o scellerato, o crudel peccatore!
misero a me, che son tanto vivuto!
Oh quanto ha forza un ostinato errore!
O Malagigi, [6] or t'avessi io creduto!
Omè, tu eri pur del ver pronostico;
ed è ragion, se il duol mi par più ostico ».
   Carlo Magno arriva in Roncisvalle:
e Turpino e Rinaldo e Ricciardetto,
ogn'un piangeva doloroso e gramo,
e guardavan quel corpo benedetto:
e come Carlo in Roncisvalle è giunto,
parve che 'l cor si schiantassi in un punto.

---

[1] Vien fatto di pensare al dantesco (*Inf.*, XXXI, vv. 16 e sgg.):
Dopo la dolorosa rotta quando — Carlo Magno perdè la santa gesta —
non sonò sì terribilmente Orlando....
   [2] Vuol dire che Carlo per conto suo (*a sua posta*) era avveduto,
ma che i consigli e le male arti di Gano finivano per traviarlo.
   [3] Carlo finalmente capisce: le parole del buon vecchio, che si desta
come da un lungo sonno, esprimono prima l' interno turbamento, poi rin-
facciano al traditore la sua menzogna, poi ripete quel nome come per
misurare l' immensità del tradimento, delle conseguenze luttuose, infine
l' invettiva contro lo scellerato.
   [4] Eco delle parole di Gesù riferite dagli Evangeli: l' albero si conosce dal frutto.
   [5] Stato.
   [6] Tutto Malagigi, il buon mago, aveva previsto circa il perfido tradimento di Gano e le sventur che pei Cristiani ne sarebbero derivate.

E raguardava i cavalieri armati
l'un sopra l'altro in sulla terra rossa,
gli uomini co' cavalli attraversati :
e molti son caduti in qualche fossa,
nel fango in terra fitti arrovesciati ;
chi mostra sanguinosa la percossa,
chi 'l capo avea quattro braccia discosto,
da non trovargli in Giusaffà sì tosto.[1]

Tanti squartati, smozzicati e monchi,
tante intestine fuor, tante cervella :
parean gli uomini fatti schegge e bronchi,[2]
rimasi in istràn modi in su la sella :
tanti scudi per terra, e lance in tronchi :
o quanta gente parea meschinella !
O quanto fia scontento più d'un padre,
e misera colei, che sarà madre !

Carlo piangeva, e per la maraviglia
gli trema il core, e 'l capo se gli arriccia,[3]
e Salamone strabuzza le ciglia,
Uggeri e Namo ogn'un si raccapriccia,[4]
perchè la terra si vede vermiglia,
e tutta l'erba sanguinosa e arsiccia,
gli arbori e' sassi gocciolavan sangue,
sì che ogni cosa, si potea dir, langue.[5]

Ma poi che Carlo ebbe guardato tutto,
si volse, e disse in verso Roncisvalle ;
« poi che in te il pregio d'ogni gloria è strutto,
maledetta sia, tu, dolente valle :
che non ci facci più ignun seme frutto,
co' monti intorno e le superbe spalle ;
venga l'ira del cielo in sempiterno
sopra te, bolgia o caina d'Inferno ».[6]

---

[1] Lo scherzo che spunta fuori dal tragico: nel giorno del giudizio universale in cui tutti ci si ritroverà in Giosaffatte, quei poveri guerrieri, che avevan le membra sparpagliate pel campo avrebbero avuto un bel da fare per ritrovarle.
[2] Rami.
[3] I capelli sul capo si arricciano.
[4] Effetti dello spettacolo raccapricciante.
[5] Vien meno, è in rovina: il gocciolar del sangue è come visibile segno del disastro generale.
[6] Il Pulci non si lascia mai sfuggire l'occasione di mostrarsi buon lettore di Dante: Roncisvalle gli appare una bolgia, e più particolarmente una caina, il cerchietto dei traditori dei fratelli: e difatti Roncisvalle, secondo la tradizione seguita dal Pulci, avrebbe visto il più nero tradimento. Nota poi come l'anatema scagliato da Carlo su Roncisvalle

Ma poi ch'e' giunse appiè della montagna,
a quella fonte, ove Rinaldo aspetta,
di più misere lagrime si bagna
e come morto da caval si getta;
abbraccia Orlando, e quanto può si lagna,
e dice: « O alma giusta e benedetta,
ascolta almen dal ciel quel ch'io ti dico,
perchè pure era il tuo signor già antico.

Io benedico il dì che tu nascesti,
io benedico la tua giovinezza,
io benedico i tuoi concetti onesti,
io benedico la tua gentilezza:
io benedico ciò che mai facesti,
io benedico la tua gran prodezza,
io benedico l'opre alte e leggiadre,
io benedico il seme del tuo padre.[1]

E chieggio a te perdon, se mi bisogna,
perchè di Francia tu sai, ch'io ti scrissi,
quando tu eri crucciato in Guascogna,
che in Roncisvalle a Marsilio venissi[2]
col conte Anselmo e 'l signor di Borgogna;
ma non pensavo, omè. che tu morissi:
quantunque giusto guidardon riporto,
chè tu se' vivo, e io son più che morto.[3]

Ma dimmi, figliuol mio, dov'è la fede,
al tempo lieto già data ed accetta?[4]

_____

riecheggia la maledizione di Saul sui campi di Gelboè nel salmo di
David: Montes Gelboè, *nec ros nec pluvia veniat super vos, neque sint
agri primitiarum* ».

[1] Eran queste sticotimie care ai poeti canta in panca, onde non fa
meraviglia trovare ottave così fatte che ripetono per ogni verso il predicato e lo stesso costrutto come questa, specie là dove sono scene di
certo movimento lirico: anche più sopra per la morte di Vegliantino
abbiamo ripetuta nell'inizio del verso l'invocazione: o *Vegliantino....*

[2] Carlo Magno infatti da quel traditore di Gano s'era lasciato in-
durre a scrivere ad Orlando in Guascogna, che s'accordasse col re di
Spagna Marsilio venendo a colloquio con lui a Roncisvalle: mai poteva
immaginare il buon imperatore, che Gano avesse commesso così nero
tradimento!

[3] Gioco di parole, di cui la musa popolare si compiace: Orlando
morendo ha raggiunto l'immortalità, Carlo Magno è morto così di dolore,
come per aver perduto il suo migliore campione, come per la strage subìta
dai suoi in Roncisvalle.

[4] Allude alla promessa fatta in Aspramonte da. Orlando a Carlo,
(quando questi l'aveva cinto cavaliere e gli aveva consegnato Durlindana)
di rendergliela in caso che Orlando fosse venuto a morte, come dice nei
versi successivi; ma è comico il tono, con cui Carlo si rivolge al cadavere,
ed interrompendo il compianto ad un tratto gli chiede ragione d'un
giuramento fatto come ad un vivo: tratto schiettamente popolare che
trova nel P. un poeta congeniale.

O se tu hai di me nel ciel merzede,
come volevi al mondo, alma diletta,
rendimi, se Iddio tanto ti concede,
ridendo quella spada benedetta,
come tu mi giurasti in Aspramonte,
quando ti feci cavaliere e conte ».

Come a Dio piacque, intese le parole,[1]
Orlando sorridendo in piè rizzossi
con quella reverenzia, che far suole,
e innanzi al suo signore inginocchiossi;
e non fia maraviglia, poi che il sole
oltre al corso del ciel per lui fermossi:
e poi distese, ridendo, la mana,
e rendègli la spada Durlindana.

Carlo tremar si sentì tutto quanto
per maraviglia e per affezïone,
e a fatica la strinse col guanto:
Orlando si rimase ginocchione.
L'anima si tornò nel regno santo;
Carlo cognobbe la sua salvazione;
chè se non fussi questo sol conforto,
dice Turpin, che certo e' sare' morto.

Quivi era ogn'uno in terra inginocchiato,
e tremava d'orrore e di paura
quando vidono Orlando in piè rizzato,
come avvien d'ogni cosa oltre a natura;
però ch'egli era in parte ancora armato
e molto fiero nella guardatura:
ma perchè poi ridendo inginocchiossi
dinanzi a Carlo, ognun rassicurossi.

Poi abbracciâr molto pietosamente
Carlo e tutti, Rinaldo e Ricciardetto,
e ragionorno pur succintamente
della battaglia e d'ogni loro effetto;
e ordinossi per la morta gente
dove fussi il sepulcro e il lor ricetto:
ma Carlo un corpo era colmo d'angosce,
chè tanta gente non si riconosce.

E disse: « O Signor mio, fammi ancor degno,
fra tante grazie che tu mi concedi,

---

[1] Vien fatto qui di pensare (ce lo perdoni l'anima del Conte) a Vegliantino risuscitato per un momento tanto per ringraziare il suo signore.

ch'io riconosca in qualche modo o segno
la gente mia che quaggiù morta vedi ;
ch'io non son dove io sia, nè donde io vegno ;
e, come in Giusaffà, le mani e' piedi
e l'altre membra insieme accozza, e mostra
per carità qual sia le gente nostra ».[1]

    E poi che furon nella valle entrati,
trovoron tutti i Cristian, ch'hanno insieme
i membri appresso, e i volti al ciel levati,
perchè questo era d'Adamo il buon seme.
O Dio quanti miracoli hai mostrati !
Quanto è felice chi in te pon sua speme !
E tutti i corpi di que' Saracini
dispersi son co' volti a terra chini.[2]

La morte del traditore.

(C. XXVIII, st. 7-15).

    Rinaldo intanto ha confortato Carlo [3]
e tutta insieme a un grido la corte,
che il traditor si dovessi straziarlo ;
e pensa ognun della più crudel morte.
A molti par che si debba squartarlo ;
altri dicean di tormento più forte,
e ruote e croce e con ogni vergogna
e mitera e berlina e scopa e gogna.[4]

---

[1] Una vecchia leggenda parlava del miracolo successo ad Arles : essendo avvenuto un sanguinoso combattimento tra i cristiani e i saraceni Carlo pregò Dio che gli desse modo tra i tanti morti, che in gran confusione coprivano il campo, di riconoscere i cristiani dagli infedeli. La mattina dopo avrebbe trovato un gran numero di tombe scavate e miracolosamente scritto in fronte a ciascun cristiano morto il nome e cognome che aveva portato da vivo ; e così potè dare a tutti onorata sepoltura. Di nuovo il P. ci mette l'arguzia dell'espressione che sprizza da quelle parole « le mani e i piedi e l'altre membra accozza.... » quasi si trattasse di pezzi *a serie*, come diciamo noi, da *accozzare insieme*.

[2] Così la preghiera di C. Magno è adempiuta, così anche qui, come ad Arles avviene il miracolo.

[3] L' imperatore difatti temeva di possibili vendette da parte di Rinaldo, cugino d'Orlando, da lungo tempo ribelle a Carlo, ma colla lealtà del perfetto cavaliere Rinaldo invece, appena tornato in Parigi per vendicare i tradimenti di Gano, si reca subito da Carlo per protestargli la sua fedeltà e per indurlo a punire Gano.

[4] Sei specie di tormenti : il primo portava la pena d' essere legato alla circonferenza d' una ruota, che girando costringeva il corpo del suppliziato ad incontrarsi con certi chiodi fissati sopra un piano a contrasto dai quali le carni eran straziate : il secondo è troppo noto : il terzo consisteva nell' essere esposto alla derisione ed al disprezzo di tutti in luogo pubblico con in capo una *mitera*, una mitra di carta od

E, dopo molto disputar, fu Gano
menato in sala con gran grido e tuono,
incatenato come un cane alano;
e tanti farisei d'intorno sono,[1]
che pensan solo ognun d'averne un brano;
e mentre e' volea pur chieder perdono,
e crede ancor forse Carlo gli creda,
Rinaldo il dette a quella turba in preda.

Carlo si stette a veder questa caccia;
e come in mezzo la volpe è de' cani,
ognun fa la sua presa, ognuno straccia,
chi lo mordea, chi gli storce le mani,
e chi per dilegion gli sputa in faccia;
chi gli dà certi sergozzoni[2] strani,
chi per la gola alle volte lo ciuffa,
tanto che il cacio gli saprà di muffa.[3]

Chi con la man, chi col pie' lo percuote;
chi fruga e chi sospigne e chi punzecchia;
chi gli ha con l'unghie scarnate le gote,
chi gli avea tutte mangiate le orecchia;
chi lo 'ntronava e grida quanto e' puote;
chi il carro intanto col fuoco apparecchia;
chi gli avea tratto con le dita gli occhi,
chi il volea scorticar come i ranocchi.[4]

E come e' fu sopra il carro il ribaldo,
il popol grida intorno: — Muoia, muoia! —
Intanto il ferro apparecchiato è caldo;
non domandar come e' lo concia il boia!
Chè non resta di carne un dito saldo,
che tutte son ricamate le cuoia,[5]

altro come segnale infamante; il quarto era analogo al terzo colla differenza che si era assicurati da funi ad un sedile in luogo pubblico con
permesso a chiunque di schernire nel modo che più gli piaceva il condannato; il quinto portava come conseguenza esser spinto nudo a colpi
di scopa come spettacolo di vergogna ed il sesto essere ugualmente esposto
allo scherno ed alla vergogna in pubblico.

[1] Chiama quella moltitudine di infuriati feroci *farisei* con chiaro
riferimento alla ferocia, di cui erano invasi i farisei, che crocifissero
Gesù; ma francamente a me non pare molto opportuna qui dove si
tratta di punire un traditore di quella fatta com'era Gano.
[2] Pugni.
[3] Colpi alla gola così forti, che qualunque cibo mangerà poi gli sem-
brerà cattivo: vedi con quanta vivacità è resa la scena selvaggia.
[4] Per quanto si tratti d'un matricolato birbante, si sente la barba-
rie d'un simile contegno da parte della folla.
[5] È bollato a fuoco lo sciagurato in tutte le parti del corpo, atta-
nagliato con tanaglie roventi sicchè il corpo tutto ustionato resta come
ricamato dall'intersecarsi di tante orribili scottature.

sì ch'egli era alle man di buon maestro
perchè e' facea molto l'ufficio destro.
  Egli avea il capresto [1] d'oro al collo
e la corona de' ribaldi in testa. [2]
Rinaldo ancor non si chiama satollo,
e 'l popol rugghia con molta tempesta,
e chi gittava la gatta e chi il pollo, [3]
e ogni volta lo imberciava a sesta; [4]
non si dipinge Lucifer sì brutto
dal capo a' pie' come e' pareva tutto.
  Fece quel carro la cerchia [5] maggiore;
e chi si cava pattin, chi pianelle
per vedere straziare il traditore, [6]
sì che di can non si straccia più pelle;
tanto tumulto, strepito e romore,
che rimbombava insin sopra le stelle.
  — Crucifigge — gridando — crucifigge! —
E 'l manigoldo tuttavia trafigge.
  E poi che il carro al palazzo è tornato,
Carlo ordinato avea quattro cavagli;
e come a questi il ribaldo è legato,
cominciano i fanciugli a scudisciagli,
tanto che l'hanno alla fine squartato; [7]
poi fe' Rinaldo que' quarti gittagli
per boschi e bricche [8] e per balze e per macchie
a' lupi, a' cani, a' corvi, alle cornacchie.
  Cotal fine ebbe il maledetto Gano,
chè lo eterno giudicio è sempre appresso,

---

[1] Metatesi popolare per capestro: a Pisa sentirai dal popolo sempre *straporto* per *trasporto*.

[2] La *mitra* o *mitera*, com' era detto per ischerno: vedi più sopra.

[3] Come noi diciamo: gettare contro uno torsi di cavolo o ova fracide.

[4] Lo colpiva (dal franc. *percer*) con precisione.

[5] Il giro lungo le mura della città o altro luogo che si faceva fare ai condannati per lo più a suon di nerbate: anche Dante ricorda le *cerchia eterne*. *Cerca* hanno altre edizioni, ed allora avrebbe un significato leggermente sarcastico con allusione alla cerca, alla questua di frati: se non che qui non sarebbe Gano, che va a cercarsi le derisioni e gli scherni di tutti, sì invece una pioggia di scherni e di derisioni che si rovescian su di lui. Altri intendon *cerca* nel senso antico che pure questo vocabolo ebbe di *ronda militare*, ma non vedo che dia un gran senso; mentre con *cerchia* non v' è bisogno di nessuna virtuosità d' ermeneutica.

[6] Lancia sul carro scarpette e pianelle pur di colpire il traditore ed accrescerne il supplizio.

[7] È la punizione di Mezio Fuffezio, e rimasta dopo di lui la punizione peculiare dei traditori.

[8] Dirupi scoscesi.

quando tu credi che sia ben lontano: [1]
or forse tu, lettor, dirai adesso,
come gli abbi creduto Carlo Mano.
Io ti rispondo: Era così permesso;
era nato costui per ingannarlo
e convenia che gli credessi Carlo.[2]

MATTEO MARIA BOIARDO.
(1434? — 19 dic. 1494).

Nobile per sangue (era conte di Scandiano, suo paese nativo) ebbe un' educazione squisitamente umanistica; e, venuto
a Ferrara, con buona fama di poeta (1461), fu accolto con molta
simpatia da Borso e da Ercole d' Este: quest' ultimo anzi lo
nominò capitano di Modena (1480-83) e Reggio. Se i *Carmina*
giovanili non possono essere considerati altro che quali documenti d' una notevole attitudine nell' aristocratico adolescente a
valersi della lingua e dei metri latini; se i *Pastoralia* e gli
Epigrammata non superano in valore tanta altra poesia encomiastica e d' occasione del tempo; le cinque egloghe in latino d' ispirazione amorosa rivelano invece quella ricca sensibilità, di cui è
notevolissimo documento il *Canzoniere* in volgare, ispiratogli dall' amore giovanile per Antonia Caprara, da lui conosciuta forse
nei lieti anni della dimora in Reggio. L' imitazione del Petrarca
non impedisce al poeta di riuscire fortemente originale, tanta e
tale è l' arte, con cui sa cogliere certi stati d' animo e rendere
le rispondenze tra questi sentimenti e la natura circostante. Ma
il titolo suo maggiore è pur sempre costituito dall' *Orlando Innamorato*, pel quale giustamente egli è salutato padre del poema
romanzesco: l' ideale eroico delle leggende del ciclo carolingio
tanto caro al popolo, è conciliato con quello avventuroso dei cavalieri d' Artù preferito dalle classi còlte, e coll' uno e coll' altro
vengono a fondersi episodi omerici o virgiliani, senza che ne
risulti la minima disarmonia.

Da questa fusione egli « ha derivato pei suoi paladini, nei
più antichi romanzi rozzi e grossolani anche nell' amore, quella
vaghezza d' avventure e quella gentilezza di sensi, che è propria
ai cavalieri della Tavola Rotonda, i quali combattono con forza
da giganti ma colla cortesia più squisita.... La novità principale

[1] È concetto analogo a quello, che con ben altro tono esprimerà il
Manzoni nei noti versi del coro del Carmagnola: « Ben talor nel superbo
viaggio — non l' abbatte l' eterna vendetta — ma lo segna, ma veglia,
ed aspetta — ma lo coglie all' estremo sospir! ».
[2] Adatta alla psicologia popolare il concetto della Provvidenza Divina, come dicesse: umanamente non si può spiegare come Carlo si
mostrasse così credulo; bisogna perciò credere, che così avvenisse perchè
Dio aveva così preordinato e disposto.

è che Orlando, di rado e fugacemente per l'innanzi rappresentato come preso d'amore, è anch'esso innamorato. La mitologia
antica e la classicità hanno ciascuna conferito qualcosa di proprio; ma trasformate con magistero tutto moderno. Laddove,
il poema del Pulci ci offre immagine della cultura popolana di
Firenze e della famiglia e della clientela medicea, questo del
Boiardo è fedele ritratto della vita cortigiana della reggia esten-
se, ove le antiche usanze guerriere e feudali si raggentilivano
nel nuovo e fervente culto dell'umanesimo. Vi sono, è pur
da avvertire, molti accenni a cose e persone contemporanee al
poeta. Il Boiardo colla felice unione degli elementi vari dei
due cicli romanzeschi, e mescolando ad essi le bellezze d'arte e
di stile de' classici, può senza dubbio dirsi il primo poeta
epico italiano. Personaggio principale e più originale è Angelica: notevoli sono Orlando, Brunello, Astolfo, Rodamonte,
Brandamante tra gli altri. Tutti i personaggi del resto nel loro
nuovo atteggiamento hanno qualcosa di più conforme all'umana
natura, che non fosse ne' poemi anteriori. Vi è del nuovo anche
nelle formole, già tutte religiose, d'invocazione e di commiato
dei canti; e specialmente gli esordi, per la maggior parte morali
e filosofici, sono abilmente variati fra loro. Il meraviglioso de'
maghi e delle fate sostituisce ormai le potenze angeliche mistiche
e divine; e questa sorte di meraviglioso sarà poi anche maggiormente colorito dalla potente fantasia dell'Ariosto. Ma nel ritrarre i suoi personaggi, il Boiardo, che rivolgeva il suo canto
a una società cólta e che non credeva, come la plebe a quelle
strane avventure, fa trapelare abilmente ma apertamente una
tendenza scettica, specialmente a paragone degli autori delle
vecchie *Chansons de geste* e un certo umorismo, senza per altro
proporsi a suo fine, come poi il Cervantes la satira del mondo
cavalleresco. L'intreccio dei racconti è complicatissimo, ma condotto con accortezza e maestria. Quel seguito, tuttavia, di duelli
e di battaglie, che non finiscon mai, a lungo andare, riesce un
po' monotono e prolisso. I caratteri poi sono più accennati e
tratteggiati che disegnati e scolpiti: il poeta s'intrattiene più
a raccontar fatti, che a scrutare l'animo e le passioni dei suoi
eroi. Alla famiglia dei principi d'Este (e anche in questo pre-
cede e ispira l'Ariosto) paga il suo tributo d'adulazione, imma-
ginandone l'origine nel matrimonio di Ruggero e di Brada-
mante. Il poema doveva arrivare, come sembra, fino alla morte
di Ruggiero (L. III, c. I, 3)».

Nel Boiardo mai nulla di quel certo che di sforzato o artificioso, che non manca nell'Ariosto ed abbonda nel Tasso; ma
tutto pare che sorga come per forza d'una prodigiosa bacchetta
magica: come poeta è il più immaginoso del Rinascimento. La
sua ottava, se non ha il fascino seduttore di quella ariostesca,
che sa rinvenire le vie più segrete per cattivare l'attenzione
del lettore, è più robusta e vigorosa.

Egli si sente così portato a simpatizzare col mondo rie-

vocato fantasticamente, che con questo bene spesso s'identifica:
quando gli avviene di tornare col pensiero al mondo che lo cir-
conda, allora sorprendiamo sulle labbra di questo meraviglioso
creatore d'avventure un lieve sorriso ironico ma fine, signorile,
aristocratico, degno veramente del Conte di Scandiano. Il poema,
cominciato verso il 1472 e condotto avanti per 10 anni, lasciato
in disparte nel 1482, e ripreso due anni dopo, nel 1484, occupò
tutta la vita del Boiardo. Sposatosi nella primavera del 1479
con Taddea dei conti Gonzaga da Novellara n'ebbe e figli e
figlie; ma le gioie tranquille dei domestici affetti gli furono
amareggiate ed impedite da fieri dissidi coi congiunti, dissidi
pei quali dovè temere perfino per la propria vita: morì di malattia improvvisa.

[Per maggiori schiarimenti cfr. E. SANTINI, *M. M. Boiardo
l'uomo e il poeta* nella Collezione *I nostri grandi*. Livorno, Giusti,
1914; per l'Orl. Innamorato vedi l'edizione curata da F. FOF-
FANO, voll. 3, U. T. E. T., 1926; pel *Canzoniere* vedi l'edizione
curata da L. STEINER, Torino, Unione Tipogr. Editrice nella collezione *Classici Italiani* (2ª Serie, n. 15). Commendevole la scelta
del PANZINI, *Le più belle pagine di M. M. Boiardo*, Milano, 1924:
il PANZINI già aveva trattato in modo eccellente di questo stesso
autore nel suo lavoro critico *M. M. Boiardo*, Messina, Principato,
1918. Non si dimentichi ad ogni modo di vedere ciò che sul
B. scrisse B. CROCE in *Ariosto, Shakespeare e Corneille*, Bari,
Laterza, 1920, pp. 67 e sgg.].

DALLE « RIME ».

1.

Prodigiosa bellezza.

Il canto de li augèi di frunda in frunda,
e l'odorato vento per li fiori,
e lo schiarir di lucidi liquori
che rendon nostra vita più jucunda,
  son perchè la natura e il ciel secunda
costei, che vuol che 'l mondo se inamori;
così di dolcie voce e dolci odori
l'aër, la terra è già ripiena e l'unda.
  Dovunque e' passi move, on gira il viso,
fiameggia un spirto sì vivo d'amore,
che avanti a la stagione el caldo mena.
  Al suo dolce guardare, al doce riso
l'erba vien verde e colorito il fiore,
e il mar se aqueta e il ciel se raserena.[1]

---

[1] Ancora una volta dopo il Petrarca un altro poeta, quale il Nostro,

2.

Invito a cantare.

Cantati meco, inamorati augelli,
poi che vosco a cantar Amor me invita;
e voi, bei rivi e snelli
per la piagia fiorita,
teneti a le mie rime el tuon suave.
  La beltà, de che io canto, è sì infinita,
che il cor ardir non have
pigliar lo incarco solo:
chè egli è debole e stanco, e il peso è grave.
  Vaghi augeleti, vui ne gite a volo,
perchè forsi credeti
che il mio cor senta duolo.
E la zoglia[1] ch'io sento non sapeti.
  Vaghi augeleti, odeti:[2]
che quanto gira in tondo
il mare, e quanto spira zascun vento,[3]
non è piacer nel mondo,
che aguagliar se potesse a quel, ch'io sento.[4]

3.

Confidenza gioiosa.

Dàtime a piena mano e rose e zigli,
spargeti intorno a me vïole e fiori;
ciascun, che meco pianse e miei dolori,
di mia leticia meco il frutto pigli.
  Dàtime fiori e candidi e vermigli;
confàno a questo giorno i bei colori;
spargeti intorno d'amorosi odori,
chè il loco e la mia voglia se assumigli.[5]

---

apre il cuore a quanto di gioioso ha la Natura per farci sentire il
fascino della donna: egli canta a gola piena la festa del suo cuore e
riesce ad un componimento, che può gareggiare coi migliori del suo
modello.

[1] Gioia.

[2] Udite.

[3] Per tutta la terra ch'è circondata dal mare, o su cui soffia il
vento.

[4] L'empito dell'entusiasmo è tale che il P. ha bisogno di comunicarlo
attorno a sè, sia pure alle più umili ma anche più poetiche creature.
V'è una nota di sincerità assai rara nei poeti del Rinascimento.

[5] Affinchè il luogo, in cui io canto, sia fiorito e ridente come il
mio cuore.

Perdòn m'ha dato et hami dato pace
la dolce mia nemica, e vuol ch'io campi,
lei che sol di pietà se pregia e vanta.
Non vi maravigliati per ch'io avampi,
chè maraviglia è più, che non se sface
il cor in tutto d'alegrezza tanta.[1]

4.

Miracolo di beltà.

Già vidi uscir de l'onde una matina
il sol, di ragi d'or tutto jubato,[2]
e di tal luce in faccia colorato,
che ne incendeva[3] tutta la marina.
E vidi la rogiada matutina
la rosa aprir d'un color sì infiamato,
che ogni luntan aspetto[4] avrìa stimato,
che un foco ardesse ne la verde spina.
E vidi a la stagion prima e novella
uscir la molle erbetta come sòle
aprir le foglie ne la prima etate.
E vidi una legiadra donna e bella
su l'erba coglier rose al primo sole
e vincer queste cose di beltate.[5]

5.

Triste primavera.

Le bianche rose e le vermiglie, e i fiori
diversamente in terra coloriti,
e le fresche erbe co' süavi odori,
e li arborselli a verde rivestiti,

---

[1] La movenza parte dalla chiusa (*Aen.*, L. VI, v. 883) del compianto virgiliano di Marcello: *Manibus date lilia plenis*, ma c'è un'onda
di sentimento vivo, schietto, di vena, che tutto ricrea, raggiungendo il P.
un'alta originalità. E quanto senso di dolce armonia nell'espressione, che
dai toni squillanti dell'inizio entusiastico si va quasi placando nella
confidenza mormorata a voce *bassa* negli ultimi versi!
[2] Latinismo: *jubar* è la criniera; qui l'aureola di raggi.
[3] Esprime lo sfolgorio del disco solare che accendeva tutta l'immensa distesa del mare.
[4] Latinismo: *adspectus* che sarebbe l'atto del guardare, cioè sguardo.
[5] L'idillio tutto luci e colori vivi e toni soavissimi ci prepara
insensibilmente all'apoteosi finale della bella donna amata dal Poeta.

sòlveno altrui ben forsi da rancori,
e rinverdiscon gli animi inviliti;
ma à me più rinovelano e dolori
le verde piante e i bei campi fioriti:
    chè io vedo il mondo da benigne stelle
adorno tutto in sua novella etade
mostrar di fuor le sue cose più belle.
    E la mia fera da sua crudeltade
nè da la sua durezza mai se svelle,
nè il dolcie tempo fa dolcie pietade.[1]

6.

Lontananza di Madonna.

Ligiadro veroncello, ove è colei
che de sua luce aluminar te sòle?
Ben vedo che il tuo danno a te non dole;
ma quanto meco lamentar ten dèi!
    Chè, sanza sua vaghezza, nulla sei;
deserti i fiori, e secche le vïole;
al veder nostro il giorno non ha sole,
la notte non ha stelle senza lei.
    Pur me rimembra che te vidi adorno,
tra' bianchi marmi e il colorito fiore,
de una fiorita e candida persona.
    A' toi balconi allor se stava Amore,
che or te sòletto e misero abandona,
perchè a quella gentil dimora intorno.[2]

7.

Il Poeta e i Fiori.

« Fior scoloriti e palide vïole,
che sì suavemente il vento move,
vostra Madona dove è gita? e dove
è gito il sol, che aluminar vi sòle? »

---

[1] Il forte contrasto tra mondo esterno, magistralmente ritratto coi pochi tocchi ma efficacissimi della prima quartina, e mondo interno è reso con elegia tutta pervasa di *pathos* virilmente contenuto: quanto è più sobria di parole tanto più ha d' intensità.
[2] Quale antitesi tra il *leggiadro veroncello*, che coi suoi candidi marmi ed i suoi fiori non era che uno squallore per l' assenza dell' indivisibile compagna d' Amore! Ora è pura materia, che nulla dice di quel poema, ch' esso compendiava agli occhi del Poeta, quando incorniciava la magica apparizione.

« Nostra Madona se ne gì col sole,
che ognor ce apriva di belleze nove,
e, poichè tanto bene è gito altrove,
mostramo aperto, quanto ce ne dole ».
« Fior sfortunati e vïole infelici,
abandonati dal divino ardore,
che vi infondeva vista sì serena! »
« Tu dici il vero: e nui ne le radici
sentiamo il danno; e tu senti nel core
la perdita che nosco al fin ti mena ».[1]

DALL'« ORLANDO INNAMORATO ».

L'apparizione d'Angelica nella sala del banchetto.

(Libro I, C. I, st. 21-34).

Nella Pasqua di Rose Carlo Magno bandisce corte a quanti
cavalieri vogliano recarsi presso di lui. Apparizione durante il
banchetto della bellissima Angelica, figlia di Galafrone, re del
Catai (paese su per giù corrispondente alla Cina odierna). Essa
dal padre è stata mandata al campo di Carlo insieme col fratello
di lei Argalia, che si faceva chiamare Uberto del Leone:

Però che in capo della sala bella,
quattro giganti grandissimi e fieri
intrarno, e lor nel mezzo una donzella,
ch'era seguita da un sol cavallieri.
Essa sembrava matutina stella
e giglio d'oro e rosa de verzieri; [2]
in somma, a dir di lei la veritate,
non fu veduta mai tanta beltate.
Era qui nella sala Galerana,[3]
ed eravi Alda, la moglie de Orlando,
Clarice ed Ermelina [4] tanto umana,
ed altre assai, che nel mio dir non spando;
bella ciascuna e di virtù fontana:
dico, bella parea ciascuna, quando
non era giunto in sala ancor quel fiore,
che a l'altre di beltà tolse l'onore.

---

[1] L'elegia si solleva al dramma: dramma breve, ma che si svolge su
uno sfondo di chiuso dolore, di fosca disperazione, sotto cui ripiegano il
capo, oppressi e vinti dal destino, uomini e cose.
[2] Verziere, giardino: il paragone con un oggetto prezioso di grande
artificio umano (giglio d'oro) e con una cosa molto bella per natura
(rosa di verziere) dà una compiuta idea del pregio della bellezza d'A.
[3] L'imperatrice, sposa di Carlo Magno.
[4] Sposa quella di Rinaldo, questa d'Uggieri il Danese.

Ogni barone e principe cristiano
in quella parte ha rivoltato il viso,
nè rimase a giacere alcun pagano,
ma ciascun d'essi, de stupor conquiso,
si fece a la donzella prossimano,
la qual con vista allegra e con un riso
da far innamorar un cor di sasso,
incominciò così, parlando basso: [1]

« Magnanimo signor, la tua virtute
e le prodezze de' toi paladini,
che sono in terra tanto cognosciute,
quanto distende il mare e soi confini,
mi dan speranza, che non sian perdute
le gran fatiche de duo peregrini,[2]
che son venuti da la fin del mondo
per onorare il tuo stato giocondo.

Ed acciò ch'io ti faccia manifesta,
con breve ragionar, quella cagione,
che ce ha condotti a la tua real festa,
dico, che questo è Uberto dal Leone,
di gentil stirpe nato e d'alta gesta,
cacciato del suo regno oltra ragione: [3]
io, che con lui insieme fui cacciata,
son sua sorella, Angelica nomata.

Sopra a la Tana [4] ducento giornate,
dove reggemo il nostro tenitoro,[5]
ci fûr di te le novelle apportate,
e de la giostra e del gran concistoro [6]
di queste nobil gente qui adunate;
e come nè città, gemme, o tesoro
son premio de virtute, ma si dona
al vincitor di rose una corona.[7]

Per tanto ha il mio fratel deliberato,
per sua virtute [8] quivi dimostrare,
dove il fior de' baroni è radunato,

---

[1] Accresce nobiltà al tipo d' A. questo parlare a bassa voce.
[2] Angelica e il fratello, che, come vedremo, son venuti dal lontano Catai alla corte di Carlo.
[3] Contro ragione, contro giustizia.
[4] Tanai ossia il Don.
[5] Dominio.
[6] Convegno.
[7] Degna ricompensa di tanti baroni, qui attratti da fama di valore e non da volgare desiderio di ricchezze.
[8] Valore.

ad un ad un per giostra contrastare;
o voglia esser pagano o baptizato,
fuor de la terra lo venga a trovare,
nel verde prato a la Fonte del Pino,
dove si dice, al Petron di Merlino.[1]

  Ma fia questo con tal condizïone
(colui l'ascolti che si vol provare):
ciascun che sia abattuto de lo arcione,
non possa in altra forma repugnare,[2]
e senza più contesa sia pregione;
ma chi potesse Oberto scavalcare,
colui guadagni la persona mia:
esso andarà con suoi giganti via ».

  Al fin de le parole inginocchiata
davanti a Carlo attendía la risposta;
ogni om per meraviglia l'ha mirata,
ma sopra tutti Orlando a lei s'accosta
col cor tremante e con vista cangiata,
benchè la voluntà tenía nascosta;
e talor gli occhi a la terra abbassava,
chè di se stesso assai si vergognava.[3]

  « Ahi paccio [4] Orlando, nel suo cor dicìa,
come ti lasci a voglia trasportare?
Non vedi tu l'error che te desvia,
e tanto contra a Diu te fa fallare?
Dove mi mena la fortuna mia?
Vedome preso, e non mi posso aitare;
io, che stimavo tutto il mondo nulla,
senz'arme vinto son da una fanciulla.

  Io non mi posso dal cor dipartire
la dolce vista del viso sereno;
perch' io mi sento senza lei morire,
e 'l spirto a poco a poco venir meno:
or non mi val la forza, nè l'ardire
contra d'Amor, che m'ha già posto il freno;

---

[1] Quanti petroni la leggenda attribuiva a questo mago, precettore di re Arturo!
[2] Opporre resistenza.
[3] Sia per la presenza di Alda, sua fidanzata, sia perchè Orlando nell' antica *Chanson* non conosce tra le grandi passioni l'amore: anzi di questa si sarebbe vergognato. Il B. perciò, qui da principio gli mantiene la stessa psicologia delle antiche leggende; Orlando conosce soltanto la difesa della religione e dell' innocenza: l'amore è una passione da deboli.
[4] Abbiamo il preannunzio di quell' O. pazzo o furioso d'amore, quale ritrarrà l'Ariosto.

nè mi giova saper, nè altrui consiglio;
ch'io vedo il meglio ed al peggior m'appiglio ».[1]
    Così tacitamente il baron franco
si lamentava del novello amore;
ma il duca Nàimo,[2] ch'è canuto e bianco,
non avea già de lui men pena al core:
anzi tremava sbigottito e stanco,
avendo perso in volto ogni colore.
ma a che dir più parole? Ogni barone
di lei si accese, ed anco il re Carlone.[3]
    Stava ciascuno immoto e sbigottito,
mirando quella con sommo diletto;
ma Ferraguto, il giovenetto ardito,[4]
sembrava vampa viva nello aspetto;
e ben tre volte prese per partito
di torla a quei giganti al suo [5] dispetto:
e tre volte afrenò quel mal pensieri
per non far tal vergogna a l'imperieri.[6]
    Or su l'un piede, or su l'altro se muta,
grattasi 'l capo e non ritrova loco: [7]
Rainaldo, che ancor lui l'ebbe veduta,
divenne in faccia rosso come un foco:
e Malagise che l'ha cognosciuta,[8]
dicea pian piano: « Io ti farò tal gioco,
ribalda incantatrice, che giammai
d'esser qui stata non te vantarai ».

---

[1] Verso tolto pari pari al Petrarca, che rese in questo modo il notissimo ovidiano *video meliora proboque, deteriora seguor.*
[2] Duca di Baviera, tipo di vegliardo pieno di saggezza in antitesi colla giovanile baldanza d'Orlando e di Rinaldo.
[3] Traduce dalla *Chanson de geste* francese ove questo accrescitivo è frequentemente usato come per dare una maggiore maestà a Carlo.
[4] Il saraceno Ferraguto, che poi nell'Ariosto diventerà Ferraù, ha sempre per caratteristica una nota simpatica di sbarazzino, che lo rende un po' comico. Eccolo nella descrizione che ne fa il Nostro:

> Abenchè Feragù sia giovanetto
> bruno era molto e de orgogliosa voce,
> terribile a guardarlo ne l'aspetto:
> gli occhi avea rossi con batter veloce;
> mai di lavarse non ebbe diletto.
> Ma, polveroso, ha la faccia feroce;
> il capo acuto aveva quel barone,
> tutto ricciuto e ner come un carbone.

[5] Loro.
[6] Dal franc. *empereur.*
[7] Eccolo ritratto in un momento di grande comicità.
[8] Malagigi, mago e incantatore non ha ancora finito di squadrare collo sguardo la bella maliarda, che già ne ha capito la perfida intenzione che è quella di sottrarre al campo cristiano i migliori campioni.

Rinaldo e Angelica alle due fontane.

(Ibid., C. III, st. 31-50).

Ferraù, Rinaldo e Orlando, presi d'amore per Angelica la
inseguono per luoghi selvosi e appartati, nei quali essa cerca
nascondersi, finchè Rinaldo e, subito dopo, essa arrivano alla
selva Ardenna, ove sono due fonti miracolose: quella, le cui
acque destano odio in chi se ne disseti; e quella, che desta invece amore: alla prima si disseta Rinaldo, che pertanto da
questo momento detesta Angelica; all'altra Angelica, che invece si strugge d'amore pel nobile cavaliere.

Or lasciamo star lui,[1] poi che sta bene,
dico a rispetto pe' tre innamorati,[2]
che senton per Angelica tal pene,
nè giorno o notte son mai riposati;
ciascun di lor diverso camin tiene,
e già son tutti in Ardena arrivati;
prima vi giunse il principe gagliardo,[3]
mercè de' sproni, e del destrier Bajardo.

Dentro a la selva il barone amoroso
guardando intorno se mette a cercare;
vede un boschetto d'arboscelli ombroso,
che in cerchio ha un fiumicel con onde chiare:
preso a la vista del loco zoioso,[4]
in quel subitamente ebbe ad intrare,
dove nel mezzo vide una fontana,
non fabbricata mai per arte umana.

Questa fontana tutta è lavorata
d'un alabastro candido e polito;
e d'òr sì riccamente era adornata,
che rendea lume nel prato fiorito.[5]
Merlin fu quel, che l'ebbe edificata,
perchè Tristano, il cavalier ardito,
bevendo a quella, lasci la regina,
che fu cagione al fin di sua ruina.[6]

---

[1] Carlo Magno.
[2] Ferraù, Rinaldo e Astolfo.
[3] Rinaldo.
[4] Gioioso, lieto, sereno.
[5] Lo splendore dell'oro e dell'alabastro era tale, che spargeva intorno come un'aureola luminosa.
[6] Tristano concepì la fatale passione per Isotta per effetto d'un
filtro o beveraggio; e fu in conseguenza di tale passione, che re Marco,
venuto a conoscenza del fatto, uccise il rivale.

Tristano isventurato per sciagura
a quella fonte mai non è arivato;
benchè più volte andasse a la ventura,
e quel paese tutto abbia cercato.
Questa fontana avea cotal natura,
che ciascun cavalliero innamorato,
bevendo a quella, amor da sè cacciava,
avendo in odio quella [1] ch'egli amava.

Era il sole alto e il giorno molto caldo,
quando fu giunto a la fiorita riva,
pien di rumore il principe Ranaldo;
ed, invitato da quell'acqua viva,
del suo Bajardo dismonta di saldo; [2]
e di sete e d'amor tutto se priva,
perchè, bevendo quel freddo liquore,
cangiossi tutto l'amoroso core.

E seco stesso pensa la viltade,
che sia a seguire una cosa sì vana:
nè apprezia tanto più quella beltade,
ch'egli estimava prima più che umana;
anzi del tutto del pensier gli cade,
tanto è la forza di quell'acqua strana!
E tanto nel voler se tramutava,
che già del tutto Angelica odiava.

Fuor de la selva con la mente altiera
ritorna quel guerrer senza paura;
così pensoso giunse a una riviera
de un'acqua viva, cristallina e pura.
Tutti li fior, che mostra primavera
avea quivi depinto la natura,
e faceano ombra sopra quella riva,
un faggio, un pino ed una verde oliva. [3]

Questa era la rivera de l'Amore.
Già non avea Merlin questa incantata;
ma per la sua natura quel liquore
torna la mente incesa e inamorata:
più cavalieri antiqui per errore,
quell'unda maledetta avean gustata:
non la gustò Ranaldo, come odete,
però ch'al fonte s'ha tratto la sete.

---

[1] Accendendosi d'odio nei riguardi di colei, che prima amava.
[2] D'un salto.
[3] Olivo: anche nel Magnifico; cfr. p. 64, n. 6.

Mosso dal loco, il cavalier gagliardo
destina quivi alquanto riposare;
e tratto il freno al suo destrier Bajardo,
pascendo intorno al prato il lascia andare.
Esso a la riva senz'altro riguardo
ne la fresca ombra s'ebbe a adormentare:
dorme il barone, e nulla se sentiva;
ecco ventura, che sopra gli arriva.

Angelica, da poi che fu partita
da la battaglia orribile ed acerba,
gionse a quel fiume; e la sete la invita
di bere alquanto, e dismonta ne l'erba.
Or nova cosa, ch'averite odita,
chè Amor vol castigar questa superba.
Veggendo quel baron nei fior disteso,
fu il cor di lei subitamente acceso.

Nel pino atacca il bianco palafreno,
e verso di Ranaldo se avicina;
guardando il cavallier tutta vien meno,
nè sa pigliar partito la meschina.
Era d'intorno il prato tutto pieno
di bianchi gigli e di rose di spina;
queste disfoglia ed empie ambo le mano,
e danne in viso al sir de Montalbano.[1]

Per questo si è Ranaldo disvegliato,
e la donzella ha sopra a sè veduta,
che salutando l'ha molto onorato.
Lui ne la faccia subito se muta,
e prestamente ne l'arcion montato,
il parlar dolce di colei rifiuta:
fugge nel bosco per gli arbori spesso,
lei monta il palafreno, e segue apresso.

E seguitando drieto li ragiona:
« Ahi, franco cavallier non mi fuggire!
Chè t'amo assai più che la mia persona,
e tu per guidardon me fai morire!
Già non son io Ginamo di Bajona,
che ne la selva ti venne assalire:
non son Macario o Gàino il traditore,
anzi odio tutti questi per tuo amore.

---

[1] Tratti di poesia pieni di colore e di delicatezza.

　　Io te amo più che la mia vita ~ssai,
e tu me fuggi tanto disdignoso?
Vòltati almanco, e guarda quel che fai,
se 'l viso mío te die' far paüroso,
che con tanta ruina [1] te ne vai
per questo loco oscuro e periglioso;
deh tempra il strabuccato tuo fuggire! [2]
Contenta son più tarda a te seguire.

　　Che se per mia cagion qualche sciagura
t'intravenisse, o pur al tuo destriero,
saria mia vita sempre acerba e dura,
se sempre viver mi fosse mistiero;
deh volta un poco indrieto, e poni cura
da cui tu fuggi, o franco cavalliero!
Non merta la mia etade esser fuggita,
anzi, quand'io fuggissi, esser seguita».

　　Queste e molte altre più dolci parole
la damigella va gettando in vano:
Bajardo fuor del bosco par che vole,
ed escegli de vista per quel piano.
Or chi saprà mai dir, come si duole
la meschinella, e batte mano a mano?
Dirottamente piange; e con mal fiele
chiama le stelle, il sole e il ciel crudele.

　　Ma chiama più Ranaldo crudel molto,
parlando in voce colma di pietate.
« Chi avria creduto mai che quel bel volto,
dicea lei, fosse senza umanitate?
Già non m'ha egli il cor fatto sì stolto,
ch'io non cognosca, che mia qualitate [3]
non si convene a Ranaldo pregiato;
pur non diè [4] sdegnar lui d'essere amato.

　　Or non doveva almanco comportare,
ch'io il potessi veder in viso un poco,
che forse alquanto potea mitigare,
a lui mirando, l'amoroso foco?
Ben vedo ch'a ragion no 'l debbo amare;
ma dov'è amor, ragion non trova loco,

---

[1] Impeto travolgente.
[2] Troppo precipitoso.
[3] Che la mia dignità di princìpessa....
[4] Deve: già trovata anche più sopra questa forma verbale ditton-
gata per deve.

perchè crudel, villano e duro il chiamo;
ma sia quel· che si vole, io così l'amo ».[1]

E così lamentando ebbe voltata
verso il faggio la vista lacrimosa:
« Beati fior, dicendo, erba beata,[2]
che toccasti la faccia graziosa,
quanta invidia vi porto questa fiata!
Oh quanto è vostra sorte aventurosa
più de la mia! Ché mo torria morire,
se sopra lui me dovesse venire ».[3]

Con tai parole il bianco palafreno
dismonta al prato la donzella vaga,
e dove giacque Ranaldo sereno
bagna quell'erbe e di piagner s'appaga,
così stimando il gran foco far meno;
ma più s'accende l'amorosa piaga:
a lei pur par, che manco doglia senta
stando in quel loco, ed ivi s'adormenta.

Ferraguto e Argalia.

(Ibid., st. 52-80).

Il giovanetto per quel bosco andava
acceso ne la mente a dismisura;
amor ed ira il petto gl'infiammava,
lui più sua vita una paglia non cura,
se quella bella dama non trovava,[4]
o l'Argalia da la forte armatura;
ch'assai sua pena l'era men dispetta,[5]
quando con lui potesse far vendetta.

E cavalcando con questo pensiero
guardandose d'intorno tuttavia,
vede dormire a l'ombra un cavalliero.

---

[1] Molto bene espresse le contradizioni dalle quali il cuore d' Angelica, come di tutti gli innamorati, è sconvolto.
[2] Anche Angelica, come il Petrarca della canz. *Chiare e fresche e dolci acque* si rivolge con senso di dolce invidia a tutto ciò, che è stato come santificato dalla viva presenza e dal contatto dell' oggetto amato.
[3] Se egli dovesse calpestarmi come calpesta voi o erbe e fiori.
[4] Non gli importava nulla della vita se non fosse riuscito a trovare o Angelica o il fratello di lei, che nello scontro presso il *petron di Merlino*, l' aveva sbalzato da cavallo e l' aveva vinto.
[5] Nel senso latino, in cui l' ha usato Dante (*O cacciata dal ciel, gente dispetta*, Inf. IX, 91) cioè *degna di disprezzo*, e quindi, trattandosi di pena, *cocente, dolorosa*. Dunque Ferraù è acceso da due passioni: Amore e vendetta.

e ben cognosce, ch'egli è l'Argalia.
Ad un faggio è legato il suo destriero:
Ferragù prestamente il dissolvia,[1]
indi con fronde lo batte e minaccia
e per la selva in abandono il caccia.[2]

E poi fu presto in terra dismontato,
e sotto un verde lauro ben se assetta,
al quale aveva il suo destrier legato,
e che Argalia si svegli, attento aspetta;
avvenga che quell'animo infiammato
male indugiava a far la sua vendetta;
ma pur tra sè la collera rodìa,
parendoli il svegliarlo vilania.[3]

Ma in poco d'ora quel guerrier fu desto,
e vede che fuggito è il suo destriero.
Ora pensàti quanto gli è molesto,
poichè d'andare a piè gli era mestiero;
ma Feraguto a levarse fu presto,
e disse: « Non pensare, o cavalliero,
che qui convien morire o tu o io:
di quei che campa serà 'l destrier mio.

Lo tuo disciolsi per tuorti [4] speranza
di poter altra volta via fuggire; [5]
sicchè co 'l petto mostra tua possanza,
chè ne le spalle non dimora ardire: [6]
tu me fuggisti e facesti mancanza,
ma ben mi spero fartene pentire.
Esser gagliardo e difenderti bene,
se non, lassar la vita, te conviene ».

Diceva l'Argalia: « Scusa non faccio
che 'l mio fuggir non fosse mancamento:

---

[1] Nel senso etimologico latino: lo slegava.
[2] Lo caccia per la selva dunque; e l'abbandona al suo destino per fare un dispetto all'Argalia e provocarlo a combattimento.
[3] Vedi come questi *cavalieri antiqui* informino sempre i loro atti e pensieri ad uno squisito senso di cortesia!
[4] Toglierti.
[5] Infatti Argalia aveva atterrato e vinto Ferraù, ma questi, per quanto disarmato, non voleva cedere a nessun costo, al punto che avrebbe continuato il combattimento anche *nudo*: per la viva antipatia, che Angelica sentiva per Ferraù, Argalia aveva aderito alla preghiera della sorella di fuggire.
[6] Gli rinfaccia la fuga, cui l'Argalia s'era abbandonato per accontentare Angelica, com'è detto nella nota precedente. Se non che Ferraù interpreta come atto di viltà quello che l'Argalia aveva fatto per compiacere alla sorella.

per questa man ti giuro e questo braccio
e questo cor, che nel petto mi sento,
ch'io non fuggitti, per battaglia saccio,[1]
nè doglia, nè stracchezza, nè spavento,
ma sol me ne fuggitti oltra 'l dovere,
per far a mia sorella quel piacere.

Sicchè prendila pur, come ti piace,
che a te son io bastante in ogni lato.[2]
Sia a tuo piacere la guerra e la pace,
che sai ben ch'altra volta io t'ho anasato».[3]
Così parlava il giovanetto audace;
ma Ferraguto non è dimorato,
forte gridando con voce d'ardire:
« Da me ti guarda! », e vennelo a ferire.

L'un contro l'altro de' baron se mosse
con forza grande e molta maestria;
il menar de le spade e le percosse
presso che un miglio nel bosco se odia;
or l'Argalia nel salto se riscosse
con la spada alta, quanto più potia,
fra sè dicendo: « Io no 'l posso ferire;
ma tramortito a terra il farò gire ».

Menando il colpo l'Argalia minaccia,
che certamente l'averia stordito,
ma Ferraguto addosso a lui si caccia,
e l'un con l'altro presto fu ghermito.
Più forte è l'Argalia molto di braccia,
più destro è Feraguto e più spedito.
Or a la fin, non pur così di botto,[4]
Ferragù l'Argalia misse di sotto.

Ma come quel, che avea possanza molta
tenendo Feragù forte abbracciato,
così per terra di sopra se volta,
battelo in fronte co 'l guanto ferrato;
ma Ferragù la daga avea in man tolta,
e sotto al loco dove non è armato,

---

[1] Sazio, soddisfatto.
[2] Sono pronto a seguirti, sia che tu voglia pace o guerra.
[3] Lieve punta umoristica, che bene sta sulla bocca dell'Argalia,
il quale dopo aver lealmente ammesso la sua mancanza vuole prendersi la
rivincita ricordando con un sorriso ironico il colpo maestro da lui
assestato a Ferraguto al *petron di Merlino.*
[4] Non d' un colpo.

per l'anguinaglia li passò al gallone; [1]
ah Dio del ciel, che gran compassïone!

Che se quel giovanetto aveva vita,
non saria stata persona più franca,
nè di tal forza, nè cotanto ardita;
altro che nostra fede a quel non manca.
Or vede lui che sua vita n'è gita,
e con voce angosciosa e molto stanca,
rivolto a Ferragù, disse: « Un sol dono
voglio da te, da poi che morto sono.

Ciò te dimando per cavalleria:
baron cortese, non me lo negare!
Che me con tutta l'armatura mia
dentro d'un fiume mi debbi gettare,
perch'io son certo, che poi si diria,
quando altro avesse quest'arme a provare:
« vil cavallier fu questo e senz'ardire,
che così armato [2] se lasciò morire ».

Piangea con tal pietate Feraguto
che parea un giaccio [3] posto al caldo sole,
e disse a l'Argalia: « Baron compiuto,
sappialo Iddio di te quanto mi dole!
Il caso doloroso è intravenuto,
sia quel che 'l cielo e la fortuna vole;
io feci questa guerra sol per gloria,
non tua morte cercai, ma mia victoria.

Ma ben di questo ti faccio contento;
a te prometto, sopra la mia fede,
ch'andarà il tuo voler a compimento,
e s'altro posso far, comanda e chiede; [4]
ma perch'io sono in mezo al tenimento [5]
de' Cristïani, come ciascun vede,
e sto in periglio, s'io son cognosciuto,
baron, ti prego, dammi questo aiuto.

---

[1] Corrisponde giù per su alla regione del femore; è parola dei dialetti della pianura padana: anche Bonvesin da Riva ci dice che all'inferno i diavoli con grandi bastoni ai dannati *Speçan li galuni*, spezzano le ossa del femore.

[2] Eran di fatti armi incantate.

[3] Ghiaccio: anche qui nota la nobiltà del prode cavaliere, che piange sulla morte del degno suo rivale; egli cercava la gloria, non la morte dell'Argalia.

[4] Chiedi.

[5] Territorio.

Per quattro giorni l'elmo tuo mi presta,
che poi lo getterò, senza mentire ».
L'Argalia già morendo alza la testa,
e parve a la dimanda consentire.
Qui stette Ferragù ne la foresta
sin che quell'ebbe sua vita a finire;
e poi che vide che al tutto era morto,
in braccio il prende quel baron acorto.

Subito il capo gli ebbe disarmato,
tuttor piangendo, l'ardito guerriero.
E lui quell'elmo in testa s'ha allacciato,[1]
troncando prima via tutto il cimiero;
e poi che sopra al caval fu montato,
co 'l morto in braccio va per un sentiero
che dritto a la fiumana il conducìa:
a quella giunto, getta l'Argalia.

E stato un poco quivi a rimirare,
pensoso per la ripa s'è avviato.
Or vogliovi d'Orlando racontare,
che quel deserto tutto avea cercato,
e non poteva Angelica trovare:
ma cruccioso oltra modo e disperato,
e bestemmiando la fortuna fella,
appunto giunse dov'è la donzella.

La qual dormiva in atto tanto adorno,
che pensar non si può, non ch'io lo scriva;
parea che l'erba a lei fiorisse intorno,
e d'amor ragionasse quella riva:
quante son ora belle e quante fôrno
nel tempo che bellezza più fioriva,
tal sarebbon con lei qual essere suole
l'altre stelle a Dïana o lei co 'l Sole.[2]

Il conte stava sì attento a mirarla,
che sembrava uomo de vita diviso;
e non attenta ponto di svegliarla;
ma fisso riguardando nel bel viso,
in bassa voce con sè stesso parla:
« Son ora quivi, o sono in paradiso?

---

[1] Quest' episodio, come tutti ricorderanno, ha il suo sviluppo nel Furioso; quando Ferraù cerca di ripescare, con una canna, l'elmo cadutogli in acqua (C. I, st. 24-31).
[2] Le altre più celebrate bellezze a paragone di Angelica come le altre stelle paragonate alla luna; o come la luna, paragonata col sole.

Io pur la vedo, e non è ver nïente,
però ch'io sogno e dormo veramente? »
    Così mirando quella, se diletta
il franco conte, ragionando in vano.
Oh quanto sè a battaglia meglio assetta,
che ad amar donne, quel baron soprano! [1]
Perchè qualunque ha tempo, e tempo aspetta,
spesso se trova vuota aver la mano,
come al presente a lui venne a incontrare,
che perse un gran piacer per aspettare.

    Però che Feraguto camminando
dietro la riva, in su 'l prato giongìa; [2]
e quando quivi vede 'l conte Orlando,
avvenga che per lui no 'l conoscia, [3]
assai fra sè si vien meravigliando.
Poi vede la donzella che dormìa,
ben prestamente l'ebbe cognosciuta:
onde nel viso e nel pensier se muta.

    Certa se crede allor, senza mancanza, [4]
che 'l cavalier se stia lì per guardarla, [5]
unde con voce di molta arroganza,
a lui rivolto, subito gli parla:
« Questa prima fu mia che la tu' amanza, [6]
però delibra [7] al tutto di lasciarla;
lasciar la dama o la vita con pene,
o a me torla del tutto ti conviene ».

    Orlando che nel petto si rodìa,
vedendo sua ventura disturbare,
dicea: « Deh cavallier, va' a la tua via,
e non voler del mal giorno cercare, [8]

---

[1] Barone nel Boiardo ha senso molto lato; corrisponde al nostro *gentiluomo* con di più l'idea del feudatario e del cavaliere. Secondo la tradizione Orlando non era troppo esperto in fatto d'amore e di donne: il Pulci nel Morgante lo rappresenta quanto mai impacciato quando si trova con dame; e ciò deriva dal fatto, che nei più antichi romanzi del ciclo carolingio Orlando non apparisce mai protagonista in episodi d'amore. Qui il B. scherza con signorile finezza su questa caratteristica del famoso paladino, atto assai più a gettarsi in combattimento (*a battaglia meglio si assetta*) che non a corteggiare le donne.
[2] Giungìa ossia giungeva.
[3] Sebbene per sé non lo conoscesse.
[4] Con certezza, senza fallo.
[5] Fare la guardia alla fanciulla.
[6] Amore.
[7] Delibera, decidi.
[8] Orlando parla con quella sicurezza e quella baldanza che l'invincibile sua valentìa a lui conferisce.

perch' io te giuro per la fede mia,
che mai alcun non volsi ingiurïare;
ma il tuo star qui m'offende tanto forte,
che forza mi serà darti la morte ».

« O tu o io si converrà partire,
per quel ch' io odo, adunque, d'esto loco;
ma io t'accerto, ch' io non me vuo' gire,
e tu non li potrai star più sì poco,
che ti farò sì forte sbigottire,
che se dinanzi ti trovassi un foco,[1]
dentro da quel serai da me fuggito ».
Così parlava Feraguto ardito.

Il conte s'è turbato oltra misura,
e nel viso di sangue s'è avampato.
« Io son Orlando, e non aggio paura
se 'l mondo fosse tutto quanto armato,
e di te tengo così poca cura
come d'un fanciullino adesso nato »,

. . . .

così dicendo, trasse Durindana.

Or s'incomincia la maggior battaglia,
che mai più fosse tra duo cavallieri.
L'arme de' duo baroni a maglia a maglia
cadean troncate da quei brandi fieri;
ciascun presto spacciarse si travaglia,
perchè vedean, che li facea mestieri:[2]
chè, come la fanciulla se svegliava,
sua forza invano poi s'adoperava.

Ma in questo tempo se fu risentita
la damigella dal viso sereno;
e grandemente si fu sbigotita,
vedendo il prato d'arme tutto pieno,
e la battaglia orribile e infinita:
subitamente piglia il palafreno,
e via fuggendo va per la foresta.
Allora Orlando de ferir s'arresta,

dicendo: « Cavalier, per cortesia
indugia la battaglia nel presente,
e lasciami seguir la dama mia,

---

[1] Che tu fuggirai anche se ti trovassi dinnanzi le fiamme, pur di sottrarti a me.
[2] Bisognava sbrigarsi, perchè se Angelica si fosse svegliata, sarebbe anche fuggita e le loro prove di forza e di valore sarebbero state inutili.

ch'io ti serò tenuto, al mio vivente; [1]
e certo io stimo che sia gran folìa
far cotal guerra insieme per nïente:
colei n'è gita, che ci fa ferire;
lascia, per Dio, ch'io la possa seguire ».
     « No, no, rispose crollando la testa
l'ardito Ferragù, non gli [2] pensare.
Se vuoi che la battaglia tra nui resta,
convienti quella dama abandonare.
Io te fo certo, che 'n questa foresta
un sol de noi la converrà cercare.
E s'io te vinco, serà mio mestiero:
se tu m'occidi, a te lascio 'l pensiero ».

Ferraguto e Orlando.

(Ibid., C. IV, st. 3-11).

     E cominciarno il dispietato gioco,
ferendosi tra lor con crudeltate:
le spade ad ogni colpo gettan foco,
rott'hanno i scudi, e l'arme dispezzate,
e ciascadun di loro a poco a poco
ambe le braccie s'avean disarmate:
non pôn tagliarle per la fatasone, [3]
ma di color l'han fatte di carbone. [4]
     Così le cose tra quei duo me vàno,
nè v'è speranza di victoria certo.
Eccoti una donzella per il piano
che di sàmito [5] negro era coperta.
La faccia bella si battìa con mano;
dicea piangendo: « Misera! diserta! [6]
qual omo, qual Iddio me darà aiuto,
che in questa selva io truovi Feraguto? »
     E come vide li duo cavallieri,
co 'l palafreno in mezo fu venuta:
ciascun di lor contiene il suo destrieri:
essa con riverenzia, li saluta,

---

[1] Per la vita intera.
[2] Pronome personale usato per pronome di cosa: non pensare a ciò.
[3] L'incanto: tanto Ferraguto che Orlando avevano addosso armi fatate.
[4] Per la polvere.
[5] Tessuto serico: sciàmito.
[6] Disgraziata.

e disse a Orlando: « Cortese guerreri,
abenchè tu non m'abbi cognosciuta,
nè io te cognosca, per mercè te prego,
ch'a la dimanda mia non facci nego.

Quel ch'io te chiedo si è, che la battaglia
sia mo' compiuta, ch'hai con Feraguto,
perch'io mi trovo in una gran travaglia,[1]
nè m'è mestier d'altrui sperare aiuto.
Se la fortuna mai vorà ch'io vaglia,
forse ch'un tempo ancor serà venuto,
che di tal cosa ti renderò merto:
giamai no 'l scordarò, questo tien' certo ».

Il conte a lei rispose: « Io son contento,
(come colui ch'è pien di cortesia),
e se de oprarme te vien in talento,
io t'offerisco la persona mia;
nè me manca per questo valimento;
abenchè Feragù forse non sia;[2]
nulla di manco per questo mistiero
farò quel che alcun altro cavalliero ».

La damigella ad Orlando s'inchina,
e volta a Feragù, disse: « Barone,
non me cognosci, ch'io son Fiordespina?
Tu fai battaglia con questo campione,
e la tua patria va tutta in ruina,
nè sai, preso è tuo patre e Falsirone,
arsa è Valenza, e disfatta Aragona,
ed è l'assedio intorno a Barcellona.

Un alto re, ch'è nomato Gradasso,
qual signoreggia tutta Sericana,[3]
con infinita gente ha fatto il passo[4]
contra al re Carlo e la gente pagana:
cristiani e saracin mena a fracasso,
nè tregua o pace vol con gente umana.
Discese a Zibeltaro,[5] arse Sibiglia,
tutta la Spagna del suo foco impiglia.

---

[1] In grande sventura.
[2] Non si può escludere del tutto una punta d'ironia in questo ri-conoscimento che Orlando fa del valore di Ferraguto dicendo: per quanto io non sia Ferraguto.
[3] *Seres* chiamavano i latini i popoli dell'*India*, onde *Sericania* qui va intesa come dicesse India.
[4] Spedizione per mare.
[5] Gibilterra.

Il re Marsilio [1] a te solo è rivolto,
e te, piangendo, solamente noma:
io vidi 'l vecchio re battersi il volto,
e trar del capo la canuta chioma.[2]
Vien', scoti [3] il caro padre che t'è tolto,
e 'l superbo Gradasso vinci e doma.
Mai non avesti e non avrai victoria,
che più de ora t'acquisti fama e gloria ».

Molto fu stupefatto il Saracino,
come colui, ch'ascolta cosa nova;
e volto a Orlando, disse: « Paladino,
un'altra volta farem nostra prova;
ma ben te giuro per Macon [4] divino,
che alcun simile a te non se ritrova;
e s'io te vinco, io non te mi nascondo,
ardisco a dir ch'io son il fior del mondo ».

Rinaldo alle prese con Gradasso e col gigante Orione.

(Ibid., st. 75-77; 82-89 e C. V, st. 2-6).

Rinaldo, sceso a capo d'un esercito in Ispagna per ricac-
ciare l'irruzione di Gradasso, re di Sericana, affronta costui
sul campo di battaglia:

Ranaldo s'ebbe indietro a rivoltare,
e vide quel pagan tanto gagliardo;
una gross'asta in man si fece dare,
e poi diceva: « O destrier mio Bajardo,
a questa volta, per Dio, non fallare,
che qui conviensi aver un gran riguardo; [5]
non già, per Dio, ch'io mi senta paura,
ma quest'è un uomo forte oltre misura ».
Così dicendo serra la visiera,
e contra 'l re ne vien con ardimento.
Videl Gradasso, la persona altiera,
mai, da che nacque, fo [6] tanto contento,

---

    [1] Re di Spagna, maomettano, parente e vassallo di Agramante, re
d'Affrica, col quale Marsilio poi si unisce per muovere contro Carlo
Magno e l'esercito cristiano.
    [2] Strapparsi i capelli canuti per la disperazione.
    [3] Scuoti, riscatta.
    [4] Forma popolare per Maometto.
    [5] Molta attenzione.
    [6] Fu.

chè a lui par cosa facile e leggiera
trar de l'arcion quel sir di valimento; [1]
ma ne la prova l'effetto si vede,
più fatica lì avrà, ch'el non si crede.
　　Fo questo scontro il più dismisurato,
ch'un'altra volta forse abbiate udito.
Bajardo le sue groppe misse al prato,
chè non fu più giammai a tal partito, [2]
benchè se fo de subito levato;
ma Ranaldo rimase tramortito;
l'alfana [3] trabuccò con gran fracasso;
nulla ne cura il potente Gradasso.

. . . .

E mena de la spada tutta fiata;
cade Ranaldo tramortito e chino,
chè mai tal botta non ha lui provata.
L'elmo affatato, che fu de Mambrino,
gli ha questa volta la vita campata:
presto Bajardo adietro s'è voltato;
stàvi Ranaldo in su 'l collo abbracciato.
　　Gradasso quasi un miglio l'ha seguito,
chè ad ogni modo lo volea pigliare;
ma poi che for di vista gli fu uscito,
è delibrato a dietro ritornare:
ora Ranaldo si fu risentito, [4]
e ben destina de sè vendicare:
non è Gradasso rivoltato a pena,
Ranaldo un colpo ad ambe man li mena
　　sopra de l'elmo, con tanto furore;
che ben gli fece batter dente a dente.
Tra sè ridendo, quel re di valore,
dicea: « Quest'è un demonio veramente;
quand'egli ha 'l peggio e quand'egli ha 'l migliore, [5]
ognor cerca la briga parimente,
ma sempre mai non li andarà ben colta; [6]
se non adesso il giongo un'altra volta ».

---

[1] Valore.
[2] Cadde a terra, perchè non incontrò mai resistenza simile in altri
scontri e duelli.
[3] Il cavallo di Gradasso, forte e brioso, cade a terra anch'esso.
[4] Corre alla rivincita.
[5] Sia vincitore o vinto.
[6] Non gli andrà bene, non coglierà nel bersaglio.

Così parlando, quel Gradasso altiero,
li vien addosso con gli occhi infiammati.
Ranaldo tenía l'occhio al tavoliero,[1]
se 'l bisogna, segnor, no 'l dimandati.
Un colpo mena quel gigante fiero
ad ambe mani ed ha i denti serrati;[2]
il baron nostro sta su la vedetta,
trista sua vita, se quel colpo aspetta!

Ma certamente e' n'ebbe poca voglia,
con un gran salto via se fu levato.
Raddoppia 'l colpo il gigante con doglia;
Bajardo se gittò da l'altro lato.
« Può far Iddio, ch'una volta non coglia? »
diceva il re Gradasso disperato;
e mena 'l terzo, ma nulla li vale;
sempre Bajardo par, che metta l'ale.

Poich'assai s'ebbe indarno affaticato,
delibra altrove sua forza mostrare;
e ne la schiera de' nemici entrato
cavagli e cavaller fa trabuccare;[3]
ma cento passi non è dislongato,[4]
che Ranaldo lo vene a travagliare,
e benchè molto stretto non l'offenda;
forza li è per che ad altro non attenda.

Tornati sono a la cruda tenzone:
bisogna che Ranaldo giochi netto;
ecco venire il gigante Orïone,
che se ne porta preso Ricciardetto:
per li piedi il tenia quel can fellone,
forte gridava, aiuto! il giovanetto;
quando Ranaldo a tal partito il vede,
de la compassïon morir si crede.

Tanto nel viso li abbondava il pianto,
che veder non poteva alcuna cosa;
mai fu turbato a la sua vita tanto;
or li monta la còlora[5] orgogliosa.

---

[1] L'immagine è tolta dal tavolo da gioco, da cui il giocatore non toglie mai l'occhio per non essere ingannato dall'avversario.
[2] Per fare maggior forza.
[3] Trabuccare, cadere a terra colla violenza d'un liquido che trabocchi: il P. ha usato questo verbo per ritrarre il cadere a terra dell'alfana.
[4] Allontanato.
[5] Collera.

Ranaldo dismontò subito a piede,
perchè forte temeva di Bajardo:
per il gran tronco, che al gigante vede
esser non li bisogna pigro o tardo:
appena [1] che Orïone estima o crede,
che si ritrovi in terra un sì gagliardo,
ch'ardisca far con lui battaglia stretta;
però si sta ridendo, e quello aspetta.

Ma non aveva Fusberta [2] assaggiata,
nè le feroce braccia di Ranaldo,
chè l'armatura s'avrebbe augurata.
A due man mena il principe di saldo, [3]
e ne la cossa [4] fa grande tagliata;
quando Orïone sente il sangue caldo,
trà [5] contra terra forte Ricciardetto,
mugghiando come un toro, il maledetto.

Stava disteso Ricciardetto in terra
senza alcun spirto, sbigottito e smorto;
e quel gigante il grande àrboro afferra;
Ranaldo in su l'avviso stava accorto.
Quando Orïone il gran colpo disserra,
non che lui solo, un monte n'avria morto.
Ranaldo indietro si retira un passo;
ecco a la zuffa arivò 'l re Gradasso.

Non sa Ranaldo già più che si fare,
e certamente gli tocca paura.
Ei che di core al mondo non ha pare,
mena un gran colpo fuor d'ogni misura;
Fusberta si sentiva zuffellare; [6]
gionse Orïone al loco de cintura;
a mezza spada nel fianco l'afferra;
cadde il gigante in due cavezzi [7] in terra.

Nulla dimora fa il franco barone, [8]
nè pur guarda il gigante, ch'è cascato:
subitamente salta su l'arcione,
e contra di Gradasso se n'è andato;

---

[1] A stento può credere ci sia chi accetti combattere con lui.
[2] La spada di Rinaldo.
[3] Con forza Rinaldo cala un fendente....
[4] Coscia.
[5] Trae, scaglia....
[6] Zufolare, fischiare.
[7] In due tronconi: rappresentazione felicissima.
[8] Rinaldo.

ma non se può levar d'opinïone
quel re il colpo, che ha visto ismisurato; [1]
con la man disarmata ebbe a cignare [2]
verso Ranaldo, che li vuol parlare.

La vendetta di Malagigi. L'incantesimo.

(Ibid., C. V, st. 31-49).

Il mago Malagigi, sdegnato perchè Rinaldo s'è rifiutato di
seguirlo ad Albraccà presso Angelica, che ora amava Rinaldo
quanto costui odiava lei (l'uno aveva bevuto alla fontana del-
l'odio, l'altra dell'amore) gioca al valoroso campione il brutto
scherzo, che qui si racconta:

E così detto, avante a lui se tolse, [3]
subitamente si fu dispartito;
e come fò nel loco dove volse,
(già camminando avea preso il partito)
il suo libretto subito discìolse, [4]
chiama i demoni il negromante ardito,
Draghignazo e Falsetta tra' da banda; [5]
a gli altri il dipartir tosto comanda.

Falsetta fa adobbar come un araldo,
il qual serviva al re Marsilïone; [6]
l'insegna avea di Spagna quel ribaldo,
la cotta d'arme e in man il suo bastone.
Va messaggier a nome de Ranaldo,
e gionse di Gradasso al paviglione [7]
e dice a lui, che a l'ora de la nona
avrà Ranaldo in campo sua persona. [8]

---

[1] Gradasso è tutto preso d'ammirazione.
[2] A fargli segno. Difatti Gradasso, ammirando il grande valore del
campione franco, ed essendo sera, propone a costui di riprendere il
giorno dopo il duello in riva al mare tra loro due soli. Presi gli accordi
si lasciano.
[3] Non riuscendo a persuadere Rinaldo a seguirlo in Albraccà, Malagigi sdegnato scompare preparando la sua vendetta. Questo Malagise o
Malagigi è il figlio di Buovo e nipote di Bernardo di Chiaramonte: tutto
dato alla magia cerca d'uccidere Angelica, ma vinto, è da lei mandato
al Cataì: a lui essa invano ricorre per avere Rinaldo.
[4] Degli incanti.
[5] Chiama a parte Draghignazzo e Falsetta due diavoli.
[6] Il re saraceno di Spagna.
[7] Tenda.
[8] Rinaldo si presenterà a combattere: infatti, come si racconta nel
brano precedente tra Gradasso e Rinaldo erano state stabilite le condizioni della ripresa del duello.

Gradasso lieto accetta quell'invito,
e d'una coppa d'ôr l'ebbe donato.
Subito quel demonio è dipartito,
e tutto da quel, ch'era, è tramutato.
Le anelle ha ne l'orecchie e non in dito,[1]
e molto drappo al capo ha inviluppato;[2]
la veste lunga e d'ôr tutta vergata,
e di Gradasso porta l'ambasciata.

Proprio parea di Persia un Almansore,[3]
con la spada di legno e col gran corno:
e qui davanti a ciascadun segnore
giura, che a l'ora primera del giorno,
senza nïuna scusa e senza errore
sarà nel campo il suo segnoro adorno,[4]
solo ed armato, come fo promesso:
e ciò dice a Ranaldo per espresso.

In molta fretta s'è Ranaldo armato:
e i suoi gli sono intorno d'ogni banda.
Da parte Ricciardetto ebbe chiamato,
il suo Bajardo assai gli racomanda:
« O sì o no (dicea) che sia tornato,
io spero in Dio che la vittoria manda;
ma s'altro piace a quel signor soprano,
tu la sua gente torna[5] a Carlo Mano.

Finchè sei vivo, debbilo obbedire,
nè guardar che facessi in altro modo;[6]
or ira, or sdegno m'han fatto fallire,
ma chi dà calci contra a mur sì sodo,
non fa le pietre, ma il suo piè stordire.
A quel segnor dignissimo di lodo,
che non ebbe al fallir mio mai riguardo,[7]
s'io son occiso, lascio il mio Bajardo ».

Molte altre cose ancora gli dicia:
forte piangendo in bocca l'ha baciato.
Soletto a la marina poi s'invia,

---

[1] All'uso orientale: doveva infatti Falsetta prendere ora le forme ed il costume d'un araldo di Gradasso: perciò si mette gli orecchini.
[2] A guisa di turbante.
[3] Un sapiente o sacerdote persiano.
[4] Gradasso.
[5] Riconduci.
[6] Non tener conto che io abbia fatto in altro modo, cioè talora mi sia ribellato: la lealtà verso l'imperatore è la prima dote d'un buon cavaliere!
[7] Che non tenne mai conto dei miei falli....

a piedi sopra il lito fu arrivato.
Quindi d'intorno alcun non apparia;
era un naviglio a la riva attacato;
sopra di quel persona non appare;
stassi Ranaldo Gradasso a aspettare.

Or ecco Draghignazo, che s'appara; [1]
proprio è Gradasso, ed ha le sopravesta
tutta d'azzurro e d'ôr dentro la sbara; [2]
e la corona d'ôr sopra la testa;
l'armi forbite e la gran simitara, [3]
e 'l bianco corno, che giamai non resta, [4]
e per cimero una bandiera bianca:
in summa, di quel re nulla gli manca.

Questo demonio ne vene su 'l campo:
il passeggiare [5] ha proprio di Gradasso;
ben dadovero par ch'el butti vampo,
La simitarra trasse con fracasso.
Ranaldo, che non vole aver inciampo,
sta su l'avviso, e tien il brando basso;
ma Draghignazo, con molta tempesta,
li cala un colpo al dritto de la testa.

Ranaldo ebbe quel colpo a riparare,
d'un gran riverso gli tira alla cossa. [6]
Or cominciano e' colpi a raddoppiare,
a l'un e l'altro l'animo s'ingrossa. [7]
Ma comincia Ranaldo a soffiare,
e vol mostrar a un punto la sua possa;
il scudo che avea in braccio getta a terra,
la sua Fusberta [8] ad ambe mane afferra.

Così cruccioso con la mente altiera
sopra del colpo tutto s'abandona;
per terra va la candida bandiera,
cala Fusberta sopra alla corona,

---

[1] Si prepara: assume le sembianze di Gradasso e colle sembianze
le vesti, le insegne e tutte le esteriorità. È l'attuazione della vendetta
di Malagigi; e Rinaldo ne resta vittima.
[2] La sbarra araldica: lo stemma di Gradasso era diviso orizzontalmente da una sbarra che lo divideva in 2 campi, uno dei quali messo
a oro e azzurro.
[3] Scimitarra: spada ricurva in uso presso gli orientali.
[4] Che mai non smette di suonare per dare segnali guerreschi.
[5] Il modo di camminare.
[6] La coscia.
[7] L'animo si gonfia di rabbia.
[8] La fida spada di Rinaldo.

e la barbuta getta tutta intiera:
nel scudo d'osso il gran colpo risuona,
e da la cima al fondo lo disserra,[1]
mette Fusberta un palmo sotto terra.[2]
  Ben prese il tempo il demonio scaltrito;
volta le spalle e comincia a fuggire;
crede Ranaldo averlo sbigotito,
e d'allegrezza sè non può soffrire.[3]
Quel maledetto al mar se n'è fuggito;
dietro Ranaldo si mette a seguire,
dicendo: « Aspetta un poco, re gagliardo,
chi fugge non cavalca il mio Bajardo.[4]
  Or debbe far un re sì fatta prova?
Non ti vergogni le spalle voltare?
Torna nel campo e Bajardo ritrova,
la miglior bestia non puoi cavalcare.
Ben è guarnito ed ha la sella nova,
e pur iersira lo feci ferrare;
vien', te lo piglia; a che mi tieni a bada?
Eccolo quivi in ponta a questa spada ».[5]
  Ma quel demonio nïente l'aspetta,
anzi pareva dal vento portato;
passa ne l'acqua, e pare una saetta;
e sopra quel naviglio fu montato.
Ranaldo incontinente in mar se getta,
e poi che sopra 'l legno fu arivato,
vede 'l nemico e un gran colpo gli mena;
quel per la poppa salta a la carena.[6]
  Ranaldo ognor più drieto se gl'incora,[7]
e con Fusberta giù pur l'ha seguito:
quel sempre fugge; n'esce per la prora:
era 'l naviglio da terra partito,
nè pur Ranaldo se n'avede ancora,
tanto è dietro al nemico invelenito,

---

[1] Lo spacca nel senso della lunghezza.
[2] L'espressione è prodigiosa di rapidità, come il colpo deve esser stato prodigioso per violenza.
[3] Non si può contenere in sè per l'allegrezza.
[4] Tra i patti del duello, questo il vero Gradasso aveva stabilito: che se fosse stato vincitore, a lui sarebbe passato in proprietà Baiardo, il cavallo di Rinaldo.
[5] Rinaldo in questo atteggiamento ed esprimendosi con queste parole raggiunge un'umanità così schietta, così vera da balzare pieno di vita innanzi alla fantasia e da non potersi più dimenticare.
[6] Giù nella stiva: anche qui quanta rapidità di rappresentazione!
[7] Con più furore lo insegue.

ed è dentro nel mar già sette miglia,
quando disparve quella meraviglia.[1]
    Quell'andò in fumo. Or non me domandate
se maraviglia Ranaldo se dona;
tutte le parte del legno ha cercate,
sopra 'l naviglio più non è persona.
La vela è piena, e le sarte tirate,[2]
cammina ad alto [3] e la terra abandona;
Ranaldo sta soletto sopra al legno;
oh quanto si lamenta il baron degno!

. . . .

e ben tre volte fu deliberato
con la sua spada sè stesso passare;
e ben tre volte, come disperato,
com'era, armato, gettarse nel mare:
sempre il timor de l'anima e lo inferno
gli vetò far di sè quel mal governo.[4]
    La nave tutta fiata via camina,
e fuor del stretto è già trecento miglia.
Non va il delfino per l'onda marina,
quanto va questo legno a meraviglia.
A man sinistra la prora se inchina,
volta ha la poppa al vento di Sibiglia,
nè così stette volta, e in uno istante
tutta se è volta contra di levante.
    Fornita era la nave da ogni banda
(eccetto che persona non li appare)
di pane e vino ed optima vivanda;
Ranaldo ha poca voglia di mangiare.
In genocchione a Dio si racomanda,
e così stando, si vede arivare
ad un giardin, dov'è un palagio adorno;
il mar ha quel giardin d'intorno intorno.

---

[1] Cioè quel diavolo, che, per ingannare Rinaldo, aveva preso le sembianze di Gradasso.
[2] Il vento in poppa, dunque.
[3] Alla latina: in alto mare.
[4] Si sarebbe ucciso dunque per la rabbia d'esser stato così giocato, ma il terrore religioso lo trattenne da un simile eccesso.

La beffa d'Astolfo.

(Ibid., C. VII, st. 48-60).

Astolfo d'Inghilterra accetta di combattere in duello con Gradasso: premio della vittoria la liberazione di C. Magno e di molti guerrieri cristiani rimasti nelle mani dei nemici. Egli esce dalla prova vittorioso; ma siccome Carlo Magno e quanti gli stavan vicini avevano avuto il torto di prestar fede alle calunnie, che Gano di Maganza non ha mai cessato di spargere contro i migliori campioni, specie Rinaldo e Orlando, Astolfo vuol prima punirli con una beffa..... innocente, ma tale da procurar loro momenti di trepidazione. Riguardo a Gano, Astolfo ottiene di smascherarlo e di farlo condannare.

Già su l'alfana[1] se muove Gradasso,
nè Astolfo d'altra parte sta a guardare.
L'un più che l'altro viene a gran fracasso,
a mezzo 'l corso s'ebbeno a scontrare.
Astolfo toccò primo il scudo a basso,
che per nïente non volia fallare:
sì come io dissi, il scudo basso il tocca,
e fuor de sella netto lo trabocca.

Quando Gradasso vede ch'egli è in terra,
appena che a sè crede, che il sia vero:
ben vede mo', che finita è la guerra,
e perduto è Bajardo, il buon destriero:
levasi in piedi e la sua alfana afferra.
Volto ad Astolfo, e' disse: « Cavallero,
con meco hai pur tu vinta la tenzone,
a tuo piacer vien', piglia ogni pregione ».

Così ne vanno insieme a mano a mano,
Gradasso molto gli faceva onore:
Carlo nè i paladini ancor non sanno
di quella giostra, ch'è fatta, il tenore;[2]
ed Astolfo a Gradasso dice piano,
che nulla dica a Carlo imperatore;
ed a lui sol di dir lassi l'impaccio,[3]
ch'alquanto ne vol prender di solaccio.

---

[1] V. p. 107, n. 3.
[2] I patti.
[3] La beffa ed il modo in cui è condotta sì adattano singolarmente al bizzarro tipo d'Astolfo; che dalla burla si ripromette di cavare non poco divertimento (sollazzo).

E gionto avanti a lui con viso acerbo [1]
Disse: « I peccati t'han cerchiato in tondo: [2]
tanto eri altiero e tanto eri superbo,
che non stimavi tutto quanto il mondo;
Ranaldo e Orlando che fôr di tal nerbo,[3]
sempre cercasti di metterli al fondo:
ecco, usurpato te avevi Bajardo;
or l'ha acquistato questo re gagliardo.[4]

A torto me ponesti in la pregione,[5]
per far careze a casa di Magancia;
or dimanda al tuo conte Ganelone [6]
che ti conservi nel regno di Francia.
Or non v'è Orlando, fior d'ogni barone,
non v'è Ranaldo quella franca lancia;
che se sapesti tal gente tenire,
non sentiresti mo questo martire.[7]

Io ho donato a Gradasso il ronzone,[8]
e già mi son con lui bene accordato.
Stommi con seco, e servo da buffone,[9]
mercè di Gano, che me gli ha lodato.
So che gli piace mia condizïone;
ognun di voi li avrò raccomandato:
lui [10] Carlo Mano vuol per ripostieri,[11]
Danese scalco [12] e per coquo [13] Olivieri.

---

[1] Severo: si vendica ora dei torti ricevuti da Carlo.
[2] Ai condannati a morte si tagliavano i capelli, affinchè la scure colpisse con maggior sicurezza: e perciò la frase qui vuol dire: i tuoi peccati t' hanno condannato.
[3] Fama, valore.... Rinaldo e Orlando eran stati i più perseguitati da Gano, al quale Carlo aveva avuto il grave torto di prestar sempre fede.
[4] Gradasso: è tutto una finzione di quel bel tipo d' Astolfo, che qui colle sue celie finisce col pregiudicare alla maestà del buon re Carlone.
[5] Anche Astolfo era stato bersaglio delle calunnie del Maganzese, ed era stato da Carlo messo in carcere.
[6] L'uso di questi accrescitivi, p. e. Carlone, Marsilione, ecc. tradisce l'intenzione ironica.
[7] Perchè se tu avessi saputo conservarti la presenza a corte d'Orlando e di Rinaldo, ora non saresti in questi guai.
[8] Baiardo: ronzone, cavallo grande e giovane: ronzino, il contrario.
[9] Gano rispondendo alle domande di Gradasso gli aveva dipinto Astolfo come un buffone; quest'uscita è dunque un' ironia feroce.
[10] Gradasso.
[11] Dispensiere.
[12] Colui che tagliava le vivande servite in tavola all' imperatore: poi il maggiordomo più elevato in grado della corte.
[13] Coco: Uggeri il Danese e Ulivieri, due dei più prodi paladini, insieme con Carlo Magno avrebbero dovuto diventare gli umili servi di Gradasso!

Io li ho lodato Gano di Maganza
per omo forte e degno de alto affare,
si che stimata sia la sua possanza: [1]
le legne e l'acqua converrà portare.
Tutti voi altri poi gente di cianza [2]
a questi soi baron vi vol donare;
e se a lor serà grata l'arte mia, [3]
farò che avreti buona compagnia ».

Già non rideva Astolfo de nïente,
e proprio par ch'el dica da davera. [4]
Non dimandar se il re Carlo è dolente
e ciascadun, ch'è preso in quella schiera.
Dice Turpino [5] a lui: « Ahi miscredente!
hai tu lasciata nostra fede intiera? »
A lui rispose Astolfo: « Sì, pretone,
lasciato ho Cristo ed adoro Macone. [6]

Ciascuno è smorto e sbigottito e bianco,
chi piange, e chi lamenta e chi sospira;
ma poi che Astolfo di beffare è stanco,
avanti a Carlo in genocchion se tira; [7]
e disse: « Segnor mio, voi seti franco; [8]
e se il mio fallir mai vi trasse ad ira,
per pietade e per Dio, chiedo perdono,
che, sia quel ch'io mi voglia, vostro sono.

Ma ben ve dico che mai per nïente
non voglio in vostra corte più venire:
stia con voi Gano ed ogni suo parente,

---

[1] L'ironia contro Gano diviene qui sanguinosa nella conclusione: le nobili virtù guerresche e cavalleresche del Maganzese sono tali e tante che sarà il prescelto ad andare ad.... attingere acqua ed a far legna: fare lo squattero via!
[2] Ciancia, chiacchiera.
[3] Di buffone: rinfaccia così a Gano ciò che questi è andato spargendo a carico d'Astolfo presso Gradasso. Cfr. n. 9 a pag. 116.
[4] Se i nobili ascoltatori, tra i quali Carlo, avesser potuto capire anche lontanamente che tutto era uno scherzo, lo scherzo sarebbe stato finito e non avrebbe avuto nessuna conseguenza.
[5] Già s'è trovato altre volte: arcivescovo di Reims, al quale si attribuiva una cronaca dei fatti di Carlo, e all'occasione valente nel maneggiare la spada.
[6] Astolfo conserva all'ultimo il razzo finale: alla trepidante interrogazione di Turpino risponde con una baldanza così simulata, che tutti ne restano sbigottiti: quel *pretone*, messo lì, con nessun rispetto per un vescovo, quasi per irriderlo, pare confermi col fatto l'apostasia del faceto Astolfo!
[7] Cessa lo scherzo e Astolfo manifestandosi quale è veramente, cioè leale e cavaliere si getta ai piedi dell'imperatore.
[8] Libero.

che sanno il bianco in nero convertire.[1]
Il stato mio vi lasso obidïente;
io domattina mi voglio partire,
nè mai me posarò per freddo o caldo
in sin che Orlando non trovi e Ranaldo ».

Non sanno ancor s' ei beffa o dice il vero;
tutti l'un l'altro se guardano in volto;
sinchè Gradasso quel segnor altiero
comanda che ciascun via se sia tolto: [2]
Gano fu il primo a montare a destriero; [3]
Astolfo, che lo vede, il tempo ha colto,
e disse a lui: « Non andate, barone,
gli altri son franchi, e voi seti pregione ».

« Di cui son io pregion? » diceva Gano.
Rispose quel: « De Astolfo d'Inghilterra ».
Allor Gradasso fa palese e piano,
come sia stata tra lor duo la guerra.
Astolfo il conte Gano prende a mano,
con lui davanti di Carlo se atterra,
e ingenocchiato disse: « Alto signore,
costui voglio francar per vostro amore.

Ma con tai patti e tal condizïone,
che in vostra mano e' converrà giurare,
per quattro giorni d'entrare in pregione,
e dove e quando io lo vorrò mandare;
ma sopra a questo vuo' promissïone
(perchè egli è usato la fede mancare)
da' paladini e da vostra Corona
darmi legata e presa sua persona ».

Rispose Carlo: « Io voglio che lo faccia! »
E fecelo giurare incontinente.
Or di andare a Parigi ogn'om si spaccia;
altro che Astolfo non s'ode nïente, [4]
e chi lo bacia in viso e chi lo abbraccia,
ed a lui solo va tutta la gente;
campato ha Astolfo, ed è suo quest'onore,
la fe' de Cristo e Carlo imperatore.

---

[1] È evidente la satira contro la vita di corte, in cui trovan fortuna gli ipocriti, i simulatori ed i finti.
[2] Ordina che ognuno si consideri libero e vada dove meglio gli piaccia.
[3] L'impudente Gano, che ha sempre mentito ai danni dei migliori è il primo a saltare in sella per tornarsene libero al campo cristiano, ma interviene energicamente Astolfo a dargli la lezione meritata.
[4] Nient' altro s'ode che ripetere da tutti il nome di Astolfo.

Duello tra Orlando e Agricane.

(Ibid., C. XVI, st. 3-26).

Anch'esso [1] al campo, come disperato
suonando il corno, pugna domandava;
ed avea il conte Orlando disfidato
con ogni cavalier, che il seguitava.
E lui soletto, sì com'era, al prato
tutti quanti aspettarli si vantava;
ma de la ròcca già se cala il ponte
ed esce fuori armato il franco conte.[2]

A le sue spalle è Oberto del Leone
e Brandimarte, ch'è fior di prodezza;
il re Adriano e 'l franco Chiarïone,
ciascun quella gran gente più disprezza.
Angelica se pose ad un balcone,
perchè Orlando vedesse sua bellezza; [3]
e cinque cavallier con l'asta in mano
già son dal monte giù calati al piano.

Se forse insieme mai scontrâr due troni [4]
da levante a ponente al ciel diverso: [5]
così proprio se urtarno quei baroni:
l'uno e l'altro a li colpi andò riverso,
poi ch'ebber fracassato e lor tronconi,
con tal ruina ed impeto perverso,
che qualunque era d'intorno a vedere,
pensò che il ciel dovesse giù cadere.

Del suo Dio si ricorda ognun di loro,[6]
ciascun aiuto al gran bisogno chiede:
fu per cader a terra Brigliadoro,[7]

---

[1] Agricane: la scena è sotto le mura di Albraccà, la capitale del
Catai, devastata da Agricane, re dell'Oriente, desideroso di conquistare
la mano della bella principessa, quale preda di guerra, poichè essa
non vuole accettare in modo nessuno il suo amore. Anzi essa ora ha
infiammato colle sue parole Orlando, Rinaldo e gli altri campioni, ch'essa
ha trascinati coi suoi incanti e colle sue seduzioni in così lontani paesi,
a combattere per lei e riconquistarle la città.

[2] Orlando.

[3] Angelica qui è l'erede perfetta della psicologia della castellana
medievale d'Occidente.

[4] Tuoni.

[5] Frase avverbiale: provenienti da una regione del cielo opposta
all'altra (dal levante opposto al ponente).

[6] Com'è vero che l'idea di Dio ci si presenta nei momenti di
maggiore trepidazione!

[7] Cavallo d'Orlando: questi l'aveva tolto ad Almonte insieme alla
spada Durindana, come il B. dice più sotto.

a gran fatica il conte il tiene in p'ede.
Ma il buon Bajardo corre a tal lavoro,
che la polver de lui sola si vede: [1]
nel fin del corso se voltò d'un salto,
verso de Orlando, sette piedi ad alto.

Era ancor già rivolto il franco conte
contra al nemico con la mente altiera:
la spada ha in mano, che fu del re Amonte,
così tratto Agricane avea Tranchera; [2]
e se trovarno duo guerreri a fronte,
e di cotali al mondo pochi n'era:
e ben mostrarno il giorno a la gran prova,
che raro in terra un par de lor se trova.

Non è chi d'essi pieghi o mai se torza, [3]
ma colpi adoppia sempre, che non resta;
e come l'arboscel se sfronde e scorza [4]
per la grandine spessa che il tempesta,
così quei duo baron con viva forza
l'arme han tagliate, fuor che de la testa. [5]
Rotti hanno e' scudi e spezzati i lamieri:
nè l'un nè l'altro in capo ha più cimieri.

Pensò finir la guerra a un colpo Orlando,
perchè ormai gl'incresceva il lungo gioco;
ed a due man su l'elmo menò il brando,
quel tornò verso il ciel gettando foco.
Il re Agrican, fra' denti ragionando,
fra lui diceva: « Se mi aspette un poco,
io ti farò la prova manifesta
chi di noi porta megliore elmo in testa! » [6]
Così dicendo, un gran colpo disserra
ad ambe mani, ed ebbe òpinïone
mandar Orlando in due parte per terra,
chè fender se 'l credea fin su l'arcione:

---

[1] Agricane montava Baiardo, che quasi a favorire Orlando portava
ora lontano Agricane dal campo.
[2] Spada d'Agricane: è nome derivato dal franc. *trancher*, tagliare.
[3] Si torca.
[4] Perde la corteccia, si scortica.
[5] Difatti le armature nelle parti destinate a coprire la testa erano
incantate, e non potevano in nessun modo spezzarsi per effetto di qual-
siasi colpo, dato da mano mortale: nelle altre parti non incantate eran
tutte o rotte o scorteciate.
[6] Sperava evidentemente di dare un colpo tale sull'elmo d'Orlando
da farglielo andare in pezzi: la gara non solo è di valore tra i cavalieri ma anche di resistenza tra le loro armi.

ma il brando a quel duro elmo non s'afferra,
chè anch'egli era opra d'incantazïone:
Fèllo Albrizach, il falso negromante,
e diello in dono al figlio de Agolante.
    Questo lo perse, quando a quella fonte
l'occise Orlando in braccio a Carlo Mano.
Or non più zanze,[1] ritornamo al conte,
che ricevuto ha quel colpo villano.
Da le piante sudava insin la fronte,
e di far sua vendetta è ben certano:
a poco a poco l'ira più se ingrossa,
a due man mena con tutta sua possa.
    Da lato a l'elmo giunse il brando crudo,
e giù discese de la spalla stanca;[2]
più de un gran terzo li tagliò del scudo,
e l'arme e' panni insin la carne bianca,
sì che mostrar li fece il fianco nudo;
cala giù il colpo, e discese ne l'anca,
e carne e pelle a ponto li risparma,
ma taglia il sbergo, e tutto lo disarma.
    Quando quel colpo sente il re Agricane,
dice a sè stesso: « E' mi convien spacciare;[3]
s'io non me affretto di menar le mane,
a questa sera non credo arivare;
ma sue prodezze tutte seran vane:
chè io 'l voglio adesso a l'inferno mandare,
e non è maglia e piastra tanto grossa,
che a questo colpo contrastar mi possa ».
    Con tal parole a la sinistra spalla
mena Tranchera, il suo brando affilato;
la gran percossa al forte scudo cala,
e più di mezzo lo gettò su 'l prato.
Gionse nel fianco il brando, che non falla,
e tutto il sbergo ha del gallon tagliato;[4]
manda per terra a un tratto piastra e maglia,
ma carne o pelle a quel ponto non taglia.

---

[1] Ciance, divagazioni: il motivo della storia delle armi viene al poema romanzesco da quelli che sono i primi romanzi della civiltà occidentale: i poemi omerici.
[2] Sinistra.
[3] Affrettare il termine del duello.
[4] Ha tagliato la maglia d'acciaio e l'armatura (l'usbergo) che proteggeva il gallone, ossia la regione femorale.

Stanno a veder quei quattro cavallieri,
che venner con Orlando in compagnia.[1]
E mirando la zuffa e i colpi fieri,
e tutti insieme, e ciascadun dicia
che il mondo non avea duo tal guerrieri
di cotal forza e tanta vigoria.
Gli altri pagan, che guardan la tenzone,
dicean: « non c'è vantaggio,[2] per Macone! »

Ciascun le botte de' baron misura,
che ben iudica e' colpi a cui non dole,[3]
ma quei duo cavalier senza paura
facean de' fatti e non dicean parole:
e già durata è la battaglia dura
a l'ora sesta dal levar del sole,
nè alcun di loro ancor si mostra stanco,
ma ciascun di loro è più che pria franco.[4]

Sì come alla fucina in Mongibello
fabbrica troni[5] il demonio Vulcano:
folgore e foco batte col martello,
l'un colpo segue l'altro a mano a mano,
cotal se odiva l'infernal flagello
di quei duo brandi con romore altano,[6]
che sempre han seco fiamme con tempesta;
l'un ferir suona a l'altro, e ancor non resta.

Orlando gli menò d'un gran riverso[7]
ad ambe man, di sotto alla corona,
e fu il colpo tanto aspro e sì diverso,
che tutto il capo ne l'elmo gli introna.
Avea Agrican ogni suo senso perso,
sopra il col di Bajardo s'abandona,
e sbigottito se attaccò a l'arcione:
l'elmo il campò, che fece Salomone.

Via ne lo porta il destrier valoroso;
ma in poco d'ora quel re se risente;

----

[1] Oberto del Leone, Brandimarte, il re Adriano e il franco Chiarione.
[2] Per Maometto non si delinea alcuna superiorità pel nostro campione Agricane!
[3] Graziosa osservazione umoristica. Chi non sente dolersi il corpo per le percosse può bene giudicare dello svolgersi del combattimento.
[4] Fresco e integro di forze.
[5] Tuoni.
[6] Alto, assordante.
[7] Un colpo calando la spada impugnata a due mani dall'alto al basso.

e torna verso Orlando, furïoso
per vendicarse, a guisa di serpente.
Mena a traverso il brando rüinoso,
e gionse il colpo ne l'elmo lucente,
quanto potè ferir ad ambe braccia,
proprio il percosse a mezo de la faccia.

Il conte riversato a dietro inchina,
chè dileguate son tutte sue posse:
tanto fo il colpo pien di gran roina,
che su la groppa la testa percosse:
non sa s'egli è da sera o da matina,
e benchè alora il sole e 'l giorno fosse,
pur a lui parve di veder le stelle,
e il mondo lucigar tutto a fiammelle.

Or ben li monta l'estremo furore,
gli occhi riversa e strenge Durindana,
ma nel campo se leva un gran romore,
e suona ne la ròcca la campana.
Il crido è grande e mai non fo maggiore;
gente infinita ariva in su la piana
con bandiere alte e con pennoni adorni,
suonando trombe e gran tamburi e corni.

Ripresa del duello tra Orlando ed Agricane.[1]

(Ibid., C. XVIII, st. 55 e C. XIX, st. 3-20).

Sì come il mar tempesta a gran fortuna,[2]
cominciarno l'assalto i cavalieri
nel verde prato, ne la notte bruna,
con sproni urtano addosso e' buon destrieri;
e si scorgeano al lume de la luna,
dandosi colpi dispietati e fieri,
ch'era ciascun di lor forte ed ardito.
Ma più non dico, il canto è qui finito.

Agrican combattea con più furore,
il conte con più senno si servava.
Già contrastato avean più di cinque ore,

---

[1] I due cavalieri, sorpresi dalla notte a combattere, rimandano all'alba del giorno successivo la ripresa del duello; e, scesi da cavallo, si dispongono per coricarsi e passare la notte; ma da una parola all'altra vengono a parlare d'amore; ed essendo tutti e due ardenti d'amore per la donzella, e nessuno dei due volendo cedere all'altro, riprendono nel mezzo della notte il combattimento.
[2] Come il mare si agita, quando c'è grande tempesta.

e l'alba in Orïente si schiarava.
Or se incomincia la zuffa maggiore;
il superbo Agrican se disperava,
che tanto contra esso Orlando dura;
e mena un colpo fiero oltra misura.
    Giunse a traverso il colpo disperato,
e il scudo come un latte[1] al mezzo taglia:
piagar non puote Orlando, ch'è affatato,
ma fracassa ad un ponto e piastre e maglia.
Non potea il franco conte avere il fiato,
benchè Tranchera sua carne non taglia;
fu con tanta ruina la percossa,
che avea fiaccati i nervi e péste l'ossa.
    Ma non fo già per questo sbigottito,
anzi colpisce con maggior fierezza;
gionse nel scudo, e tutto l'ha partito,
ogni piastra del sbergo e maglia spezza,
e nel sinistro fianco l'ha ferito;
e fu quel colpo di cotanta asprezza,
che il scudo mezo al prato andò di netto,
e ben tre coste li tagliò nel petto.
    Come rugge il leon per la foresta,
allor che l'ha ferito il cacciatore;
così il fiero Agrican con più tempesta,
rimena un colpo di troppo[2] furore.
Gionse ne l'elmo, al mezo de la testa:
non ebbe il conte mai botta maggiore,
e tanto uscito è fuor di conoscenza,
che non sa, s'egli ha il capo o s'egli è senza.
    Non vedea lume per gli occhi nïente,
e l'una e l'altra orecchia tintinnava:
sì spaventato è il suo destrier corrente,
che intorno al prato fuggendo il portava;
e sarebbe caduto veramente,
se in quella stordigïon ponto durava;
ma sendo nel cader, per tal cagione
tornolli il spirto, e tennesi a l'arcione.
    E venne di sè stesso vergognoso,
poichè cotanto si vede avanzato:
« Come anderai, diceva doloroso,

---

[1] Un latte rappreso come la ricotta, o cagliato: una massa molle che facilmente il coltello taglia e divide.
[2] Qui ha il senso di superlativo di *molto*.

ad Angelica mai, vituperato?
Non te ricordi quel viso amoroso,
che a far questa battaglia t'ha mandato?
Ma chi è richiesto e indugia il suo servire,
servendo poi, fa il guidardon perire.

Presso a duo giorni ho già fatto dimora
per il conquisto de un sol cavalliero; [1]
e seco a fronte me ritrovo ancora,
nè li ho vantaggio più che il dì primiero:
ma se più indugio la battaglia un'ora,
l'arme abbandono ed entro al monastero;
frate mi faccio, e chiamomi dannato
se mai più brando mi fia visto a lato ».

Il fin del suo parlar già non è inteso
chè batte e' denti e le parole incocca: [2]
foco rassembra di furore acceso
il fiato, ch'esce fuor di naso e bocca.
Verso Agricane se ne va disteso,
con Durindana ad ambe mani il tocca
sopra a la spalla destra de riverso;
tutto la taglia quel colpo diverso. [3]

Il crudel brando nel petto declina, [4]
e rompe il sbergo e taglia il pancirone, [5]
ben che sia grosso e de una maglia fina,
tutto lo fende infin sotto al gallone. [6]
Non fo veduta mai tanta roina;
scende la spada, e gionse ne l'arcione:
d'osso era questo ed intorno ferrato,
ma Durindana [7] lo mandò su il prato.

Dal destro lato a l'anguinaglia stanca [8]
era tagliato il re cotanto forte:
perse la vista, ed ha la faccia bianca,
come colui, ch'è già gionto a la morte;
e ben che il spirto e l'anima li manca,
chiamava Orlando e con parole scorte [9]

---

[1] Per abbattere il solo Agricane.
[2] Il sentimento di stizza, da cui si sente nuovamente invadere non
gli permette di pronunziare spedite le ultime parole; e lo trascina di
nuovo all'assalto.
[3] Dai soliti: straordinario.
[4] Dalla spalla destra piega, declina verso il petto.
[5] Quella parte dell'usbergo che proteggeva l'addome al cavaliere.
[6] La regione del femore.
[7] La spada d'Orlando.
[8] Sinistra.
[9] Chiare, aperte.

sospirando diceva in bassa voce:
« Io credo nel tuo Dio, che morì in croce.
  Battezzame, barone, a la fontana,
prima ch'io perda in tutto la favella;
e se mia vita è stata iniqua e strana,
non sia la morte almen de Dio ribella.
Lui, che venne a salvar la gente umana,
l'anima mia ricoglia tapinella;
ben mi confesso che molto peccai,
ma sua misericordia è grande assai ».[1]
  Piangea quel re, che fo cotanto fiero,
e tenea il viso al ciel sempre voltato.
Poi ad Orlando disse: « Cavalliero,
in questo giorno de oggi hai guadagnato,
al mio parere, il più franco destriero
che mai fosse nel mondo cavalcato;
questo fu tolto ad un forte barone,
che nel mio campo dimora pregione.
  Io non me posso ormai più sostenire,
levami tu d'arcion, baron accorto;
deh non lasciar quest'anima perire!
Battezzami oramai, che già son morto.
Se tu mi lasci a tal guisa morire,
ancor n'avrai gran pena e di sconforto ».
Questo diceva e molte altre parole;
oh quanto al conte ne rincresce e dole!
  Egli avea pien de lacrime la faccia,
e fu smontato in su la terra piana;
ricolse il re ferito ne le braccia,
e sopra al marmo il pose a la fontana.
E di pianger con seco non si saccia,[2]
chiedendoli perdon con voce umana.
Poi battezzollo a l'acqua de la fonte,
pregando Dio per lui con le man gionte.
  Poco poi stette che l'ebbe trovato
freddo nel viso e tutta la persona,
onde se avide ch'egli era passato:
sopra al marmo alla fonte lo abbandona
così com'era tutto quanto armato,
col brando in mano e con la sua corona:

---

[1] Si ricorre qui colla mente a Clorinda morente, nella *Gerusalemm*-
Liberata (L. XII).
[2] Non si sazia.

e poi verso il destrier fece riguardo,
e pargli di veder che sia Bajardo.
    Ma creder non può mai per cosa certa,
che qua sia capitato quel ronzone,[1]
ed anco 'l nascondeva la coperta,
che tutto lo guarnia sino al talone.
« Io vo' saper la cosa in tutto aperta
(disse a sè stesso il figlio di Milone),[2]
se questo è pur Bajardo o se il somiglia:
ma s'egli è desso, io n' ho gran meraviglia ».
    Per saper tutto il fatto il conte è caldo,[3]
e verso del destrier se pone a gire;
ma lui, che Orlando cognobbe di saldo,
gli viene incontra e comincia a nitrire:
« Deh, dimmi, buon destrier, ov'è Ranaldo?
Ov'ène il tuo signor? Non mi mentire! »
Così diceva Orlando, ma il ronzone
non potea dar risposta al suo sermone.
    Non avea quel destrier parlare umano,
benchè fosse per arte [4] fabricato;
sopra vi monta il senator romano,
che già l'avea più fiate cavalcato;
poi ch'ebbe preso Briglidadoro a mano,
subitamente uscì fuora del prato,
ed entrò dentro de la selva folta.

Duello tra Orlando e Rinaldo.

(Ibid., C. XXVIII, st. 13-28).

Divenuti rivali d'amore per Angelica, i due paladini, sebbene legati da vincoli di parentela, scendono in campo l' uno
contro l' altro. Orlando suonando il corno sfida Rinaldo.

Come nel cielo, o sopra la marina,
duo venti fieri, orribili e diversi,
scontrano insieme con molta roina,
e fan conche [5] e navigli andar roversi;

---

[1] Cavallo di buona razza: vedi p. 116, n. 6.
[2] Orlando.
[3] Desideroso....
[4] Con arte magica.
[5] Col nome generico di *conche*, si può, volendo, intendere le barche panciute con poca o scarsa carena, mentre navigli sono le navi

e come un rivo [1] dal monte declina,
con sassi rotti ed arbori dispersi,
così quei duo baron pien di valore
se urtan con altissimo rumore.

Non fu piegato alcun di loro un dito,[2]
a benchè de le lancie smisurate
ciascun troncone insino al cielo è gito,
già son rivolti ed han tratto le spate;
nè intorno fu pagan cotanto ardito,
che non se sbigottisse in veritate,
quando l' un l'altro rivoltò la faccia
piena de orrore e d'ira e de minaccia.

Non vide il mondo mai cosa più cruda,
che il fiero assalto di questa battaglia,
e ciascun, sol mirando, trema e suda:[3]
pensati che fa quel, che se travaglia!
In più parte avean lor la carne nuda,
chè mandate han per terra piastra e maglia:
Ranaldo sopra al conte se abandona:
nel forte scudo il gran colpo risuona.

Il scudo aperse e il brando dentro passa,
sopra la spalla gionse al guarnimento;[4]
la piastra del braccial tutta fraccassa:
sente a quel colpo il conte un gran tormento.
Adosso de Ranaldo andar se lassa,
e ben sembra al soffiar tempesta e vento:
a man sinistra gionge il brando crudo:
sino a la spalla rompe e parte il scudo.

A poco a poco più l'ira s'accende;
Ranaldo sopra l'elmo gionse il conte:
taglio del brando a questo non offende,
però ch'era incantato e fu d'Almonte;
ma il cavallier stordito se distende,
per quel colpo superbo, ch'ebbe in fronte,

---

che pescano a molta profondità. Ma può darsi che al posto di *conche*
si debba leggere *cocche*, e allora si tratterebbe di piccole navi. Rinaldo,
venuto in Oriente per trovare Orlando, diviene rivale in amore di
costui: il duello adunque si svolge in un paese del Catai, nei pressi
d'Albraccà.

[1] Qui intendi rivo col senso di torrente ingrossato dalle acque.
[2] Espressione energica e scultoria da paragonare alla dantesca: *non
torse collo nè piegò sua costa* (*Inf.*, c. X, v. 75).
[3] Gli opposti effetti della paura.
[4] Una sopraspallina di maglia d'acciaio, che era d'ornamento e
nello stesso tempo di difesa.

e revenne in sè stesso in poco d'ora:
ira e vergogna al petto lo divora.
  Stringendo e' denti il forte paladino
mena a Ranaldo un colpo ne la testa;
gionse ne l'elmo, che fu de Mambrino: [1]
non fu veduta mai tanta tempesta;
quel baron tramortito andava e chino,
via fugge Rabicano [2] e non s'arresta,
intorno al campo, e par che metta l'ale:
al conte Orlando il suo spronar non vale.

  Non fu veduto mai tanto peccato,
quanto era di Ranaldo valoroso,
ch'era sopra l'arcione abandonato,
e strascinava il brando al prato erboso.
Fuor de l'elmo uscia il sangue da ogni lato,
però che a quel gran colpo furïoso
tanta angoscia sofferse e tanta pena,
che 'l sangue gli crepò [3] fuor d'ogni vena.

  Fuor de la bocca usciva e fuor del naso,
già n'era l'elmo tutto quanto pieno:
spirto nel petto non gli era rimaso:
correndo il suo destrier a vòto freno; [4]
e così stette in quel dolente caso
quasi un'ora compiuta o poco meno:
ma non fu giamai drago nè serpente,
qual è Ranaldo, allor che se risente. [5]

  Non fu ruina al mondo mai maggiore,
che l'altre tutte quante questa passa: [6]
straccia dal petto il scudo, e con rumore
contra a terra tutto lo fracassa. [7]
Fusberta, il crudo brando, a gran furore
stringe a due mane, e le redini lassa,
e ferisce cridando al forte conte:
propio lo gionse al mezzo de la fronte.

---

[1] Re pagano, che Rinaldo aveva ucciso; e cui aveva tolto per diritto di guerra l'elmo fatato.
[2] Cavallo nato dal vento e dalla fiamma, già dell'Argalia; pervenuto poi a Rinaldo, che finisce col cederlo a sua volta ad Astolfo.
[3] Sprizzò fuori dalle vene frantumate.
[4] Rinaldo fuori dei sensi, abbandonato sull'arcione lasciava correre a briglia sciolta Rabicano.
[5] Rapidità fulminea con cui la scena muta.
[6] L'impeto con cui Rinaldo passa al contrattacco determina una rovina, una strage così grande, che supera tutte quante stragi si possono immaginare.
[7] Il primo momento di furore ci induce ad atti di follia, come questo.

Non puotè il colpo sostenir Orlando,
ma su le groppe la testa percosse:
le braze a ciascun lato abandonando,
già non mostra d'aver l'usate posse;
di qua di là se andava dimenando,
ed ambe l'anche di sella rimosse;
poco mancò che 'l stordito barone
fuor non uscisse al tutto de l'arcione.

Ma come quel, ch'avea forza soprana,
ben prestamente uscì di quell'affanno,
e, riguardando la sua Durindana,
dicea: « Questo è il mio brando o ch'io m'i nganno
questo è pur quel, ch'io ebbi a la fontana,
che ha fatto a' Saracin già tanto danno:
io mi destino [1] veder per espresso,
s'io son mutato, o pur se 'l brando è desso ».

Così diceva ed intorno guardando,
vide un petron di marmore in quel loco:
quasi per mezo lo partì col brando
persino al fondo, e mancóvi ben poco.
Poi se volta a Ranaldo fuminando:
torceva gli occhi, che parean di foco,
d'ira soffiando sì come un serpente,
mena a due mani e batte dente a dente. [2]

O Dio del cielo, o Vergine regina,
diffendete Ranaldo a questo tratto!
Chè il colpo fiero è di tanta ruina
che un monte de diamanti avria disfatto.
Taglia ogni cosa Durindana fina,
nè seco ha l'armatura tregua o patto;
ma Dio, che campar volse il fio d'Amone, [3]
fece che 'l brando colse di piattone. [4]

Se gionto avesse la spada di taglio,
tutto il fendeva infino in su l'arcione:
sbergo nè maglia non giovava un aglio,

---

[1] Io mi risolvo, mi decido.
[2] Rappresentazione piena di forza: nella *Chanson de Roland* il paladino, vicino a morte, colla spada colpisce la roccia e la spacca: conosce
allora la tempra straordinaria di quell'acciaio e muore sospirando e
rimpiangendo d'aver saputo solo così tardi la bontà a tutta prova di
Durindana. Qui invece questo gesto viene a rendere più feroce Orlando:
è il leone che prova gli artigli, e li trova in perfetta efficienza.
[3] Il figlio d'Amone Signore di Montalbano e di Beatrice, cioè Rinaldo.
[4] Non per taglio, dunque, ma di piatto.

ed era occiso al tutto quel barone;
ma fu di morte ancor a gran sbaraglio,[1]
chè il colpo gli donò tal stordigione,
che da l'orecchie uscìa il sangue e di bocca,
con tanta furia sopra l'elmo il tocca.
    Tutta la gente, che intorno guardava,
levò gran grido a quel colpo diverso;
e Marfisa, tacendo, lacrimava,
perchè pose[2] Ranaldo al tutto perso;
il conte ad ambe mano anco menava,
per tagliar quel baron tutto a traverso,
e ben poteva usar di cotal prove:
Ranaldo è come morto e non se move.

L'intervento tempestivo d'Angelica tronca il terribile
duello tra i due cugini, campioni della cavalleria e dell'eroismo
del mondo occidentale.

Discesa di Rodamonte in Italia.

(Libro II, C. VI, st. 1-16 e st. 28-50).

    Convienmi alzar al mio canto la voce,
e versi più superbi ritrovare,
convien ch'io meni l'arco più veloce
sopra a la lira, perchè io vo' contare
d'un giovene tant'aspro e sì feroce,
che quasi prese il mondo a disertare:
Rodamonte[3] fu questo lo arrogante,
di cui parlato v'ho più volte avante.
    A la città d'Algier io lo lasciai,
che di passar in Francia si destina;
e seco del suo regno ha gente assai,
tutta è alloggiata a canto a la marina;
a lui non par quell'ora veder mai,
che pona[4] il mondo a fuoco ed a ruina,
e biastemma chi fece il mare e il vento,
poichè passar non puote al suo talento.

---

[1] Rischio.
[2] Credette, immaginò.
[3] Re di Sarza; figlio di Ulieno: precedendo Agramante passa i
Pirenei, invade la Francia; poi dopo varie avventure contro la casa di
Montalbano si unisce ad Agramante per muovere contro Parigi.
[4] Che ponga.

Più d'un mese di tempo avea già perso
di quindi in Sarza, che è terra lontana;
e poi ch'è giunto, egli ha vento diverso,
sempre greco o maestro o tramontana;
ma lui destina, o ver d'esser sommerso,
o ver passare in terra cristïana,
dicendo a' marinari ed al patrone,
che vuol passare, o voglia il vento o none.[1]

« Soffia vento, dicea, se sai soffiare,
chè questa notte pur me ne vo' gire:
io non son tuo vassallo, e non del mare,
che mi possiate a forza ritenire;
solo Agramante mi può comandare,
ed io contento sono di obbedire,
sol d'obbedire a lui sempre mi piace,
perchè è guerriero, e mai non amò pace ».

Così dicendo, chiamò un suo parone,[2]
ch'è di Marocco ed è tutto canuto;
Scombrano chiamato era quel vecchione,
esperto di quell'arte e provveduto.
Rodamonte dicea: « Per qual cagione
m'hai tu qua tanto tempo ritenuto?
Già son sei giorni, a te forse par poco,
ma sei Provenze avria già posto in foco.[3]

Sì che provvedi a la sera presente,
che queste navi sian poste a passaggio,[4]
nè volere esser più di me prudente,
chè, s'io mi annego, mio sarà il dannaggio;
e se perisce tutta l'altra gente,
questo è il minor pensier che nel cor aggio,
perchè quand'io s'arò del mare in fondo,
vorria tirarmi addosso tutto il mondo ».[5]

Rispose a lui Scombrano: « Alto signore,
a la partita abbiam contrario vento,
il mare è grosso e vien sempre maggiore;

---

[1] O non voglia: certo che finchè il vento spirava da Nord-est
(greco) o da Nord-ovest (maestrale) o da Nord (tramontana) non doveva
essere impresa nè facile nè semplice da Algeri, patria di Rodamonte,
passare il mare per recarsi in Spagna, e quindi invadere la Francia.
[2] Il padrone o capo di una sua nave.
[3] Linguaggio appropriatissimo a chi, come Rodamonte, non vede
altro che l'ora, com'è detto più sopra, di mettere il mondo a rovina.
[4] Siano messe in grado di prendere stasera il mare per passare in
Ispagna.
[5] Anche morto vuol mettere il mondo a soqquadro!

ma io prendo d'altri segni più spavento:
chè il sol calando perse il suo vigore,
e dentro ai nuvoloni ha il lume spento;
or si fa rossa, or pallida la luna,
chè senza dubbio è segno di fortuna.[1]

La fulicetta,[2] che nel mar non resta,
ma sopra al sciutto gioca ne l'arena,
e le gavine, che ho sopra a la testa,
e quell'alto aïron, che io veggio a pena,
mi dànno annuncio certo di tempesta:
ma più il delfìn, che tanto si dimena,
di qua, di là saltando in ogni lato,
dice, che 'l mare al fondo è conturbato.

E noi ci partiremo al cielo oscuro,
poi che ti piace; ed io ben veggio aperto,
che siamo morti, e di ciò t'assicuro:
e tanto di quest'arte io sono esperto,
che a la mia fede ti prometto e giuro,
quando proprio Macon mi fêsse certo
ch'io non restassi in cotal modo morto,
va' tu, direbbi, ch'io mi resto in porto ».[3]

Diceva Rodamonte: « O morto o vivo,
ad ogni modo io voglio oltra passare;
e se con questo spirto in Francia arrivo,
tutta in tre giorni la voglio pigliare;
e s'io vi giungo ancor di vita privo,
io credo per tal modo spaventare,
morto com'io sarò, tutta la gente,
che fuggiranno, ed io sarò vincente ».

Così d'Algier uscì del porto fuore
il gran naviglio, con le vele a l'orza;
Maestro [4] allor del mare era signore,

---

[1] Per fortunale, colla quale parola i marinai vogliono significare una tempesta quanto mai paurosa e violenta.
[2] *Fulicetta,* folaghetta; *gavine,* sorta di gabbiani. Questo vecchio lupo di mare si direbbe non fosse digiuno di latino; ed avesse qualche familiarità con Virgilio perchè si esprime proprio come il Mantovano, là dove nelle Georgiche canta dei segni forieri della tempesta sul mare: « Jam sibi tum curvis male temperat unda carinis — quom medio celeres revolant ex aequore mergi — clamoremque ferunt ad litora, cunque marinae — in sicco ludunt fulicae notasque paludis — deserit atque altam supra volat ardea (*l' airone*) nubem ». *Georg.*, v. 360-364 a cui puoi accostare i vv. 424 e segg.
[3] Anche se Maometto mi assicurasse che non affogherei, io gli direi, ecc.
[4] Maestrale: s' è già detto, vento di Nord-ovest, mentre il Greco è di Nord-est.

ma Greco a poco a poco si rinforza:
in ciascheduna nave è gran rumore,
ché in un momento convien che si torza;
ma Tramontana e Libeccio ad un tratto
urtarno il mare insieme a rio baratto.[1]

Allor si cominciarno i gridi a odire,
e l'orribil stridor de le ritorte;[2]
il mar cominciò negro ad apparire,
e l'aer e 'l ciel avean color di morte;
grandine e pioggia comincia a venire;
or questo vento, or quel si fa più forte;
qua par che l'onda al ciel vada di sopra,
là, che la terra al fondo si discopra.

Eran quei legni di gran gente pieni,
di vittüaglia, d'armi e di destrieri,
sì che al tranquillo e ne' tempi sereni
di buon governo avean molto mestieri:
or non è luce, fuor che di baleni,
nè s'ode altro, che troni[3] e venti fieri,
e la nave è percossa in ogni banda:
nullo è obbedito, e ciaschedun comanda.[4]

Sol Rodamonte non è sbigottito,
ma sempre d'aiutarsi si procaccia,
ad ogni estremo caso è più ardito,
ora tira le corde, or le dislaccia;
a gran voce comanda ed è obbedito,
perchè getta nel mare, e non minaccia:
il ciel profonda in acqua a gran tempesta;
lui sta di sopra, e cosa non ha in testa.

Le chiome intorno se gli odìan sonare,
ch'erano apprese de l'acqua gelata;[5]
lui non mostrava di ciò più curare,
come fosse a la ciambra[6] ben serrata;
il suo naviglio è sparso per il mare,
ch'insieme era venuto di brigata;

---

[1] A sconvolgerlo: il Libeccio è vento che spira dal Sud-est.
[2] Delle gomene, delle sartie, e delle funi delle povere imbarcazioni in preda alla tempesta.
[3] Tuoni.
[4] Come succede nei momenti di gran confusione.
[5] Il personaggio è d'una grandiosità indimenticabile: in mezzo a quel fragore di fulmini, a quel rombare di marosi, al sibilo dei venti, Rodamonte solo conserva la sua calma di dominatore: ora fa da marinaio, ora da capo!
[6] Camera: fr. *chambre*

ma non puote durare a quella prova,
dove una nave l'altra non si trova.
    Lasciamo Rodamonte in questo mare,
che dentro vi è condotto a tal partito :
ben presto il tutto vi vorrò contare ;
ma perchè abbiate il fatto ben compito,
di Carlo Mano mi convien narrare,
che avea questo passaggio presentito,
e benchè poco ne tema o nïente,
avea chiamata in corte la sua gente.

. . . .

    Torniamo a Rodamonte, che nel mare
ha gran travaglia contra a la fortuna ; [1]
la notte è scura, e lume non appare
d'alcuna stella, e manco de la luna ;
altro non s'ode, che legni spezzare
l'un contra all'altro per quell'onda bruna ;
con gran spaventi e con alto rumore,
grandine e pioggia cade con furore.
    Il mar si rompe insieme a gran ruina,
e il vento più terribile e diverso
cresce d'ognor e mai non si rafina, [2]
come volesse 'l mondo aver sommerso ;
non sa che farsi la gente tapina,
ogni parone e marinaro è perso :
ciascuno è morto, e non sa che si faccia :
sol Rodamonte è quel, che al ciel minaccia. [3]
    Gli altri fan voti con molte preghiere,
ma lui minaccia il mondo e la natura ;
e dice contra a Dio parole altiere
da spaventare ogni anima sicura.
Tre giorni, con le notti tutte intiere,
sterno abbattuti in tal disavventura,
che non videro al cielo aria serena,
ma instabil vento e pioggia con gran pena.
    Al quarto giorno fu maggior periglio,
chè stato tal fortuna [4] ancor non era,
perchè una parte di quel gran naviglio

----

[1] La burrasca.
[2] Non scema di vigore.
[3] Sempre in carattere: non gli basta far paura agli uomini: vuole
scagliare le sue ingiurie anche contro il cielo.
[4] Vedi la n. 1 di questa pagina.

condotta è sotto Monaco in Riviera: [1]
quivi non vale aiuto nè consiglio,
il vento e la tempesta è ognor più fiera;
ne l'aspra roccia e nel cavato sasso
batte a traverso i legni a gran fracasso.

Oltra di questo tutti i paesani,
che conobber l'armata saracina,
gridando: « Addosso! addosso a questi cani! »
scesero furïosi a la marina,
e ne' navigli non molto lontani
foco e gran pietre gettan con ruina,
dardi e saette, con pegola accesa;
ma Rodamonte fa molta difesa.

Ne la sua nave a la prora davante
sta quel superbo, e indosso ha l'armatura,
e sopra a lui piovean saette tante
e dardi e pietre grosse oltra misura,
che sol dal peso avrian morto un gigante;
ma quel feroce, che è senza paura,
vuol che 'l naviglio vada, o male o bene,
a dare in terra con le vele piene.

Avean i suoi di lui tanto spavento,
che ciascheduno a gran furia si mosse;
ed ogni nave al suo comandamento
sopra a la spiaggia a la prora percosse.
Traeva a mezzodì terribil vento,
con spessa pioggia e con grandini grosse.
Altro non s'ode che navi strusire, [2]
ed alte grida e pianti di morire.

Di qua di là, per l'acqua quei pagani,
con l'arme indosso, son per annegare,
e gettan freccie e dardi in colpi vani;
mai non li lascia quell'onda fermare. [3]
In terra stanno armati i paesani
nè li concedon punto avvicinare,
e di Monaco uscì, che più non tarda,
conte Arcimbaldo e la gente lombarda.

Questo Arcimbaldo è conte di Cremona,
e del re Desiderio egli era figlio;

---

[1] Coste rocciose d' approdo difficilissimo e pericolosissimo.
[2] Cigolare logorandosi contro gli scogli.
[3] Cioè l' onda li sbatte ora qui, ora là senza permettere loro d' approdare in nessun punto.

gagliardo a maraviglia di persona,
scaltrito, e de la guerra ha buon consiglio.
Costui la ròcca e Monaco abbandona
sopra un destrier coperto di vermiglio,
e con gran gente cala a la riviera,
ove appiccata è la battaglia fiera.

A Monaco il suo padre l'ha mandato,
ch'è sopra a le confine di Provenza,
perchè intenda le cose in ogni lato,
e diagli avviso in ciascuna occorrenza;
il Re dentro a Savona era fermato,
dove ha condotta tutta sua potenza,
con bella gente per terra e per mare,
chè ad Agramante il passo vuol vietare.

Or Arcimbaldo con molti guerrieri,
com'io vi dico, sopra al mar discese,
e fe' tre schiere de' suoi cavalieri,
e sopr'al lito aperto le distese.
Esso, con suoi pedoni e balestrieri,
andò in soccorso a questi del paese,
dov'è battaglia orribile e diversa,
benchè l'armata sia rotta e sommersa;

chè Rodamonte, orrenda creatura,
fa più lui sol che tutta l'altra gente.
Egli è ne l'acqua fino a la cintura,
adosso ha dardi e sassi e foco ardente:
ciascheduno ha di lui tanta paura,
che non se gli avvicina per nïente,
ma da largo gridando con gran voce,
con lancie e strali quanto può gli noce.

Esso rassembra in mezzo al mar un scoglio,
e con gran passo a la terra ne viene,
e per molta superbia e per orgoglio,
dov'è più dirupato il cammin tiene.
Or, bei signori, io già non vi distoglio [1]
che i cristïan non si adoprassen bene,
ma non vi fu rimedio a quella guerra;
a lor dispetto, lui discese in terra.

Dietro vi viene di sua gente molta,
che da le navi e dai legni spezzati
mezzo sommersa insieme era raccolta,

---

[1] Non vi nego, non ti tolgo dal credere.

a ben che molti n'erano affondati,
chè non ne campò il terzo a questa volta;
e questi, che a la terra ènno arrivati,
son sbalorditi sì dalla fortuna,
che non san s'egli è giorno o notte bruna.
    Ma tanto è forte il figlio di Ulïeno,[1]
che tutta la sua gente tien difesa;
come fu giunto asciutto nel terreno,
e comincia da presso la contesa,
tra' cristïan facea, nè più nè meno,
che faccia il foco ne la paglia accesa,
con colpi sì terribil e diversi,
che 'n poco d'ora ha quei pedon dispersi.
    In quel tempo Arcimbaldo era tornato,
per condur sopra al lito i cavalieri;
e giù calava in ordine avvisato,
come colui, che sa questi mestieri;
ogni pennone al vento è dispiegato,
di qua di là s'alzarno i gridi fieri;
il conte di Cremona[2] avanti passa,
ver Rodamonte la sua lancia abbassa.
    Fermo in due piedi aspetta l'Africante;[3]
Arcimbaldo lo giunse a mezzo 'l scudo,
e non lo mosse ove tenea le piante,
ben che fu il colpo smisurato e crudo;
ma il saracin, che ha forza di gigante,
e teneva a due man il brando nudo,
ferisce lui d'un colpo sì diverso,
che tagliò tutto 'l scudo per traverso.
    Nè ancor per questo il brando s'arrestava,
benchè abbia quel gran scudo dissipato,
ma piastra e maglia a la terra menava
e fecegli gran piaga nel costato;
certo Arcimbaldo a la terra n'andava,
se non, che da sua gente fu aiutato,
e fu portato a Monaco a la ròcca,
come si dice, con la morte in bocca.
    Tutti quei paesani e ogni pedone
fur da' barbari occisi in su l'arena,
ch'eran sei mila e seicento persone:

----

[1] Rodamonte, s'è già detto più sopra.
[2] Arcimbaldo, il figliò di Desiderio.
[3] Rodamonte, che come sire d'Algeri poteva esser detto Africante.

non ne campâr quarantacinque a pena;
i cavallier fuggîr tutti al girone: [1]
non dimandar se ogni uom le gambe mena;
ma se quei saracini avean destrieri,
perìan con gli altri insieme i cavalieri.

Sin al castel fu a lor data la caccia,
poi giù calarno quei pagani al mare,
il quale era tornato ora a bonaccia.
Qua Rodamonte li fece alloggiare;
ciascun di aver la roba si procaccia,
che sommersa da l'onde al lito appare:
tavole e casse ed ogni guarnimento
sopra quell'acqua va gettando il vento.

Fur le sue navi intra grosse e minute,
che si partîr di Algier, cento e novanta:
meglio guarnite mai non fur vedute
di bella gente e vittüaglia tanta;
ma più che le due parti eran perdute,
nè si attrovarno a Monaco sessanta;
e queste più non son da pace o guerra,[2]
chè 'l più di lor avean percosso in terra.

Morti eran tutti quanti i lor destrieri,
e perduta ogni roba e vittüaglia;
Rodamonte al tornar non fa pensieri,
nè stima tutto il danno una vil paglia,
va confortando intorno i suoi guerrieri,
dicendo: « Compagnoni,[3] or non vi incaglia
di quel, che tolto ci ha fortuna e 'l mare,
chè per un perso, mille io vi vo' dare.

E quivi non farem lungo dimoro,
chè povra gente son questi villani;
io vo' condurvi dove è il gran tesoro,
giù ne la ricca Francia ai grassi piani:
tutti portano al collo un cerchio d'oro,
come vedrete, questi fraudi cani;
così del perso non vi date lagno,
chè noi siam giunti al loco del guadagno ».

Così la gente sua va confortando
Re Rodamonte con parlare ardito;
questo e quell'altro per nome chiamando,
l'invita a riposar sopra a quel lito.

---

[1] Alle alture, alle colline.
[2] Non servono nè in pace, nè in guerra: cioè sono inutili rottami.
[3] Eco del francese: *compagnons*.

La caccia.

(Ibid., C. XXVIII, st. 19-22, 26-41).

Il re [1] dapoi mandò ne la citate,
che a lui ne vengan cacciatori e cani,
de' quai sempre tenìa gran quantitate,
segugi e presti veltri e fieri alani,
ed altre schiatte ancora intrameschiate, [2]
or via ne vanno e' tre baron soprani,
Brandimarte, Agramante e il bon Ruggiero,
per dare aiuto ove facea mestiero.

Ma ne la corte se lasciâr le danze,
come il messo del re là su se intese;
e fuor portarno reti e spedi e lanze,
e furvi alcun, che se guarnîr d'arnese, [3]
chè a cotal caccia vole altro che cianze;
nè lepri o capre trova quel paese,
ma pien sono e' lor monti tutti quanti
di leoni, pantere ed elefanti.

E molte dame montarno e' destrieri,
con gli archi in mano ed abiti sì adorni,
ch'ogni om le accompagnava volentieri,
e spesso avanti a lor facean ritorni; [4]
e tutti e gran segnori e cavalieri
uscîr, sonando ad alta voce e' corni;
da lo abaglio [5] de' cani e dal fremire,
par che 'l ciel cada e 'l mondo abbia a finire.

Ma già Agramante e il giovane Ruggiero
e Brandimarte, [6] che non gli abandona,

---

[1] Agramante che aveva la reggia in Biserta, nei dintorni della quale città siamo ora trasportati ad assistere alla caccia.
[2] Quelli nominati eran di razza pura: questi incrociati.
[3] Vi furon alcuni che indossaron le corazze.
[4] Hai qui la rappresentazione d'una caccia in pieno '400, quale doveva svolgersi a Ferrara o nei dintorni organizzata dagli Estensi, che di tali feste e spettacoli molto si dilettavano. Il ricordo espresso delle belle dame, che in ricchissimi costumi prendon parte alla spedizione, dà a questa caccia una linea aristocratica, cortigiana che invano cercheresti nelle *Caccie*, per così dire democratiche, cantate da Lorenzo il Magnifico e dal Poliziano. I cavalieri, com'era proprio dei gentiluomini in siffatto genere di sollazzi, si spingevano avanti gran tratto sui loro cavalli, per saggio di destrezza, e poi tornavano ad incontrare le dame: confronta colla caccia nel IV L. dell'*Eneide* o nelle *Stanze* del Poliziano.
[5] Il fracasso dell'abbaiare.
[6] Agramante è il re d'Africa; Ruggiero, discendente d'Ettore, è parente di Carlo Magno, essendo nipote di Buovo, strenuo guerriero nei duelli, ch'egli ha con cristiani e saraceni; Brandimarte è un altro sara-

sopra a quel fiume, ov'è l'assalto fiero,
ciascuno a più poter forte sperona:
e ben d'esser gagliardi fa mestiero,
chè ogni leone ha sotto una persona;
alcuna è viva e soccorso dimanda,
e qual, morendo, a Dio si racomanda.[1]

Ora, cantando, a ricontar non basto
di loro e gridi grandi e la tempesta:
tutte le fiere abbandonarno il pasto,
squassando e crini ed alzando la testa;
quale avean morto e quale mezo guasto;
pur li lasciarno; e verso la foresta
voltando il capo e mormorando d'ira,
a poco a poco ciascadun se tira.[2]

Ma la gente, che segue, è troppo molta,
e fa stormir del grido il monte e il piano:
dardi e saette cadono a gran folta,
abenchè la più parte ariva in vano:
de quei leoni or questo, or quel se volta,
ma pur tutti a la selva se ne vàno;
e il re cinger la fa da tutte bande:
allor s'incominciò la caccia grande.

La selva, tutto intorno, è circondata,
che non pòtrebbe uscir una lirompa:[3]
più dame e cavallieri ha ogni brigata,
che mostrava a la vista una gran pompa.
Il re dato avea loco[4] ad ogni strata,
nè bisogna, che alcun l'ordine rompa;
alani e veltri a coppia sono intorno,
nè s'ode alcuna voce o suon di corno.

---

cino, figlio del re Manodante: convertito al cristianesimo da Orlando,
diviene l'amico più fido del famoso paladino.
    [1] Sicchè invece di cacciare le belve si può dire che le belve caccia-
rono i componenti la nobile brigata. Il Poliziano con minore realismo
conserva ai suoi cacciatori (come Virgilio nell'analoga scena ritratta nel
l. IV dell'*Eneide*) il completo dominio del mondo degli animali; si accenna al leone o all'orso solo per dare più rilievo al valore ed alla forza
di Giuliano o di Ascanio. Qui no: orsi e leoni ci sono per essere cacciati
sì, ma non senza che prima essi mettano in serio pericolo la vita dei
cacciatori.
    [2] Osserva la verità con cui è ritratta la belva, prima intenta a fare
scempio dei cacciatori; poi davanti al fracasso dei battitori in atto di
squassare la criniera per la rabbia e sollevarsi interrompendo il pasto;
finchè sull'avidità vince il terrore; che spinge la belva a rifugiarsi nel
covo « *voltando il capo e mormorando d'ira* ». Il Poliziano ha l'occhio
solo all'*astuto lupo* che *vie più si rinselva*.
    [3] Mosca, zanzara.
    [4] Le poste a ciascuno.

Poi son poste le rete a cotal festa,
che spezzar non le può dente, nè graffa;[1]
indi e segugi intrarno a la foresta,
altro non si sentia che biffi e baffa.[2]
Or s'ode un gran fraccasso e gran tempesta,
chè per le rame viene una ziraffa:
Turpino il scrive, e poca gente il crede,
ch'undici braccia avìa dal muso al piede.

Fuor ne venìa la bestia contrafatta,[3]
bassa a le groppe e molto alta davante,
e di tal forza andava e tanto ratta,
che al corso fracassava arbori e piante.
Come fu al campo, intorno ha la baratta[4]
di molti cavallieri e d'Agramante,
e molte dame, ch'erano in sua schiera,
onde fu alfin occisa la gran fiera.

Leoni e pardi uscirno a la pianura,
tigri e pantere, io non sapria dir quante:
qual se arresta a le rete, e qual non cura;
ma pur fôr quasi morti in un istante.
Or ben fece a le dame alta paura,
uscendo for del bosco, un elefante:
l'autor il dice, ed io creder no il posso,
che trenta palmi er'alto e venti grosso.

Se il ver non scrisse a ponto, ed io lo scuso,
chè se ne stette per relazïone.
Ora uscì quella bestia e, co 'l gran muso,[5]
un forte cavallier trasse d'arcione;
e più di vinti braccia 'l gettò in suso,
poi giù cadette a gran destruzïone,
e morì dissipato[6] in tempo poco;
ben vi so dir che gli altri li dan loco.[7]

---

[1] Artiglio.
[2] Rende con questi due suoni l'abbaiare dei cani.
[3] Nel senso che il collo della giraffa, lungo com'è, è sproporzionato al corpo relativamente piccolo e, specie nella parte posteriore, basso. Perciò qui sta per sproporzionata, al punto da non parere creata da Natura, sì dall'arte umana per fare la caricatura d'un animale.
[4] Come comparve nel campo dei cacciatori, costoro fecero a gara a gettarsi all'assalto contro di essa: anche in Dante *baratta* ha questo significato. Virgilio davanti all'insolenza aggressiva dei diavoli per confortare Dante, gli dice: *fui già a tal baratta* (*Inf.* c. XXI, 63).
[5] La proboscide.
[6] Straziato.
[7] Gli altri cavalieri dopo quel fatto sgombrano il passo all'elefante.

Via se ne va la bestia smisurata,
nè d'arestarla alcun par ch'abbia possa.
La schiera ha tutta aperta, ov'è passata,
a ben che [1] de più dardi fu percossa;
ma non fu d'alcun ponto innaverata [2]
tanto la pelle avea callosa e grossa;
e sì nerbosa e forte di natura,
che tiene il colpo, come un'armatura.

Ma già non tenne al taglio di Tranchera, [3]
nè al braccio di Ruggiero in questo caso:
a piedi ha lui seguita la gran fiera,
chè il destrier spaventato era rimaso;
tant'ha quell'animale orribil ciera
per grande orecchia e per stupendo [4] naso,
e per li denti lunghi oltre misura,
ch'ogni destriero avìa di lui paura.

Ma, come vidde solo il giovanetto,
che lo seguiva a piedi per lo piano,
voltando quel mostazzo maledetto, [5]
qual gira e piega a guisa d'una mano,
corsegli addosso per darli di petto;
ma quel furore e l'impeto fu vano,
perchè Ruggier saltò da canto un passo,
tirando il brando per le gambe al basso.

Dice Turpin, che ciascuna era grossa,
com'ène un busto d'omo a la centura;
io non ho prova, che chiarir vi possa,
perch'io non presi alora la misura; [6]
ma ben vi dico, che de una percossa
quella gran bestia cadde a la pianura;
come il colpo avisò gli venne fatto, [7]
chè ambe le gambe via tagliò ad un tratto.

Come la fiera a terra fu caduta,
tutta la gente se gli aduna intorno;
e ciascun de ferirla ben se aiuta;
ma il re Agramante già suonava il corno,

---

[1] Abbenchè per benchè.
[2] Ferita, dal franc. *navrer*.
[3] La spada d'Agramante, spada fatata.
[4] Che desta stupore, cioè meraviglia: parla della proboscide.
[5] *Mostaccio* da *moustache* francese (che vuol dire baffi) nell'antico italiano fu usato come dispregiativo di viso.
[6] Il tono canzonatorio è evidente: come pure lo è, quando l'A. finge di fare la critica della solita fonte: Turpino.
[7] Gli venne fatto il colpo come aveva deciso di fare.

perchè oramai la sera era venuta,
e ver la notte se n'andava il giorno.
Or, come il re nel corno fu sentito,
ogni omo intese il gioco esser finito.

Onde, tornando tutte le brigate,
si radunarno ove il re se ritrova:
tutti avean le sue lancie insanguinate,
per dimostrar ciascun che fatto ha prova.
Le fiere occise non furno lasciate,
benchè a fatica ciascuna se mova; [1]
pur, con ingegno e forza, tutte quante
furno portate a' cacciatori avante.

Da poi de cani un numero infinito
era menato in quella cacciagione,
qual da tigre o pantere era ferito,
e qual era straziato da leone.
Com'io vi dissi, il giorno era partito,
che fo diletto di molte persone;
perocchè ciascadun, come più brama,
chi va con questa e chi con quella dama. [2]

Qual de la caccia conta meraviglia,
e ciascadun fa la sua prova certa; [3]
e quel d'amor con le dame bisbiglia,
narrando sua ragion bassa e coperta; [4]
e così, caminando da sei miglia
con gran diletto, gionsero a Biserta,
ove parea, che il cielo ardesse a foco,
tante lumiere e torze avea quel loco. [5]

E dentro entrarno a gran magnificenzia
quasi a la guisa de processïone;
omini e donne a tale appariscenzia [6]
per la gran festa stavano al balcone. [7]

---

[1] Le prede non furono lasciate dove erano state ferite, ma sebbene fosse assai scomodo e difficile portarle furon tutte portate, ove era il raduno dei nobili cacciatori.
[2] Alla nota patetica che ti lascia in cuore la rievocazione dello spettacolo dei cani, dei quali le belve han fatto scempio, si sposa la nota galante dei gentiluomini che se ne vanno chi da una parte, chi da un'altra, scegliendo ciascuno la propria dama.
[3] Dà per certe le sue vanterie.
[4] Dichiarazioni d'amore e galanterie, cose tutte che amano esser dette sottovoce e senza testimoni.
[5] L'illuminazione notturna.
[6] Spettacolo dell'illuminazione.
[7] Così la brigata di gentiluomini e gentildonne chiude la giornata rientrando in Biserta in corteo sfarzoso tra il fulgore delle luminarie.

Il tramonto della libertà d'Italia
e l'addio accorato del Boiardo.
(Libro III, C. IX, st. 26) [1].

Mentre che io canto, o Iddio redentore,
vedo l'Italia tutta a fiamma e foco,
per questi Galli, che con gran valore
vengon, per disertar non scio che loco:
però vi lascio in questo vano amore
di Forlespina ardente a poco a poco:
un'altra fiata, se mi fia concesso,
racconterovi il tutto per espresso.

LORENZO DE' MEDICI.
(2 gennaio 1448 - 8 aprile 1492).

Successo appena ventunenne al padre suo Pietro, il Magnifico compensò l'inesperienza dell'età colla sagacia della sua tempra singolarmente politica; e trovò modo e tempo tra le molteplici cure di governo di coltivare quei prediletti studj delle Muse, ai quali era stato iniziato sin da fanciullo da ottimi maestri, quali il Landino, l'Argiropulo, il Ficino: per tal via egli si preparò ad incarnare l'ideal tipo del principe, raffinato umanista, mecenate d'artisti e di scrittori per imperiosa necessità della sua natura e del suo genio e non, come succedeva per molti signori, per seguire la moda del tempo.

Uscito salvo miracolosamente dalla congiura de' Pazzi, di cui invece rimase vittima il fratello suo Giuliano (1478), seppe guidare con molta abilità la politica della signoria fiorentina, accrescendo la potenza nello stesso tempo del comune e della sua casa. Non solo in patria, ma anche fuori godè così grande prestigio da divenire ben presto il supremo moderatore della politica italiana: morì nella piena maturità degli anni nella villa di Careggi, ove gli ultimi tempi s'era ritirato a vivere per desiderio di pace e di quiete.

La sua produzione letteraria è quasi tutta poetica: dei 150 componimenti, fatti quand'era ancora adolescente, ne trascelse una quarantina, ch'egli raccolse e commentò in un libretto, che arieggia alla Vita Nova ed al Convivio di Dante. Se

---

[1] È questa l'ultima ottava, con cui si interrompe il canto IX: colla discesa di Carlo VIII si apre l'odioso periodo della dominazione straniera tra noi. Si comprende perciò come il gaio poeta degli amori e dei cavalieri non abbia ripreso la penna per condurre a termine l'opera. Egli aveva bisogno per cantare le sue vaghe fantasie d'un ambiente sereno, tranquillo, idillico: l'Italia invece era tutta messa a soqquadro dagli eserciti francesi. Fino dal 1482, quando tra Venezia ed Ercole I d'Este era scoppiata la guerra, il B. finendo il l. II aveva scritto:

Ma nel presente i canti miei son persi
e porvi ogni pensier mi giova poco.

in queste composizioni senti qua e là influssi platonici; tutto platonico è per contro il poemetto in terzine l'*Altercazione*, in cui si canta la quiete e la pace come derivanti non dalle condizioni esterne, nelle quali ci veniamo a trovare, sì dalla contemplazione di Dio: nelle *Selve* ritrasse in ottave il pensiero ossessionante della donna amata, caro fantasma, in cui l'idea di bellezza e di gentilezza si concreta. Più naturale il Poeta riuscì nel *Corinto*, in cui, liberatosi da ogni ideologia platonica, ormeggiando Teocrito e Vergilio ma rivivendo il dramma sentimentale attraverso la sua personalità, canta in terzine l'amore semplice e sano del pastore, onde il poemetto s'intitola; come pure felicemente il Poeta è riuscito ne *La Nencia da Barberino* a rendere con singolare freschezza (non senza qualche intenzione parodistica) l'entusiasmo del Vallera per la Nenciozza sua.

Al poeta delle Metamorfosi ci riporta coll'*Ambra*, poemetto in ottave, col quale Lorenzo canta le sventure della ninfa, onde l'idillio s'intitola; mentre al più crudo realismo s'ispirano tanto *I beoni* o il *Simposio* (rassegna in terzine dei più noti cioncatori del tempo), quanto la *Caccia col falcone*, che ha il merito di riportarci in pieno secolo XV tra liete comitive in una giornata di divertimenti e d'allegria.

Alcune sue ballate sono di singolare bellezza, specie se egli ritrae graziosi quadretti naturali o il senso dell'umana caducità d'ogni cosa terrena. Allo scopo di riuscir grato al popolo compose i *Canti carnascialeschi* ed i *Trionfi*, che si cantavano su carri mascherati; e quella *S. Rappresentazione dei SS. Giovanni e Paolo*, che invero vale ben poco.

Nè migliore giudizio si può fare delle scritture di contenuto morale o religioso, e cioè orazioni, capitoli e laudi.

Dal complesso dell'opera sua egli non ci si rivela certo artista nè profondo, nè personale: si compiace molto spesso di riecheggiare la voce d'altri poeti, dando anche troppa importanza al particolare. Artista singolarmente assimilatore non sa infondere all'opera sua un senso di forte unità: *nescit ponere totum*, di lui avrebbe giudicato Orazio. Gli va però riconosciuto il vanto di trovare talora accenti veramente espressivi e tocchi sapienti per ritrarre il paesaggio con tutta freschezza.

« Lorenzo si provò quasi ad ogni forma poetica, ma riuscì meglio che in altre nella lirica amorosa, se anche il suo verso non abbia il suono squisito, che ha nel Poliziano, ma qualche volta riesca aspro, nè entro vi scorra quel succo classico, che il Poliziano derivò dagli studj sugli autori latini e greci, e così intimamente seppe appropriarsi. Vi ha tuttavia in certe sue rime una dolce mestizia, che fa contrasto colla grandezza e potenza di lui, e che forse era della sua natura.... ».

[Una buona scelta di liriche è pur sempre quella contenuta nell'ediz. Diamante a c. di G. CARDUCCI (Firenze, Barbèra), come pure pregevole è quella fatta da M. BONTEMPELLI (ediz.

Sansoni), *Il Poliziano, il Magnifico, Lirici del Quattrocento*; o negli *Scritti Scelti di L. il M.* con introduzione e note di E. BELLORONI (collezione *Classici Italiani*, Torino, U. T. E. T., 1922). Le *Opere* vedile nell' ediz. critica procurata da A. SIMIONI nella collezione degli *Scrittori d'Italia*, Bari, Laterza, 1914. Vasta è la bibliografia: rimandiamo chi voglia avere più precisi ragguagli al bel volume di ED. RHO, *Lorenzo il Magnifico*, Bari, Laterza, 1926, ed ai *Poeti Mggiori del 400* dello stesso A., Firenze, Vallecchi].

CANZONI A BALLO.

I.

Carpe diem....

(Ed. SIMIONI, vol. II, p. 201).

Chi tempo aspetta, assai tempo si strugge:
e 'l tempo non aspetta, ma via fugge.
    La bella gioventù già mai non torna,
nè 'l tempo perso già mai riede in drieto;
però chi ha 'l tempo bello e pur soggiorna,[1]
non arà mai al mondo tempo lieto;
ma l'animo gentil e ben discreto
dispensa[2] il tempo, mentre che via fugge.
    O quante cose in gioventù si sprezza!
Quanto son belli i fiori in primavera!
Ma, quando vien la disutil vecchiezza
e che altro che mal più non si spera,
conosce il perso dì, quando è già sera
quel che 'l tempo aspettando pur si strugge.
    Io credo che non sia maggior dolore
che del tempo perduto a sua cagione:[3]
questo è quel mal, che affligge e passa il core,
questo è quel mal, che si piange a ragione;
questo a ciascun debbe essere uno sprone
di usare il tempo, ben che vola e fugge.

---

[1] Indugia, differisce l'ora di godere.

[2] Impiega, spende.

[3] Ed invero il poeta del secolo XIX ha tratto uno dei canti suoi più belli proprio da questo contrasto d'una volontà, che per un verso avrebbe voluto dissetarsi alle fonti della gioia, e d'un destino che questo conforto negava: leggi il *Passero Solitario* del LEOPARDI e te ne convincerai. In questa canzone, come del resto in tutta la lirica di Lorenzo, irrompe quella gioia sfrenata di vivere, che fu il sentimento predominante cui il Magnifico Lorenzo ispirò la sua vita; onde si comprende, che nei suoi versi riecheggi l'epicureismo dell' oraziano *Carpe diem* e del motivo del *Pervigilium Veneris: cras amet qui numquam amavit, quique amavit cras amet*. Schema metrico: A-A (Ripresa), B-C (1° Piede), B-C (2° Piede); C-A (Volta).

Però donne gentil, giovani adorni,
che vi state a cantar in questo loco,
spendete lietamente i vostri giorni,
chè giovinezza passa a poco a poco:
io ve ne priego per quel dolce foco,
che ciascun cor gentile incende e strugge.

II.

Canto triste.

(Ibid., p. 212).

Come poss'io cantar con lieto core,
s'io non ho grazia più col mio signore? [1]
Io vo' lasciare canti, balli e feste
a questi più felici e lieti amanti;
perchè il mio cor d'un tal dolor si veste,
che a lui conviensi dolorosi pianti.
Chi è contento si rallegri e canti,
perch'io vo' pianger sempre a tutte l'ore.
Anch'io fui già contento, come volse
Amor; chè 'l mio signor mi amava forte:
ma la Fortuna invidìosa volse
in tristi pianti ogni mia lieta sorte.
Omè, che meglio sare' suta [2] morte,
che aver sì poco grazia con Amore!
Un sol conforto il core sbigottito
consola e l'alma in tanto suo dispetto:
perch'io ho sempre il mio Signor servito
con pura fede e sanza alcun difetto:
però, s'io muoio a torto, almeno aspetto
che, morto ch'io sarò, n'arà dolore. [3]

III.

Canto di esultanza.

(Ibid., p. 208).

Donne belle, i' ho cercato
lungo tempo del mio core:
ringraziato sia tu, Amore,
ch'io l'ho pure alfin trovato!

---

[1] Amore.
[2] Stata.
[3] Per lo schema metrico come il precedente: v. n. 3 a p. 147.

Egli è forse in questo ballo
chi il mio cor furato [1] avìa:
hallo seco, e sempre arallo,
mentre fia la vita mia:
ella è sì benigna e pia,
ch'ell'arà sempre il mio core.
Ringraziato sia tu, Amore,
ch'io l'ho pure al fin trovato!

Donne belle, io vi vo' dire
come il mio cor ritrovai:
quando io me 'l senti' fuggire,
in più lochi il ricercai:
poi due begli occhi guardai,
dove ascoso era il mio core.
Ringraziato sia tu, Amore,
ch'io l'ho pure al fin trovato!

Questa ladra, o Amor, lega,
o col furto insieme l'ardi:
non udir s'ella ti priega;
fa' che gli occhi non le sguardi: [2]
ma, se hai saette o dardi,
fa vendetta del mio core.
Ringraziato sia tu, Amore,
ch'io l'ho pure al fin trovato!

Che si viene [3] a questa ladra,
che 'l mio core ha così tolto?
Com'ell'è bella e leggiadra,
come porta Amor nel volto!
Non sia mai il suo cor sciolto,
ma sempre arda col mio core.
Ringraziato sia tu, Amore,
ch'io l'ho pure al fin trovato!

SONETTI.

I.

Bella dormente.
(Ibid., vol. I, p. 102).

Più dolce sonno o placida quiete
giammai chiuse occhi, o più begli occhi mai,

---

[1] Rubato.
[2] Amore stesso non resisterebbe al fascino suggestivo della voce
supplice e degli sguardi della bella predatrice di cuori.
[3] Quale pena si conviene ecc.

quanto quel, ch'adombrò li santi rai
dell'amorose luci altere e liete.

E mentre stêr così chiuse e secrete,
Amor, del tuo valor perdesti assai:
chè l'imperio e la forza che tu hai,
la bella vista par ti presti e viete.

Alta e frondosa quercia, ch'interponi
le frondi tra' begli occhi e i febei raggi
e somministri l'ombra al bel sopore,

non temer, benchè Giove irato tuoni,
non temer sopra te più folgor caggi,
ma aspetta in cambio dolci stral d'Amore.[1]

II.

Triste memoria.

(Ibid., p. 33).

In qual parte andrò io, ch'io non ti trovi,
triste memoria? In qual oscuro speco
fuggirò io, che sempre non sii meco,
trista memoria, ch'al mio mal sol giovi?

Se in prato lo qual germini fior novi,
s'all'ombra d'arboscei verdi mi arreco,
se veggo un rio corrente, io piango seco:
che cosa è che i miei pianti non rinnovi?

S'io torno all'infelice patrio nido,
tra mille cure questa in mezzo siede
del cor, che, come suo, consuma e rode.

Che degg'io far omai? A che mi fido?
Lasso! che sol sperar posso mercede
da Morte, ch'ormai troppo tardi m'ode.[2]

III.

Effetti prodigiosi di Madonna.

(Ibid., p. 117).

Ove madonna volge gli occhi belli,
senz'altro sol la mia novella Flora

---

[1] La realtà resta come trasfigurata dal fascino amoroso della bella
dormente, sì che siamo portati come per incanto nei regni del sogno, ove
tutto sublimandosi risplende di più pure forme e di più chiara luce.
[2] La donna amata è morta: la vita senza di lei è un tormento; solo
conforto la speranza di poterla seguire nell'al di là.

fa germinar la terra e mandar fuora
mille vari color di fior novelli.
   Amorosa armonia rendon gli uccelli,
sentendo il cantar suo, che gl'innamora:
veston le selve i secchi rami allora,
che senton quanto dolce ella favelli.
   Delle timide ninfe a' petti casti
qualche molle pensiero Amore infonde,
se trae riso o sospir la bella bocca.
   Or più lingua o pensier non par che basti
a intender ben quanta e qual grazia abbonde
là dove quella candida man tocca.[1]

IV.

Invito a Venere.

(Ibid., p. 189).

   Lascia l'isola tua tanto diletta,
lascia il tuo regno delicato e bello,
ciprigna dea; e vien sopra il ruscello,
che bagna la minuta e verde erbetta.
   Vieni a quest'ombra ed alla dolce auretta
che fa mormoreggiar ogni arbuscello,
a' canti dolci d'amoroso augello;
questa da te per patria sia eletta.
   E se tu vien tra queste chiare linfe,
sia teco il tuo amato e caro figlio;
chè qui non si conosce il suo valore.
   Togli a Dïana le sue caste ninfe,
che sciolte or vanno e senz'alcun periglio,
poco prezzando la virtù d'Amore.

V.

Ad una violetta.

(Ibid., p. 217).

   O bella vïoletta, tu se' nata
ove già 'l primo mio bel disio nacque:
lagrime triste e belle furon l'acque,
che t'han nutrita e più volte bagnata.

---

[1] Quanto v'ha di più bello e di più soave e grazioso in natura è tutto prodigio operato dalla presenza di questa bellissima, che pare staccarsi bionda e leggera dallo sfondo floreale della Primavera del Botticelli.

Pietate in quella terra fortunata
nutrì il disio, ove il bel cesto [1] giacque:
la bella man ti colse, e poi le piacque
farne la mia per sì bel don beata.

E mi par ad ognor fuggir ti voglia
a quella bella man: onde ti tegno
al nudo petto dolcemente stretta:

al nudo petto, chè desire e doglia
tiene il loco del cor, che il petto ha a sdegno,
e stassi onde tu vieni, o vïoletta.

VI.

Solitudine.

(Ibid., p. 83).

Cerchi chi vuol le pompe e gli alti onori,
le piazze, i tempj e gli edifizj magni,
le delizie, il tesor, quale accompagni
mille duri pensier, mille dolori.

Un verde praticel pien di bei fiori,
un rivolo, che l'erba intorno bagni,
un augelletto, che d'amor si lagni,
acqueta molto meglio i nostri ardori;

l'ombrose selve, i sassi e gli alti monti,
gli antri oscuri e le fere fuggitive,
qualche leggiadra ninfa paurosa.

Quivi vegg'io con pensier vaghi e pronti
le belle luci, come fosser vive:
qui me le toglie or una or altra cosa. [2]

VII.

Trionfo di Bacco ed Arianna.

(Ibid., vol. II, p. 249).

Quant'è bella giovinezza,
che si fugge tuttavia!
chi vuol esser lieto, sia:
di doman non c'è certezza.

---

[1] Dal lat. *caespes, caespitis* (abl. *caespite*) che con tmesi diviene *cesto* per cespuglio.

[2] Nella solitudine campestre può raffigurarsi la sua donna, ormai morta, come fosse viva: in città ora questa ora quella distrazione gli impedisce questo conforto, ma quei due avverbi di luogo non sono troppo perspicui.

Quest'è Bacco e Arïanna,
belli, e l'un dell'altro ardei ti:
perchè 'l tempo fugge e 'nganna,
sempre insieme stan contenti.
Queste ninfe e altre genti
sono allegre tuttavia.
Chi vuol esser lieto, sia:
di doman non c'è certezza.

Questi lieti satiretti
delle ninfe innamorati
per caverne e per boschetti
han lor posto cento agguati:
or da Bacco riscaldati
ballan, saltan tuttavia.
Chi vuol esser lieto, sia:
di doman non c'è certezza.

Queste ninfe hanno anco caro
da loro essere ingannate:
Non puon far a Amor riparo
se non genti rozze e 'ngrate:
ora insieme mescolate
fanno festa tuttavia.
Chi vuol esser lieto, sia:
di doman non c'è certezza.

Questa soma, che vien dreto
sopra l'asino, è Sileno:
così vecchio è ebbro e lieto,
già di carne e d'anni pieno:
se non può star ritto, almeno
ride e gode tuttavia.
Chi vuol esser lieto, sia:
di doman non c'è certezza.

Mida vien dopo costoro:
ciò che tocca, oro diventa.
E che giova aver tesoro,
poichè l'uom non si contenta?
Che dolcezza vuoi che senta
chi ha sete tuttavia?
Chi vuol esser lieto, sia:
di doman non c'è certezza.

Ciascun apra ben gli orecchi.
Di doman nessun si paschi;
oggi siam, giovani e vecchi,

lieti ognun, femmine e maschi;
ogni tristo pensier caschi:
facciam festa tuttavia.
Chi vuol esser lieto, sia:
di doman non c'è certezza.
    Donne e giovanetti amanti,
viva Bacco e viva Amore!
Ciascun suoni, balli e canti!
Arda di dolcezza il core!
Non fatica, non dolore!
Quel ch'a esser, convien sia.
Chi vuol esser lieto, sia:
di doman non c'è certezza.
    Quant'è bella giovinezza
che si fugge tuttavia![1]

Origine delle Rime e dell'Amore di Lorenzo.

(Dal *Comento del Magnifico Lorenzo ecc.*, ediz. Simioni,
vol. I, pp. 25-26, 34-37).

Morì. . . . nella città una donna, la qual mosse a
compassione generalmente tutto il popolo fiorentino:
non è gran maraviglia, perchè di bellezza e di gentilezza umana era veramente ornata, quanto alcuna, che
innanzi a lei fosse stata. E in fra l'altre sue eccellenti
dote avea così dolce ed attrattiva maniera, che tutti
quelli, che con lei avevono qualche domestica notizia
credevono da essa sommamente essere amati. Le donne
ancora e giovani sue equali non solamente di questa
sua eccellentissima virtù tra l'altre non avevono invidia alcuna, ma sommamente esaltavano e laudavano la
beltà e gentilezza sua; per modo che impossibile pareva a credere, che tanti uomini senza gelosia l'amas-
sero e tante donne senza invidie la laudassino.[2] E se
bene la vita per le sue degnissime condizioni a tutti la
facesse carissima, pur la compassione della morte per
la età molto verde, e per la bellezza, che così morta

---

[1] Per la metrica è da considerarsi come una frottola-barzelletta:
che in sostanza è una canzone a ballo di carattere popolare, in cui agli
endecasillabi o settenari soli è sostituito l'ottonario più caro ai volghi.
Il Magnifico ed il Poliziano se ne compiacquero assai e dettero a questa
forma il battesimo d'arte. Lo schema è: x y y x (ripresa); a b, a b
(1° e 2° piede); b y y x (volta).
[2] Arcaismo e idiotismo ad un tempo: la lodassero.

più forse che mai alcuna viva mostrava, lasciò di lei
un ardentissimo desiderio . . . .

Fu adunque la vita e la morte di colei, che abbiamo
detto, notizia universale[1] d'amore e cognizione in confuso, che cosa fussi amorosa passione;[2] per la quale
universale cognizione divenni poi alla cognizione particolare della mia dolcissima ed amorosa pena, come
diremo appresso. Imperocchè, essendo morta la donna,
che di sopra abbiamo detto, fu da me laudata e deplo-
rata negli precedenti sonetti, come pubblico danno e
iattura comune; e fui mosso da un dolore e compassione, che molti e molti altri mosse alla città nostra;
perchè fu dolore molto universale e comune. E se bene
nelli precedenti versi sono scritte alcune cose, che più
tosto paiono da privata e grande passione dettate,
mi sforzai, per meglio satisfare a me medesimo ed
a quelli, che grandissima e privata passione avevono
della sua morte, propormi innanzi agli occhi d'avere
ancora io perduto una carissima cosa e introdurre
nella mia fantasia tutti gli effetti, che fossero atti a
muovere me medesimo per poter meglio muovere
altri. E stando in questa immaginazione, cominciai
meco medesimo a pensare, quanto fosse dura la sorte
più di quelli, che assai avevono amato questa donna,
e cercare colla mente, se alcun'altra ne fussi nella nostra città degna di tanto onore, amore e laude. E stimando, che grandissima felicità e dolcezza fussi quella
di colui, il quale o per ingegno o per fortuna avesse
grazia di servire una tale donna; stetti qualche spazio di tempo cercando sempre e non trovando cosa,
che al giudicio mio fussi degna d'un vero e d'un co-
stantissimo amore. Ed essendo già quasi fuori d'ogni
speranza di poterla trovare, fece in un punto più il
caso, che in tanto tempo non avea fatto la esquisita
diligenzia mia: e forse Amore, per mostrar meglio a
me la sua potenzia, volle manifestarmi tanto bene in
quel tempo, quando al tutto me ne pareva esser disperato. Facevasi nella città nostra una pubblica festa,
ove concorsono molti uomini e quasi tutte le giovani

---

[1] Essa fu così perfetta da ispirare in cui l'avvicinasse la nozione
di che cosa sia l'amore, concepito come idea e perciò in sè universale.
[2] Ognuno sentì al cospetto di costei che cosa fosse l'amore come
particolare passione che si concentra sopra un determinato oggetto.

nobili e belle. A questa festa quasi contro a mia voglia,
credo per mio destino, mi condussi con alcuni compagni ed amici miei; perchè ero stato per qualche tempo
assai alieno da simili feste; e se pur qualche volta
mi eron piaciute, procedeva più presto da una certa
voglia ordinaria di fare come gli altri giovani, che da
gran piacere, che ne traessi. Era, fra l'altre donne, una
agli occhi miei di somma bellezza e di sì dolci ed at-
trattivi sembianti, che, cominciai, veggendola a dire:
« Se questa fosse di quella delicatezza, ingegno e modi
che fu quella morta, che abbiamo detto, certo in costei
e la bellezza e la vaghezza, e forza degli occhi, è molto
maggiore... ». Cominciai allora in quel punto ad amare
con tutto il core quell'apparente bellezza: e di quella
che non appariva, la oppenione e indizio che ne dava
tanto dolce e peregrino aspetto, mi fece nascere un
incredibile desiderio: e dove prima mi maravigliava,
non trovando,[1] cosa ch'io giudicassi degna d'un sincero
amore, cominciai avere maggiore ammirazione, avendo
veduto una donna, che tanto eccedesse la bellezza e grazia della sopradetta morta. Ed in effetto tutto del suo
amore acceso, mi sforzai diligentemente investigare
quanto fosse gentile ed accorta ed in parole ed in fatti;
ed in effetto trovai tanto eccellenti tutte le sue condizioni
e parti, che molto difficilmente conoscer si poteva qual
fosse maggior bellezza in lei o del corpo o dell'ingegno
ed animo suo. Era la sua bellezza, come abbiamo detto,
mirabile: di bella e conveniente grandezza; ed il color della carne bianco e non ismorto, vivo e non acceso; l'aspetto suo grave e non superbo, dolce e piacevole, sanza leggerezza o viltà alcuna; gli occhi vivi
e non mobili, e sanza alcun segno o d'alterigia o di
levità; tutto il corpo sì ben proporzionato, che fra l'altre[2] mostrava degnità, sanza alcuna cosa rozza o inetta:
e nondimeno[3] e nell'andare e nel ballare. . . .
ed in effetto, in tutti gli suoi moti era elegante ed av-
venente. Le mani sopra tutte l'altre che mai facessi
natura, bellissime; nell'abito e portamenti suoi . . .

---

[1] E mentre per l'innanzi mi meravigliavo perchè non trovavo cosa,
che mi sembrasse degna d'amore.

[2] Donne, s'intende.

[3] Nel significato di inoltre, come dicesse: pur avendo tutte queste
belle doti aveva anche queste altre.

e bene a proposito ornata, fuggendo però quelle foggie [1]
che a nobile e gentil donna non si convengono, servan-
do la dignità e grazia; il parlar dolcissimo, veramente
pieno d'acute e buone sentenzie . . . .
Parlava a tempo, breve e conciso; nè si poteva nelle
sue parole o desiderare o levare: li motti e facezie sue
erano argute e salse, sanza offensione però d'alcuno
dolcemente mordere: l'ingegno veramente meraviglioso assai più che a donne non si conviene; e
questo però sanza fasto o presunzione, e fuggendo un
certo vizio, che si suole trovare nella maggior parte
delle donne; alle quali parendo d'intendere assai, di-
ventano insopportabili, volendo giudicare ogni cosa,
che vulgarmente le chiamano saccenti. Era prontissima
d'ingegno, tanto che molte volte o per una sola parola o per un picciolo cenno comprendeva l'animo
altrui: nelli modi suoi dolce e piacevole oltra modo,
non vi mescolando però alcune cose molle [2] o che pro-
vocassi altri ad alcun poco laudabile effetto; [3] in qualunque sua cosa, saggia ed accorta e circunspetta, fuggendo però ogni segno di callidità e di duplicità, [4] nè
dando alcuna sospezione di poca constanzia o fede. Sarebbe più lunga la narrazione di tutte le sue eccellen-
tissime parti, che il presente comento. E però con
una parola concluderemo il tutto; e veramente affer-
meremo, nessuna cosa potersi in una bella e gentil
donna desiderare, che in lei copiosamente non fussi.

Alle viole. [5]

(Ibid., pp. 69-70 e 81-83).

Belle, fresche e purpuree vïole,
• che quella candidissima man colse,
qual pioggia o qual puro aër produr volse
tanto più vaghi fior, che far non suole?

---

[1] Modi di comportarsi.
[2] Sdolcinature.
[3] Lascive effeminatezze.
[4] Astuzia o simulazione.
[5] Confronta questi sonetti coll'elegia del POLIZIANO, *In violas*, in
Prose volgari e Poesie latine e greche, a cura di I. DEL LUNGO, Firenze,
G. Barbèra, 1867, pag. 233.

Qual rugiada, qual terra, ovver qual sole
tante vaghe bellezze in voi raccolse?
Onde il soave odor Natura tolse
o il ciel, ch'a tanto ben degnar ne vuole?
   Care mie vïolette; quella mano,
che v'elesse tra l'altre, ov'eri, in sorte,
v'ha di tante eccellenze e pregio ornate.
   Quella, che il cor mi tolse, e di villano
lo fe' gentile, a cui siete consorte; [1]
quella adunque, e non altre, ringraziate.

Fu non solamente la donna mia sopra tutte l'altre bellissima, e dotata di degnissimi modi ed ornati costumi, ma ancora piena d'amore e di grazia. E puossi veramente di lei affermare, che era tanto eccellente in tutte le parti, che debbe aver una donna, che qualunque altra donna, che fosse suta così perfettamente dotata di una parte sola di tante, che n'avea la donna mia, saria stata tra l'altre eccellentissima. E che fosse, com'abbiamo detto, tutta piena d'amore e di grazia, oltre a molti altri evidentissimi segni, mi accade nel presente sonetto far menzione di uno singolarissimo e a me grazïosissimo.

E questo fu che, essendo stato per qualche tempo, per alcuno accidente, sanza vederla, quasi era diventata cosa insopportabile, nè sanza pericolo della vita mia potea stare per qualche altro tempo, ancora che brieve, così sanza vederla. Di che essa accorgendosi non per visibili segni (chè questo era impossibile) ma per esserli noto l'amor grande, ch'io li portava, e provando forse in sè medesima, quanto fusse difficile e insopportabile la privazione degli occhi suoi agli occhi miei; nè potendo a questo per allora rimediare, soccorse alla mia afflizione in quel modo, che per allora si poteva. Dilettavasi di natura, come di molte altre cose gentili, ancora di tenere in casa in alcuni vasi bellissimi certe piante di viole, alle quali lei medesima soccorreva e di acqua per li eccessivi caldi, e d'ogni altra cosa necessaria al nutrimento loro.

---

[1] Le viole furon colte dalla donna amata e per questo nobilitate: così il cuore del P. E perciò le dice *consorte* per consorti del suo cuore.

Elesse dunque tre viole tra molte altre, che ne avea; quelle alle quali o la natura volse meglio per averle produtte più belle che l'altre, o la fortuna che prima all'altre [1] le fece venire a quella candidissime mano. Le quali viole così còlte mi mandò a donare; chè veramente da lei in fuora nessuna cosa potea meglio mitigare tanto mio dolore. Parla adunque il presente sonetto alle sopraddette tre viole, le quali essendo per loro medesime di maravigliosa bellezza, ed essendo dono della donna mia, e còlte da quella mano candidissima, ragionevole cosa era, che mi paressino molto più belle, che non suole produrre la natura. E per questo convenientemente si domanda pel presente sonetto, come si suol fare di tutte le cose maravigliose, della cagione di tanta eccellenzia. . . . .
E perchè tutte queste cagioni insieme non parevano ancora sufficienti alla nuova bellezza, al colore, alla forma, o all'odore di quelle bene avventurate viole, bisognava che qualche nuova cagione ed estraordinaria potenzia le avesse produtte; ed impossibile era intendere qual cagione fussi, se non a chi avesse in altre cose veduto esperienzia d'una simil virtù e potenzia. Avendo adunque io in me provato la virtù e forza di quella candidissima mano, che . . . . di vile e durissimo avea fatto il mio core gentile, poteva credere ed affermare, quella mano potere aver fatto quelle viole di tanta eccessiva bellezza, perchè maggior cosa era far gentile una cosa rozza e villana, che bellissima una cosa bella, come di natura son le viole.

Per questo si conclude, quella mano aver fatto quelle viole di tanto pregio ed eccellenzia, che avea fatto il cuor mio di villano gentile; e per questo meritatamente queste viole esser consorti del mio cuore; perchè consorti si chiamano quelli, che sono sottoposti alla medesima sorte. E però di tante loro bellezze quelle viole non dovevono ringraziare nè il sole, nèla terra, nè l'aria, nè la rugiada, nè il loco aprico, nè qualunque altra naturale potenzia, che concorressi a simile produzione, ma solo la virtù e potenzia di quella candidissima mano.

---

[1] Rispetto alle altre.

Al Sonno.

(Ibid., pp. 69-70 e 81-83).

O sonno placidissimo, omai vieni
all'affannato cor, che ti desia:
serra il perenne fonte a' pianti mia,
o dolce obblivïon, che tanto peni.

Vieni, unica quiete, quale affreni
Solo il corso al desire; e 'n compagnia
mena la donna mia benigna e pia
con gli occhi di pietà dolci e sereni.

Mostrami il lieto riso ove già ferno
le Grazie la lor sede; e 'l desio queti
un pio sembiante, una parola accorta.

Se così me la mostri; o sia eterno
il nostro sonno, o questi sonni lieti,
lasso, non passin per l'eburnea porta.

Abbiamo nel precedente Sonetto verificato che li pensieri della notte sono più intensi, che quelli del giorno; e quando sono maligni molto più molesti. Ma ancora che generalmente così sia, li pensieri amorosi più che li altri, secondo la mia oppenione, prendono la notte forza, e sono molto più insopportabili, quando sono molesti; nè possono esser altro che molesti, presupponendo la privazione della cosa amata; perchè tutti i mali, che possono cadere negli uomini, non sono altro che desiderio di bene, del quale altri è privato. Perchè chi sente alcuno dolore e torsione nel corpo, desidera la sanità, di che è privato; chi è in carcere, la libertà; chi è deposto di qualche degnità, tornare in buona condizione; chi ha perduto alcuna facultà e sustanzia, la ricchezza. . . . . Il quale (sonetto) parla al Sonno, pregandolo, che vogli venire dopo tanti affanni ed inquietudini a serrare il fonte degli occhi miei lacrimosi, fonte perenne, cioè vivo e perpetuo; quasi dica che, se il Sonno non serra quegli occhi, non resteranno mai di lacrimare. Chiama di poi il Sonno dolce oblivione ed unica quiete, per raffrenare il desio; perchè questi due remedii avea l'afflizione mia, cioè o dimenticare intermettendo[1] i pen-

_____
[1] Deponendo.

sieri, o mitigare tanto desiderio. E perchè a me medesimo pareva impossibile non solamente il dormire,
ma il vivere sanza immaginare la donna mia, priego
il Sonno, che venendo negli occhi miei la meni seco
in compagnia, cioè me la mostri ne' sogni, e mi faccia
vedere e sentire il suo dolcissimo riso; quel riso dico,
ove le Grazie hanno fatto loro abitàcolo; che è sopra
tutti li altri grazioso e gentile; chè veramente è detto
senz'alcuna adulazione, tanta grazia in ogni cosa, e
massime in questo, avea la donna mia.

Desiderava ancora, che il sembiante suo, cioè l'apparenza mi fosse mostra dal Sonno pia, e il parlare
accorto; è atta l'una e l'altra cosa a porre in qualche
pace il mio ardentissimo desiderio: e però bisognava,
che il sembiante e le parole fussino amorose e piene
di speranza. E come si vede, in tutto questo sonetto
non si cerca altro che raffrenare, e temperare il desio
corrente ed ardentissimo. E credendosi il mio pensiero
dovere ottener dal Sonno questa sua petizione, come
avviene all'insazietà dell'appetito umano, da questo
primo desiderio trascorre il desiderare ancora, ovvero
perpetuamente queste felicità dormendo, o qualche volta
rimosso il Sonno; perchè dice, che consentendo il Sonno,
e volendo esaudire i preghi miei di rappresentarmi la
donna mia bella, piatosa ecc. desidererebbe dormire
eternalmente senza destarsi mai; presupponendo sempre
vedere la donna mia con le già dette condizioni. E se
questo pure fussi impossibile, almeno non sieno questi
sogni vani e bugiardi, come sono quelli, che passano
per la porta eburnea. Trovasi scritto fabulosamente[1] per
gli antichi poeti, essere appresso gl'Inferi due porte,
che l'una è eburnea, cioè d'avorio, l'altra di legno di
cornio, e che tutti i sogni, i quali pervengono all'umana
immaginazione nel sonno, passano per queste due porte,
con questa distinzione, che i sogni veri passano per la
porta del cornio, quelli che sono falsi e vani per la
porta d'avorio. E però pregando io che questi sogni
non passino per la porta eburnea, tanto è come pregare
che quelli sogni non siano falsi, ma sieno verificati ed
abbino quello felice effetto, che sogliono avere quelli
della porta cornea.

---

[1] Vedi VIRGILIO, *Aen.*, lib. V in fine.

DAL « CORINTO ».

Caducità delle cose umane.

(Ibid., vol. I, pp. 311-312).

L'altra mattina in un mio piccolo orto
andavo, e 'l sol sorgente con suoi rai
uscia, non già ch'io lo vedessi scorto.[1]
    Sonvi piantati dentro alcun rosai;
a' quai rivolsi le mie vaghe ciglie,
per quel che visto non avevo mai.
    Eranvi rose candide e vermiglie:
alcuna a foglia a foglia al sol si spiega;
stretta prima, poi par s'apra e scompiglie:
    altra più giovinetta si dislega
appena dalla boccia: eravi ancora
chi le sue chiuse foglie all'aer niega:
    altra cadendo a piè il terreno infiora.
Così le vidi nascere e morire
e passar lor vaghezza in men d'un'ora.
    Quando languenti e pallide vidi ire
le foglie a terra, allor mi venne a mente
che vana cosa è il giovenil fiorire.

DALL' « AMBRA ».

L'Inverno.

(Ibid., vol. I, pp. 291-296, st. I-XXII).

Fuggita è la stagion, ch'avea conversi
i fiori in pomi già maturi e côlti:[2]
in ramo più non può foglia tenersi,
ma sparte per li boschi assai men folti[3]
si fan sentir, se avvien che gli attraversi
il cacciator, e i pochi paion molti:[4]
la fera, se ben l'orme vaghe[5] asconde,
non va secreta per le secche fronde.[6]

---

[1] Chiaro, distinto.
[2] Frutti maturi al punto da essere côlti dal ramo. L'autunno insomma è fuggito.
[3] Per il cadere autunnale delle foglie i boschi restano meno folti di fogliame.
[4] Il fruscio delle foglie secche sotto i piedi di chi passa fa sembrare si tratti di molti viandanti, anche quando questi in realtà sono pochi.
[5] Errabonde.
[6] Per il fruscìo, ch'essa solleva o per le traccie che lascia.

Fra gli arbor secchi stassi 'l lauro lieto
e di Ciprigna l'odorato arbusto: [1]
verdeggia nelle bianche alpe l'abeto
e piega i rami già di neve onusto:
tiene il cipresso qualche uccel secreto;
e con venti combatte il più robusto:
l'umil ginepro con le acute foglie
la man non pugne altrui, chi ben le coglie.

L'uliva,[2] in qualche dolce piaggia aprica,
secondo il vento par or verde or bianca: [3]
natura in questa tal serba e nutrica
quel verde, che nell'altre fronde manca.
Già i peregrini [4] uccei con gran fatica
hanno condotto la famiglia stanca
di là del mare, e pel cammin lor mostri [5]
Nereïdi Tritoni e gli altri mostri.

Ha combattuto dell'imperio e vinto
la Notte, e prigion mena il breve Giorno:
nel ciel seren d'eterne fiamme cinto [6]
lieta il carro stellato mena intorno:
nè prima surge, ch'in oceano tinto
si vede l'altro aurato carro adorno;
Orïon [7] freddo col coltel minaccia
Febo, se mostra a noi la bella faccia.

Seguon questo notturno carro ardente
vigilie, escubie,[8] sollecite cure,
e 'l sonno (e benchè sia molto potente,
queste importune il vincon spesso pure),
e i dolci sogni, che ingannan la mente
quando è oppressa da fortune dure;

---

[1] Mirto: l'alloro ed il mirto sempreverdi godono conservare il fogliame in tanto squallore.
[2] Per l'olivo.
[3] È benissimo osservato il trascolorare dell'olivo sotto il vento.
[4] Le rondini, gli uccelli migratori.
[5] Intendi: le rondini hanno mostrato ai loro piccoli durante la trasvolata sul mare.
[6] Le stelle: la notte trionfatrice conduce prigioniero il giorno pel cielo stellato, come a dire che la notte è più lunga del giorno.
[7] La costellazione che sembra portare l'epoca delle pioggie. È rappresentato col coltello come si conviene al bellissimo cacciatore, che Diana per gelosia fe' mordere da uno scorpione velenosissimo e poi mutò in costellazione. Il sole sorge nello Scorpione giusto verso la fine dell'anno, la stagione più piovosa: ricorda lo spunto mitologico de *La Caduta* pariniana.
[8] Sentinelle di notte, dal lat. *excubiae* per indicare le preoccupazioni onde l'uomo è afflitto nelle lunghe notti invernali.

di sanità d'assai tesor fa festa
alcun, che infermo e povero si desta.[1]
  O miser quel che in notte così lunga
non dorme e 'l disïato giorno aspetta:
se avvien che molto e dolce disio il punga,
quale il futuro giorno li prometta!
E benchè ambo le ciglia insieme aggiunga,[2]
e i pensier tristi escluda e i dolci ammetta,
dormendo o desto, acciocchè il tempo inganni;
gli par la notte un secol di cent'anni.
  O miser chi tra l'onde trova fuora
sì lunga notte assai lontan dal lito!
E 'l cammin rompe della cieca prora
il vento, e freme il mar un fèr mugito;
con molti prieghi e voti l'Aurora
chiamata, sta col suo vecchio marito: [3]
numera tristo e disïoso guarda
i passi lenti della notte tarda.
  Quanto è diversa anzi contraria sorte
de' lieti amanti nell'algente bruma,
a cui le notti sono chiare e corte,
il giorno oscuro e tardo si consuma!
Nella stagion così gelida e forte,
già rivestiti di novella piuma,
hanno deposto gli augelletti alquanto
non so s'io dica o lieti versi o pianto.
  Stridendo in ciel le gru veggonsi a lunge
l'aere stampar di varie e belle forme:
e l'ultima col collo steso aggiunge
ov'è quella dinanzi alle vane orme;
e poichè negli aprichi lochi giunge,
vigile un guarda, e l'altra schiera dorme [4]
cuoprono i prati e van leggier pe' laghi
mille specie d'uccei dipinti e vaghi.
  L'aquila spesso col volato lento
minaccia tutti, e sopra il stagno vola:

---

    [1] La delusione in cui ci lascia un bel sogno, quando si dilegua e non resta che un triste risveglio.
    [2] Chiuda le palpebre per dormire, non riesce per le preoccupazioni a prender sonno e una notte gli pare un secolo.
    [3] Titone: l'Aurora che di lui s'era innamorata, ne aveva chiesto e ottenuto l'immortalità, senza chiederne contemporaneamente l'eterna giovinezza.
    [4] Era questa una tra le tante leggende sorte intorno alle gru e ritenute per cose vere dagli antichi scrittori, compreso il naturalista Plinio.

levansi insieme,[1] e caccianla col vento
delle penne stridenti: e se pur sola
una fuor resta del pennuto armento,
l'uccel di Giove [2] subito la invola;
resta ingannata misera,[3] se crede
andarne a Giove come Ganimede.[4]

Zeffiro s'è fuggito in Cipri, e balla
co' fiori ozioso per l'erbetta lieta:
l'aria, non più serena bella e gialla,[5]
Borea ed Aquilon rompe ed inquieta.
L'acqua corrente e querula incristalla
il ghiaccio, e stracca or si riposa cheta:
preso il pesce nell'onda dura e chiara,
resta come in ambra aürea zanzara;
i fiumi lieti contro alle acque amiche
escon allor delle caverne antiche.

Rendon grazie ad Oceano padre, adorni
d'ulve e di fronde fluvïal le tempie;
suonan per festa conche e torti corni:
tumido il ventre già superbo s'empie:
lo sdegno conceputo molti giorni
contro alle ripe timide s'adempie;
spumoso ha rotto già l'inimic'argine,
nè serva il corso dell'antico margine.

DALLE « SELVE D'AMORE ».

SELVA I.

**Amore dio benefico se è regolato.
Delizioso innamoramento del Poeta.**

(Ibid., vol. I, pp. 243-249, st. III-XXIV).

Così, se l'una e l'altra ripa frena
il fiume, lieto il lento corso serva;
soave agli occhi l'onda chiara mena,
e i pesci nel quïeto alveo conserva;
di vari fior la verde ripa piena
bagna, e così par lietamente serva;

---

[1] Il soggetto è *le gru.*
[2] L'aquila.
[3] La gru, s'intende.
[4] Il bel pastore rapito per ordine di Giove sul monte Ida dall'aquila e assunto in cielo a far da coppiere agli Dei al posto di Ebe.
[5] Dorata per effetto del sole.

sta nel cieco antro, indi preme e distilla
con dolce mormorio l'onda tranquilla:
 ma se leva del sol la luce a noi,
piovendo un nembo tempestoso e spesso;
a poco a poco il vedi gonfiar poi,
tanto ch'al fin non cape più in se stesso;
e le fatiche de' già stanchi buoi
e selve trarre, e pinger assai in esso;
l'erbosa ripa in mezzo e 'l curvo ponte
resta, e torbido lago è il chiaro fonte.
 Allor che un venticel soave spira
con dolce legge, i fiori a terra piega,
e scherzando con essi intorno gira,
talor gli annoda, or scioglie, or li rilega;
le biade impregna; ondeggia alta e s'adira
l'erba vicina alla futura sega;
soave suon la giovinetta frasca
rende, nè pur un fior a terra casca:
 ma se dà libertà dalla spelonca
Eolo a' venti tempestosi e feri,
non solamente i verdi rami tronca,
ma vanno a terra i vecchi pini interi:
i miser legni con la prora adonca
minaccia il mare irato, e par disperi;
l'aria di folte nebbie prende un velo:
così si duol la terra, il mare e 'l cielo.
 Poca favilla dalla pietra scossa,
nutrita in foglie e 'n picciol rami secchi,
scalda; e dal vento rapido percossa
arde gli sterpi, pria virgulti e stecchi;
poi vicina alla selva folta e grossa
le quercie incende e i roveri alti e vecchi:
cruda nemica al bosco l'ira adempie:
fumo e faville e stran stridor l'aria empie.
 L'ombrose case in fiamme e i dolci nidi
vanno e l'antiche alte silvestri stalle;[1]
nè fera alcuna al bosco par si fidi,
ma spaventata al foco dà le spalle:
empiono il ciel diversi mugghi e stridi:
percossa rende il suon l'opaca valle:

----

[1] Eco del virgiliano *domus alta ferarum*.

lo incaùto pastor, cui s'è fuggito,
il foco piange attonito e invilito....
    Dolce e bella catena al collo misse
quel lieto dì la delicata mano,
ch'aperse il petto e dentro al core scrisse
quel nome e sculse il bel sembiante umano.
Da poi sempre miràr le luci fisse
sì begli occhi, ch'ogni altro obbietto è vano.
Quest'unica bellezza or sol contenta
la vista mia in mille cose intenta.

. . . .

    Quando tessuta fu questa catena,
l'aria, la terra, il ciel lieto concorse:
l'aria non fu giammai tanto serena,
nè il sol giammai sì bella luce porse:
di frondi giovanette e di fior piena
la terra lieta, ove un chiar rivo corse:
Ciprigna in grembo al padre il dì si mise,
lieta mirò dal ciel quel loco, e rise.

    Dal divin capo ed amoroso seno
prese con ambe man rose diverse,
e le sparse nel ciel queto e sereno:
di questi fior la mia donna coperse.
Giove benigno di letizia pieno
gli umani orecchi quel bel giorno aperse
a sentir la celeste melodìa,
che in canti ritmi e suon dal ciel venìa.

    Movevan belle donne al suono i piedi,
ballando, d'un gentile amore accese:
l'amante appresso alla sua donna vedi,
le desïate mani insieme prese;
sguardi, cenni, sospir, d'amor rimedi;
brevi parole e sol da loro intese;
dalla donna cascati i fior ricôrre,
baciati pria, in testa e in sen riporre.

    In mezzo a tante cose grate e belle,
la mia donna bellissima e gentile
vincendo l'altre ornava tutte quelle
in una veste candida e sottile.
Parlando in nove e tacite favelle
con gli occhi al cor, quando la bocca sile
— vientene, disse a me, caro cuor mio:
qui è la pace d'ogni tuo disio. —

Questa soave voce il petto aperse,
ed a partirsi il cor lieto costrinse:
la bella mano incontro se gli offerse
a mezza via, e dolcemente il strinse;
pria rozzo in gentilezza lo converse;
poi quel bel nome e 'l volto vi depinse:
così ornato e di sì belle cose,
nel petto alla mia donna lo nascose.

Nel primo tempo ch'Amor gli occhi aperse,
questa beltate innanzi al disio pose:
ridendo, lasso!, agli occhi la nascose.[1]

Selva II.

L'Estate.

(Ibid., pp. 258-259, st. XX-XXVII).

Vedrai le piagge di color diversi
coprirsi, come primavera suole;
nè più la terra del tempo dolersi,
ma vestirsi di rose e di vïole.
E' segni[2] in cielo, al dolce tempo avversi,
farà dolci e benigni il novo sole:
e la dura stagion frigida e tarda
non si conoscerà, s'ella si guarda.[3]

Lieta e meravigliosa i rami secchi
vedrai di nove frondi rivestire,
e farsi vaghi fior di acuti stecchi
e Progne e Filomena[4] a noi redire;
lasciar le pecchie i casamenti vecchi,
liete di fior in fior ronzando gire;
e rinnovar le lasciate fatiche
con picciol passo le saggie formiche.

Il dolce tempo il buon pastore informa[5]
lasciar le mandrie,[6] ove nel verno giacque

---

[1] Gli elementi che la vita reale porge, attraverso la sensibilità di Lorenzo si trasformano in soavi fantasmi, che l'insita grazia e gentilezza comunicano alla forma, tutta facilità e armonia: si sente che siamo nei tempi, nei quali il Botticelli rende la realtà, contemplata nei prati e nei boschi dei dintorni di Firenze, in visioni pittoriche che hanno l'aerea levità del sogno.

[2] Le costellazioni, che di per sè porterebbero cattivo tempo.

[3] Se la Terra guarda sé stessa.

[4] Rondine (metamorfosi di Progne) e usignolo (metamorfosi di Filomela).

[5] Induce, dispone.

[6] Gli ovili nei quali ha fatto svernare il gregge al piano.

il lieto gregge, che, belando, in torma
torna all'alte montagne, alle fresche acque.
L'agnel, trottando, pur la materna orma
segue; ed alcun, che pur or ora nacque,
l'amorevol pastore in braccio porta:
il fido cane a tutti fa la scorta.

Un altro pastor porta sulla spalla
una pecora, ch'è nel cammin zoppa:
l'altro sopra una gravida cavalla
la rete e 'l maglio [1] e l'altre cose ha in groppa
per serrarvele allor, che 'l sole avvalla;
così nel lupo alcuna non intoppa:
tórte di latte e candide ricotte
mangian poi lieti, e russan tutta notte.

Romperanno i silenzi assai men lunghi,[2]
cantando per le frondi allor gli uccelli:
alcun al vecchio nido par ch'aggiunghi
certe festuche e piccioli fuscelli.
Campeggieran ne' verdi prati i funghi:
liete donne côrranno or questi or quelli;
lascerà il ghiro il sonno e 'l luogo, ov'era;
e l'assïol si sentirà la sera.

Vedrai ne' regni suoi non più [3] veduta
gir Flora errando con le ninfe sue:
il caro amante in braccio l'ha tenuta,
Zefiro; e insieme scherzan tutti e due.
Coronerà la sua chioma canuta
di fronde il verno alla nova virtute: [4]
tigri aspri, orsi leon diverran mansi:
di dure, l'acque liquide faransi.

Lascerà Clizia [5] il suo antico amante,[6]
volgendo lassa il pallidetto volto
a questo novo amoroso levante: [7]

---

[1] Rete per chiudere l'ovile; il maglio o martello per piantare i
pali, cui assicurare la rete.
[2] Allude alla brevità delle notti nell' estate.
[3] Per tutto l'inverno Flora infatti non s'è vista.
[4] A tepori di Zefiro l'inverno s'inghirlanderà di verde: si pensa al
dantesco (Par., XII, 46): In quella parte ove surge ad aprire — Zefiro dolce le novelle fronde — di che si vede Europa rivestire, ed al
verso iniziale del sonetto del Petrarca: Zefiro torna e 'l bel tempo rimena....
[5] Ninfa mutata in girasole.
[6] Apollo o il Sole.
[7] Clizia non si volgerà al sole ma alla mia donna, come pure gli
altri fiori.

lo stuol degli altri fior tutto fia volto,
attenti a rimirar fiso il radiante
lume degli occhi e venerando molto.
La rugiada per l'erbe e in ogni frasca
non creder più che febei raggi pasca.[1]
   Sentirai per l'ombrose e verdi valli
corni e zampogne fatte d'una scorza
di salcio e di castagno: e vedrai balli
degli olmi all'ombra, quando il sol più sforza.
I pesci sotto i liquidi cristalli
di quei begli occhi sentiran la forza:
Nereo e le figlie[2] in mare avran bonaccia.
Mostrerà il mondo lieto un'altra faccia.

DA « LA NENCIA DA BARBERINO ».

(Ibid., vol. II, pp. 275-281, st. I-XXIV).

Ardo d'amore, e conviemmi cantare
per una dama, che mi strugge il core.
Ch'ogni otta,[3] ch'io' la sento ricordare,
il cor mi brilla, e par che egli esca fuore.
Ella non trova di bellezze pare:[4]
cogli occhi getta fiaccole d'amore;
io sono stato in città e castella.
E mai non vidi gnuna[5] tanto bella.
   Io sono stato a Empoli al mercato,
a Prato, a Monticelli, a San Casciano,
a Colle, a Poggibonsi, a San Donato,
e quinamonte[6] insino a Dicomano.
Figline, Castelfranco ho ricercato,
san Pier, il Borgo, Mangona e Gagliano:
più bel mercato che nel mondo sia,
è a Barberin, dov'è Nenciozza mia.[7]

---

[1] La rugiada non riflette più i raggi solari ma quelli della mia donna.
[2] Le Nereidi; tutta una gioiosa evocazione di esteta.
[3] Ora: idiotismo fiorentino, che continuava il *quota* del latino: *quota hora est?*
[4] Pari, eguale.
[5] Ancora vivo nelle campagne dintorno a Firenze per *niuna*.
[6] Lassù in alto.
[7] Non c'è bisogno di far rilevare come questa serie di borghi e paesi posti nei dintorni di Firenze e che al Vallera danno l'idea d'un mondo vasto quanto l'Europa rifletta la psicologia del contadino. Ricordi nel contrasto di Ciullo: *cercato aio* ecc.?

Non vidi mai fanciulla tanto onesta,
nè tanto saviamente rilevata: [1]
non vidi mai la più pulita testa, [2]
nè sì lucente, nè sì ben quadrata;
ed ha due occhi, che pare una festa,
quando ella gli alza e che ella ti guata:
ed in quel mezzo ha il naso tanto bello,
che par proprio bucato col succhiello. [3]

Le labbra rosse paion di corallo,
ed havvi dentro due filar di denti,
che son più bianchi che quei di cavallo,
e d'ogni lato ella n' ha più di venti:
le gote bianche paion di cristallo
senz'altri lisci, ovver scorticamenti,
ed in quel mezzo ell'è come una rosa:
nel mondo non fu mai sì bella cosa. [4]

Ben si potrà tenere avventurato
chi sia marito di sì bella moglie;
ben si potrà tener in buon dì nato
chi arà quel fioraliso senza foglie;
ben si potrà tener consolato,
che si contenti tutte le sue voglie
d'aver la Nencia e tenersela in braccio
morbida e bianca, che pare un sugnaccio. [5]

I' t'ho agguagliata alla fata Morgana,
che mena seco tanta baronia;
io t'assomiglio alla stella Dïana,
quando apparisce alla capanna mia:
più chiara se' che acqua di fontana,
e se' più dolce che la malvagia; [6]
quando ti sguardo da sera o mattina,
più bianca se' che il fior della farina.

Ell'ha due occhi tanto rubacori,
ch'ella trafiggere' con essi un muro;
chiunque la ve' convien che s'innamori:
ma ell'ha il suo cuore, più che un ciottol duro;
e sempre ha seco un migliaio d'amadori,

---

[1] Allevata.
[2] Nota la caricatura dell' estetica del contadino, al quale sta a cuore la *pulita testa*.
[3] Le narici ben aperte, ideale estetico d' un contadino.
[4] È una bellezza sana e rusticana perfetta.
[5] Grasso degli arnioni: altro paragone contadinesco.
[6] Vino malvasia, cioè dolce.

che da quegli occhi tutti presi furo:
ma ella guarda sempre questo o quello
per modo tal, che mi struggo il cervello.
  La Nencia mia, che pare un perlino,
ella ne va la mattina alla chiesa;
ell'ha la cotta pur di dommaschino [1]
e la gamurra [2] di colore accesa.
E lo scheggiale [3] ha tutto d'oro fino;
e poi si pone in terra alla distesa, [4]
per esser lei veduta e bene adorna:
quando ha udito messa, a casa torna.
  Quando ti veddi uscir dalla capanna
col cane innanzi e colle pecorelle,
il cor mi crebbe allor più d'una spanna:
le lagrime mi vennon pelle pelle.
I' m'avviai in giù, con una canna
toccando e' mie' giovenchi e le vitelle:
i' me n'andai in un burron quincentro,
i' t'aspettava, e tu tornasti dentro.
  E' fu d'april, quando m'innamorasti,
quando ti veddi coglier la 'nsalata;
i' te ne chiesi, e tu mi rimbrottasti,
tanto che se ne addètte [5] la brigata.
I' dissi bene allor: — dove n'andasti? —
ch'io ti perdetti a manco d'un'occhiata. [6]
Dall'ora innanzi i' non fui mai più desso,
per modo tal che messo m'hai nel cesso. [7]
  Nenciozza mia, i' me ne voglio andare,
or che le pecorelle voglion bere,
a quella pozza, ch'io ti vo' aspettare,
e livi [8] in terra mi porrò a sedere,
tanto che vi ti veggia valicare; [9]
voltolerommi un pezzo per piacere.
Aspetterotti tanto che tu venga:
ma fa che a disagio non mi tenga.

---

[1] Sopravveste di panno damascato.
[2] Gonnella.
[3] Cintura.
[4] Protesa in avanti in ginocchio: la rappresenta in atto di pregare in chiesa.
[5] Se ne accorse, ed è tutto proprio del linguaggio delle campagne.
[6] In un tempo minore di quello che s'impiega nel dare un'occhiata.
[7] M'hai messo in disparte.
[8] Ed ivi: in certi luoghi del Mugello è ancora vivo.
[9] Arrampicare, salire.

Nenciozza mia; io vo' sabato andare
fino a Fiorenza a vender duo somelle
di schegge,[1] che mi posi ieri a tagliare
in mentre che pascevan le vitelle;
procura ben [2] se ti posso arecare,
o se tu vuoi che t'arrechi cavelle [3]
o liscio o biacca dentro un cartoccino,
o di spilletti e d'agora [4] un quattrino.
   Ell'è direttamente ballerina,
ch'ella si lancia com'una capretta;
e gira più che ruota di mulina,
e dassi delle man nella scarpetta.
Quand'ella compie 'l ballo, ella s'inchina;
poi torna indietro, e duo salti scambietta;
e fa le più leggiadre riverenze,
che gnuna cittadina di Firenze.
   Che non mi chiedi qualche zaccherella? [5]
Che so n'adopri di cento ragioni: [6]
o uno intaglio [7] per la tua gonnella?
O uncinegli o magliette o bottoni?
O pel tuo camiciotto una scarsella?
O cintolin per legar gli scuffioni?
O vuoi per ammagliar la gamurrina [8]
una cordella e seta cilestrina?
   Se tu volessi, per portare al collo,
un corallin di que' bottoncin rossi
con un dondol nel mezzo, arrecherollo;
ma dimmi se gli vuoi piccoli o grossi:
e s'io dovessi trargli dal midollo
del fusol [9] della gamba o degli altri ossi,
e s'io dovessi impegnar la gonnella,
i' te gli arrecherò, Nencia mia bella.
   Se mi dicessi, quando Sieve è grossa:
— gettati dentro —, i' mi vi getteria;
e s'io dovessi morir di percossa,
il capo al muro per te batteria:

---

[1] Di legna spezzata: due piccole some.
[2] Vedi se....
[3] Qualche cosa.
[4] Aghi.
[5] Piccolo regaluccio.
[6] Specie, qualità.
[7] Trina, ricamo per guarnizione.
[8] La gonnellina.
[9] Lo stinco.

comandami, se vuoi, cosa ch'io possa,
e non ti peritar de' fatti mia:
io so che molta gente ti promette;
fanne la prova d'un pa' di scârpette.[1]

Lettera al figlio Giovanni, fatto Cardinale.

(Da FABRONI, *Leonis X Vita*, Pisis, 1797, p. 252).

Messer Giovanni. Voi siete molto obbligato a Messer Domenedio; e tutti noi per rispetto vostro, perchè
oltra a molti beneficj ed onori, che ha ricevuti la casa
nostra da lui, ha fatto che nella persona vostra veggiamo la maggior dignità, che fosse mai in casa; ed
ancora che la cosa sia per sè grande, le circostanzie
la fanno assai maggiore, massime per l'età vostra e
condizione nostra. E però il primo mio ricordo è, che
vi sforziate esser grato a Messer Domenedio, ricordan-
dovi ad ogn'ora, che non i meriti vostri, prudenzia o
sollecitudine, ma mirabilmente esso Iddio v'ha fatto
Cardinale, e da lui lo riconosciate, comprobando questa
condizione con la vita vostra santa, esemplare ed onesta; a che siete tanto più obbligato per avere voi già
dato qualche opinione nella adolescenzia vostra da poterne sperare tali frutti. Sarìa cosa molto vituperosa e
fuor del debito vostro ed aspettazione mia, quando nel
tempo che gli altri sogliono acquistare più ragione e
miglior forma di vita, voi dimenticaste il vostro buono
instituto. Bisogna adunque, che vi sforziate alleggerire
il peso della dignità che portate, vivendo costumata-
mente, e perseverando nelli studj convenienti alla professione vostra. L'anno passato io presi grandissima
consolazione, intendendo che, senza che alcuno ve lo
ricordasse, da voi medesimo vi confessaste più volte e
comunicaste; nè credo, che ci sia miglior via a conservarsi nella grazia di Dio, che lo abituarsi in simili
modi e perseverarvi. Questo mi pare il più utile e
conveniente ricordo, che per lo primo vi posso dare.
Conosco che andando voi a Roma, che è sentina di
tutti i mali, entrate in maggior difficultà di fare quanto
vi dico di sopra, perchè non solamente gli esempj muovono, ma non vi mancheranno particolari incitatori e

---

[1] Molta gente è pronta a promettere, ma nessuno sa mantenere,
come so fare io: fanne la prova chiedendomi un paio di scarpette.

costruttori; perchè, come voi potete intendere, la promozione vostra al cardinalato, per l'età vostra e per le altre condizioni sopraddette, arreca seco grande invidia; e quelli, che non hanno potuto impedire la perfezione di questa vostra dignità, s'ingegneranno sottilmente diminuirla, con denigrare l'opinione della vita vostra, e farvi sdrucciolare in quella stessa fossa, dove essi sono caduti, confidandosi molto debba lor riuscire per l'età vostra. Voi dovete tanto più opporvi a queste difficultà, quanto nel Collegio ora si vede manco virtù. Ed io mi ricordo pure avere veduto in quel Collegio buon numero d'uomini dotti e buoni, e di santa vita. Però è meglio seguire questi esempj, perchè facendolo, sarete tanto più conosciuto e stimato, quanto l'altrui condizioni vi distingueranno dagli altri. E' necessario, che fuggiate come Scilla e Cariddi, il nome della ipocrisia, e come la mala fama; e che usiate mediocrità, sforzandovi in fatto fuggire tutte le cose, che offendono, in dimostrazione e in conversazione non mostrando austerità o troppa severità; che sono cose, le quali col tempo intenderete e farete meglio, a mia opinione, che non le posso esprimere. Voi intenderete di quanta importanza ed esempio sia la persona d'un Cardinale, e che tutto il mondo starebbe bene se i Cardinali fussino come dovrebbono essere, perciocchè farebbono sempre un buon Papa, onde nasce quasi il riposo di tutti i Cristiani. Sforzatevi dunque d'essere tale voi, che quando gli altri fussin così fatti, se ne potesse aspettare questo bene universale. E perchè non è maggior fatica, che conversar bene con diversi uomini, in questa parte vi posso mal dar ricordo, se non che v'ingegnate, che la conversazione vostra con gli Cardinali e altri uomini di condizione sia caritativa e senza offensione; dico misurando ragionevolmente e non secondo l'altrui passione; [1] perchè molti volendo quello, che non si dee, fanno della ragione ingiuria. [2] Giustificate adunque la conscienza vostra in questo, che la conversazione vostra con ciascuno sia senza offensione. Questa mi pare la regola generale molto a proposito

---

[1] Dare giudizi sulle persone sempre misurati, o se mai ispirati a bontà; e non unirsi alle critiche di coloro, che vengono a dir male di questo o di quello.

[2] Mentre avrebbero ragione, finiscono col mettersi dalla parte del torto, e perciò non bisogna secondarli nè seguirli nei giudizi loro.

vostro, perchè, quando la passione pur far qualche inimico, come si partono questi tali senza ragione dal-
l'amicizia, così qualche volta tornato facilmente.[1] Credo
per questa prima andata vostra a Roma sia bene adoperare più gli orecchi, che la lingua.[2] Oggimai io vi ho
dato del tutto a Messer Domenedio e a Santa Chiesa;
ond'è necessario, che diventiate un buon ecclesiastico:
e facciate ben capace ciascuno, che amate l'onore et
stato di Santa Chiesa e della Sede Apostolica innanzi
a tutte le cose del mondo, posponendo a questo ogni
altro rispetto. Nè vi mancherà modo con questo riservo
d'aiutare la città e la casa; perchè per questa città fa[3]
l'unione della Chiesa, e voi dovete in ciò essere buona
catena; e la casa ne va colla città.[4] E benchè non si
possono vedere gli accidenti, che verranno, così in ge-
neral credo, che non ci abbiano a mancare modi di
salvare, come si dice, la capra e i cavoli, tenendo fermo
il vostro primo presupposto, che anteponiate la Chiesa
ad ogni altra cosa. Voi siete il più giovane Cardinale
non solo del Collegio, ma che fusse mai fatto infino a
qui; e però è necessario che, dove avete a concorrere
con gli altri, siate il più sollecito, il più umile, senza
farvi aspettare o in cappella o in concistoro o in de-
putazione. Voi conoscerete presto gli più e gli meno
accostumati. Con gli meno si vuol fuggire la conversazione molto intrinseca, non solamente per lo fatto in
sè, ma per l'opinione, a largo[5] conversare con ciascheduno. Nelle pompe vostre loderò più presto stare di
qua dal moderato che di là; e più presto vorrei bella
stalla e famiglia ordinata e polita, che ricca e pomposa.
Ingegnatevi di vivere accostumatamente, riducendo a
poco a poco le cose al termine, che, per essere ora la
famiglia ed il padron nuovo, non si può.[6] Gioie e seta

---

[1] Ed allora resta nelle peste chi s'è unito a loro nel biasimo degli
antichi nemici.
[2] Ascoltare più che parlare.
[3] Giova: Firenze è sempre stata nido e roccaforte di guelfismo pei
suoi interessi commerciali.
[4] La fortuna di casa Medici è strettamente legata a quella di Firenze sì che vanno di pari passo.
[5] Conviene conversare con ciascuno a largo, cioè sulle generali, evi-
tando i colloqui confidenziali o, come si dice più sopra, *molto intrinseci*.
[6] Riducete le spese per cavalli (*stalle*) e familiari a più modeste
proporzioni, ma fatelo gradatamente; cosa, che ora non si può fare per
la novità del grado conseguito e per avere servi e camerieri e gentiluomini tutti nuovi.

in poche cose stanno bene a' pari vostri. Più presto
qualche gentilezza di cose antiche e belli libri; e più
presto famiglia [1] accustumata e dotta, che grande. Con-
vitar più spesso che andare a conviti, nè però superfluamente. Usate per la persona vostra cibi grossi e
fate assai esercizio; perchè in cotesti panni si viene
presto in qualche infermità, chi non ci ha cura. Lo
stato del Cardinale e non manco sicuro che grande;
onde nasce, che gli uomini si fanno negligenti, parendo
loro aver conseguito, assai, e poterlo mantenere con
poca fatica: e questo nuoce spesso e alla condizione e
alla vita, alla quale è necessario che abbiate grande
avvertenza; e più presto pendiate nel fidarvi poco che
troppo. Una regola sopra l'altre vi conforto ad usare
con tutta la sollecitudine vostra: e questa è di levarvi
ogni mattina di buon ora, perchè, oltra al conferir
molto alla sanità, si pensa ed espedisce tutte le faccende del giorno; e al grado che avete, avendo a dir
l'ufficio, studiare, dare audienza etc., ve 'l trovarete
molto utile. Un'altra cosa ancora è sommamente necessaria a un pari vostro: cioè pensare sempre, e massime in questi principj, la sera dinanzi, tutto quello
che avete da fare il giorno seguente, acciocchè non vi
venga cosa alcuna immeditata. Quanto al parlar vostro in concistorio, credo sarà più costumatezza e più
laudabil modo in tutte le occorrenze, che vi si propor-
ranno, riferirsi alla Santità di Nostro Signore; cau-
sando, che per essere voi giovane e di poca esperienzia,
sia più ufficio vostro rimettervi alla S. S. e al sapien-
tissimo giudizio di quella. Ragionevolmente, voi sarete
richiesto di parlare e intercedere appresso a Nostro
Signore per molte specialità.[2] Ingegnatevi in questi
principj di richiederlo manco potete e dargliene poca
molestia; chè di sua natura il Papa è più grato a chi
manco gli spezza gli orecchi. Questa parte mi pare da
osservare per non lo infastidire; e così l'andargli innanzi
con cose piacevoli; o pur, quando accadesse richiederlo
con umiltà e modestia doverà sodisfargli più, ed esser
più secondo la natura sua. State sano. Di Firenze.

---

[1] Il complesso di gentiluomini e di servitori, che formavano come una
piccola corte attorno a qualunque prelato in Roma.
[2] Per molti casi particolari.

ANGELO AMBROGINI DETTO IL «POLIZIANO».
(14 luglio 1454 - 28 settembre 1494).

Venuto a Firenze ancora fanciullo dalla nativa Montepul-
ciano (*Mons Politianus*), onde trasse il soprannome, ed entrato
nella protezione di Piero de' Medici per la traduzione in sonanti esametri latini di quattro libri dell' *Iliadè* (da lui fatta a
soli 15 anni), fu prima compagno di studj, poi amico carissimo
e cliente di Lorenzo il Magnifico, ch'egli ricambiò di devoto
affetto. Precettore prima di Piero, il figlio del suo Mecenate,
a 26 anni fu chiamato ad insegnare eloquenza greca e latina
nello studio di Firenze, ove trascorse il resto del viver suo, tutto
dato agli studj prediletti, che gli procurarono ambitissime soddisfazioni e numerosi ammiratori insieme a non pochi nemici:
anzi negli ultimi tempi ebbe una vita assai amareggiata.

È senza dubbio il principe degli umanisti: come poeta in
latino divide i primi onori col Pontano e col Sannazzaro; come
poeta in volgare egli sopravvive per l' *Orfeo*, per le *Ballate*, i
Rispetti e per le *Stanze*. La favola d' *Orfeo*, rappresentata tra
il 18 ed il 20 o 22 luglio 1471, mantiene l'andamento ordinario
delle Sacre Rappresentazioni, pur trattando un argomento di carattere mitologico: il dramma, per vero dire, lungi dal raggiungere una sua espressione, s'intuisce dal racconto lirico dei fatti,
ravvivato qua e là da un'onda di più schietta passione. Va letto
dunque coll'animo disposto a contemplare un mondo fiabesco,
sorto su dalla fantasia d'un poeta, che aveva maggior familiarità coi pastori della tradizion poetica di Teocrito e di Virgilio, che non cogli uomini vivi e reali del tempo suo. Nei *Rispetti* e nelle *Ballate* i soliti motivi della poesia amatoria, trattati con delicatezza somma, dànno modo al P. di ritrarre in
deliziosi quadretti quanto di bello la Natura gli porge non senza
una nota di soave malinconia, derivata dal concetto dominante
della fugacità della vita: la facilità della poesia popolare si
sposa in lui alla raffinatissima eleganza della forma.

L'opera sua di maggior valore in volgare è rappresentata
dalle *Stanze*. L'entusiasmo per ogni cosa bella ed il presentimento, che la vita serba ad ognuno delusioni e tristezze, formano
come il nucleo centrale del poemetto rimasto incompiuto. In
esso il P. dotato di squisita sensibilità, raffinata dallo studio dei
classici, con espressione colorita, musicale e piena di grazia,
ritrae il mondo reale sì, ma d'un realismo, che ha l'incorporea
levità del sogno. Chè se a lui manca quella potente interiorità,
che, sola, può formare i grandi artisti, in compenso egli attinge
la poesia dal suo cuore, e sa lavorare in modo insuperabile
di bulino e di cesello.

«Il Poliziano ebbe sopratutto il senso dell'arte, e nella sua
larga imitazione de' greci, de' latini e degli italiani, dal Gui-

nizelli al Magnifico, seppe, ben diversamente da altri umanisti intimamente trasformare ciò che da altri prendeva, e, pur imbevuto com' era di cultura classica, riuscì ad esser nuovo e vivo; nè fu nel suo classicismo pedantesco, anzi diede insoliti atteggiamenti al volgare, non mortificandone le forze, ma avvalorandole coll' appropriar ad esso i modi classici, da lui e dagli altri umanisti rimessi in onore. Tentò per lo stile poetico quello che il Boccaccio aveva già tentato per la prosa; e già dal suo tempo fu ammirato ed imitato; per esempio dal Sannazzaro. Poeta popolare per mero diletto, fu veramente poeta di corte e l' arte sua nacque e fiorì in onore e servizio de' suoi padroni. La sua adulazione può trovare ragione e scusa nell' affetto sincero, che ebbe e dimostrò sempre ai Medici, e che questi ebbero per lui ».

[Su *La lirica di A. Poliziano* vedi il bello studio di E. RHO, Torino, Lattes, 1923; per le sue opere conservano sempre tutto il loro valore e l'edizione di I. DEL LUNGO, *Poesie volgari e poesie latine e greche edite e inedite di mess. A. Ambrogini Poliziano*, Firenze, 1867 e la bella silloge del CARDUCCI, *Le Stanze, l' Orfeo e le rime di messer A. P.*, ecc. 2ª ed., Bologna, 1912; alle quali puoi aggiungere le più moderne Antologie: *Le Stanze, l' Orfeo e le Rime* a c. di A. MOMIGLIANO, Torino, U. T. E. T., 1921; *Il Poliziano, il Magnifico* ecc. a c. di M. BONTEMPELLI, Firenze, Sansoni, 1925; *Le Stanze, l' Orfeo, Rime e versi latini* a c. di G. DONATI, Roma, Albrighi e Segati, 1926; e recentissimi *Il Poliziano, il Pulci e il Magnifico* a c. di A. GARSIA, Milano, Mondadori, 1931 ed il volume già cit. del RHO, *Poeti Maggiori del Quattrocento*, Firenze, Vallecchi].

La favola d' Orfeo.[1]

MERCURIO *annunzia la festa*.[2]

Silenzio. Udite. El fu già un pastore,
figliuol d'Apollo, chiamato Aristeo:
costui amò con sì sfrenato ardore
Euridice, che moglie fu di Orfeo,
che seguendola un giorno per amore,
fu cagion del suo fato acerbo e reo:
perchè, fuggendo lei vicino all'acque,
una biscia la punse; e morta giacque.

---

[1] Opera composta *in tempo di dui giorni in tra continovi tumulti* (scrive il P. stesso) in Mantova, dove il poeta era, prestato per qualche giorno da Lorenzo il Magnifico nel luglio del 1471 al card. Francesco Gonzaga, perchè il Poeta ordinasse in quella città qualche spettacolo teatrale in occasione della venuta in Mantova del duca Galeazzo Maria Sforza. L' argomento è classico, la forma è quella della Sacra Rappresentazione.
[2] A posto dell' Angelo ecco Mercurio.

Orfeo cantando all'inferno la tolse;
ma non potè servar la legge data:
che 'l poverel tra via drieto si volse;
sì che di nuovo ella gli fu rubata:
però mai più amar donna non volse:
e dalle donne gli fu morte data.

Seguita un PASTORE SCHIAVONE, *e dice:*

State tenta, bragata. Bono argurio:
che di cievol in terra vien Marchurio.[1]

Il vecchio pastore Mopso s'imbatte nell'altro pastore Aristeo, cui chiede se abbia visto un vitello perduto, del quale egli va in cerca. Aristeo manda il servo Tirsi a vedere se lo potesse trovare; ed intanto egli canta a Mopso accompagnandosi colla zampogna un suo lamento d'amore:

CANZONA [2]

Udite, selve, mie dolce parole,
    poi che la ninfa mia udir non vôle.
  La bella ninfa è sorda al mio lamento
e 'l suon di nostra fistula [3] non cura:
  di ciò si lagna il mio cornuto armento,
  nè vuol bagnare il grifo in acqua pura,
  nè vuol toccar la tenera verdura;
  tanto del suo pastor gl'incresce e dole.
    Udite, selve, mie dolce parole.
  Ben si cura l'armento del pastore:
  la ninfa non si cura dello amante;
  la bella ninfa, che di sasso ha il core,
  anzi di ferro, anzi l'ha di diamante:
  ella fugge da me sempre d'avante,
  come agnella dal lupo fuggir sôle.
    Udite, selve, mie dolce parole.
  Digli, zampogna mia, come via fugge
  cogli anni insieme la bellezza snella;
  e digli come il tempo ne distrugge,

---

[1] Battuta comica di personaggio buffonesco per interrompere con uno scherzo la serietà del dramma; ed a bella posta le parole sono tutte storpiate (tenta per attenta, bragata per brigata, argurio, cievol ecc.).
[2] In realtà è ballata sullo schema MM: AB, ABBM — Teocrito e Virgilio danno spunti e motivi a questo lamento.
[3] Zampogna.

né l'età persa mai si rinnovella:
digli, che sappi usar sua forma bella,
chè sempre mai non son rose e vïole.
        Udite, selve, mie dolce parole.

    Portate, venti, questi dolci versi
dentro all'orecchie della ninfa mia:
dite quant'io per lei lacrime versi,
e lei pregate, che crudel non sia:
dite, che la mia vita fugge via
e si consuma come brina al sole.
        Udite, selve, mie dolce parole,
poichè la ninfa mia udir non vôle.

Inutilmente il vecchio Mopso cerca dissuadere Aristeo dal-
l'abbandonarsi ad Amore: mentre un giorno Aristeo insegue Euridice, questa, punta da un serpente, muore. Giunta la nuova,

ORFEO *si lamenta per la morte di* EURIDICE.

Dunque piangiamo, o sconsolata lira,
chè più non si convien l'usato canto.
Piangiam mentre che 'l ciel ne' poli aggira,
e Filomela ceda al nostro pianto.[1]
O cielo, o terra, o mare, o sorte dira!
Come potrò soffrir mai dolor tanto?
Euridice mia bella, o vita mia,
sanza te non convien che in vita stia.

    Andar convienmi alle tartaree porte
e provar se là giù mercè s'impetra.
Forse che svolgerem la dura sorte
co' lacrimosi versi, o dolce cetra;
forse che diverrà pietosa Morte:
chè già cantando abbiam mosso una pietra,
la cervia e 'l tigre insieme abbiamo accolti
e tirate le selve e' fiumi svolti.[2]

---

[1] Anche Virgilio a proposito del pianto di Orfeo per Euridice ricorda la *populea Philomela* (l'usignolo che ama i pioppi). Uccise il figlio
Iti per vendicare l'offesa fatta dal marito alla sorella di lei Procne, e gli
dèi la mutarono in usignolo: quel *mentre* ha il senso di fintantochè.

[2] Che la tradizione attribuisse al canto d'Orfeo tale potere da tra-
scinare giù dai monti le bestie feroci, le piante, i sassi, è cosa troppo
nota perchè ci si debba fermare.

ORFEO *cantando giugne all' inferno.*

Pietà, pietà! del misero amatore
pietà vi prenda, o spiriti infernali.
Qua giù m'ha scorto solamente Amore;
volato son qua giù con le sue ali.
Posa, Cerbero, posa il tuo furore;
chè, quando intenderai tutti i mie' mali,
non solamente tu piangerai meco,
ma qualunque è qua giù nel mondo cieco.
Non bisogna [1] per me, Furie mugghiare,
non bisogna arricciar tanti serpenti:
se voi sapessi le mia doglie amare,
faresti compagnia a' mie' lamenti:
lasciate questo miserel passare,
che ha 'l ciel nimico e tutti gli elementi,
che vien per impetrar merzè da Morte:
dunque gli aprite le ferrate porte.

Le DIVINITÀ INFERNALI *finiscono col commuoversi, onde*
PLUTONE *così risponde concedendogli Euridice:*

Io te la rendo, ma con queste leggi;
ch'ella ti segua per la cieca via,
ma che tu mai la sua faccia non veggi,
fin che tra' vivi pervenuta sia.
Dunque il tuo gran desire, Orfeo, correggi, [2]
se non che tolta subito ti fia.
I' son contento, che a sì dolce plettro
s'inchini la potenzia del mio scettro.

ORFEO *ritorna, redenta* EURIDICE, *cantando certi versi
allegri che sono di Ovidio, accomodati al proposito.*

Ite triumphales circum mea tempora lauri!
Vicimus Eurydicen, reddita vita mihi est.
Haec est praecipuo victoria digna triumpho:
huc ades o cura parte triumphe mea! [3]

---

[1] Non c'è bisogno che vi preoccupiate minimamente e cerchiate di
farmi paura, perchè io non vengo a provocare nè ad assalire alcuno;
sono anzi un povero infelice, che vengo a invocare la morte.

[2] Modera.

[3] Orsù o allori trionfali venite alle mie tempie! Abbiamo vinto Euridice, m'è stata restituita la vita! Questa è vittoria singolare degna di
specialissimo trionfo: qui vieni, o trionfo conseguito con tutte le mie
forze.

ORFEO *cantando volgesi.*

EURIDICE *si lamenta con* ORFEO *per essergli tolta sfor-
zatamente.*

Oimè, che 'l troppo amore
n' ha disfatti ambedua!
Ecco ch' i' ti son tolta a gran furore,
nè sono ormai più tua.
Ben tendo a te le braccia, ma non vale;
chè indreto son tirata. Orfeo mio, vale.

ORFEO, *seguendo* EURIDICE, *dice così:*

Oimè! se' mi tu tolta,
Euridice mia bella? o mio furore,
o duro fato, o ciel nimico, o morte!
O troppo sventurato el nostro amore!
Ma pure un'altra volta
convien ch' io torni alla plutonia corte.

Volendo ORFEO *di nuovo tornare a* PLUTONE, *una* FURIA
se gli oppone e dice così:

Più non venire avanti; anzi el piè ferma,
e di te stesso omai teco ti dole.
Vane son tue parole:
vano el pianto e 'l dolor: tua legge è ferma.[1]

*Orfeo nella sua disperazione dichiara di non volere più
innamorarsi di donna alcuna, dal momento che gli si
nega la sua bella Euridice. Le Baccanti per vendicare
il sesso femminile, così disprezzato, irrompono attorno
ad Orfeo e ne fanno scempio:*

Una BACCANTE *indignata invita le compagne alla morte
d'*ORFEO.

Ecco quel che l'amor nostro disprezza!
O, o sorelle! o, o! diamogli morte.

---

[1] Le parole della Furia sono poche, ma solenni come il Destino.

Tu scaglia il tirso;[1] e tu quel ramo spezza;
tu piglia un sasso o fuoco, e getta forte;
tu corri, e quella pianta là scavezza.
O, o! facciam che pena il tristo porte.
O, o! caviamgli el cor del petto fora.
Mora lo scellerato, mora, mora!

Torna la BACCANTE *con la testa di* ORFEO, *e dice così:*

O, o! o, o! morto è lo scellerato?
Evoè,[2] Bacco, Bacco! io ti ringrazio.
Per tutto il bosco l'abbiamo stracciato
tal ch'ogni sterpo è del suo sangue sazio:
l'abbiamo a membro a membro lacerato
in molti pezi con crudele strazio.
Or vada e biasmi la teda legittima!
Evoè, Bacco! accetta questa vittima!

Sacrificio delle BACCANTI *in onore di* BACCO.

Ognun segua, Bacco, te!
Bacco Bacco, eù oè!
Chi vuol bever, chi vuol bevere,
vegna a bever, vegna qui.
Voi imbottate come pevere.[3]
Io vo' bever ancor mi.
Gli è del vino ancor per ti.
Lassa bever prima a me.
Ognun segua, Bacco, te.
Io ho vôto già il mio corno:[4]
dammi un po 'l bottazo[5] in qua.
Questo monte gira intorno,
el cervello a spasso va.[6]
Ognun corra in qua e in là,
come vede fare a me;

---

[1] Un'asta cinta con edera e pampane, sacra al culto di Bacco. Che il culto di Bacco coi suoi riti orgiastici eccitasse le Menadi o Baccanti fino al punto da portarle ad abbandonarsi talora a eccessi e crudeltà d'ogni sorta è troppo noto.
[2] È il grido di gioia più e più volte ripetuto nelle Grandi e Piccole Dionisiache.
[3] Tracannate abbondantemente e inesauribilmente come imbuti.
[4] Coppa a corno.
[5] Come dicesse il barilotto di vino....
[6] Effetti evidenti dell'ubriachezza.

ognun segua, Bacco, te.
I' mi moro già di sonno.[1]
Son io ebra, o sì o no?
Star più ritti i piè non ponno.
Voi siet' ebrie, ch' io lo so.
Ognun facci, com' io fo:
   ognun succi come me:
     ognun segua, Bacco, te.
Ognun gridi Bacco Bacco,
e pur cacci del vin giù:
poi con suoni farem fiacco.[2]
Bevi tu, e tu, e tu.
I' non posso ballar più.
Ognun gridi eù, oè;
   Ognun segua, Bacco, te.
   Bacco Bacco, eù oè![3]

Dalle Stanze per la Giostra.[4]

(St. VIII-XIX).

Nel vago tempo di sua verde etate,
spargendo ancor pel volto il primo fiore,
nè avendo il bel Julio ancor provate
le dolci acerbe cure, che dà Amore,
viveasi lieto in pace e in libertate.
Tal'or frenando un gentil corridore,

---

[1] Altra conseguenza dell'ubriachezza.
[2] Strage di vino.
[3] Notò il Carducci che questo è il primo esempio di poesia italiana ditirambica. Non sarà superfluo annotare che una ventina d'anni dopo, dacchè l'Orfeo era stato scritto, e cioè nel 1491 il ferrarese ANTONIO TEBALDEO fece di questa favola un rimaneggiamento, che pubblicò col titolo pomposo di *Orphei tragoedia*. Anche la *Storia d'Orfeo dalla dolçe lira*, poemetto popolare in ottave, cantato nel contado ancora sullo scorcio del secolo scorso, si può dire, riecheggiava non pochi spunti e motivi del dramma polizianesco.
[4] Il vero titolo è: Stanze di Mes. A. P. cominciate per la giostra del Magnifico Giuliano di Piero de' Medici. La giostra, che qui si canta fu tenuta in Firenze nel gennaio del 1475 per festeggiare la lega stretta nel 1474 (dicembre) tra il Papa e Napoli, Firenze, Venezia e Milano: il poema, secondo i più, sarebbe stato incominciato nel 1447 ed interrotto nel 1478 per l'uccisione di Giuliano, caduto il 30 aprile di quell'anno sotto il pugnale dei Pazzi; il PICOTTI che con tanta dottrina s'è occupato della questione lo ritiene composto invece dal 1479 all'agosto del 1480. Nelle ottave precedenti il P. ha esposto l'argomento, chiesto l'ispirazione d'Amore ed infine ha preannunziato, che un giorno canterà di Lorenzo.

che gloria fu de' ciciliani armenti,
con esso a correr contendea co' venti; [1]
   Or a guisa saltar di lëopardo,
or destro fea rotarlo in breve giro: [2]
or fea ronzàr per l'aer un lento dardo,
dando sovente a fere agro martìro.
Cotal viveasi el giovane gagliardo:
nè pensando al suo fato acerbo e diro, [3]
nè certo ancor de' suo' futuri pianti,
solea gabbarsi degli afflitti amanti.
   Ah quante ninfe per lui sospirorno!
Ma fu sì altero sempre il giovinetto,
che mai le ninfe amanti nol piegorno,
mai potè riscaldarsi il freddo petto.
Facea sovente pe' boschi soggiorno,
inculto sempre e rigido in aspetto:
e 'l volto difendea dal solar raggio
con ghirlanda di pino o verde faggio.
   Poi, quando già nel ciel parean le stelle,
tutto gioioso a sua magion tornava:
e 'n compagnia delle nove sorelle [4]
celesti versi con disio cantava,
e d'antica virtù mille fiammelle
con gli alti carmi ne' petti destava: [5]
così chiamando amor lascivia umana,
si godea con le Muse o con Dïana. [6]
   E se tal'or nel cieco labirinto [7]
errar vedeva un miserello amante,
di dolor carco, di pietà dipinto
seguir della nemica [8] sua le piante,
e dove Amore il cor gli avesse avvinto,
lì pascer l'alma, di due luci sante

---

[1] Giuliano, umanisticamente ribattezzato in *Julio*, è ricalcato sul tipo classico d'Ippolito, giovane, bello, cacciatore instancabile e ribelle ad Amore.
[2] Ora agile lo faceva girare in piccolo spazio.
[3] Di innamorarsi pur lui: *diro* latinismo per tremendo.
[4] Le Muse.
[5] Accendeva i cuori a nobili virtù.
[6] La Dea della caccia: Giuliano non conosceva amore e viveva tutto dato agli studi della poesia ed alla caccia.
[7] D'Amore.
[8] Petraschescamente è detta la donna amata, che all' amore risponde collo sdegno e colla freddezza,

preso nelle amorose crudel gogne; [1]
sì l'assaliva con agre rampogne:

« Scuoti, meschin, del petto il cieco errore,
ch'a te stesso te fura,[2] ad altrui porge: [3]
non nudrir di lusinghe un van furore,
che di pigra lascivia e d'ozio sorge.
Costui, che 'l volgo errante chiama Amore,
è dolce insania a chi più acuto scorge: [4]
sì bel titol d'Amore ha dato il mondo
ad una cieca peste, a un mal giocondo.

Ah quanto è uom meschin, che cangia voglia
per donna o mai per lei s'allegra o dole,
e qual per lei di libertà si spoglia
o crede a suoi sembianti e sue parole!
Chè sempre è più leggier [5] ch'al vento foglia,
e mille volte il dì vuole e disvuole:
segue chi fugge, a chi la vuol s'asconde;
e vanne e vien, come alla riva l'onde.

Giovane donna sembra veramente
quasi sotto un bel mare acuto scoglio;
o ver tra' fiori un giovincel serpente
uscito pur mo' fuor del vecchio spoglio.
Ah quanto è fra' più miseri dolente
chi può soffrir di donna el fero orgoglio!
Chè quanto ha il volto più di beltà pieno,
più cela inganni nel fallace seno.

Con essi [6] gli occhi giovenili invesca
Amor, che ogni pensier maschio vi fura:
e quale un tratto [7] ingozza la dolce esca
mai di sua propria libertà non cura:
ma, come se pur Lete Amor vi mesca,
tosto oblïate vostra alta natura;

---

[1] Luogo di tormento, in cui uno era esposto agli scherni di tutti; oppure collare di ferro, che si metteva ai condannati; ma o s'intenda in uno o nell'altro senso qui si vuol dire: se Giuliano vedeva un povero amante, preso nei crudeli tormenti d'Amore di due occhi beatificanti, pascere l'anima lì, dove Amore avesse avvinto il cuore (cioè nella contemplazione della donna amata) gli rivolgeva aspri rimproveri.

[2] Ti ruba.

[3] Ti consegna altrui (cioè alla donna che ami).

[4] Per colui che è più saggio e meglio vede le cose.

[5] Leggiera, tronco di leggieri antico femminile di leggiero.

[6] Cogli inganni Amore attira a sè gli occhi giovenili, oppure Amore attira a sè con essi gli occhi giovanili, come dicesse: proprio con gli occhi giovanili. Mi pare più spontanea la prima.

[7] Chi una volta.

nè poi viril pensiero in voi germoglia,
sì del proprio valor costui vi spoglia.

Quanto è più dolce, quanto è più sicuro
seguir le fere fuggitive in caccia
fra boschi antichi, fuor di fossa o muro,[1]
e spïar lor covil per lunga traccia![2]
Veder la valle e 'l colle e l'aër puro,
l'erbe e' fior, l'acqua viva chiara e ghiaccia,
udir li augei svernar,[3] rimbombar l'onde,
e dolce al vento mormorar la fronde![4]

Quanto giova a mirar pender da un'erta
le capre, e pascer questo e quel virgulto;
e 'l montanaro all'ombra più conserta
destar la sua zampogna e 'l verso inculto!
Veder la terra di pomi coperta,
ogni arbor da' suo' frutti quasi occulto;
veder cozzar monton, vacche mugghiare,
e le biade ondeggiar come fa il mare![5]

Or delle pecorelle il rozzo mastro
si vede alla sua torma aprir la sbarra:
poi, quando move lor co 'l suo vincastro,
dolce è a notar, come a ciascuna garra.
Or si vede il villan domar col rastro
le dure zolle, or maneggiar la marra;
or la contadinella scinta e scalza
star con l'oche a filar sotto una balza.[6]

---

[1] Fuori, lontano dalle mura di cinta della città: rende più vivo il senso della poesia delle selve secolari, teatro di caccia.

[2] La soddisfazione d' aver scovato la selvaggina dopo aver tanto cercato ed a lungo seguito le traccie.

[3] Usato anche da Dante (*Par.*, XXVIII, 119) per significare i canti, coi quali al principio della primavera gli uccelli festeggiano la fine dell' inverno e salutano il ritorno del bel tempo.

[4] Hai tutta la poesia della primavera: sensazione visiva e tattile dell' acqua corrente; auditiva di canti d' uccelli sul romoreggiare di cascatelle e sul lene stormire di frondi. Orazio (*Ep.*, II) e Virgilio (*Georg.*, II, 456 e segg.) osserva bene il Carducci, da cui il P. può aver preso lo spunto per l' elogio della vita rustica, son subito dal poeta perduti di vista, e qui senti il P. coi suoi schietti entusiasmi per i bei poggi, che circondano Firenze, per l' aria libera dei campi, per la natura: c' è un senso di vigoria e di gentilezza che incanta.

[5] La rappresentazione che nei primi quattro versi si restringe a due quadretti, l' uno tutto movimento, l' altro tutto dolce abbandono, con sapiente distribuzione di luce e di chiaroscuro, viene via via allargandosi, come sinfonia musicale con grandioso crescendo, fino a quell' infinito ondeggiare dei grani, oramai alti nei solchi, sotto i tepidi venti della primavera.

[6] Tutto vero e ritratto con schietta commozione: la familiarità commovente con cui il pastore richiama le pecore (*garra*); la gioia del con-

Così si viveva nella beata età dell'oro, nè allora si sapeva che cosa fosse quella peste, che gli uomini chiamano Amore. Tali erano i ragionamenti, con cui Julio scherniva gli amanti e Cupido stesso, onde questo dio sdegnato pensò di rintuzzare la baldanza del giovane; e pose in atto la sua vendetta durante una partita di caccia.

La caccia e la vendetta di Cupido.

(St. XXV-XLVII).

Zefiro già di be' fioretti adorno
avea de' monti tolta ogni pruina:[1]
avea fatto al suo nido già ritorno
la stanca rondinella peregrina:[2]
risonava la selva intorno intorno
soavemente all'ôra[3] mattutina:
e la ingegnosa pecchia[4] al primo albore
giva predando or uno or altro fiore.[5]

L'ardito Iulio, al giorno ancora acerbo
allor ch'al tufo torna la civetta,
fatto frenare il corridor superbo,
verso la selva con sua gente eletta[6]
prese il cammino (e sotto buon riserbo[7]
seguìa de' fedel can la schiera stretta);[8]
di ciò che fa mestieri a caccia adorni,
con archi e lacci e spiedi e dardi e corni.

Già circundata avea la lieta schiera[9]
il folto bosco; e già con grave orrore
del suo covil si destava ogni fera:
givan seguendo e' bracchi il lungo odore.[10]

---

tadino nel lavorare la terra, prima col rastrello (*rastro*) per liberarla dai sassi, poi colla marra per romperne la durezza; ed infine la poesia del mirabile idillio finale; in quei due versi hai un capolavoro.

[1] Latinismo per *brina*.
[2] Quell' aggettivo *stanca* dà la sensazione precisa e viva, inclusa nel secondo attributo *peregrina*, del lungo viaggio fatto dalla rondine.
[3] È dantesco per aura.
[4] *Apecula* in latino, ossia piccola ape: in volgare *apecla*, *pecla*, *pecchia*: come *aurecula* da *auris* mutata in *orecula*, *orecla*, *orecchia* ecc.
[5] Quanto realismo nel conchiuder la descrizione del primo albeggiare d'un giorno primaverile coll'accenno all'ape, che, mentre tutto il mondo ancora riposa, ha già ripreso con industre operosità il suo lavoro!
[6] Scelta.
[7] Guardia.
[8] Perchè tenuti a guinzaglio.
[9] S' eran disposti in cerchio attorno al folto bosco per la *battuta* di caccia.
[10] Di lontano odor di selvaggina; cfr. il virgiliano *odora canum vis* (*En.*, IV, 132).

Ogni varco da lacci e can chiuso era:
di stormir, d'abbaiar cresce il romore:
di fischi e bussi tutto el bosco suona: [1]
del rimbombar de' corni il ciel rintruona.

Con tal romor, qual'or l'aer discorda,
di Giove il foco d'alta nube piomba;
con tal tumulto, onde la gente assorda,
dall'alte cateratte il Nil rimbomba:
con tal orror del latin sangue ingorda
sonò Megera [2] la tartarea tromba.
Quale animal di stizza par si roda;
qual serra al ventre la tremante coda.

Spargesi tutta la bella compagna,
altri alle reti, altri alla via più stretta. [3]
Chi serva in coppia i can, chi gli scompagna;
chi già 'l suo ammette, [4] chi 'l richiama e alletta:
chi sprona il buon destrier per la campagna:
chi l'adirata fera armato aspetta:
chi si sta sopra un ramo a buon riguardo: [5]
chi in man lo spiede e chi s'acconcia il dardo.

Già le setole arriccia e arruota i denti
el porco [6] entro il burron; già d'una grotta
spunta giù 'l cavriuol; già i vecchi armenti
de' cervi van pel pian fuggendo in frotta:
timor gl'inganni della volpe ha spenti: [7]
le lepri al primo assalto vanno in rotta:
di sua tana stordita esce ogni belva:
l'astuto lupo vie più si rinselva.

E rinselvato le sagaci nare
del picciol bracco [8] pur teme il meschino:

---

[1] Richiami d'intesa che i battitori si fanno l'un l'altro; ed i colpi coi quali cercano scovare la selvaggina.

[2] Veramente è Aletto, e non Megera, che, come si legge nel VII dell'*Eneide* suona il corno infernale, che fa tremare tutto il bosco, quando Troiani e Latini si azzuffano pel cervo di Tirro ucciso da Ascanio.

[3] E per ciò era più facile colpire la selvaggina costretta a passarvi.

[4] Ad inseguire la selvaggina.

[5] Per maggiore sicurezza, specie dal cinghiale.

[6] Il cinghiale: anche Dante accennando nel XIII c. dell'*Inferno* ad una scena consimile usa lo stesso termine.

[7] Il terrore impedisce alla volpe di attendere ai consueti inganni. La rievocazione analitica dei primi sei versi dà concretezza a quella sintetica contenuta nel VII verso, che riesce nel tempo stesso quale preannunzio dell'ottava successiva, in cui si ritrae a parte, a parte la trepidazione di ciascuna bestia: quella fuga del lupo, meritava come il poeta ad essa concede, un tocco speciale.

[8] L'implacabile nemico del lupo: col fine odorato lo scova, e per quanto piccolo, non gli dà pace finchè non lo vede steso inerte al suolo

ma 'l cervio par del veltro [1] paventare,
de' lacci el porco o del fero mastino.[2]
Vedesi lieto or qua, or là volare
fuor d'ogni schiera il giovan peregrino: [3]
pel folto bosco el fier caval mette ale;
e trista fa qual fera Iulo assale.

Quale il Centaur per la nevosa selva
di Pelio o d'Emo va feroce in caccia,[4]
dalle lor tane predando ogni belva;
or l'orso uccide, ora il lïon minaccia:
quanto è più ardita fera, più s'inselva:
il sangue a tutte dentro al cor s'agghiaccia:
la selva triema; e gli cede ogni pianta:
gli arbori abbatte o sveglie o rami schianta.[5]

Ah quanto a mirar Iulio è fera cosa!
Rompe la via dove più il bosco è folto
per trar di macchia la bestia crucciosa,
con verde ramo intorno al capo avvolto,[6]
con la chioma arruffata e polverosa,
e d'onesto [7] sudor bagnato il volto.
Ivi consiglio a sua bella vendetta
prese Amor, che ben loco e tempo aspetta.[8]

E con sue man di leve aër compose
la imagin d'una cervia altera e bella,
con alta fronte, con corna ramose,
candida tutta, leggiadretta e snella.[9]

---

[1] Solo il levriero colla sua velocità può inseguire il cervo.
[2] Cane da presa, di particolare ferocia.
[3] Singolare, perchè dotato di forza, di agilità e di prontezza rara.
[4] Il Pelio in Tessaglia e l'Emo a settentrione della Tracia eran considerati come la patria dei Centauri, che Dante ci rappresenta, quali custodi dei violenti immersi in Flegetonte, armati di archi e di dardi « come solean nel mondo andare a caccia ».
[5] Quel Centauro, che si stacca compiuto dall'ottava in atto di fare strage o di minacciarla alle fiere più terribili, che dinnanzi a lui fuggono a rintanarsi nel folto del bosco, dà rilievo a Julio, qui ritratto colla simpatia, con cui Virgilio ritrasse Ascanio nella caccia, descritta nel IV dell' Eneide, della quale hai qui l'eco: cfr. col Boiardo, p. 136.
[6] I commentatori rimandano a quell'ottava X, in cui si dice che G. si difende dai raggi del sole con ghirlanda di pino o di faggio; e potrà anche essere, ma a me pare che conferirebbe di più e meglio alla rappresentazione di Julio, quale il Poeta vuol ritrarre, intendere questo verso nel senso non della ghirlanda, di cui non so quale necessità potesse avere Julio errante nel più folto del bosco, sì nel senso di rami verdi strappati violentemente nel suo rapido scorazzare pel bosco e rimasti avvolti attorno al suo capo.
[7] Non è un sudore sordido, che dà il senso del sudiciume, ma è un sudore onorato, che dà un'idea di maschia forza provata nei cimenti.
[8] Richiama alla mente la leggiadra vendetta del Petrarca (son. II).
[9] Pare d'assistere ad un'apparizione prodigiosa, aerea, inconsistente.

E come tra le fere paventose
al giovan cacciator si offerse quella,
lieto spronò il destrier per lei seguire,
pensando in brieve darle agro martire.

Ma poi che in van dal braccio el dardo scosse,
del foder trasse fuor la fida spada,
e con tanto furor il corsier mosse,
che 'l bosco folto sembrava ampia strada.
La bella fera, come stanca fosse,
più lenta tutta via par che se 'n vada:
ma, quando par che già la stringa o tocchi,
picciol campo riprende avanti agli occhi.[1]

Quanto più segue in van la vana effigie,
tanto più di seguirla in van si accende:
tutta via preme sue stanche vestigie,
sempre la giugne, e pur mai non la prende,
qual fino al labro sta nell'onde stigie
Tantalo, e 'l bel giardin vicin gli pende;
ma, qual'or l'acqua e il pome vuol gustare,
subito l'acqua e 'l pome via dispare.[2]

Era già drieto alla sua disïanza
gran tratto da' compagni allontanato;
nè pur d'un passo ancor la preda avanza,
e già tutto il destrier sente affannato:
ma pur seguendo sua vana speranza,
pervenne in un fiorito e verde prato.
Ivi sotto un vel candido gli apparve
lieta una ninfa; e via la fera sparve.[3]

---

ma colle nitide forme della più concreta realtà: hai quella mirabile fusione di grazia e di forza, che dal contemporaneo Leon Battista Alberti era proclamata come altissimo ideale dell' arte. Lo spunto classico di queste apparizioni (nel V dell' *Iliade* Apollo forma di nebbia una figura simile ad Enea; e nell' *Eneide* la dea compie lo stesso prodigio nel l. X) è quali rivissuto, onde riappare come cosa originalissima.

[1] Scena tutta di movimento sapientemente ritratta.

[2] Tantalo, condannato al tormento della fame e della sete acuito sempre più dalla vicinanza di frutti e d'acqua, che si ritiravano ogni volta ch' egli allungasse le mani o porgesse le labbra per cogliere quei frutti ò abbeverarsi. Così viene il P. sapientemente preparando attraverso questa esasperazione di desiderio provata dal suo protagonista l'effetto, che su di lui farà la bella Simonetta.

[3] Per i primi cinque versi dell' ottava senti l'affannarsi di Julio dietro il bel fantasma, ch' egli arde sempre più dal desiderio di far suo senza mai poter raggiungere; negli ultimi tre versi hai con magica rapidità un completo cambiamento di scena: tocchi sobri ma di mirabile potenza evocatrice. Abbiamo innanzi a noi l'immagine di Simonetta Cattaneo, bellissima fanciulla ligure, andata sposa a un Marco Vespucci, morta nel fiore di giovinezza nel 1476: fu amata da Giuliano, cantata da Lorenzo e ritratta dai più grandi artisti fiorentini del '400 quali il Botticelli e il Ghirlandaio.

La fera sparve via dalle sue ciglia;
ma il giovan della fera omai non cura,
anzi ristringe al corridor la briglia,
e la raffrena sopra alla verdura.
Ivi tutto ripien di maraviglia [1]
pur della ninfa mira la figura;
pargli che dal bel viso e da' begli occhi
una nuova dolcezza al cor gli fiocchi.[2]

Qual tigre, a cui dalla pietrosa tana
ha tolto il cacciator gli suoi car figli;
rabbiosa il segue per la selva ircana,[3]
che tosto crede insanguinar gli artigli;
poi resta d'uno specchio all'ombra vana,
all'ombra ch'e' suo' nati par somigli;
e mentre di tal vista s'innamora
la sciocca, el predator la via divora.[4]

Tosto Cupido entra a' begli occhi ascoso
al nervo adatta del suo stral la cocca,[5]
poi tira quel con braccio poderoso
tal che raggiugne l'una all'altra cocca; [6]
la man sinistra con l'oro focoso,
la destra poppa con la corda tocca: [7]

---

[1] Non ha mai provato il fascino della donna, e perciò egli si sente invaso da meraviglia.

[2] È un rinnovarsi continuo di gaudiosi trasporti per la nuova apparizione, come il succedersi dei fiocchi in una nevicata, i quali dànno il senso dell'inesauribile e dell'innumerevole.

[3] L'Ircania, parte della Persia, sotto il Caspio, era luogo montuoso, ove frequenti eran le tigri; onde la tradizione poetica della tigre ircana.

[4] Tra le tante cose favolose, delle quali eran piene le storie naturali del tempo c'era anche questa: bastava che il cacciatore, come s'era impadronito delle piccole tigri mettesse uno specchio vicino all'antro della belva, sicchè questa potesse specchiarvisi, perchè il cacciatore avesse la sicurezza di non essere inseguito. Alla tigre, che per guardarsi nello specchio perde tempo prezioso e permette al cacciatore di portarle via i cuccioli, corrisponde Giuliano, che, tutto intento a guardare la vana immagine della bella donna, permette a Cupido di cogliere il momento opportuno per scagliargli contro il dardo fatale.

[5] La tacca, grazie alla quale la freccia poteva poggiare sul nervo dell'arco.

[6] Qui vuol indicare le due estremità dell'arco, le quali si vengono quasi a toccare per la tensione causata dalla freccia violentemente compressa contro il nervo.

[7] L'arciere teneva l'arco colla sinistra, sicchè, quando colla destra tirava a sè la freccia messa colla cocca sul nervo, la punta della freccia nel momento di massima tensione doveva venire a toccare la mano sinistra; ed il nervo, su cui la freccia poggiava doveva venire a toccare il petto dell'arciere dalla parte destra. *L'oro focoso* è la punta aurea del dardo che desta fiamme d'amore.

nè pria per l'aer ronzando uscì el quadrello,[1]
che Iulio drento al cor sentito ha quello.

Ah qual divenne! ah come al giovinetto
corse il gran foco in tutte le midolle! [2]
Che tremito gli scosse il cor nel petto!
D' un ghiacciato sudore era già molle;
e, fatto ghiotto del suo dolce aspetto,
già mai gli occhi dagli occhi levar puolle;
ma, tutto preso dal vago splendore,
non s'accorge il meschin, che quivi è Amore.

Non s'accorge, che Amor lì dentro è armato,
per sol turbar la sua lunga quïete;
non s'accorge a che nodo è già legato;
non conosce sue piaghe ancor secrete:
di piacer, di desir tutto è invescato;
e così 'l cacciator preso è alla rete.
Le braccia fra sè loda e 'l viso e 'l crino;
e 'n lei discerne un non so che divino.[3]

Candida è ella, e candida la vesta,
ma pur di rose e fior dipinta e d'erba:
lo inanellato crin dell'aurea testa
scende in la fronte umilmente superba.[4]
Ridegli attorno tutta la foresta,
e quanto può sue cure disacerba.
Nell'atto regalmente è mansueta;
e pur col ciglio le tempeste acqueta.[5]

Folgoran gli occhi d'un dolce seren
ove sue face tien Cupido ascose:
l'aër d'intorno si fa tutto ameno,
ovunque gira le luci amorose.
Di celeste letizia il volto ha pieno,

---

[1] Freccia dalla punta quadrangolare.
[2] Ricorda il virgiliano *est medullas* detto dell' amore, che consuma Didone.
[3] Alla tragica realtà dell' Amore, com' è prospettato nei primi quattro versi, segue il gioco delle illusioni e delle care fantasie, di cui intesse Amore i suoi sogni agli inesperti.
[4] La fronte è superba, s' impone imperiosa, ma senza che Simonetta ne abbia neppure consapevolezza: di qui la sua umiltà.
[5] Simonetta è armonioso visibile linguaggio; attraverso cui l' ideale si afferma e si concreta: c' è lo splendore della forma, ma senza alcuna traccia della sensualità di Lesbia o di Lalage, d' Alcina o d' Armida; c' è l' ideale bellezza, ma non la trascendenza di Beatrice o di Laura: è la bellezza umana, che è per sè divina, come la greca Anadiomene. La natura concorre a renderla affascinante coi suoi colori, colla serenità che le infonde, e che Simonetta, a sua volta, irradia sull' umanità. È in fondo il concetto della bellezza serenatrice, cantata dal Foscolo nelle *Grazie*.

dolce dipinto di ligustri e rose.
Ogni aura tace al suo parlar divino,
e canta ogni augelletto in suo latino.[1]

. . . .

Ell'era assisa sopra la verdura
allegra,[2] e ghirlandetta avea contesta
di quanti fior creasse mai natura,
de' quali era dipinta la sua vesta.
E come prima al giovan pose cura,
alquanto paurosa alzò la testa:
poi, con la bianca man ripreso il lembo,
levossi in piè con di fior pieno un grembo.[3]

Julio è vinto ormai da irresistibile passione: Cupido s'af-
fretta a recare a Venere in Cipro la nuova della sua strepitosa
vittoria.

La reggia di Venere.

(St. LXVIII, LXXII, LXXVII-LXXXVII, LXXXIX-XCII).

Ma fatta Amor la sua bella vendetta,
mossesi lieto pel negro aere a volo;[4]
e ginne al regno di sua madre in fretta
ov'è de' picciol suo' fratei lo stuolo;[5]
al regno ove ogni Grazia si diletta,
ove beltà di fiori al crin fa brolo,[6]
ove tutto lascivo drieto a Flora
Zefiro vola, e la verde erba infiora.
Or canta meco un po' del dolce regno,
Erato[7] bella, che 'l nome hai d'amore:

---

[1] Quanto ha di bello la natura, luminosità di cieli, splendori di
corolle, armonie di canto è tutto un riflesso di Simonetta.
[2] Alcuni fanno di *allegra* un attributo di verdura: mi pare si faccia
uno scempio d'una bellissima cosa. Allegra è proprio Simonetta, che
ritrae in sè la gioia di quel meraviglioso paesaggio, di cui è essa stessa
la più bella espressione e personificazione.
[3] Trasalisce all'apparizione di Julio questa gentile sorella dei fiori
e nella sua verecondia cerca d'allontanarsi: sorpresa e timore perfettamente naturali in Simonetta e dal P. mirabilmente espresse.
[4] Era ormai sopraggiunta la notte.
[5] I Giochi, gli Scherzi: sono fratelli attribuiti ad Amore dalla tradizione classica.
[6] *Brolium* (latino medievale) vuol dire verziere, giardino, ma già
Dante l'ha usato come sinonimo di ghirlanda (*Purg.*, XXIX, 147), e
qui ha questo significato.
[7] Musa della poesia amorosa: nota come nelle tre sedi dispari del-
l'ottava torni la parola Amore in fine di verso per accentuare il fatto
che qui siamo nel suo regno.

tu sola, benchè casta, puoi nel regno
secura entrar di Venere e d'Amore:
tu de' versi amorosi hai sola il regno;
teco sovente a cantar viensi Amore;
e posta giù dagli omer la faretra,
tenta le corde di tua bella cetra.

Vagheggia [1] Cipri un dilettoso monte
che del gran Nilo i sette corni vede; [2]
e 'l primo rosseggiar dell'orizzonte,
ove poggiar non lice a mortal piede.
Nel giogo un verde colle alza la fronte;
sott'esso aprico un lieto pratel siede;
u' scherzando tra' fior lascive aurette
fan dolcemente tremolar l'erbette.

Corona un muro d'òr l'estreme sponde
con valle ombrosa di schietti arbuscelli,
ove in su' rami fra novelle fronde
cantan i loro amor söavi auge li.
Sentesi un grato mormorio dell'onde
che fan due freschi e lucidi ruscelli
versando dolce con amar liquore,
ove arma l'oro dei suoi strali Amore. [3]

Nè mai le chiome del giardino eterno
tenera brina o fresca neve imbianca:
ivi non osa entrar ghiacciato verno;
non vento o l'erbe o gli arbuscelli stanca: [4]
ivi non volgon gli anni il lor quaderno; [5]
ma lieta Primavera mai non manca,
ch'e' suoi crin biondi e crespi all'aura spiega
e mille fiori in ghirlandetta lega. [6]

. . . .

Cotal milizia i tuoi figli accompagna,
Venere bella, madre degli Amori.
Zefiro il prato di rugiada bagna,

---

[1] Domina e contempla con gioia, tanto la bellezza dei luoghi rasserena non pure le creature animate ma perfino la natura inanimata.
[2] Le sette foci, per le quali il Nilo sbocca nel Mediterraneo formando il delta.
[3] Il P. stesso definisce Amore « dolce desio d' amaro pensier pieno »; ed il Foscolo uscirà nelle *Grazie* in quell' esclamazione: « Ahi quante — gioie promette e manda pianto Amore! ».
[4] Qui, come s' è visto, solo *lascive aurette* sfiorano le erbe facendole tremolare: pei venti impetuosi che *stancano* alberi e arbusti, squassandone le chiome, non c' è posto.
[5] Non c' è vicenda di stagioni.
[6] Rappresentazione tutta di linea e di colore botticelliani.

spargendolo di mille vaghi odori:
ovunque vola, veste la campagna
di rose, gigli, vïolette e fiori:
l'erba di sue bellezze ha meraviglia
bianca, cilestra, pallida e vermiglia.[1]

Trema la mammoletta verginella
con occhi bassi onesta e vergognosa:
ma vie più lieta, più ridente e bella
ardisce aprire il seno al sol la rosa:
questa di verde gemma s'incappella:
quella si mostra allo sportel vezzosa:
l'altra, che 'n dolce foco ardea pur ora
languida cade e il bel pratello infiora.[2]

L'alba nutrica d'amoroso nembo
gialle sanguigne e candide vïole.[3]
Descritto ha il suo dolor Jacinto in grembo,[4]
Narcisso al rio si specchia come suole:[5]
in bianca vesta con purpureo lembo
si gira Clizia pallidetta al sole;[6]
Adon rinfresca a Venere il suo pianto:[7]
tre lingue mostra Croco, e ride Acanto.[8]

---

[1] Rugiada, profumi, sbocciare di corolle, trasvolare di zefiri, senso di prodigio e d'incanto, di cui la natura stessa ha consapevolezza è reso col verso con quella grazia aerea con cui il Botticelli ed il Ghirlandaio sapevan rendere col pennello: è arte d'interna squisita musicalità.

[2] Il rimpianto della bellezza e della giovinezza viene ad infondere una nota di soave e pensosa melanconia in questa descrizione delle rose, condotta con tanta amorosa cura del particolare: confrontala colla penultima stanza della *Ballata delle rose.*

[3] Qui viole ha non il significato particolare, che ha per noi moderni; ma il significato generico che noi diamo alla parola fiori: significato che la parola viola conserva anche oggi nel contado toscano. Quali sieno poi queste viole di vario colore dice il P. nei versi successivi soffermandosi a miniarle dinnanzi a noi col vivo entusiasmo dell'artista per tutte le cose belle e gentili.

[4] αἰαί (grido di lamento corrisp. al nostro ahi!) si leggerebbe sui petali del giacinto in memoria dei gemiti d'Apollo sul cadavere del suo giovane amico Giacinto, morto per un colpo di disco al capo, lanciato da Apollo e deviato dal suo corso da Zeffiro, geloso dell'amicizia, che Apollo mostrava a Giacinto.

[5] È nota l'avventura di Narciso consumatosi d'amore per la propria immagine riflessa dalle onde e mutato in fiore.

[6] L'elitropio o girasole: Clizia, innamoratasi del Sole, fu mutata in quel fiore.

[7] Adone, il ciprio giovinetto ucciso dal cinghiale e pianto con tante lacrime da Venere, ora rinfresca il dolore ed il pianto della dea con luttuosi ricordi.

[8] Il fiore dello zafferano o croco ha la corolla gialla con nel mezzo il pistillo che termina con tre linguette rosse: esso rappresenta la trasformazione di Smilace. Acanto invece fu mutata nel ben noto fiore da Apollo per punire la ritrosia della Ninfa ad accogliere il suo amore. V'è in questi versi come accennata tutta una mitologia floreale che tra-

Mai rivestì di tante gemme [1] l'erba
la novella stagion, che 'l mondo avviva.
Sovresso [2] il verde colle alza superba
l'ombrosa chioma u' il sol mai non arriva;
e sotto vel di spessi rami serba
fresca e gelata una fontana viva,[3]
con sì pura tranquilla e chiara vena
che gli occhi non offesi al fondo mena.[4]

L'acqua da viva pomice zampilla,
che con suo arco il bel monte sospende;
e per fiorito solco indi tranquilla
pingendo ogni sua orma al fonte scende;
dalle cui labra un grato umor distilla,
che 'l premio di lor ombre agli arbor rende:
ciascun si pasce a mensa non avara;
e par che l'un dell'altro cresca a gara. [5]

Cresce l'abete schietto e senza nocchi
da spander l'ale a Borea in mezo l'onde; [6]
l'elce che par di mèl tutta trabocchi; [7]
e il laur, che tanto fa bramar sue fronde: [8]
bagna Cipresso ancor pel cervio gli occhi
con chiome or aspre e già distese e bionde,[9]
ma l'alber che già tanto a Ercol piacque
col platan si trastulla intorno all'acque.[10]

---

sforma i fiori in simboli ricchi di profonda umanità: analogamente il
Carducci nella *Primavera dorica* fa dire alle driadi: *non coglierem per
te fiori animati — esperti della gioia e dell'affanno.*
   [1] Colore e splendore dunque hanno quei fiori.
   [2] Sopra il prato....
   [3] Freschezza e mobilità.
   [4] Limpidezza che non viene mai meno pel continuo rampollare: intendi quel *non offesi* nel senso di affermazione della gioia che il contem-
platore ricava per l'immediatezza della visione.
   [5] Pare che l'acqua sgorgante dalla roccia (*pomice*) ed i fiori e gli
alberi vivano in perfetta armonia, che si manifesta nella bellezza insuperabile del paesaggio: gli alberi gareggiano in floridezza.
   [6] Vedi prima l'abeto, com'è in natura, nella selva, poi trasformato
dall'arte dell'uomo in albero di nave, cui sono affidate le vele.
   [7] Perchè preferita dalle api per costruirvi i loro alveari.
   [8] Perchè di lauro s'incorona *per trionfare o Cesare o poeta,* come
dice D.: trionfo molto desiderato da chiunque.
   [9] Quali dovevan essere i capelli di Ciparisso, quando, essendo ancora giovinetto gli venne fatto, senza volerlo, d'uccidere il cervo d'Apollo: questi commosso a pietà dal dolore dell'adolescente, mutò costui in
cipresso.
   [10] È il pioppo, che Virgilio canta *Alcidae gratissima*: quel *si trastulla* ci rende lo svariare del pioppo sotto il vento per effetto dell'av-
vicendarsi continuo del bianco argento della parte inferiore della foglia
col verde intenso della parte superiore.

Surge robusto il cerro et alto il faggio,
nodoso il cornio, e 'l salcio umido e lento,[1]
l'olmo fronzuto, e 'l frassin pur selvaggio:
il pino alletta con suoi fischi il vento:[2]
l'avornio tesse ghirlandette al maggio:[3]
ma l'acer d'un color non è contento:[4]
la lenta[5] palma serba pregio a' forti:
l'ellera va carpon co' piè distorti.[6]

Mostronsi adorne le viti novelle
d'abiti varii e con diversa faccia:
questa gonfiando fa crepar la pelle,
questa racquista le già perse braccia:[7]
quella tessendo vaghe e liete ombrelle:
pur con pampinee fronde Apollo scaccia:[8]
quella ancor monca piange a capo chino,
spargendo or acqua per versar poi vino.[9]

Il chiuso e crespo busso al vento ondeggia,
e fa la piaggia di verdura adorna;
il mirto che sua dea[10] sempre vagheggia
di bianchi fiori e' verdi capelli orna.
Ivi ogni fera per amor vaneggia:
l'un vêr l'altro i montoni arman le corna;
l'un l'altro cozza e l'un l'altro martella
davanti all'amorosa pecorella.[11]

E' mugghianti giovenchi a piè del colle
fan vie più cruda e dispietata guerra
col collo e il petto insanguinato e molle,
spargendo al ciel co' piè l'erbosa terra.

---

[1] Pieghevole.
[2] Il sibilare del vento tra le chiome dei pini diviene un principio attivo, l'anima per così dire di questo albero, che invita i venti coi suoi fischi a rinforzare sempre più tra le sue chiome.
[3] Le infiorazioni bianche sembrano a una qualche distanza ghirlandette.
[4] Il legno infatti presenta varie colorazioni.
[5] È preso pari pari da Ovidio (*lentae victoris praemia palmae*) e vuol dire che per crescere ha bisogno di molto tempo.
[6] Anche qui spunta Ovidio, che aveva battezzato l'edera *flexipes*: ma quel *carpon*, che richiama così bene le radichette secondarie, con cui l'edera s'attacca, è tutto polizianesco.
[7] I tralci potati.
[8] Fa' ombra.
[9] La linfa della vite che geme dal tralcio potato: il contrasto di parole è ricercato, ed il concetto ha sapore troppo epigrammatico per non rivelarsi gioco di ragionamento assai più che frutto d'ispirazione.
[10] Venere.
[11] Dal regno vegetale si passa al regno animale non meno letificato e ravvivato dall'amore.

Pien di sanguigna schiuma il cignal bolle,
le larghe zanne arrota e 'l grifo serra ;
e rugghia e raspa, e per armar sue forze [1]
frega il calloso cuoio a dure scorze.

 Provon lor punga e daini paurosi,
e per l'amata druda [2] arditi fansi ;
ma con pelle vergata aspri e rabbiosi
e' tigri infurïati a ferir vansi.
Sbatton le code, e con occhi focosi
ruggendo i fier leon di petto dansi.
Zufola e soffia il serpe per la biscia,
mentr'ella con tre lingue al sol si liscia. [3]

. . . .

 E' muti pesci in frotta van notando
drento al vivente [4] e tenero cristallo,
e spesso intorno al fonte roteando
guidan felice e dilettoso ballo ;
tal volta sopra l'acqua, un po' guizzando,
mentre l'un l'altro segue, escono a gallo ;
ogni loro atto sembra festa e gioco ;
nè spengon le fredde acque il dolce foco. [5]

 Gli augelletti dipinti [6] in tra le foglie
fanno l'aere addolcir con nove rime ;
e fra più voci un'armonia s'accoglie
di sì beate note e sì sublime,
che mente involta in queste umane spoglie
non potria sormontare alle sue cime : [7]
e dove amor gli scorge pel boschetto,
salton di ramo in ramo a lor diletto.

 Al canto dalla selva [8] Eco rimbomba,
ma sotto l'ombra, che ogni ramo annoda,
la passeretta gracchia e attorno romba : [9]
spiega il pavon la sua gemmata coda :

----

[1] Per allenarsi.
[2] Femmina.
[3] Per ogni particolare un quadretto compiuto ricco di movimento e di colore: bellissimo il contrasto tra i serpi che fischian per amore e la femmina, che si liscia colla lingua tricuspide per farsi più bella e desiderabile.
[4] Il movimento dà all'acqua un senso di vita.
[5] È un gioco di parole, cioè negazione di poesia.
[6] Dal mantello a vari colori.
[7] Fascino dell'armonia.
[8] La sinfonia prodotta dal fondersi dei canti e dei mille sussurri moltiplicati dagli echi.
[9] Il frullare delle ali nel volo.

bacia il suo dolce sposo la colomba:
e bianchi cigni fan sonar la proda:
e presso alla sua vaga tortorella
il pappagallo squittisce e favella.[1]

Quivi Cupido e i suoi pennuti frati,
lassi già di ferir uomini e dèi,
prendon diporto; e con gli strali aurati
fan sentire alle fere i crudi omei:
la dea Ciprigna fra i suoi dolci nati
spesso se 'n viene e Pasitea[2] con lei,
quetando in lieve sonno gli occhi belli
fra l'erbe e fiori e giovani arbuscelli.

. . . .

In questo giardino incantevole sorge la reggia tutta d'oro
e di gemme su colonne di diamanti, con soffitti di smeraldo. Le
porte sono istoriate con mirabili bassorilievi, tra i quali bellissimo quello che rappresenta Venere che, sorta dalle spume del
mare, sostenuta da una conchiglia, è dolcemente spinta dai venti
verso la spiaggia.

La nascita di Venere.

(St. C-CII).

Vera la schiuma e vero il mar diresti,
e vero il nicchio e ver soffiar di venti:
la dea negli occhi folgorar vedresti,
e 'l ciel ridergli a torno e gli elementi:
l'Ore premer l'arena in bianche vesti;
l'aura incresparle e' crin distesi e lenti:
non una, non diversa esser lor faccia,
come par che a sorelle ben confaccia.[3]

---

[1] Una tradizione che mette capo a Plinio, assicura di questa predilezione del pappagallo per la tortora.
Pasitea è la più giovane e la più vaga delle grazie. Vedi la bellezza e la poesia di quel leggiero sonno di Venere in quel luogo di
delizie.
[3] Il Botticelli pel suo famoso quadro s' ispirò ai primi quattro versi
di questa ottava ed agli ultimi quattro della precedente: E dentro nata
in atti vaghi e lieti — una donzella non con uman volto — da zefiri
lascivi spinta a proda — gir sopra un nicchio e par che 'l ciel ne goda.
Poi se n' è staccato. Infatti egli pone la Primavera nel posto e nell' atteggiamento delle Ore, le quali furono invece rievocate dal Poliziano qui attorno a Venere per reminiscenza del VI Inno Omerico: vedi più
sotto. Tra le due creazioni passa qualche differenza: quella del Poliziano è
il sorriso della vita, cui risponde il sorriso dell' intero creato; quella del
Botticelli ha impressa nel volto una pensosa malinconia che la rende ancora
più cara. Si direbbe ch' essa temesse della propria fragilità e caducità.

Giurar potresti, che dell'onde uscisse
la dea premendo con la destra il crino,
con l'altra il dolce pomo ricoprisse;
e, stampata dal piè sacro e divino,
d'erbe e di fior la rena sì vestisse;
poi con sembiante lieto e peregrino
dalle tre ninfe in grembo fusse accolta,
e di stellato vestimento involta.[1]

Questa[2] con ambe man le tien sospesa
sopra l'umide trecce una ghirlanda
d'oro e di gemme orïentali accesa:
questa una perla agli orecchi accomanda:
l'altra al bel petto e bianchi omeri intesa
par che ricchi monili intorno spanda,
de' quai solean cerchiar lor proprie gole
quando nel ciel guidavon le carole.

DALLE LIRICHE.

Stanze per madonna Ippolita Leoncina da Prato.

I.

Chi vuol veder lo sforzo di natura[3]
venga a veder questo leggiadro viso
d'Ipolita, che 'l cor cogli occhi fura,
contempli el suo parlar, contempli el riso.
Quand'Ipolita ride onesta e pura,
e' par che, si spalanchi el paradiso,
gli angioli al canto suo, sanza dimoro,[4]
scendon tutti del cielo a coro a coro.

II.

Solevan già col canto le sirene,
fare annegar nel mar e' navicanti:

---

[1] Quanta spiritualità in questa verecondia!
[2] Ritrae l'ufficio e l'atteggiamento di ciascuna Grazia, proprio come
le Ore nel VI Inno Omerico: « .... E l' Ore.... lei accolsero teneramente —
E d'immortali vesti la cinsero e su l'immortale — Capo una perfetta
corona bellissima d'oro — Posero: nei forati lobi orecchini pur d'oro
— Ricco e oricalco: il collo purissimo e il petto — Candido di monili
d'oro adornavanlo » (Traduz. GERUNZI).
[3] La mossa iniziale è tolta dal son. CCLXVIII del Petrarca (Chi
vuol veder quantunque può Natura), ma poi il P. va per una via tutta
sua e di schietta ispirazione popolare.
[4] Senza ritardo.

ma Ipolita mia cantante tiene
sempre nel foco e' miserelli amanti.[1]
Sol un rimedio truovo alle mie pene,
ch'un'altra volta Ipolita ricanti:
col canto m'ha ferito e poi sanato,
col canto morto e poi risuscitato.

III.

I' ho veduto già fra' fiori e l'erba
seder costei, che non par cosa umana;
e in vista sì isdegnosa e sì superba;
ch' i' ho creduto che la sia Dïana;[2]
o ver colei, ch' al terzo ciel si serba,[3]
tanto sopra dell'altre s'allontana:
et ho veduto al suon di sue parole
fermarsi già per ascoltarla il sole.

IV.

Acqua, vicin! chè nel mio core io ardo.
Venite, soccorretelo, per dio.
Chè c'è venuto Amor col suo stendardo,
che ha messo a foco e fiamma lo cor mio.
Dubito, che l'aiuto non sia tardo:
sentomi consumare: oi me, oh dio!
Acqua, vicini! e più non indugiate;
chè il mio cor brucia, se non l'aiutate.[4]

V.

Non sempre dura in mar grave tempesta,
nè sempre folta nebbia oscura il sole:
la fredda neve al caldo poco resta,
e scuopre in terra poi rose e vïole:
so ch' ogni santo aspetta la sua festa,
e ch' ogni cosa il tempo mutar suole:
però d'aspettar tempo è buon pensiero,
e chi si vince è ben degno d'impero.[5]

---

[1] C' è l' amore del contrasto: le Sirene fanno annegare in mare, Leoncina tiene sempre in foco.
[2] La bella e sdegnosa dea della caccia.
[3] Venere.
[4] Esempio di quella lirica cortigiana piena di lambiccati concetti e contrasti, per la quale furon famosi e Serafino Aquilano e Antonio Tebaldeo.
[5] E chi vincendo la propria impazienza mostra di sapere aspettare....

VI.

Ogni pungente e venenosa ispina
si vede a qualche tempo esser fiorita: [1]
crudel veneno posto in medicina
più volte torna l'uom da morte a vita:
e 'l foco che ogni cosa arde e ruina
spesso risana una mortal fedita;
così spero il mio mal mi sia salute;
chè ciò che nuoce ha pur qualche virtute.

VII.

I' ti ringrazio, Amor, d'ogni tormento,
che io soffersi e di tanti mie' affanni;
e sono in fra gli amanti il più contento,
che fussi mai alcun già fra mill'anni,
poi chè mia nave spinta da buon vento
il portò prende, requie a tanti danni.
Reggi la vela, Amor, che 'l vento spinga,
mentre che intorno ancora il mar lusinga.[2]

VIII.

Quando questi occhi chiusi mi vedrai
e 'l spirito salito all'altra vita,
allora spero ben che piangerai
el duro fin dell'anima transita: [3]
e poi se l'error tuo conoscerai,
d'avermi ucciso ne sarai pentita;
ma 'l tuo pentir fia tardo all'utima ora:
però, non aspettar, donna, ch'i' mora.

IX.

Allor che morte arà nudata e scossa
l'alma infelice delle membra sue
e ch'io sarò ridutto in scura fossa

---

[1] E Dante nel XIII del *Paradiso* aveva divinamente cantato: *Ch'io ho veduto tutto il verno prima — il prun mostrarsi rigido e feroce — poscia portar la rosa in sulla cima* (vv. 133 e sgg.).
[2] È il solito motivo epicureo che da Catullo e da Orazio passa ai nostri poeti del '400: fin tanto che gli anni lo permettono, godianoci le gioie d'Amore: *vivamus, mea Lesbia.*
[3] Latinismo: per passata a miglior vita.

e sarà ombra quel che corpo fue,
verran gl'innamorati a veder l'ossa
ch'Amor spogliò con le crudeltà sue;
— ecco, diran tra lor, come Amor guida
a strazio e morte chi di lui si fida! —

X.

Dove appariva un tratto el tuo bel viso,
dove s'udiva tue dolce parole,
parea che ivi fusse el paradiso;
dove tu eri, pare' [1] fussi il sole.
Lasso! mirando nel tuo aspetto fiso,
la faccia tua non è com'esser sôle.
Dov'è fuggita tua bellezza cara?
Trist'a colui ch'alle sue spese impara! [2]

XI.

Già collo sguardo facesti tremare
l'amante tuo e tutto scolorirė:
non avea forza di poter guardare,
Tant'era el grande amore e 'l gran disire.
Vídilo in tanti pianti un tempo stare
ch'i' dubitai assai del suo morire.
Tu ridevi del mal che s'apparecchia:
or riderai di te che sarai vecchia. [3]

BALLATE

I.

Il soave cantore.

I' mi trovai un dì tutto soletto
in un bel prato per pigliar diletto.
Non credo che nel mondo sia un prato
dove sien l'erbe di sì vaghi odori.
Ma quand' i' fu' nel verde un pezzo entrato,

---

[1] Troncato per *pareva*.
[2] Leonardo, immaginando Elena sformata dalle vicende e dalla vecchiaia in atto di guardarsi allo specchio, la ritrae mentre stupita chiede a sè stessa per qual ragione sterminati eserciti si sièno distrutti per la sua bellezza ferocemente per dieci anni.
[3] Abbiamo riunito qui questi undici rispetti perchè rivelano nell'umanista impeccabile anche il poeta popolareggiante facile, vario, appassionato.

mi ritrovai tra mille vaghi fiori
bianchi e vermigli e di mille colori:
fra qual senti' cantare un augelletto.
      I' mi trovai un dì. . .
Era il suo canto sì soave e bello,
che tutto 'l mondo innamorar facea.
I' m'accostai pian pian per veder quello:
vidi che 'l capo e l'ale d'oro avea;
ogni altra penna di rubin parea,
ma 'l becco di cristallo e 'l collo e 'l petto.
      I' mi trovai un dì. . .
I' lo volli pigliar, tanto mi piacque:
ma tosto si levò per l'aria a volo;
e ritornossi al nido ove si nacque:
i' mi son messo a seguirlo sol solo.
Ben crederrei pigliarlo a un lacciüolo,
s' i' lo potessi trar fuor del boschetto.
      I' mi trovai un dì. . .
I' gli potrei ben tender qualche rete;
ma da poi che 'l cantar gli piace tanto,
sanz'altra ragna [1] o sanz'altra parete [2]
mi vo' provar di pigliarlo col canto.
E quest'è la cagion per ch'io pur canto,
che questo vago augel cantando alletto. [3]
      I' mi trovai un dì. . .

II.

Le Rose.

I' mi trovai, fanciulle, un bel mattino
di mezzo maggio in un verde giardino. [4]
   Eran d'intorno vïolette e gigli
fra l'erba verde e vaghi fior novelli [5]

---

[1] Rete.
[2] È parte del paretaio, che è una sistemazione di reti tese su telai, dietro le quali si pongono i richiami; sicchè gli uccelli vi si precipitano e restano presi.
[3] Con questa vaga fantasia il P. vuole dirci che s' è innamorato della sua donna a causa della dolcezza del canto di lei e che sperava a sua volta renderla pietosa a sè coi suoi versi. L' idillio al solito è tutto primaverile.
[4] Anche qui nel trionfo della primavera in un giardino fiorito.
[5] Sbocciati di fresco.

azzurri, gialli, candidi e vermigli: [1]
ond' io [2] porsi la mano a côr di quelli
per adornar e' mie' biondi capelli
e cinger di grillanda [3] el vago crino. [4]
    I' mi trovai, fanciulle....
  Ma poi ch' i' ebbi pien di fiori un lémbo,
vidi le rose e non pur d' un colore:
io corsi allor per empier tutto el grembo;
perch'era sì söave il loro odore,
che tutto mi senti' destare el core
di dolce voglia e d'un piacer dìvino. [5]
    I' mi trovai, fanciulle....
  I' posi mente: quelle rose allora
mai non vi potre' dir quant' eran belle!
Quale scoppiava della boccia ancora,
qual'erano un po' passe [6] e qual novelle.
Amor mi disse allor: « Va', cô' di quelle [7]
che più vedi fiorite in sullo spino ».
    I' mi trovai, fanciulle....
  Quando la rosa ogni sua foglia spande,
quando è più bella, quando è più gradita,
allora è buona a mettere in grillande,
prima che sua bellezza sia fuggita: [8]
sicchè, fanciulle, mentre è più fiorita,
cogliàm la bella rosa del giardino.
    I' mi trovai, fanciulle....

---

[1] Con quale gioia l' esteta s' è indugiato a contemplare questi fiori!
[2] Il piacere fu tale e tanto che non potè resistere alla tentazione di coglierne e inghirlandarsene.
[3] Metatesi comunissima nel popolo toscano.
[4] Perchè, biondo quale è, è indice di giovinezza.
[5] Hai qui come il senso dell'ebbrezza della gioventù, di cui quelle rose profumate sono il simbolo.
[6] Confronta colla descrizione delle rose del giardino di Venere nella *Giostra*, ove non trovi quel senso di soave melanconia che si sviluppa qui dal pensiero della caducità d' ogni cosa mortale. Alcune infatti erano *un po' passe*, rimpianto evidente della freschezza perduta; là invece anche la corolla sfogliata pare che goda d' infiorare il bel pratello.
[7] Cogli di quelle rose.
[8] Questo pensiero ritorna come idea dominante nella lirica dei poeti quattrocentisti che s' accoglievano attorno al Magnifico; ed il Botticelli l'ha voluto significare nella melanconia raccolta dalle sua Venere e della sua *Primavera*. Come il pittore, così il Poeta ha trovato le immagini più colorite e aggraziate, e l' espressione più musicale e suggestiva per giungere all' animo nostro. È lirica da paragonarsi solo con quella di Saffo e di Mimnermo

III.

Il gonfalon selvaggio.

Ben venga Maggio
e 'l gonfalon selvaggio! [1]
Ben venga Primavera
che vuol l'uom s'innamori.
E voi, donzelle, a schiera,
con li vostri amadori,
che di rose e di fiori
vi fate belle il maggio,
    venite alla frescura
delli verdi arbuscelli.
Ogni bella è sicura
fra tanti damigelli;
chè le fiere e gli uccelli [2]
ardon d'amore il maggio.
    Chi è giovane e bella
deh non sie punto acerba,
chè non si rinnovella
l'età come fa l'erba:
nessuna stia superba
all'amadore il maggio.
    Ciascuna balli e canti
di questa schiera nostra.
Ecco che i dolci amanti
van per voi, belle, in giostra: [3]
qual dura a lor si mostra
farà sfiorire il maggio.
    Per prender le donzelle
si son gli amanti armati.
Arrendetevi, belle,

---

[1] Da non confondersi col maggio, come intendono erroneamente alcuni: questo è lo stendardo tutto dipinto a verdura e fiori, che portavano in trionfo le allegre brigate, festeggiando il ritorno della primavera con caccie, cavalcate e giochi e feste. Pittori di grido come il Botticelli, non sdegnarono di dipingerne. L'usanza di questi festeggiamenti datava da lungo tempo: sappiamo per es. che nel 1300 coloro che li organizzavano (come si direbbe oggi) presero il nome di Compagnia dell'Amore.

[2] Amore trionfa su tutte le creature: legge universale.

[3] Si allude alla consuetudine di giostrare per meritarsi il favore delle belle: la *Giostra di Giuliano*, come vedemmo, è l'esempio più cospicuo.

a' vostri innamorati;
rendete i cuor furati,[1]
non fate guerra al maggio.
  Chi l'altrui core invola
ad altrui doni el core.
Ma chi è quel che vola?
E' l'angiolel d'amore,
che viene a fare onore
con voi, donzelle, al maggio.[2]
  Amor ne vien ridendo
con rose e gigli in testa,
e vien di voi caendo:[3]
fategli, o belle, festa.
Qual sarà la più presta
a dargli i fior del maggio?
  Ben venga il peregrino.
Amor, che ne comandi?
— Che al suo amante il crino
ogni bella ingrillandi:
chè le zitelle[4] e' grandi
s'innamorin di maggio. —

JACOPO SANNAZARO.
(1458 - 3 agosto 1530).

Dal Salernitano, ove passò la fanciullezza, tornato nella
nativa Napoli, non tardò a distinguersi per singolare talento
poetico nel comporre in latino come in italiano: per la qual cosa,
introdotto dall'insigne umanista Pontano (cui fu molto caro) nella
corte degli Aragonesi, fu chiamato a coprire alte cariche, onorato
della fiducia d'Alfonso, duca di Calabria, e del nipote di costui
Federico II, che il Sannazaro seguì in Francia tra le angustie
ed i disagi dell'esilio e sovvenne del suo, fin che gli fu possibile.
Esempi di così disinteressata lealtà sono tanto rari nel secolo XV,
che non si può fare a meno di metterli in rilievo, quando si ha
la fortuna di trovarne qualcuno.

---

[1] Rapiti.
[2] Apparizione piena di grazia e di poesia, che fa pensare agli
Erotes d'Anacreonte o agli amorini, che ancora sorridono dalle pareti
della casa dei Vetii a Pompei.
[3] Cercando.
[4] Fanciulle.

Poeta umanista di gran valore s'affermò sia colle *Eglogae piscatoriae* sia col *De Partu Virginis*; in italiano scrisse l'*Arcadia*, specie di romanzo pastorale, composto di dodici prose e di dodici egloghe alternate. Fingendo di narrare quanto immagina d'aver visto durante un fantastico viaggio in Arcadia, l'A. sotto il pseudonimo di Sincero ci trasporta in un mondo fantastico, ove ci fa assistere ai giochi, ai riti, alle occupazioni quotidiane dei pastori. Nè si potrebbe negare certa evidenza e certa grazia ad alcuni quadretti; ma va pur detto, che questi personaggi fittizi e manierati finiscono col destare nel lettore un senso di tedio e di sazietà.

[Vedi per maggiori notizie l'introduzione, che M. SCHERILLO prepose all'edizione dell'*Arcadia*, uscita nel 1888 pei tipi del Loescher; e F. TORRACA, *L'Arcadia* in « Scritti Critici », Napoli, Perrella, 1907. Per la conoscenza del Sannazaro umanista, utile assai riesce il volumetto preparato ultimamente da G. CA- STELLA, *Egloghe, Elegie, Odi, Epigrammi*, Milano, Signorelli, 1932].

Tradizioni pastorali.

(Dalla prosa IX).

Venuto il chiaro giorno, e i raggi del sole apparendo nella sommità di alti monti, non essendo ancora le lucide goccie della fresca brina riseccate nelle tenere erbe, cacciammo dal chiuso vallone li nostri greggi e gli armenti a pascere nelle verdi campagne. E drizzatine per un fuor di strada [1] al cammino del monte Menalo, che non guari lontano ne stava, con proponimento di visitare il reverendo tempio di Pan, presentissimo [2] iddio del selvatico paese, il misero Clonico [3] si volle accomiatare da noi. Il quale, dimandato qual fosse la cagione, che sì presto a partirsi il costringesse, rispose: che per fornire [4] quello, che la precedente sera, gli era stato da noi impedito, andar voleva; cioè per trovare a' suoi mali rimedio con opra di una famosa vecchia, sagacissima maestra di magici artificj: alla quale, secondo che egli per fama avea molte volte udito dire, Diana in sogno mostrò tutte le erbe della magica Circe e di Medea; [5] e con la forza di quelle so-

---

[1] Ed avviatici per una via non frequentata.
[2] Favorevolissimo.
[3] È innamorato non corrisposto, perciò detto misero.
[4] Compiere.
[5] Circe, figlia del Sole, è la notissima maga che mediante filtri d'erbe,

leva nelle più oscure notti andare per l'aria volando,
coverta di bianche piume, in forma di notturna strega;
e con suoi incantamenti inviluppare il cielo di oscuri
nuvoli, ed a sua posta ritornarlo nella pristina chiarezza:
e fermando i fiumi, rivoltare le correnti acque ai fonti
loro; dotta sovra ogni altra di attraere dal cielo le of-
fuscate stelle, tutte stillanti di vivo sangue: e di imporre con sue parole legge al corso della incantata
luna: e di convocare [1] di mezzo giorno nel mondo la
notte, e li notturni iddii [2] dalla infernale confusione:
e con lungo mormorio rompendo la dura terra, richia-
mare le anime degli antichi avoli dalli deserti sepolcri:
senza che, [3] togliendo il veleno delle innamorate ca-
valle, il sangue della vipera, il cerebro dei rabbiosi
orsi, e i peli della estrema coda del lupo, con altre radici di erbe, e sughi potentissimi, sapeva fare molte
altre cose maravigliosissime, ed incredibili a raccontare. A cui il nostro Opico [4] disse: « Ben credo, figliol
mio, che gli Dii, de' quali tu sei divoto, ti abbiano
oggi qui guidato per farti ai tuoi affanni trovar rimedio: e tale rimedio, ch'io spero, che (se alle mie parole presterai fede) ne sarai lieto mentre vivrai. Ed a
cui ne potresti gir tu, che più conforto porgere ti potesse, che al nostro Enareto? Il quale sopra gli altri
pastori dottissimo, abbandonàti i suoi armenti, dimora [5]
nei sacrifici di Pan nostro Iddio: a cui [6] la maggior
parte delle cose e divine ed umane è manifesta; la
terra, il cielo, il mare, lo infatigabile sole, la crescente
luna, tutte le stelle, di che il cielo si adorna, Pleiadi,
Iadi,[7] e 'l veleno del fiero Orione,[8] l'Orsa maggiore, e

a lei sola noti, trasmutava gli uomini in bestie e viceversa; e produceva
negli uomini cambiamenti improvvisi di stati d'animo e di sentimenti.
Medea è la maga barbara, che conosceva quant'altra mai l'arte dei filtri
portentosi: essa riuscì ad addormentare il serpente, ch'era a custodia del
vello d'oro, sì che Giasone potè portarlo via.
  [1] Evocare, diremmo noi.
  [2] Dell'Averno tenebroso.
  [3] Oltre le quali cose.
  [4] Pastore anziano esperto d'uomini e cose.
  [5] Attende ai....
  [6] Al quale Enarete....
  [7] *Pleiadi* è nome delle sette figlie d'Atlante e di Pleione, trasformate dagli dèi in una costellazione favorevole ai naviganti: Iadi son
dette le sette figlie di Atlante e di Etra, mutate in costellazione nella
fronte del toro dagli dèi commossi per la loro disperazione in seguito alla
morte del fratello sbranato da un leone.
  [8] Orione, cacciatore gigantesco, mutato in scorpione e poi nella costellazione di questo nome.

minore; e così per conseguente i tempi dell'arare, del
mietere, di piantare le viti e gli ulivi, d'innestare gli
alberi, vestendogli di addottive frondi; similmente di
governare le melliflue api, e ristorarle nel mondo, [1] se
estinte fossero, col putrefatto sangue degli affogati vitelli. Oltra di ciò (quel che più maraviglioso è a dire,
e a credersi) dormendo egli in mezzo delle sue vacche
nella oscura notte, due dragoni gli leccarono gli orecchi: ond'egli, subitamente per paura destatosi, intese
presso all'alba tutti i linguaggi degli uccelli.[2] E fra gli
altri udì un luscignuolo,[3] che cantando, o più tosto
piangendo[4] sovra i rami d'un folto corbezzolo, si lamentava del suo amore, dimandando alle circostanti selve
aita: a cui un passero all'incontro rispondea, in Leu-
cadia essere un'alta ripa, che chi da quella nel mare
saltasse, sarebbe senza lesione fuor di pena: al quale
soggiunse una lodola, dicendo: in una terra di Grecia
(della quale io ora non so il nome) essere il fonte di
Cupidine; [5] del quale chiunque beve, depone subitamente ogni suo amore; a cui il dolce lusignolo soavemente piangendo, e lamentandosi rispondea, nelle acque
non essere virtù alcuna: in questo veniva una nera
merla,[6] un frisone, e un lucarino, e riprendendolo della
sua fiacchezza, che nei sacri fonti non credeva celesti
potenzie fossero infuse; cominciarono a raccontargli le
virtù di tutti i fiumi, fonti e stagni del mondo; dei
quali egli a pieno tutti i nomi, e le nature, e i paesi
dove nascono, e dove corrono mi seppe dire, che non
ve ne lasciò uno solo, sì bene gli teneva nella memoria riposti.

Significommi ancora per nome alcuni uccelli, del sangue dei quali mescolato, e confuso insieme, si genera

---

[1] Richiamarle in vita: vedi il libro IV delle *Georgiche*.
[2] Anche nell'*Aminta* (atto 2°, sc. 11) il Tasso « canta Mopso, che
'ntende 'l parlar degli augelli — e la virtù dell'erbe e delle fonti ».
[3] Usignolo: è forma calcata sul lat. *lusciniolus*, diminutivo di *lu-
scinia* (usignolo).
[4] Allusione al pianto che Filomela (secondo alcuni mitografi), Procne
(secondo altri) farebbe sul figlio Iti, ucciso dalla madre (una delle due)
per vendicarsi del marito Tereo, padre del fanciullo: è favola notissima.
[5] La tradizione poneva presso Cizico (Asia) la fontana dell'odio;
e presso Alicarnasso (Caria) l'altra dell'amore: il motivo, com'è noto,
fu poi ripreso dal Boiardo.
[6] Non è esornativo soltanto quell'aggettivo, ma necessario per conferire a questa merla un carattere d'eccezione, in quanto che in Arcadia
le merle sono candide tutte.

un serpe mirabilissimo; la cui natura è tale, che qualunque uomo di mangiarlo si arrischia, non è sì strano
parlare di uccelli, che egli a pieno non lo intenda. Similmente mi disse [1] non so che animale, del sangue
del quale chi bevene un poco, e trovassesi in sul far
del giorno sovra alcun monte, ove molte erbe fossero,
potrebbe pienamente intendere quelle parlare, e manifestare le sue [2] nature; quando tutte piene di rugiada
aprendosi ai primi raggi del sorgente sole, ringraziano
il cielo delle infuse grazie, che in sé possiedono; le
quali veramente son tante, e tali, che beati i pastori,
che quelle sapessero! E se la memoria non m'inganna,
mi disse ancora, che in un paese molto strano e lontano di qui, ove nascon le genti tutte nere, come ma-
tura oliva, e córrevi sì basso il sole, che si potrebbe
di leggiero, se non cuocesse,[3] con la mano toccare, si
trova un'erba, che in qualunque fiume o lago gittata
fosse, il farebbe subitamente seccare; e quante chiu-
sure toccasse, tutte senza resistenza aprire: ed altra,
la quale chi seco portasse, in qualunque parte del
mondo pervenisse, abbonderebbe di tutte le cose, nè
sentirebbe fame, sete, nè penuria alcuna. Nè celò egli
a me, nè io ancora celerò a voi la strana potenza
della spinosa erige,[4] notissima erba nei nostri liti;
la radice della quale (benchè di raro si trovi) se per
sorte ad alcuno pervenisse nelle mani, farebbe senza
dubbio in amore fortunatissimo. Appresso a questa
soggiunse la religiosa [5] verbena, gratissimo sacrificio
agli antichi altari; del sugo della quale qualunque
si ungesse, impetrerebbe da ciascuno quanto di dimandare gli aggradasse, pur che al tempo di coglierla fosse
accorto. Ma che vo io affaticandomi in dirvi queste
cose? già il luogo, ove egli dimora, ne è vicino; e saravvi concesso udirlo da lui a pieno raccontare.

---

[1] Nominò.
[2] Le loro, alla latina.
[3] Se non bruciasse: deve trattarsi dell' Etiopia o d' altro paese
equatoriale.
[4] Erba spinosa delle nostre spiaggie marine; di quest' erba si rac-
contavan *mirabilia* come della *mandragora*.
[5] Adoperata nei sacrifici.

Lamento in morte del pastore Andrógéo.

(*Egloga* V).

Alma beata e bella,
che da' legami sciolta
nuda [1] salisti nei superni chiostri, [2]
ove con la tua stella [3]
ti godi insieme accolta;
e lieta ivi, schernendo i pensier nostri,
quasi un bel sol ti mostri
tra li più chiari spirti;
e coi vestigi santi
calchi le stelle erranti;
e tra pure fontane e sacri mirti
pasci celesti greggi,
e i tuoi cari pastori indi correggi: [4]
  altri monti, altri piani,
altri boschetti e rivi
vedi nel cielo, e più novelli fiori:
altri Fauni e Silvani
per luoghi dolci estivi
seguir le ninfe in più felici amori.
Tal fra soavi odori
dolce cantando all'ombra
tra Dafni e Melibeo
siede il nostro Andrógéo;
e di rara dolcezza il cielo ingombra,
temprando gli elementi
col suon di novi inusitati accenti. [5]
  Quale la vite all'olmo,
ed agli armenti il toro,
e l'ondeggianti biade a' lieti campi;
tale la gloria e 'l colmo
fostù [6] del nostro coro.

---

[1] Del corpo.
[2] Cieli.
[3] Conforme alla teoria platonica, secondo cui le anime tornavano
dopo la morte alle stelle, donde erano discese.
[4] Nel senso in cui usarono questo verbo e Dante ed il Petrarca,
cioè *guidi, governi.*
[5] L' armonia causa prima di tutto: Andrógéo coi suoi canti determina
nuove combinazioni di elementi e così si perpetua il flusso della vita.
[6] Tu fosti il più glorioso rappresentante nostro come la vite rappresenta l'olmo, come il toro rappresenta l'armento, come le biade ondeggianti rappresentano i lieti campi. La similitudine ha tutta la grazia e
la soavità di certe similitudini catulliane.

Ahi! cruda morte; e chi fia che ne scampi,
se con tue fiamme avvampi
le più elevate cime?
Chi vedrà mai nel mondo
pastor tanto giocondo,
che cantando fra noi sì dolci rime
sparga il bosco di fronde,
e di bei rami induca ombra su l'onde?

    Pianser le sante Dive
la tua spietata morte;
i fiumi il sanno e le spelunche e i faggi:
pianser le verdi rive,
l'erbe pallide e smorte,
e 'l sol più giorni non mostrò suoi raggi:
nè gli animai selvaggi
usciro in alcun prato;
nè greggi andâr per monti,
nè gustâro erbe o fonti:
tanto dolse a ciascun l'acerbo fato;
tal che al chiaro ed al fosco,[1]
Andrógéo Andrógéo sonava il bosco.

    Dunque fresche corone
alla tua sacra tomba,
e voti di bifolchi ognor vedrai;
tal che in ogni stagione,
quasi nova colomba,
per bocche de' pastor volando andrai;
nè verrà tempo mai,
che 'l tuo bel nome estingua,
mentre [2] serpenti in dumi
saranno, e pesci in fiumi.
Nè sol vivrai nella mia stanca lingua;
ma per pastor diversi
in mille altre sampogne e mille versi.

    Se spirto alcun d'amor vive fra voi,
querce frondose e folte,
fate ombra alle quiete ossa sepolte.[3]

---

[1] Di giorno e di notte.
[2] Fin tanto che....
[3] Si pensa alle *quete ossa compiante* del *villan sollecito* de *La Vita Rustica*: quanta differenza tra i due! Andrógéo è l'irreale protagonista d'un irreale paesaggio, variazione ingegnosa ma vuota della vecchia tradizione letteraria; nel Parini sentiamo i prodromi dell'imminente

Viaggio sotterraneo dall'Arcadia a Napoli.

(Prosa XII).

....Non possendo più dormire, fui costretto per minor mia pena a levarmi, e benchè ancora notte fosse, uscire per le fosche campagne. Così di passo in passo, non sapendo io stesso, ove andare mi dovesse, guidandomi la fortuna, pervenni finalmente a la falda di un monte, onde un gran fiume si movea con un ruggito e mormorio[1] mirabile, massimamente in quella ora, che altro romore non si sentiva: e 'stando qui per bono spazio, l'aurora già incominciava a rosseggiare nel cielo, risvegliando universalmente i mortali a le opre loro; la quale per me umilmente adorata, e pregata volesse prosperare i miei sogni, parve che poco ascoltasse, e men curasse le parole mie. Ma dal vicino fiume, senza avvedermi io come, in un punto mi si offerse avanti una giovene donzella ne l'aspetto bellissima, e nei gesti e ne l'andare veramente divina. La cui veste era di un drappo sottilissimo e sì rilucente, che, se non che morbido il vedea, avrei per certo detto, che di cristallo fusse; con una nova ravvolgitura di capelli, sovra i quali una verde ghirlanda portava, ed in mano un vasel di marmo bianchissimo. Costei venendo vêr me, e dicendomi: « Séguita i passi miei, ch'io son Ninfa di questo luogo », tanto di venerazione e di paura mi porse insieme, che attonito senza risponderle, e non sapendo io stesso discernere, s'io pur vegghiasse, o veramente ancora dormisse, mi posi a seguitarla. E giunto con lei sopra al fiume, vidi subitamente le acque da l'un lato e da l'altro ristringersi, e darle luogo per mezzo: cosa veramente strana a vedere, orrenda a pensare, mostruosa, e forse incredibile ad udire. Dubitava io andarle appresso, e già mi era per paura fermato in su la riva; ma ella piacevolmente dandomi animo, mi prese per mano; e con somma amorevolezza guidandomi, mi condusse dentro al fiume; ove, senza bagnarmi piede, seguendola, mi vedeva tutto circondato

---

rivoluzione contro tutti gli abusi e i privilegi ed i pregiudizi, vindice dell'umana dignità e della santità del lavoro. È una nuova coscienza, una nuova èra.

[1] Col significato che hà spesso il lat. *murmur*, di fracasso spaventoso.

da le acque, non altrimente che se andando per una
stretta valle, mi vedesse soprastare duo erti argini, o
due basse montagnette. Venimmo finalmente in la grotta,
onde quell' acqua tutta usciva; e da quella poi in
un'altra, le cui vôlte, siccome mi parve di comprendere, eran tutte fatte di scabrose pomici; tra le quali
in molti luoghi si vedevano pendere stille di congelato
cristallo,[1] e d'intorno a le mura per ornamento poste
alcune marine conchiglie; e 'l suolo per terra tutto
coverto d'una minuta e spessa verdura, con bellissimi
seggi da ogni parte, e colonne di translucido vetro,
che sostenevano il non alto tetto. E quivi dentro, sovra
verdi tappeti trovammo alcune Ninfe sorelle di lei, che
con bianchi e sottilissimi cribri[2] cernivano[3] oro, sepa-
randolo da le minute arene; altre filando il riducevano
in mollissimo stame, e quello con sete di diversi colori
intessevano in una tela di maraviglioso artificio; ma
a me, per lo argomento, che in sè conteneva, augurio
infelicissimo di future lacrime. Conciossiacosachè nel
mio intrare trovai per sorte, che tra li molti ricami
tenevano allora in mano i miserabili casi della deplo-
rata Euridice: siccome nel bianco piede punta dal ve-
lenoso aspide fu costretta di esalare la bella anima, e
come poi, per ricovrarla, discese a l'Inferno, e, ricovrata,
la perdè la seconda volta lo smemorato marito.[4] Ahi
lasso, e quali percosse, vedendo io questo, mi sentii
ne l'animo, ricordandomi de' passati sogni, e non so
qual cosa il cuore mi presagiva;[5] che, benchè io non
volesse, mi trovava gli occhi bagnati di lacrime, e quanto
vedeva interpretava in sinistro senso! Ma la Ninfa, che
mi guidava, forse pietosa di me, togliendomi quindi,
mi fe' passare più oltre in un luogo più ampio e più
spazioso, ove molti laghi si vedevano, molte scaturi-
gini, molte spelunche, che rifundevano acque, da le
quali i fiumi, che sovra la terra corrono, prendono le
loro origini. O mirabile artificio del grande Iddio! La

---

[1] Cristalli di quarzo pendenti dalla vôlta insieme a stalattiti: gli
uni e le altre allora spiegati come *congelati cristalli*.
[2] Vagli, stacci.
[3] Latinismo: vagliavano.
[4] Perchè Orfeo aveva dimenticato il divieto fattogli da Plutone di
volgersi a guardare Euridice.
Presentimento della morte della bella Carmosina Bonifacio amata
dal S.

terra, che io pensava che fusse soda, richiude nel suo
ventre tante concavità! Allora incominciai io a non
maravigliarmi de' fiumi, come avessero tanta abbon-
danza, e come con indeficiente[1] liquore serbassero eterni
i corsi loro. Così passando avanti, tutto stupefatto e
stordito del gran romore de le acque, andava miran-
domi intorno, e non senza qualche paura considerando
la qualità del luogo, ove io mi trovava. Di che la mia
Ninfa accorgendosi: « Lascia », mi disse, « cotesti pensieri, ed ogni timore da te discaccia: chè non senza
volontà del cielo fai ora questo cammino. I fiumi, che
tante fiate uditi hai nominare, voglio che ora veda da
che principio nascono. Quello, che corre sì lontano di
qui, è il freddo Tanai; quell'altro è il gran Danubio;
questo è il famoso Meandro; questo altro è il vecchio
Peneo: vedi Caistro: vedi Acheloo: vedi il beato
Eurota,[2] a cui tante volte fu lecito ascoltare il cantante
Apollo. E perchè so che tu desideri vedere i tuoi, i
quali per avventura ti son più vicini, che tu non avvisi; sappi che quello, a cui tutti gli altri fanno tanto
onore, è il trionfale Tevere, il quale non come gli altri
è coronato di salci o di canne, ma di verdissimi lauri,
per le continue vittorie de' suoi figliuoli: gli altri duo,
che più propinqui gli stanno, sono Liri e Volturno, i
quali per li fertili regni de' tuoi antichi avoli felicemente discorrono ».[3] Queste parole ne l'animo mio de-
stâro un sì fatto desiderio, che, non possendo più tenere
il silenzio, così dissi: « O fidata mia scorta, o bellissima
Ninfa, se fra tanti e sì gran fiumi il mio picciolo Sebeto[4] può avere nome alcuno, io ti prego che tu mel
mostri ». « Ben lo vedrai tu », diss'ella, quando li
sarai più vicino: che adesso per la sua bassezza non
potresti ». E volendo non so che altra cosa dire, si
tacque. Per tutto ciò i passi nostri non si allentarono,
ma continuando il cammino andavamo per quel gran
vacuo, il quale alcuna volta si ristringea in angustis-
sime vie, alcuna altra si diffondea in aperte e larghe
pianure, e dove monti e dove valli trovavamo, non

---

[1] Inesauribile.
[2] Il Tanai è il Don; il Meandro nell' Asia Minore, che con giro
tortuoso attraversava la Caria e la Ionia; il Peneo in Tessaglia; il Caistro in Tracia; l'Acheloo nell' Etolia e l'Eurota presso Sparta.
[3] I Sannazaro eran originari della Campania e vi possedevan terre.
[4] Fiume presso Napoli.

altrimenti che qui sovra la terra essere vedemo. « Ma-
raviglierestiti tu », disse la Ninfa, « se io ti dicessi,
che sovra la testa tua ora sta il mare? e che per qui
lo innamorato Alfeo, senza mescolarsi con quello, per
occulta via ne va a trovare i soavi abbracciamenti de
la siciliana Aretusa? » [1] Così dicendo cominciammo da
lunge a scoprire un gran foco, ed a sentire un puzzo
di solfo. Di che vedendo ella, che io stava maravigliato,
mi disse: « Le pene de' fulminati giganti, che vollero
assalire il cielo, son di questo cagione; i quali, oppressi
da gravissime montagne, spirano ancora il celeste foco,
con che furono consumati: onde avviene, che siccome
in altre parti le caverne abbondano di liquide acque,
in queste ardono sempre di vive fiamme; e se non che
io temo, che forse troppo spavento prenderesti, io ti
farei vedere il superbo Encelado, disteso sotto la gran
Trinacria, eruttar foco per le rotture di Mongibello; e
similmente l'ardente fucina di Vulcano, ove gl'ignudi
Ciclopi sovra le sonanti ancudini battono i tuoni a
Giove; ed appresso poi sotto la famosa Enaria, la quale
voi mortali chiamate Ischia, ti mostrerei il furioso Tifeo, dal quale le estuanti acque di Baia e i vostri monti
del solfo prendono il lor calore; così ancora sotto il
gran Vesevo ti farei sentire li spaventevoli muggiti del
gigante Alcioneo, benchè questi, credo, li sentirai,
quando ne avvicineremo al tuo Sebeto.[2] Tempo ben fu,
che con lor danno tutti i finitimi il sentirono, quando
con tempestose fiamme e con cenere coperse i circostanti paesi, siccome ancora i sassi liquefatti ed arsi
testificano chiaramente a chi gli vede; sotto ai quali
chi sarà mai, che creda che e popoli e ville e città
nobilissime siano sepolte, come veramente vi sono non

---

[1] Nota è la leggenda degli amori del pastore Alfeo e della ninfa
Aretusa mutati dagli dèi, l'uno in fiume, l'altra in fonte: le loro acque
sboccando in mare, le une dal lido della Grecia, le altre dal lido della
Sicilia, senza confondersi colle altre acque salse, venivano a mescolarsi in
mezzo al Mediterraneo.
[2] Tutti giganti puniti da Giove per aver cercato di dare la scalata
all'Olimpo. Encelado, figlio del Tartaro e della Terra, si dette alla
fuga quando vide che la lotta stava per essere sfavorevole ai giganti;
ma Minerva l'arrestò in corsa opponendogli la Trinacria; e Giove
l'immobilizzò coprendolo coll'Etna; i Ciclopi, ministri giganteschi di
Vulcano son troppo noti per l'episodio virgiliano di Polifemo, perchè ci
si debba fermare; Alcioneo è figlio del gigante Porfirione; Tifeo, figlio di
Titano e della Terra, fu pure lui ricoperto coll'Etna in pena della sua
presunzione.

solo quelle, che da le arse pomici e da la ruina del
monte furon coperte, ma questa, che d'inanzi ne vedemo? La quale senza alcun dubbio celebre città un
tempo nei tuoi paesi chiamata Pompei, ed irrigata da
le onde del freddissimo Sarno, fu per subito terremoto
inghiottita da la terra, mancandole, credo, sotto ai
piedi del firmamento,[1] ove fondata era. Strana per certo,
ed orrenda maniera di morte, le genti vive vedersi in
un punto tôrre dal numero de' vivi! Se non che finalmente sempre si arriva ad un termine, nè più in là
che a la morte, si puote andare ». E già in queste parole eramo ben presto a la città, che lei dicea; de 'la
quale e le torri e le case e i teatri e i templi si poteano
quasi integri discernere. Maravigliaimi io del nostro
veloce andare, che in sì breve spazio di tempo potes-
simo da Arcadia insino qui essere arrivati; ma si potea
chiaramente conoscere, che da potenzia maggiore che
umana eravamo sospinti. Così a poco a poco cominciammo a vedere le picciole onde di Sebeto. Di che
vedendo la Ninfa, che io m'allegrava, mandò fuore un
gran sospiro; e tutta pietosa vêr me volgendosi, mi
disse: « Omai per te puoi andare »; e così detto, disparve, nè più si mostrò agli occhi miei. Rimasi io in
quella solitudine tutto pauroso e tristo; e vedendomi
senza la mia scorta, appena arei avuto animo di movere
un passo, se non che dinanzi agli occhi mi vedea lo
amato fiumicello. Al quale dopo breve spazio appres-
satomi, andava desideroso con gli occhi cercando, se
veder potesse il principio, onde quell'acqua si movea:
perchè di passo in passo il suo corso pareva, che venisse crescendo ed acquistando tuttavia maggior forza.
Così per occulto canale indrizzatomi, tanto in qua ed
in là andai, che finalmente arrivato ad una grotta ca-
vata ne l'aspro tufo, trovai in terra sedere il venerando
Iddio,[2] col sinistro fianco appoggiato sovra un vaso di
pietra, che versava acqua; la quale egli in assai gran
copia facea maggiore con quella, che dal volto, da'
capelli e da' peli della umida barba piovendogli continuamente vi aggiungeva. I suoi vestimenti a vedere

---

[1] Fondamento.
[2] Tutti i fiumi presso i pagani erano divinizzati e rappresentati
come numi distesi o seduti a terra appoggiati ad un'urna, da cui si
devolve l'acqua: questo è il dio Sebeto.

parevano di un verde limo; in la destra mano teneva
una tenera canna, ed in testa una corona intessuta
di giunchi e di altre erbe provenute dalle medesime
acque; e d'intorno a lui con disusato mormorio le sue
Ninfe stavano tutte piangendo, e senza ordine o dignità
alcuna gittate per terra, non alzavano i mesti volti.[1]
Miserando spettacolo, vedendo io questo, si offerse agli
occhi miei; e già fra me cominciai a conoscere per qual
cagione innanzi tempo la mia guida abbandonato mi
avea. Ma trovandomi ivi condotto, nè confidandomi di
tornare più indietro, senza altro consiglio prendere,
tutto doloroso e pien di sospetto mi inclinai a baciar
prima la terra; e poi cominciai queste parole: « O li-
quidissimo fiume, o re del mio paese, o piacevole e
grazioso Sebeto, che con le tue chiare e freddissime
acque irrighi la mia bella patria, Dio ti esalti; Dio vi
esalti, o Ninfe, generosa progenie del vostro padre;
siate, prego, propizie al mio venire; e benigne ed umane
tra le vostre selve mi ricevete. Basti fin qui a la mia
dura fortuna avermi per diversi casi menato; ormai, o
riconciliata o sazia de le mie fatiche, deponga le arme ».

---

[1] Tutto questo dolore e questa desolazione è causata dalla morte
della bella fanciulla (Carmosina) amata dal Poeta.

SCRITTORI VARI.

LEONARDO GIUSTINIANI.
(1388? - 10 novembre 1446).

Nato in Venezia di cospicua famiglia non s'allontanò quasi mai dalle patrie mura, onorato dai concittadini d'onorevoli uffici. Dotto ed esperto conoscitore delle lingue classiche, egli mostrò singolare abilità nel parafrasare in un italiano, non immune da qualche idiotismo veneto, ma colorito e melodioso, certe canzonette popolari, dal loro luogo d'origine dette *ciciliane* o *calavresi*, senza guastarne la freschezza e la grazia. La grande celebrità, ch'egli raggiunse in questo genere di poesia, fece sì che da lui tali componimenti fosser detti *giustinianee*, anche se fossero opera di altri poeti. «Lo *Strambotto*, derivante a parer nostro dall'ottava siciliana, fu nel secolo XV trasportato dal contado nelle città, e dai trivj nei palazzi e nelle Corti, diventando forma gradita di poesia nei galanti ritrovi, dove, improvvisata da vero o per finta, la parola poetica s'accompagnava col canto e col suono della lira o della viola. Coltivato in Firenze dalla clientela borghese del Magnifico, serbò lo *Strambotto* o *Rispetto*, come anche chiamavasi, presso il Poliziano ed altri minori un certo sentore dell'origine sua, che invece si attenuò nelle corti feudali e militari dei Signorotti di altre parti d'Italia, come può notarsi presso Serafino dell'Aquila ed i suoi seguaci. Gli *Strambotti* del Giustiniani non si discostano invece molto dai modelli popolari, diffusi già in tutta la Penisola; anzi talvolta hanno comuni con quelli immagini, concetti e versi, così da lasciar dubbiosi, se egli abbia usurpato forme già note, o il popolo abbia fatto suoi i componimenti di un poeta, che aveva così bene saputo interpetrarlo ».

[A dispetto del lungo tempo ormai trascorso l'edizione più importante delle rime del G. è ancora quella curata da B. WIESE (Bologna, Romagnoli, 1883), che ha per titolo *Poesie edite e ine-*

dite di L. G., ma per ampliare le conoscenze sulla poesia del G.
è sufficiente il volumetto a cura di V. LOCCHI, *Strambotti e ballate di L. G.*, Lanciano, 1915].

Strambotti amorosi.

I.

Sia benedetto il giorno, che nascesti,
e l'ora e 'l punto, che fusti creata!
Sia benedetto il latte, che bevesti,
e il fonte, dove fusti battezzata!
Sia benedetto il letto, ove giacesti,
e la tua madre, che t'ha nutricata!
Sia benedetta tu sempre da Dio;
quando farai contento lo cor mio?

II.

Dio ti dia bona sera! Son venuto,
gentil madonna, a veder come stai;
e di bon core a te mando il saluto,
di miglior voglia che facessi mai.
Tu se' colei, che sempre m'hai tenuto
in questo mondo innamorato assai:
tu se' colei, per cui vado cantando,
e giorno e notte mi vo consumando.

III.

Non ti ricordi quando mi dicevi
che tu m'amavi sì perfettamente?
Se stavi un giorno, che non mi vedevi
con gli occhi mi cercavi fra la gente,
e risguardando stu non mi vedevi
dentro de lo tuo cor stavi dolente;
e mo' mi vedi, e par non mi conosci
come tuo servo stato mai non fossi.

DOMENICO DI GIOVANNI detto IL BURCHIELLO.
(1390-1400? - 1448).

Nato in Firenze da un falegname, aprì una bottega di barbiere in via Calimala, e, com' era allora d' uso, prestò l' opera sua di flebotomo. Spirito arguto e dotato di facile vena poetica egli era l' anima delle brigate d' artisti e di letterati, che solevano radunarsi a crocchio nella sua modesta bottega; ma avendo preso a parteggiare in politica per gli Albizzi contro Cosimo de' Medici dovè andare in esilio, ed ebbe vita quanto mai disgraziata per disavventure e malattie e miseria: conobbe anche il carcere per debiti e, pare, per truffa. Morì in Roma.

«Egli è come il tipo caratteristico della poesia burlesca innanzi al Berni. Ne' suoi *Sonetti caudati* tratta il più spesso di inezie della vita quotidiana: cade talvolta nello sconcio e nel volgare, come anche nell' oscuro per allusioni a fatti e a cose ora sconosciute. Molti sonetti sono, se non in lingua furbesca, in gergo; e dovevano esser poco o punto intesi fin dai tempi dell' autore. La sua *maniera* consiste, in generale, nell' unione o ravvicinamento di cose disparatissime, come portan la penna o la rima; e ne viene più tosto oscurità e mancanza di senso, che cagione d'arguzia o di motti, che muovono a riso. Un sonetto, ad esempio, comincia così:

> Nominativi fritti e mappamondi
> e l' arca di Noè fra due colonne
> cantavan tutti chirieleisonne
> per l' influenza dei taglier mal tondi ».

Ebbe pur lui un numero grandissimo d' imitatori sì che è impresa quasi disperata sceverare i componimenti autentici. Ecco due saggi della sua poesia veramente bizzarra:

La Poesia ed il Rasoio.

La Poesia combatte col Rasoio,
e spesso hanno per me di gran quistioni:
ella dicendo a lui: «Per che cagioni
mi cavi tu Burchiel dello scrittoio?»
E lui ringhiera fa del colatoio,[1]
e va in bigoncia a dir le sue ragioni;
e comincia: «Io ti prego mi perdoni,
donna, s'alquanto nel parlar ti noio.

---

[1] *Colatoio* è quel vaso di terra cotta bucherellato nel fondo, nel quale si pone della cenere e poi vi si versa sopra dell' acqua bollente, che cola di sotto mutata in ranno: col ranno caldo, come è detto sotto, i barbieri d' un tempo ammorbidivano le parti del volto su cui dovevano passare il rasoio. Dunque il rasoio per dire le sue ragioni si serve dell' orlo del colatoio come un oratore si serviva della *ringhiera* o della *bigoncia*, come allora si diceva, o della tribuna, come si dice noi.

S'i' non foss'io e l'acqua e 'l ranno caldo,
Burchiel si rimarrebbe in sul colore
d'un moccolin di cera di smeraldo ».[1]
    Ed ella a lui: « Tu sei in grande errore:
d'un tal dìsio porta il suo petto caldo,
ch'egli non ha in sì vil bassezza il cuore ».
                    Ed io: « Non più romore,
che non ci corra[2] la secchia e 'l bacino;
chi me' di voi mi vuol mi paghi il vino ».[3]

Bella Roma, ma non per chi ha fame!

Andando la formica alla ventura
giunse dov'era un teschio di cavallo,
il qual le parve senza verun fallo
un palazzo real con belle mura;
e quanto più cercava sua misura
sì gli parea più chiaro che cristallo;
e sì diceva: « Egli è più bello stallo,
ch'al mondo mai trovasse creatura ».
    Ma pur quando si fu molto aggirata,
di mangiare le venne gran disio;
e non trovando, ella si fu turbata,
    e dicea: « Egli è pur meglio, ch'io
ritorni al buco, dove sono stata,
che morte aver, però mi vo con Dio ».
            Così voglio dir io:
la stanza è bella, avendoci vivanda;[4]
ma qui non è, s'alcun non ce ne manda.

---

[1] In antico, quando si vendeva all'asta pubblica qualcosa, s'accendeva una candela che aveva l'ultima porzione destinata ad entrare nel bocciolo del candeliere tinta in verde. Si continuava a tenere aperto l'incanto fino a che la candela non accennasse ad essere consumata, di che era segno appunto il fatto che la fiammella fosse giunta al livello segnato dalla cera verde. Di qui il detto: *essere al verde* per dire essere senza mezzi, all'esaurimento dei mezzi di sussistenza. Perciò quel *moccolin di cera di smeraldo* vuol dire in sostanza: vivrebbe nell'ultima miseria.

[2] Non corran pericolo di rompersi....

[3] Quanta maschia sincerità in quella seconda terzina, in cui sorprendi l'A. in un momento di schietto entusiasmo, che si traduce in calore e dignità di forma. Nella *coda* invece l'allegro barbiere di Calimala, quasi pentito d'essersi lasciato portare ad un volo troppo alto, insolito alla sua poesia, dà in un'allegra risata richiamato dalla po vera realtà delle cose, alla quale un buon bicchiere di vino riesce di generoso ristoro. Chi mi vuol più bene mi paghi un buon bicchiere di vino!

[4] L'apologo è così sapientemente sviluppato in armonia collo stato

Pranzo di festa.

Va' in mercato, Giorgin tien qui un grosso,[1]
togli una libbra e mezzo di castrone,[2]
dallo spicchio del petto o dell'arnione;[3]
di' a Peccion[4] che non ti dia tropp'osso.

Ispicciati, sta su, mettiti in dosso,[5]
e fa' di comperare un buon popone:
fiutalo, che non sia zucca o mellone;
to' lo[6] dal sacco, che non sia percosso:[7]

Se de' buon non n'avessero i foresi,[8]
ingegnati averne un da' pollaiuoli:
costi, che vuole, chè son bene spesi.

Togli un mazzo fra cavoli e fagiuoli;
un mazzo.... non dir poi: io non t'intesi!
e del resto, toi[9] fichi castagnuoli[10]
            còlti senza picciuoli,[11]
che la balia abbia loro tolto il latte
e siensi azzuffati colle gatte.[12]

Notturno.

Cimici e pulci con molti pidocchi
ebbi nel letto, e al viso zanzale,[13]
in buona fe' ch'io mi condussi a tale,
che tutta notte non chiusi mai occhi.

d'animo del Poeta, preso per un verso d'ammirazione per Roma, ma
per altro verso angustiato dalla povertà, che quando s'arriva in fondo
il quadretto di per sè preciso nelle linee e rilevato per chiaroscuri si
illumina di schietta umanità, e s'imprime profondamente in noi. Quando
poi si pensa che siamo nel secolo dell'accademia e dell'imitazione, si
resta ammirati di tanta schiettezza e di tanta spontaneità.
  [1] Moneta del valore d'un scudo circa.
  [2] Castrato.
  [3] Nella parte dello sterno o dei lombi.
  [4] Peccione, evidentemente il macellaio.
  [5] Mettiti un vestito.
  [6] Levalo, toglilo.
  [7] Tutto pesto e ammaccature, come si dice noi.
  [8] I rivenduglioli del contado, i contadini.
  [9] Togli, compera.
  [10] Dalla buccia scura del colore delle castagne.
  [11] Quanto più il fico è maturo tanto più il picciolo si riduce di
proporzioni e viceversa.
  [12] Che non facciano il latte, quando si staccano; cioè non mandino
quell'umore lattiginoso che emette il ramo quando se ne stacchino
le foglie o i frutti acerbi; e che per la loro maturità sieno tutti aperti,
quasi si fossero azzuffati colle gatte e fossero rimasti malconci e squar-
ciati dai graffi.
  [13] Dialettale vivissimo ancora per zanzare.

Pugnevan le lenzuola come brocchi; [1]
i' chiamai l'oste, ma poco mi valse;
e dissigli: « vien qua, se te ne cale,
col lume in man e fa c'apra due occhi ».
    Un topo, ch'io avea sotto l'orecchio,
forte rodea la paglia del saccone;
dal lato manco mi tossiva un vecchio;
    e giù da piede piangeva un garzone:
quale animal m'appuzza, [2] qual morsecchia: [3]
dal lato ritto russava un montone.
            Onde per tal cagione
perdetti il sonno, e tutto sbalordito
con gran sete sbucai [4] quasi finito.

Naso sesquipedale.

Se tutti i nasi avessin tanto cuore
di venire a Comune [5] a fare Anziani,
io ve ne metterei un fra le mani,
che par de' nasi natural signore.
    Saria gonfaloniere e lor maggiore,
facendogli goder come Piovani
a malvasia, a còrsi e buon trebbiani, [6]
ma succeria per sè pure il migliore.
    Egli è vermiglio, e pien d'umor ridutti, [7]
alto di schiena e di persona grande,
augusto sempre e imperador di tutti.
    Nascon rubini su per le sue bande [8]

---

[1] Rami spinosi.
[2] Le cimici col loro fetore.
[3] La pulce: bellissimo quel diminutivo che implica anche l'idea iterativa.
[4] Uscire da quel letto era come uscire da una buca popolata di béstie feroci, onde quello *sbucai*, che qui ha il significato di *riuscii a mettermi in salvo*.
[5] Di venire nel palazzo del Comune ad eleggere gli Anziani.
[6] Tutti vini ricercati; vuol dire che questo naso gonfaloniere, (la suprema autorità cittadina) farebbe godere gli altri nasi, che si riconoscessero suoi sudditi, trattandoli con vini prelibati, come si trattano i pievani, ai quali si offrono le cose migliori. Per sè però riserberebbe il vino più fine.
[7] Vuole ritrarre l'aspetto pavonazzo di questo naso segnato in tutti i sensi dalle venature rosse, in cui pare che il sangue sia come congestionato (*ridutto*).
[8] Ai lati di questo naso sesquipedale pendono tanti bitorzoli.

ambre, balasci [1] e germinando frutti
ciriegie, sorbe e succiole con ghiande.[2]
           E sempre vino spande [3]
tal che d'accordo tutti son rimasi
ch'ei sia sommo Pontefice dei nasi.

Sonetti senza senso.

1.

I' Despoto di Quinto e 'l gran Soldano
e trentasette schiere di pollastri,
fanno coniar molti fiorin novastri,
come dice il Salmista nel Prisciano.

E dicesi che Borgo a San Friano,
che gli è venuto al porto de' Pilastri
una galea carica d'impiastri
per guarir del catarro Mont'Albano.

Mille Franciosi assai bene incaciati
andando a Vallombrosa per cappelli
furon tenuti tutti smemorati.

Foian gli vide, e disse: velli, velli;
ei non son dessi: il Bagno gli ha scambiati
o e' gli ha barattati in alberelli:
           allora i fegatelli
gridaron tutti quanti: c'era, e'era
e l'anguille s'armaron di panzera.

2

Quem quaeritis vos, vel vellere in toto
festinaverunt viri Salomone
viderunt omnes Pluto et Ateone
cum magna societate, sine moto.

Et clamaverunt omnes: poto, poto!
Ingressus est filius, Agamennone,
secundum ordo fecit Assalone
sibi Lachesis, Atropos vel Cloto.

---

[1] Allude alle varie colorazioni, qua più tendenti al giallo (*ambre*), la più tendenti al rosso (*balascio*, specie di rubino) che questo naso acquista alla luce per effetto dell' abbondante proliferazione di bitorzoli.
[2] Allude alle varie forme dei bitorzoli stessi: la *succiola* è la ballotta, castagna lessata.
[3] Le vene turgide di sangue che s'intersecano, visibilissime sotto l' epidermide, dànno l' idea che sparga vino per ogni verso.

Itaque nomen Caesare potentes
quaeris vexillum quo modo interficere
et oculi oculorum eius videntes.
Volo praecipue sacerdote armigere
sufficit mihi quamvis diligentes
vos omnes, qui vultis mihi intelligere.
Et ego volo dicere
che i Lucci, i Barbagianni e le Marmeggie
vorrebbero ogni dì far nova legge.[1]

FEO BELCARI.
(4 febbraio 1410 - 16 agosto 1484).

« Di nobil famiglia nacque Feo Belcari, figlio di Feo di
Jacopo (Coppo), in Firenze. Fu uomo di gran pietà e religione,
ma non rinunciò tuttavia alle cose del mondo; fu ammogliato
e tenne anche parecchi pubblici uffizj; nel 1455 fu de' priori,
nel '51, '55 e '68 de' gonfalonieri di Compagnia. Fu strettamente legato alla famiglia de' Medici. Morì in Firenze, e fu
sepolto nella sagrestia di Santa Croce.

Molto scrisse, in verso e in prosa. In poesia, *Rappresentazioni sacre* (il suo *Abramo ed Isac* recitato nel 1449 è il primo
componimento di questo genere, di cui conosciamo la data), *Laudi
spirituali*, sonetti, ecc. In prosa lasciò, oltre a minori scritti,
lettere, volgarizzamenti dal B. Jacopone, e il *Prato spirituale*
(1444) raccolta di leggende tradotte dal latino, in cui erano già
state tradotte dal greco per cura di Ambrogio Traversari. È tenuta in pregio soprattutto la *Vita del beato Giovanni Colombini*,
il quale nella seconda metà del secolo precedente aveva fondato
in Siena l'ordine de' Gesuati; ad essa aggiunse le Vite di
alcuni de' primi Gesuati e di Frate Egidio. Il Belcari come
prosatore si avvicina alla semplicità dei trecentisti, e ci ricorda
la lingua e lo stile delle *Vite de' Santi Padri*; sicchè il Gior-
dani ebbe a dirlo *un arancio in gennaio, un frutto del trecento
nel quattrocento*. Di lui riferiamo anche un brano della *Rappresentazione di Abramo ed Isac*, che servirà pure a dar saggio
di questo genere di drammatica popolare fiorentina, rimandando
per ciò che spetta alle prime forme e alle posteriori ampliazioni

---

[1] Curiosi esempi l'uno e l'altro di componimenti, buttati giù dal
bizzarro barbiere per provocare la risata negli uditori e lettori; seguendo
il naturale talento, che si compiaceva di ritmiche combinazioni, ottenute
mediante parole giustapposte, che non danno nessun senso, e generano
soltanto una serie d'immagini slegate l'una dall'altra, ma coordinate
dall'idea centrale di creare un quadro tutto discordanze e contraddizioni
singolari o violente.

di esso, agli studj sulle *Origini del Teatro italiano* di A. D'AN-
CONA ».

[Le opere in prosa volgare del B. sono riunite in *Prose edite
e inedite di Feo Belcari* per cura di OTTAVIO GIGLI, Roma, Sal-
viucci, 1843-44; e vedi ivi le notizie biografiche compilate da
G. C. GALLETTI. Lettura quanto mai dilettevole riesce *Il Prato
Spirituale dei SS. Padri*, che pure è volgarizzamento, ma tale
non pare (Milano, 1853): recentemente ha ripubblicato una buona
parte della *Vita* M. BONTEMPELLI in *Prose di fede e di vita nel
primo tempo dell' Umanesimo*, Firenze, Sansoni, 1913, al quale
volume rimandiamo chi volesse avere più particolari notizie].

In che tempo e in che modo il Beato Giovanni si convertì.

(Capo II).

Nell'anno del Signore 1355, essendo un giorno tornato Giovanni [1] a casa con desiderio di prestamente
mangiare, e non trovando (com'era usato) la mensa e
i cibi apparecchiati, s'incominciò a turbare colla sua
donna e colla serva, riprendendole della loro tardità,
allegando che per strette cagioni [2] gli conveniva solle-
citarsi di tornare alle sue mercanzie. Al quale la donna [3]
benignamente rispondendo, disse : « Tu hai roba troppa
e spesa poca; perchè ti dài tanti affanni? » E pre-
gollo, ch'egli avesse alquanto di pazienza, chè prestis-
simamente mangiare potrebbe; e disse : « Intanto ch'io
ordino le vivande, prendi questo libro e leggi un poco »;
e posegli innanzi un volume, che conteneva alquante
vite di Sante. Ma Giovanni, scandalizzatosi, [4] prese il
libro, e gittandolo nel mezzo della sala, disse a lei :
« Tu non hai altri pensieri che di leggende; [5] a me
convien presto tornare al fondaco ». E dicendo queste
e più altre parole, la coscienza lo cominciò a rimor-
dere in modo, che ricolse il libro di terra; e posesi a

---

[1] Senese; esercitò prima l'arte del mercante in patria, e conquistò
agi e ricchezze: poi attraverso la crisi, che qui si racconta, si dette a
vita religiosa.

[2] Motivi urgenti.

[3] Biagia dei Cerretani, dalla quale aveva avuto due figli: Pietro e
Agnolina.

[4] Preso da collera. Qui il verbo acquista un senso sarcastico per
il fatto che la lettura consigliata da monna Biagia avrebbe dovuto, se
mai, edificare e disporre alla calma: se mes. Giovanni ne prese invece
motivo per alimentare il suo cattivo umore ciò dipendeva esclusivamente
dalle condizioni del suo spirito.

[5] Qui nel senso di vite di santi o pie letture in genere.

sedere. Il qual aperto, gli venne innanzi per volontà divina la piacevole storia di Maria Egiziaca peccatrice,[1] per maravigliosa pietà, a Dio convertita. La quale in mentre che Giovanni leggeva, la donna apparecchiò il desinare, e chiamollo, che a suo piacere si ponesse a mensa. E Giovanni le rispose: « Aspetta tu ora un poco, per infino che questa leggenda io abbia letta ». La quale, avvenga che fusse di lunga narrazione, perchè era piena di celeste melodia, gli cominciò addolcire il cuore; e non si volle da quella lezione[2] partire, per infino che al fine pervenisse. E la donna vedendolo così attentamente leggere, tacitamente ciò considerando, n'era molto lieta, sperando che gli gioverebbe a edificazione della sua mente; però che non era già usato leggere tali libri. E certo, adoperando la divina grazia, così avvenne: però che quell'istoria in tal modo gli s'impresse nell'animo, che di continuo il dì e la notte la meditava. E in questo fisso pensiero il grazioso[3] Iddio gli toccò il cuore in modo, che incominciò a disprezzare le cose di questo mondo, e non essere di quelle tanto sollecito, anzi a fare il contrario di quello ch'era usato; imperocchè in prima era sì tenace,[4] che rade volte faceva limosina, nè voleva, che in casa sua si facesse; e per cupidità ne' suoi pagamenti s'ingegnava di levar qualche cosa del patto fatto; ma dopo la detta salutifera lezione, per vendicarsi della sua avarizia,[5] dava spesso due cotanti di elemosina, che non gli era addimandato;[6] e a chi gli vendeva alcuna cosa, pagava più danari, che non doveva avere. E così incominciò a frequentar le chiese, digiunare spesso, e a darsi all'orazione e al l'altre opere divote…. Ed essendosi per alquanto tempo in simili opere pie esercitato, crescendo di virtù in virtù e ogni dì nella via del Signore migliorando, facendo a' poveri larghe elemosine, vennegli in desiderio di voler essere al tutto povero e mendico per

---

1 Peccatrice prima d' Alessandria, poi, pentitasi e ritiratasi a vita ascetica nel deserto, vi morì.
2 Lettura.
3 Che dispensa le grazie: una delle quali fu l' aver toccato il cuore di messer Giovanni.
4 Dal verbo *tenere*: cioè taccagno.
5 Desiderio di danaro.
6 Il doppio di quanto gli fosse chiesto.

amor di Gesù Cristo, acciocchè in tutto spogliato di sè
e d'ogni cura terrena, potesse speditamente seguitare
il poverello Cristo suo Signore.

D'uno stupendo fatto, che occorse loro con un povero lebbroso.

(Capo V).

Ora avvenne, che andando un dì i servi d'Iddio
Giovanni e Francesco [1] al Duomo per udir messa, videro innanzi alla porta della Chiesa intra gli altri poveri, che mendicavano, un uomo infermo di lebbra e
mezzo nudo, che dal capo a' piedi era coperto di scabbia
e di piaghe: il quale Giovanni risguardando, commosso
nelle viscere del cuore a pietà e compassione sopra di
lui, d'sse a Francesco: « Mira questo povero qui abbandonato da ogni aiuto umano. Vogliam noi portarlo a
casa, e per amore di Cristo averne cura? Ecco noi an-
diamo per udir la messa, questo sarà farla ». Francesco
rispose: « Fa ciò che tu vuoi ». Allora il disprezzato
Giovanni abbracciò questo lebbroso, e poselo in su una
panca, e messegli il capo infra le cosce, e così sopra
le sue spalle con gaudio lo portava, tenendo le mani
del lebbroso colle sue mani: . . . .
. . . e pervenuti a casa, lo misono dentro. Ma
quando la donna di Giovanni lo vide, per orrore della
brutta infermità infastidita, incontanente stomacando,
a Giovanni disse: « Queste sono delle derrate, che tu mi
rechi? Ha' mi portato a casa la puzza e 'l fracidume.
Io uscirò di casa, e tu fa a tuo modo, come tu se' usato ».
Ma Giovanni dolcemente le rispondeva, dicendo: « Io ti
priego, che tu abbia pazienza: costui è creatura d'Iddio, ricomperato come noi del suo prezioso Sangue; e
così potremmo diventar noi, se Iddio volesse. Per l'amor
di Cristo ti priego, che me lo lasci mettere nel nostro
letto, acciocchè un poco si possa riposare.
. . . . Intendi che il povero
e l'infermo rappresenta la persona di Cristo; perocchè
egli disse nel santo Evangelio: « Qualunque ora voi sov-
venite, e fate bene a uno di questi miei minimi, voi

---

[1] Francesco dei Vincenti, convertitosi a vita di penitenza sull' esempio di Giovanni Colombini, e da costui tenuto come fratello in Cristo.

lo fate a me ». Ella rispose: « Tu hai molte parole: fa a
tuo modo: io non me ne impaccerò; e se tu lo metti
nel nostro letto, io mai più non vi giacerò. Or non
vedi, e senti tu la puzza, che costui gitta, che pur testè
non la potrò patire? » Allora Giovanni e Francesco, non
curando le parole della donna, apparecchiato un tepido
bagnuolo, lavarono con diligenza tutto quel lebbroso;
il quale di poi avendo dolcemente rasciugato, nell'ottimo letto, dove la donna dormir solea, lo misero, acciocchè alquanto si riposasse. La qual cosa la sua donna
molestamente sostenne. Finalmente Giovanni, per più
mortificarsi per amor di Cristo, bevve alquanto della
detta acqua, colla quale lo avevano lavato, e di poi
ammonì la moglie, che per infino che dalla Chiesa essi
tornassero, alcuna volta l'infermo visitasse: e col suo
compagno Francesco ritornò a udire la messa. Ma ella
ciò non promise di fare: la quale nientedimeno inco-
minciando a esser punta dagli stimoli della coscienza,
per questo che non adempieva i comandamenti del marito e non si movea a pietà sopra l'infermo, rizzandosi
andò per vedere il lebbroso. E quando aperse l'uscio
della camera, sentì sì gran fragranza di soavissimo
odore, che tutte le speziere e cose odorifere parevano
ivi ragunate. Onde, non essendo ardita d'entrare, serrò
l'uscio; e incominciò per contrizione amaramente a
piangere; spezialmente considerando le parole, che di
quel povero infermo ella avea dette al marito. E incontanente ecco Giovanni e Francesco dalla Chiesa tornare,
i quali per la via avevano comperato confetti per confortare il lebbroso. Ed entrati in casa, subito Giovanni
disse alla donna: « Che hai tu, che piangi? e che è del
nostro infermo? » Al quale con molte lagrime rispondendo, narrò quello che, andandovi, le era addivenuto.
La qual cosa udendo i servi d'Iddio, corsero alla camera; e aprendo l'uscio, sentirono quella grandissima
fragranza: e scoprendo il letto, non vi trovarono persona. Allora conobbero quello essere stato Gesù Cristo,
il quale s'era dimostrato loro in forma di lebbroso; e
vedendo sì gran dono d'Iddio, con ardente cuore gli
renderono grazie. Ma il servo d'Iddio Giovanni, desiderando di piacere solamente al suo Cristo, comandò
strettamente alla donna, che, mentre che in questa mortal vita fosse ditenuto, a niuno lo manifestasse. E la

detta moglie, veduto sì gran segno, che Iddio aveva
dimostrato, dette al marito piena licenza, e dal legame
del matrimonio totalmente lo sciolse, e lasciò libero, e
dissegli: « Va, e sta come a te piace e dà per amor di
Dio ciò che tu vuoi; che mai più di cosa, che tu voglia fare, non ti contradirò ».

Della qual licenza Giovanni molto allegro, all'Autore
di tutti li beni ne dette laude. Allora Giovanni e Francesco più accesi del divin fuoco, desiderando in tutti
abbandonare il mondo, non affidandosi al proprio sentimento vollono buono consiglio della via e del modo,
che avessero a tenere; e molte orazioni feciono, e ordinarono, che a persone religiose fossero fatte, per pigliare ottimo partito.[1]

Come il Beato Colombini, avuta l'estrema unzione, e la raccomandazione dell'anima, morì.

(Capi LI, LII e LIII).

Il dolcissimo Giovanni un'altra volta, il meglio che
potette,[2] diede a tutti la sua benedizione. Dipoi, come
fedelissimo cristiano, chiese il santo sagramento del-
l'estrema unzione; la quale con buon conoscimento
devotissimamente ricevètte. E approssimandosi al transito della morte, i suoi diletti fratelli[3] si posono intorno a lui in orazione, pregando affettuosamente Iddio,
che gli avesse misericordia. E il sacerdote gli fece la
raccomandazione dell'anima e altro salutifero uficio;
e ultimamente gli lesse la passione del nostro Signor
Gesù Cristo, secondo che è scritta nel santo Evangelo.
E quando fu a quella parola che dice: *Pater, in manus tuas commendo spiritum meum,* allora quella benedetta anima, sciolta dal corpo, andò, secondo che

---

[1] Assenza totale d'ogni preoccupazione letteraria, perfetta adesione
della coscienza dello scrittore all'argomento, preso a trattare, interesse
sempre vivo e ardente di zelo religioso, dànno a queste prose un suggestivo candore, quale è dato riscontrare solo nei *Fiorètti*. Le cose e le
persone son vedute e ritratte (si direbbe) in uno stato di *grazia*, onde
quell'aerea levità, che rende così cara la lettura di queste pagine. Riguardo poi al fatto prodigioso si racconta d'un caso analogo succeduto
a S. Giuliano ospitaliero; ed il Villani racconta simile avventura essere
occorsa a Roberto Guiscardo.

[2] Essendo moribondo sul suo letticciolo era un po' impacciato nei
movimenti; e perciò dice: il meglio che potè.

[3] I Gesuati, suoi fratelli in Cristo, dei quali egli aveva istituito e
organizzato l'ordine.

chiaramente si crede, alla gloria di vita eterna; e fu
in sabato a dì ultimo di luglio, nell'anno del Signore
1377. E avvegnachè, quando i santi uomini passano di
questa mortal vita non si dovesse piangere, però che
vanno a vita immortale; nientedimeno, passato che fu
il beato Giovanni di questo secolo, intra i sopradetti
suoi figliuoli si levò un gran pianto, vedendosi avere
corporalmente perduto sì ottimo e dolcissimo padre. E
più che gli altri Francesco Vincenti pareva che di dolore
si consumasse: il quale, gittandosegli al collo, e per tutto
baciandolo, con alta voce diceva: « O padre mio Giovanni, perchè m'hai così lasciato? È questa la compagnia, che io da te speravo? Chi sarà oggimai il mio
consiglio? Chi fia il mio sostegno? Da chi troverò mai
simil conforto? Tu eri a me ottimo maestro e padre;
tu m'illuminavi la mente; tu m'infiammavi l'affetto,
e sempre mi dirizzavi per la salutifera via. O Giovanni
mio dolcissimo, io non piango te, ma piango me: però
che tu se' ito a godere; e io son rimasto a tribolare;
io son ben lieto della tua felicità, ma io son dolente
della mia miseria. O amantissimo Giovanni, con ogni
desiderio supplico la tua carità, che preghi Iddio, che
mi tragga presto di queste tenebre, e conducami a
teco nella perpetua luce. Oh! quando sarà quell'ora,
che con teco mi ritrovi! » E dicendo l'ottimo Francesco queste e più altre parole, da capo l'abbracciava,
baciandogli con molte lagrime le mani e il volto. E
con simili parole tutti gli altri poverelli fortemente si
lamentavano; e ciascuno narrava de' gran benefici e
de' dolcissimi ammaestramenti da lui ricevuti; e per
grande ora in simil modo piansono. Dipoi, essendosi
i detti poveri dal pianto temperati, videro il lor novello padre Francesco in tal modo nel dolor sommerso,
che niente dal pianto si conteneva: e ingegnavansi di
levarlo di sopra il corpo del beato Giovanni, ma non
potevano: pure a forza prendendolo, tanto fecero, che
lo levaron ritto, e alquanto lo discostarono; che parve
che 'l suo cuore di dolor crepasse. E ultimamente i
detti poverelli piangendo e sospirando, con molta reverenza e divozione, come se il beato Giovanni fusse
stato prete, gli baciarono ordinatamente [1] la mano.

---

[1] Uno dopo l'altro.

Dipoi esaminarono intra lor medesimi, se doveano portare quel santo corpo nel modo vilissimo, che egli nel
suo testamento avea lasciato. E dispiacendo loro tanto
vilipendio, preson consiglio da tutt'i buon'uomini di
questo caso; i quali similmente s'accordarono, che non
era da osservare quel dispregio del suo corpo, che
egli per umiltà avea ordinato: ma che lo portassono
onoratamente, quanto era lor possibile; però che così
la sua santità meritava. E fatta la deliberazione, ordi-
naro o di portarlo al monasterio di santa Bonda, dove
s'era giudicato;[1] e con molte lagrime lo trassono da
quella casa. Allora tutta quella terra lo venne a vedere, così i maschi, come le femmine; e come s'e'
fusse stato sacerdote, per divozione la mano gli ba-
ciavano. E l'abate della badia di San Salvatore, e
quella comunità vi mandarono molti doppieri[2] di cera.
E messo con gran reverenza quel venerabil corpo in
una cassa, incominciarono divotamente a portarlo. E
quasi tutto quel Comune un gran pezzo l'accompagnò,
molti di loro per infino a' loro confini gli vennero
dietro. E per tutti i luoghi che passavano, correvano
le persone per divozione a vedere. E così con gran
everenza e onore portarono quel santo corpo al castello di san Quirico, e ivi alquanto si riposarono.
Finalmente lo portarono al predetto monasterio di
santa Bonda: e posando quel santo corpo in chiesa, lo
scopersono. Allora madonna Paola e suor Bartolomea
e l'altre divote monache, vedendo il beato Giovanni
morto, il quale con gran desiderio aspettavano vivo,
levarono in alto un grandissimo pianto, e amaramente
si dolevano d'esser private della spiritual consolazione
di sì venerabil padre. E ciascuna recitava delle sue
parole e opere virtuose, e massimamente del grandissimo amore, che per l'onor d'Iddio e per la lor salute,
egli aveva loro dimostrato. E così piangendo, non si
potevano saziare di narrare i salutiferi beneficj da lui
ricevuti.[3]

---

[1] Per aggiudicato: insomma nel testamento aveva espresso la volontà
d' essere sepolto in Santa Bonda.

[2] Dal latino popolare *duplerius,* nome derivato dallo stoppino rad-
doppiato e rinforzato, che trovasi nei grandi ceri; sicchè doppiero
viene a essere sinonimo di cero di notevole grandezza.

[3] Non pare scrittura del '400, tanta è la semplicità e la schiettezza:
man mano che si legge par di vedere la scena prender luce e colore in

Dalla Rappresentazione di Abramo ed Isac.

SARRA chiama tutti quegli di casa sua, domandando di Abramo e
di Isaac piangendo, e così dice:

O tutti quanti voi di casa mia,
per Dio, udite quel, che vi favello:
ecci verun, che sappi dove sia
el nostro Abram e 'l mio Isaac bello?
Già son tre giorni, che gli andaron via:
nel cor mi sento battere un martello;
e 'l lor partirsi senza farmi motto
m'ha di dolor la mente e 'l corpo rotto.

Uno de' SERVI risponde a Sarra, e dice così:

Madre benigna, reverenda e santa,
di quel che parli non sappiam nïente:
veggendoti sommersa in doglia tanta,
di loro abbiam domandato ogni gente;
di sapergli trovar nissun si vanta,
ma ben crediam, chè fien qui prestamente:
sempre si vuol, dove non è rimedio,
sperare in Dio, fuggendo angoscia e tedio.

Dipoi SARRA si volge in altra parte e dice:

O patriarca Abram, signor mio caro,
o dolce Isaac mio, più non vi veggio!
El riso m'è tornato in pianto amaro,
e, come donna, vo cercando il peggio.
Signor del cielo, s'io non ho riparo
di ritrovargli più, viver non chieggio.
Men doglia m'era di sterile starmi,
che del marito e figliuol mio privarmi.

Un SERVO risponde a Sarra così:

Deh non dir più così, madonna nostra,
chè Dio non abbandona i servi suoi.

SARRA risponde:

I' veggio ben, che la carità vostra
vi fa parlar quel che vorresti voi.

---

un affresco di mano di Giotto o di uno di sua scuola: il dramma spirituale è reso con calore e con evidenza commovente.

El Servo risponde:

> Caccia da te quel pensier, che ti mostra,
> che e' non possin ritornare a noi.

Sarra a' servi:

> Come mi posso contener del pianto
> privata del marito e 'l figliuol santo?

Dipoi Abram si volge a Isaac e piangendo dice queste quattro stanze, che seguitano:

> O dolce caro figliuol mio,
> odi 'l parlar del tuo piangente padre:
> con tanti voti prieghi, e gran disio,
> essendo vecchia e sterile tua madre,
> io t'acquistai dal magno eterno Iddio,
> nel nostro ospizio albergando le squadre
> de' poveri, pascendogli del nostro,
> servendo sempre a Dio, com'io t'ho mostro.

> Quando nascesti, dir non si potrebbe
> la gran letizia, che noi ricevemmo;
> tanta allegrezza nel cor nostro crebbe,
> che molte offerte a Dio per te facemmo:
> per allevarti, mai non ci rincrebbe
> fatica o spesa grande, che ci avemmo;
> e per grazia d'Iddio t'abbiam condotto
> che tu se' sano, ricco, buono e dotto.

> Nessuna cosa stimai più felice,
> che di vederti giunto in questo stato
> per poterti lasciar, come si dice,
> erede in tutto del mio principato;
> e similmente la tua genitrice
> gran gaudio avea dell'averti allevato,
> pensando fussi bastone e fortezza
> da sostenere omai nostra vecchiezza.

> Ma quello eterno Iddio, che mai non erra,
> a maggior gloria ti vuol trasferire;
> e non gli piace al presente per guerra
> o per infermità farti morire,
> sì come tutti quei, che sono in terra!
> Ma piace a lui, ch'i' ti debba offerire
> nel suo cospetto in santo sacrificio,
> per la qual morte arai gran beneficio.

Isaac, tutto sbigottito, piangendo risponde ad Abraam, e dice così

Come hai tu consentito, o padre santo,
di dar per sacrificio sì gran dono?
Per qual peccato debbo patir tanto
crudo tormento, sanz'alcun perdono?
Abbi pietà del mio innocente pianto,
e della bella età, nella qual sono.
Se del camparmi non mi fai contento,
io farò una morte, e tu poi cento.

O santa Sarra, madre di pietade,
se fussi in questo loco io non morrei!
Con tanti pianti e voti ed umiltade
pregherresti il Signor, ch'i' camperei.
Se tu m'uccidi, o padre di bontade,
come potrà' tu ritornare a lei?
Tapino a me, dove sono arrivato:
debb'esser morto, e non per mio peccato!

Tutta è l'anima mia trista e dolente
per tal precetto, e sono in agonia.
Tu mi dicesti già, che tanta gente
nascer doveva della carne mia;
il gaudio volge in dolor sì cocente,
che di star ritto non ho più balìa;
s'egli è possibil far contento Dio,
fa' ch'i' non muoia, dolce padre mio.

Abram dice ad Isaac:

El nostro Dio, che è infinito amore,
sempre più che te stesso amor ti porta,
ed ancor ti farà maggior signore,
perchè susciterà tua carne morta.
E' non fu mai mendace parlatore;
sicchè di tua promessa or ti conforta,
e credi fermo quel, che Abram ti dice,
che tu sarai al mondo e 'n ciel felice.

Isaac risponde:

O fedel padre mio, quantunque il senso
pel tuo parlar ricéva angoscia e doglia,
pure, se piace al nostro Dio immenso
ch'i' versi il sangue ed arsa sia la spoglia
in questo luoco sopra il fuoco accenso,

vo' far contenta l'una e l'altra voglia,
cioè di Dio e di te, o dolce padre,
perdendo tante cose alte e leggiadre.

Giusto non era, che mai fussi nato,
se io volessi a Dio mai contradire;
o s'io non fussi sempre apparecchiato
a te, buon padre, volere obbedire:
io veggo ben, che 'l tuo core è piagato
di gran dolor pel mio dover morire;
ma Dio, che siede sopra il ciel impirio [1]
ci premierà di questo tal martirio.

ABRAM bacia in bocca Isaac, e dice:

La santa tua risposta, o dolce figlio,
ha mitigato alquanto il mio dolore,
dappoichè tu consenti al mio consiglio
per obbedire al nostro gran Signore;
dinanzi a Lui tu se' quel fresco giglio
che dà soave e grande e buono odore;
e così sempre con Dio viverai,
se questa morte in pace sosterrai.

Com'io ti dissi nel parlar di pria,
volgi in verso di Dio tutte le vele. [2]
Tu non morrai di lunga malattia,
nè divorato da fiera crudele,
ma nell'offerta, degna, santa e pia,
e per le man del padre tuo fedele:
dunque se dal mio dir non ti diparti
lasciati nudo spogliare e legarti.

ABRAM spoglia Isaac, e pòllo in sull'altare, e legagli le man drieto
e dice:

Se tutto 'l tempo, che l'uom vive al mondo
facessi ciò, che Dio gli avesse imposto;
e quando giugne a questo grieve pondo
del suo morir, non fusse ben disposto,
non fruirebbe mai nel ciel giocondo
l'eterno Dio, anzi sarebbe posto
giù nell'inferno in sempiterne pene;
però priega il Signor che muoia bene.

---

[1] Cielo empireo.
[2] Traslato dal linguaggio marinaresco: Volgi con tutti i mezzi che
puoi per andare più rapidamente.

Isaac alza gli occhi al cielo e dice:

O vero sommo Dio, se mai t'avessi
per ignoranza in alcun modo offeso,
priego che m'abbi i mie' vizj rimessi,
e fammi tanto del tuo lume acceso,
ch'e' mie' pensier sien tutti in te impressi,
per esser fra gli eletti in ciel compreso:
dunque se vuoi, che sia teco congiunto,
fammi costante e forte in questo punto.

Poi si volge al padre e dice:

O dolce padre mio, pien di clemenza,
riguarda me, condotto al punto stremo;
priega l'eterno Dio, che sua potenza
mi faccia forte, perchè alquanto temo;
perdonami ogni mia disubbidienza,
chè d'ogni offesa con tutto il cor gemo;
ma prima ch'io patisca passïone,
priego mi dia la tua benedizione.

Abram alzando gli occhi al cielo, dice questa stanza e al quinto
verso benedice Isaac, e ai due ultimi versi piglia con la man sinistra
Isaac per li capelli, e nella man destra tiene il coltello, e dice così:

Da poi che t'è piaciuto, eterno Dio,
avermi messo a questo passo stretto,
col cor ti priego quanto più poss'io,
che da te sia Isaac benedetto;
con tutta l'alma e con ogni disio
ti benedico, figliuol mio diletto.
E tu, Signore, poi che t'è in piacere,
sia fatto in questo punto il tuo volere.

E subito Abram alza il braccio per dare del coltello in sulla testa
a Isaac, e presto apparisce uno Agnolo, e piglia il braccio d'Abram
e dice:

Abram, Abram, non distender la mano
sopra Isaac tanto giusto e pio,
e non versar il santo sangue umano
sopra l'altare, del buon servo mio:
tu non hai fatto il mio precetto vano,
ed or conosco ben che temi Dio,
dappoichè per amor non perdonavi
al tuo figliuolo, al qual tu morte davi.[1]

---

[1] Il contrasto che nel cuore d' Abramo doveva scatenarsi tra il pio

VESPASIANO DA BISTICCI.
(1421 - 27 luglio 1498).

La bottega di questo libraio fiorentino fu ritrovo gradito di molti di quei letterati ed artisti, dei quali la sua città allora abbondava, e tra di essi contò numerosi amici, che in lui ebbero il loro Plutarco. «Sendo istato in questa età (scrive egli nel Proemio alle Vite); e avendo veduti tanti singulari uomini, de' quali io ho avuto assai notizia, a fine che la fama di sì degni uomini non perisca, bene che sia alieno dalla mia professione, ho fatto memoria di tutti gli uomini dotti, che ho conosciuti in questa età per via d'un brieve comentario». «A provvedere libri in copie di bella mano, corrette ed ornate di be' fregi, fu adoperato da ricchi ed illustri collettori; fra gli altri da Cosimo de' Medici. Per far la biblioteca di lui, ch'egli a lungo descrive nella *Vita*, che ne lasciò, *tolse quarantacinque scrittori, e finì volumi ducento in mesi ventidue* (p. 255). Ebbe parte anche a formare la biblioteca di Federigo duca d'Urbino, la quale esalta sopra tutte le altre, perchè ha tutte le opere di ciascun insigne scrittore in ogni *facultà* o ramo del sapere, non mancanti di una sola carta, scritte tutte *in cavretto*, cioè su cartapecora, *miniate elegantissimamente*, con libri a stampa, *chè se ne sarebbe vergognato* (p. 99, ediz. Bartoli). L'amicizia, che per lui ebbe in Firenze Tommaso Parentucelli, questi glie la conservò divenuto Nicolò V; e ci piace qui riferire ciò, che Vespasiano, brevemente *per non parere che vogli parlare di me, avendo a parlare di papa Nicola,* lasciò scritto a ricordo di una visita fattagli in Roma: «Non molto di poi che fu fatto pontefice, sendo io andato a visitare la sua Santità, andai uno venerdì sera, dando udienza pubblica, come faceva una volta la settimana; questo era uno di quegli dì. Entrando nella sala, dov'egli dava udienza, che era circa una ora di notte, subito entrato, mi vide, e sì mi disse ad alta voce, ch'io fossi il ben venuto, e ch'io avessi pazienza, chè voleva esser meco solo. Non passò molto, che mi fu detto, ch'io andassi alla sua Santità. Andai, e secondo la consuetudine gli baciai i piè; di poi mi disse, che io mi levassi;

---

servo di Dio ed il padre dell'unigenito atteso e amatissimo; che nel cuore d'Isacco doveva scatenarsi tra il figlio obbediente ed il giovane, cui sorride la vita, è a mala pena accennato perchè ogni antitesi viene ad essere come annullata da una passiva rassegnazione a Dio. Il che apparirà molto naturale, quando si pensi alla natura di questi spettacoli, che dovevan proporsi per iscopo l'edificazione delle anime. Mettendoci pertanto da questo punto di vista, invece di chiedere a queste scene ciò ch'esse non posson dare, comprenderemo bene come le umili plebi trovassero di perfetto loro gusto quest'arte ingenua; e gusteremo anche noi certe note d'accorata tristezza, che tradiscono il disagio spirituale del patriarca e del figlio suo e l'amaro presentimento materno di Sara, ignara di tutto, ma pur presaga di quanto dovrà succedere.

e levossi da sedere, e dette licenza a ognuno, dicendo che non
voleva dare più udienza. Andò in una parte segreta, allato a
uno uscio, che andava in sur un verone d'uno orto. Sendovi
forse venti doppieri accesi, s'erano accostati quattro dov'era
la sua Santità; accennò che si discostassino, e rimosso ognuno,
cominciò a ridere, e sì mi disse, a confusione di molti superbi:
« Vespasiano, arebbe creduto il popolo di Firenze che uno prete
da suonare campane, fusse istato fatto sommo pontefice? ». Ri-
spuosi ch'egli arebbe creduto che la sua Santità fusse istata
assunta mediante la sua virtù, e metterebbe Italia in pace.
A questa parte rispuose, e disse: « Io prego Dio che mi dia grazia
che io possa mettere in opera quello, ch'io ho nella mente, che
è di fare cotesto effetto, e non usare altra arme nel mio pontificato, che quella che m'ha dato Cristo per mia difesa, che è
la croce sua; e questa userò in tutto il mio pontificato » (p. 33,
ediz. Bartoli). « Gli ultimi anni della sua vita, addolorato anche
per le mutate condizioni de' tempi (aveva assistito ai più importanti fatti di Firenze nel suo tempo, la morte di Lorenzo,
il Savonarola, e veduto anche la decadenza dell'arte sua), passò
all'Antella, in villa, e circa il 1493 vi scrisse una parte delle
Vite degli uomini illustri del suo tempo, che più tardi raccolse
ed ordinò, raccogliendovi le cose viste o sapute da persone fede-
degne intorno ai personaggi più cospicui dell'età sua, pontefici
e principi, uomini di chiesa e di stato, mecenati e letterati,
de' quali i più avevano trattato familiarmente con lui, e dato
almeno una capatina alla bottega del buon cartolaio. Fu grande
ammiratore degli studiosi e de' fautori degli studj: arguto os-
servatore, scrittore schietto, ottimo cittadino, fervente cristiano:
fu sepolto in Santa Croce ».

[Delle *Vite* si ha una edizione completa a cura di L. FRATI,
Bologna, Romagnoli, 1892-93, in 3 vol., ma puoi ricorrere al
volumetto n. 9 (*Vesp. da B.; Vite di Uomini Illustri*) della Collezione Scrittori Nostri (Lanciano, Carabba)].

Giannozzo Manetti.

(Ediz. FRATI, vol. II, 188).

Era messer Giannozzo sanissimo del corpo, e non
aveva macola[1] igniuna, nè fianco, nè renella, nè gotti,
nè pietra;[2] nè igniuna ispezie d'infermità none aveva
avuta dal 1445 al 1459, nonostante i disagj avuti d'andare in infiniti luoghi ambasciadore, e l'avversità

---

[1] Difetto, debolezza.
[2] *Male di fianco* è lo stesso che malattia ai polmoni; renella è
affezione ai reni; *gotta* è intossicamento per eccesso d'acido urico nel
sangue; *pietra* è affezione di calcoli, più comunemente vescicali.

avuta: tutto procedeva dalla sua buona complessione, e d'avere un corpo mirabilmente organizzato;[1] procedeva ancora dalla sua inaudita continenzia del mangiare, del bere e del dormire e d'ogni altra cosa. Tutte queste cose lo preservarono in tanto lunga sanità. Aveva mirabile dote dalla natura, in prima d'una inaudita memoria: aveva il capo tanto grande tratto dalla testa innanzi al di drietro,[2] che non trovava cappuccio, nè berretta che gli entrasse in capo, se non le faceva fare in pruova.[3] Era di bella statura, nè troppo grande, nè troppo piccolo: non era nè magro, nè grasso, teneva la via del mezzo: aveva meraviglioso stomaco: mai non gli doleva nè stomaco, nè capo. L'aspetto suo era allegrissimo, sempre pareva che ridesse: era tutto canuto; e dice avere cominciato in anni dicennove a essere canuto; in anni trenta era quasi tutto canuto: portava sempre i capegli nè molto grandi, nè piccoli, non se gli faceva mai levare: non era calvo, se none una piccola cosa dinanzi, che non si vedeva pe' capegli, che portava. Era pazientissimo al freddo e al caldo: rade volte s'appressava mai al fuoco, se non la sera, dipoi che aveva cenato, che non tornava più nello studio, istato alquanto a parlare cogli amici, che sempre n'aveva qualcuno a mangiaro seco. A' figliuoli domandava diligentemente ogni sera quello, che avevano fatto il dì; e ordinava quello avevano a fare il dì seguente, e non voleva, che perdessino punto di tempo. Usava grandissima diligenzia nella loro educazione: sempre gli riprendeva per piccolo errore avessino fatto, acciò non s'avvezzassino a farne; e d'uno minimo errore che facessino, ogni dì infinite volte glielo ricordava per farglielo venire a noia, acciocchè se ne guardassero. Istato alquanto a questo modo, se n'andava a letto. La mattina sempre innanzi dì tre ore o più di verno egli era levato. Il suo dormire non era più di cinque ore.

Quando si levava, non dava mai noia a persona alcuna, nè a' servi, nè alla donna, nè a persona. Te-

---

[1] Che funzionava, direbbero i medici d'oggi, ottimamente.
[2] Il capo dalla linea dei capelli sulla fronte alla nuca era di tali dimensioni....
[3] Su misura.

neva una cioppa [1] di verno poco più giù che a mezza
gamba foderata. Istava a questo modo nello studio
infino a ora di terza; [2] e aveva studiato ore cinque,
quando gli altri si levavano. La cura di casa, dell'ordine del mangiare, non vi volle mai pensare. La donna,
che era donna d'assai, [3] sirocchia della donna di messer Agnolo Acciaiuoli, aveva la cura lei d'ogni cosa:
egli di suo mangiare o bere, come è detto, non vi
pensava, nè vi curava. Tutte le quaresime e le vigilie
comandate digiunava sempre, non le lasciava mai. Era
di bonissimo esemplo di vita e di costumi. I dì delle
feste, dipoi che aveva studiato insino a ore ventidue,
usciva di casa, e menava seco uno o dua, e andava,
essendo buon tempo infino a San Miniato; e se il tempo
lo serviva, [4] infino a capo [5] Piano di Giullari, in su
uno rialto che v'è. Istato quivi alquanto, dipoi se ne
veniva dalla porta a San Giorgio; e se gli bisognava
andare in palagio, v'andava; se non bisognava, in
piazza rade volte si fermava. Tornavasi a casa; e, su-
b to ispogliatosi, senza iscaldarsi o nulla, se n'andava
nello scrittoio, e quivi stava insino sonate le tre ore.
In questo tempo non voleva, che gli fusse dato noia da
persona; da lo scrittoio alla sala, dove istava, erano tre
usci, che tutti istavano serrati per non sentire istre-
pito nè nulla; e se non era cosa necessaria, non
v'era ignuno, ch'andasse allo scrittoio. Sonate le
tre ore, e, tratto il vino, ordinato che non s'avesse se
none a porre a tavola, [6] era chiamato, e alle volte
soprastava e diceva: « Mettete del vino ne' bicchieri,
e cominciate a tagliare la carne » ; innanzi che venisse
era freddo ogni cosa; non se ne curava, lodava ogni
cosa, e non biasimava nulla. Una cosa non lascerò.
Sempre il dì delle feste intorno a casa sua erano cittadini; e arebbono voluto, che si fusse fermo a perdere

---

[1] Veste da camera pesante e foderata contro i rigori dell'inverno.
[2] Alle 9 ant. circa.
[3] Di molta capacità.
[4] Se gli restava tempo, oppure se il tempo gli era favorevole. Dunque nei giorni di festa studiava fino alle 22 che, rispetto ad un giorno
solare, verrebbero a corrispondere alle 10 ant. circa.
[5] All'altura più elevata della collina di S. Miniato, che ancora
conserva il nome di Pian dei Giullari.
[6] E quando non restava da dare altro ordine che quello di portare
in tavola le vivande.... Si vede che quest'ordine doveva partire direttamente da lui, come padrone di casa.

tempo e novellare con loro, come s'usa pe' più. Non
lo faceva mai. Ricòrdami un dì d'una grande piace-
volezza: che, uscendo di casa, essendo nella via in
su' muricciuoli di quegli del gonfalone suo,[1] chi giuo-
cava, e chi stava a vedere; uscendo di casa si volse
a me e disse: « Io so che coloro hanno per male, ch'io
non mi fermo con loro: io voglio piuttosto più parecchi fiorini di gravezza che stare quivi a perdere quel
tempo » . . . .

Era l'opinione sua della città,[2] che, avendo tante
degne parti quante erano in lei,[3] referta[4] di tanti degni uomini in ogni facultà, così nel governo della re-
publica, come universalmente in tutte le altre cose,
giudicava, che Italia non aveva la più degna città
quanto questa, e che d'uno basso e piccolo dominio,
con la loro prudenza e virtù[5] avevano ampliatolo e
fattolo molto degno: ma vedeva ne' suoi tempi essere
mancati infiniti degli uomini, ch'aveva avuto quella
età, e non vedeva succedere di quegli fussino rede[6]
de' loro passati,[7] di quella prestanzia, nè di quella
virtù, ch'erano istati i loro passati; e per questo dubitava, la città non si[8] mantenere in quella riputazione
nè in quella grandezza, ch'era istata. Dubitava assai
de' Viniziani, conosciuta la loro ambizione, che non
fussino quegli, che col tempo avessino a occupare buona
parte d'Italia. Il loro governo gli piaceva e lodavalo
assai; ma dispiacevagli la infedeltà loro,[9] e parevagli,
come era, che per l'acquistare stato facessino ogni
cosa, e la loro fede non l'osservassino per nulla; e di
questo n'era pieno d'esempli delle loro inosservanze.

Non passerò qui ch'io non dica quello, che soleva
dire de' nostri fiorentini: non dico de' buoni e degli
onesti cittadini, ma degli infedeli e de' tristi: soleva

---

[1] L' insegna del sestiere pel sestiere stesso.
[2] Riguardo alla città.
[3] Da riferirsi alla città.
[4] Latinismo, per ripiena.
[5] Il soggetto evidentemente va ricavato da quell' espressione più
sopra: *tanti degni uomini*. Virtù qui ha il valore di abilità.
[6] Eredi.
[7] Antenati.
[8] Proposizione infinita oggettiva dipendente dal predicato *dubitava*:
l' uso moderno all' infinito preferisce il congiuntivo.
[9] I Veneziani infatti, tutti presi dal desiderio d' ingrandirsi sulla
terraferma, cambiavano ogni momento amici e alleati, secondo richie-
deva il loro interesse.

dire ispesso, quando vedeva uno promettere un cosa e
non l'osservare, come faceva lui, che era osservantis-
simo: *Maledictus homo qui confidit in homine*, e la sua
chiusa era, *e nell'opera sua*. La sua natura, che era
aperta e degna e piena di integrità, era che tutti gli
uomini fitti [1] e simulati non gli poteva udire ricordare,
quegli che avevano una cosa nella bocca e un'altra
nell'animo: o iniqua generazione, da essere, non solo
cacciata d'una città, ma della terra de' viventi!

Feste fiorentine.

(Ibid., vol. III, p. 269).

Venne in questi tempi (1433) in Italia Sigismondo [2]
imperadore, per andare a Roma per la corona, ne' tempi
di Eugenio IV [3] pontefice; e perchè in Firenze era legge,
che nè papa, nè re, nè imperadori potessino entrarvi,
sendogli negato il venire, [4] se n'andò a Siena; e mandò
a Firenze quattro de' principali signori, che aveva, ambasciadori (che n'aveva seco buona copia di gentili
uomini) perchè, oltre all'imperio, era re d'Ungheria.
Vennono questi signori, non meno per vedere la città,
che in questo tempo era abbondante e di virtù [5] e di
ricchezze, e la fama sua era per tutto il mondo. Qui
e dalla Signoria e da tutti i cittadini furono molto onorati: feciono loro tutte le specie degli onori si potessino: e per dar loro qualche ricreazione, e perchè e'
vedessino le ornatissime e pudicissime donne aveva
la città, e il simile gli ornatissimi giovani, determino-
rono fare un ballo in sulla piazza de' Signori, dove
feciono un palco che cominciava dal lione di piazza
infino alla Mercatanzia, dove era in sul palco, un ta-

---

[1] Dal latino *fictus*, che in italiano viene a dire finto, falso.
[2] Col concilio di Costanza ebbe il merito di aver posto fine al
gran scisma della Chiesa: tollerò, se non approvò, la morte di G. Huss.
Visse dal 1362 al 1437.
[3] Fu papa dal 1431 al 1447 e tentò la conciliazione della chiesa
greca colla latina.
[4] I fiorentini erano di sentimenti così schiettamente democratici, che
allo scopo di evitare che qualche prepotente abbattesse il loro governo
popolare per assoggettarli a sè fecero una speciale *consulta*, come dicevasi allora, o deliberazione, con cui era fatto divieto formale e tassativo
a qualunque principe della terra di metter piede in Firenze senza il
beneplacito ed il permesso della città.
[5] Nel senso di *virtuosi* e cioè, secondo l'uso in cui questa parola
allora era adoperata, uomini di studio e di genio.

lamo; [1] si saliva alcuni iscaglioni: e' sederi [2] erano dal
canto della Mercatanzia infino al canto che va nel Garbo,
tutti piene di spalliere e pancali, e panni d'arazzo ricchissimi e festoni ricchissimi intorno. Ordinorono, che i primi
giovani della città si mettessino in punto, e feciono una
livrea [3] di drappi verdi ricchissimi, tutti coperti di
pelle, infino nelle calze. Invitorno tutta la gioventù [4]
di Firenze, che ve n'era grandissima copia, ricche,
bellissime del corpo, ma più dell'animo, e benissimo
ornate, con tante perle e gioie, ch'era cosa mirabile a
vedere. Non erano le vesti loro iscollate, come sono
oggi, ma accollate e venustissime e ornatissime. Fu
in fra queste donne l'Alessandra (de' Bardi), per la
più bella e per la più venusta vi fusse di tutte le parti.

Parve a questi ambasciadori la città di Firenze un
altro mondo, rispetto alla grande quantità di uomini
nobili e degni, v'erano in quel tempo; e non meno
donne bellissime del corpo e non meno della mente;
perchè (sia detto con pace di tutte le donne e terre
d'Italia) Firenze in quel tempo aveva le più belle e le
più oneste donne, [5] fussino in Italia; e di loro per tutto
il mondo n'era la fama. Pensino ora loro, se sono in
questa condizione! Fu messa l'Alessandra, per la più
bella e la più destra a ogni cosa vi fusse, allato al
primo ambasciadore. L'altra, in sua compagnia, fu la
Francesca, figliuola di Antonio di Salvestro Serristori;
e di poi, delle altre gli tramezzavano. In questo tempo
l'Alessandra era maritata in quell'anno; e era andata a
marito. Avendo ballato l'Alessandra e l'altre pudicissime giovani, fu invitato [6] quegli ambasciadori; era cosa,
che ognuno si maravigliava della destrezza dell'Alessandra, quanto sapeva fare ogni cosa bene. Ballato per
lungo spazio, fu ordinata una bellissima colezione, e
fuori dell'ordine di portare le colezioni in simili feste; [7] per la sua destrezza fu ordinato, che la Alessandra

---

[1] Un tavolato. —
[2] I luoghi da sedere, i sedili.
[3] Ordinarono un modo e colore comune di vesti: una divisa, una
uniforme si direbbe oggi.
[4] Le giovani donne.
[5] Elegante ellissi del pronome relativo, secondo l' uso toscano.
[6] Impersonalmente: fu rivolto l' invito di ballare agli ambasciatori....
[7] Superiore alle colazioni, ai rinfreschi, si direbbe oggi, che si usano
in tali feste.

pigliassi in mano una confettiera piena di confetti, e
portassegli lei agli ambasciadori, con una tovaglina di
rensa [1] in sulla spalla. Pigliolla, e con una ismisurata
gentilezza la porse agli ambasciadori, sempre facendo
riverenza con inchini in fino in terra, naturali e non
isforzati; che pareva, che non avessi fatto mai altro.
Piacqueno i sua modi e costumi mirabilmente agli
ambasciadori e a tutti i circumstanti. Posto giù i confetti, prese le tazze del vino, e fece il simile; e tutto
fece in modo, che pareva l'avessi fatto sempre; e non
pareva allevata con donna inesperta ma con pruden-
tissima, ch'insino a ogni minima cosa l'aveva inse-
gnata, come si vede. Di poi, fatta la colezione e ballato alquanto, si rizzorno gli ambasciadori, essendo già
l'ora tarda, accompagnati da moltissimi cittadini, e dal
lato quei giovani della festa; e l'Alessandra colle più
belle giovani e nobili vi fusseno, misseno in mezzo
gli ambasciadori. Ella l'aveva messo la mano sotto il
braccio dalla mano dritta; e un'altra lo teneva dalla
manca.[2] Accompagnatoli infino all'albergo, dove allog-
giava, il primo ambasciadore si cavò uno bellissimo
anello di dito, e donollo alla Alessandra; di poi se ne
cavò un altro, e donollo alla compagna. Salutati le
giovani e i giovani, gli ambasciadori accompagnarono
le giovani alle case loro. Agli ambasciadori, sendo
suto loro fatto sì grande onore, pareva loro ogni dì
mille per tornare a Siena a narrare allo imperadore
quello avevano veduto. Giunti a Siena, e narrato al-
l'imperadore ogni cosa, e lodando maravigliosamente
la città, dissongli delle pudicissime donne avevano
vedute, e massime della Alessandra, de' degni sua costumi e della suprema sua bellezza.

---

[1] Tela finissima, che si tesseva in modo speciale a Reims, onde il
nome rensa.
[2] Da quanto segue si capisce ché l'Alessandra ed una sua compagna, l'una offrendo il braccio a destra, l'altra alla sinistra accompagnarono il capo, o come oggi si direbbe, il decano degli ambasciatori.
Con quella libertà che è tutta propria di queste prose del '400 tanto
vicine alla lingua parlata, Vespasiano passa dal plurale al singolare
con grande disinvoltura, sostituendo la costruzione a senso alla costruzione grammaticale.

Alessandra de' Bardi negli Strozzi.

(Ibid., p. 273).

Lorenzo,[1] rimanendo in Firenze, nelle condizioni che uno può pensare, era rigettato or qua or là da' colpi della fortuna. E come fanno i cittadini in una città, sendo nelle condizioni, ch'era lui, che non hanno nè chi li guati, nè chi parli con loro, come se fussino o giudei o scomunicati o peggio; istando a questo modo la pudicissima fanciulla, vedendosi destituta d'ogni aiuto, ricorreva all'onnipotente Iddio e alla gloriosa Vergine Maria con orazioni e digiuni; chè digiunava tutte le vigilie comandate e le quaresime e altre sue devozioni. Radi dì erano, ch'el marito tornassi a casa, che non ritornassi con casi nuovi di villanìe, che gli erano fatte e dette, dolendosene con la infelice donna. Ella lo confortava il meglio che poteva; e in sua presenza, per non lo constristare più che si fusse, si sforzava di stare di bonissima voglia il più che poteva, dicendo, ch'avessi pazienza, e che nell'avversità si conosceva meglio Iddio, che non si faceva nelle prosperità; e che nelle felicità non l'avevano conosciuto come dovevano: e per questo mitigava alquanto il suo dolore....

Istando Lorenzo in Firenze; e non credendo, che gli potessi intervenire più acerbo caso gli fusse intervenuto, nel 1438 deliberorono confinare Lorenzo, per non se lo vedere innanzi. Aveva in questo tempo Lorenzo tre figliuoli, dua maschi e una femmina; e non credo, che n'avesse di poi più. Ora essendogli una sera, di poi che l'ebbono confinato, assegnatogli il termine,[2] glielo mandorono a dire a casa; e fugli significato in presenza dell'Alessandra. Istette per lungo ispazio senza parlare la infelice Alessandra, sendo questo il colpo terzo della fortuna, che si potesse avere, dalla morte in fuora; e questo fu quel colpo, che le trapassò il cuore, e fèlla rimanere ismarrita, che non sapeva dove ella si fosse. E per lo intenso dolore non poteva par-

---

[1] Lorenzo Strozzi, marito dell'Alessandra, il padre del quale, messer Palla, era stato sbandito, come anche Bardo, padre dell'Alessandra; e per terzo, più tardi, esso Lorenzo (D'A. e B.).
[2] Prescritto d'uscire di Firenze.

lare nè l'uno nè l'altra. Lorenzo, istato alquanto so-
speso sanza parlare, fatto questo per lungo spazio, si
volse all'Alessandra, e sì le parlò in questo modo:
« Alessandra di poi ch'egli è voluntà di Dio, ch'io
abbi abbandonare la patria, dove io sono nato, non
per mia colpa, e abbandonare i mia figliuoli e te, mia
dilettissima donna, la quale mai nei tempi, che sei
stata mia donna facesti cosa, che mi contristasse, ora
tu vedi dove le mia condizioni mi conducono, a andar
fuori della propria patria: vogliono così i mia peccati
e la mia disavventura. Resta, carissima mia donna,
che tu sai questi figliuoli, quanto da me e da te sieno
amati; i quali avendo a lasciarli, tre grandi dolori
sono nell'anima mia. L'uno è l'essere esule dalla mia
patria; il secondo, l'avere abbandonare i proprj figliuoli;
il terzo, avere abbandonare te: la quale non mi sei
meno dolore, che ignuna di queste altre cose. Solo mi
conviene pigliare questo partito, di lasciare te e i
figliuoli, per conservare loro queste poche sustanze,
che ci sono rimaste; e la patria, la quale, di poi è
suta dinegata a me, priego Iddio che non sia dinegata
a loro. Ora sarai contenta, e io te ne priego, t'accordi [1]
colla voluntà di Dio, del mio esilio e della mia privazione da te, benchè sia col corpo; l'animo mio mai da
te si partirà, mentre che l'anima mia sarà congiunta
con questo infelice corpo. E reputa che questa mia
avversità, come più volte m'hai detto, sia per punizione de' mia peccati » . . . .
    Parlato ch'ebbe Lorenzo, l'Alessandra rispose in
questo modo: « Benchè a me sia tanto molesto quanto
o dire o pensare si potesse, non meno che se io fussi
privata della propia vita, che mi sarebbe una sola
morte, e per questa tua privazione ne farò ogni dì
una; aggiugnesi a questo tuo e mio acerbo caso, ch'io
sono privata non solo di te, ma del padre e della
madre per lo esilio; e non mi rimane nè chi mi consigli, nè chi m'aiuti in tanti avversi casi della fortuna;
converràmi andare ogni dì, ora a questo officio ora a
questo altro; e sarò rigettata da ognuno, come un legno
dal vento; e non arò persona per me, come interviene

---

[1] Sarai contenta di accordarti, di consentire ecc. Il testo ha *colla
voluntà che Dio.*

a chi si trova come mi trovo io al presente; nientedimeno sono disposta a far la tua volontà » . . . . .

Partito Lorenzo di Firenze e andato in esilio, l'Alessandra attendeva all'educazione de' figliuoli con ogni
diligenzia. Andava spesso a infiniti officj della città,
per conservare quelle poche sustanzie l'erano rimaste,
le quali andorono come il resto. Andava in sua compagnia una degnissima donna; degna di memoria e di
esemplo, non solo d'onestà e di pudicizia, ch'era bellissima donna; ma erano in lei tutte l'altre virtù, e
trovavasi nelle medesime condizioni che l'Alessandra,
col marito in esilio, e era congiunta di parentado con
lei per la parte del marito, ch'era degli Strozzi. Fu
madonna Caterina, donna di Piero di Neri Ardinghelli.
Era tanta la fama dell'onestà e de' costumi di queste
dua donne, che non andavano in luogo ignuno che
per tanti degni costumi ognuno non l'avessi in grandissima riverenzia; e così perseverò l'una e l'altra in
questa buona fama, accompagnata con la perseveranza
delle buone opere insino al fine.

ANTONIO MANETTI.
(6 luglio 1423 - 26 maggio 1497).

La famiglia Manetti era nobile e antica: da essa ebbe origine Antonio Manetti figlio di Tuccio di Marabottino, che nacque
in Firenze. Si dette presto allo studio delle discipline matematiche, dell'astronomia e cosmografia; e coltivò anche e forse
esercitò l'architettura. Fu studioso anche dell'antichità patrie
e vago d'erudizione letteraria: di sua mano rimangono copiati
alcuni codici. Fu amico del Benivieni, del Brunelleschi, di Donato Acciaiuoli, di Luca della Robbia. Da Marsilio Ficino, che
gli dedicò la versione, fatta a sua istanza, del *De Monarchia* di
Dante, fu introdotto come interlocutore nel dialogo *Dell' amore*.
Fu de' giudici del concorso per la facciata del Duomo nel 1490):
nel 1470 era stato de' Buonomini; nel 1475 vicario del Valdarno
superiore, donde scrisse una lettera al magnifico Lorenzo, con-
fortandolo a procurare il ritorno delle ossa di Dante in patria;
nel 1476 de' Priori; nel 1481 vicario di Valdinievole; nel 1495
gonfaloniere di giustizia e finalmente potestà di Colle. Morì in
Firenze, ed ebbe sepoltura nella chiesa del Carmine.

Vennero attribuite al Manetti la *Novella del Grasso legnaiuolo* e la *Vita di Filippo di ser Brunellesco*, pubblicate un

tempo come d'anonimo, e la prima attribuita falsamente anche a Feo Belcari.

Nella *Novella del Grasso*, della quale rechiamo qui un brano, sono narrati i ridevoli casi occorsi in una solennissima burla, inventata e fatta da Filippo di ser Brunellesco, con altri amici, tra i quali Donatello, a Manetto Ammannatini per soprannome *il Grasso legnaiuolo*. Il Grasso vien persuaso d'essere un tal Matteo, e come veramente fosse Matteo è messo in prigione e poi levatone da' suoi presunti fratelli; convinto anche dal prete di Santa Felicita d'essere proprio il Grasso, dopo altre avven-ture, per le quali per poco non gli dà vòlta il cervello, in presenza del vero Matteo è fatto accorto d'essere stato preso a gabbo. Sicchè scornato e confuso ne ne va in Ungheria, presso Pippo Spano; d'onde ritornò poi in Firenze e con Filippo rise della burla. Egregiamente sono descritti i modi tenuti dal Brunel-leschi e dagli altri per persuadere il Grasso, ch'egli non è più lui, ma un altro, e il procedimento, pel quale a poco a poco quel goffo uomo giunge a credere davvero di esser Matteo. Nel luogo che riportiamo si racconta il primo artifizio adoperato da Filippo; e il dialogo tra il Grasso in prigione e Giovanni Ru-cellai, che fa viste di non riconoscerlo per il Grasso.

[Vedasi per le notizie biografiche, la Prefazione alle *Operette istoriche edite ed inedite di A. M.*, pubblicate da G. Milanesi, Firenze, Successori Le Monnier, 1887. Abbiamo tenuto conto anche dell'edizione che della novella ha fatto il Fanfani nel 1856 pei tipi del Le Monnier].

Dalla Novella del Grasso legnaiuolo.

(ed. Milanesi, pp. 8-17).

.... E partito Filippo, avendo fermo [1] il Grasso a bot-tega, e facendo sembianti d'andare a casa sua, e' da una volta [2] se n'andò a casa dal Grasso, che era quivi vicina da Santa Maria del Fiore; ed, aperto l'uscio con un coltello, come colui che sapeva il modo, entrò in casa; e serrossi dentro col chiavistello, per modo che persona non vi potessi entrare. Aveva il Grasso madre; ma ell'era ita in villa di que' dì in Polve-rosa a fare bucato, ed a fare insalare carne, e per altre faccende, come occorre; e di dì in dì doveva tornare, secondo ch'il Grasso stimava; ed era la ca-

---

[1] Fatto in modo che il Grasso legnaiolo (cioè Manetto Ammannatini) se ne restasse nella sua bottega.

[2] Passando per una scorciatoia o chiasso sotto un piccolo vòlto.

gione perchè lasciava l'uscio così,[1] e Filippo il
sapeva. Soprastato il Grasso alquanto a bottega, e
di poi serrato quella, per satisfare più compiutamente
alla promessa di Filippo,[2] andò più volte di giù in su
intorno a bottega, e dopo le molte, dicendo: «Le cose
di Filippo non debbono andare male; e' non arà bisogno di me»; e con queste parole s'avviò verso casa
sua; e giunto all'uscio, il quale saliva due scaglioni,[3]
volle aprire, com'egli era usato di fare; e più volte
provandosi e non potendo, s'avvide che l'uscio era
serrato drento. Il perchè, picchiato forte, disse: «Chi
è su? apritemi»; avvisandosi, che la madre fussi tornata e serrato[4] l'uscio drento per qualche rispetto, o
che la non se ne fussi avveduta. Filippo, fattosi in
capo di scala, contraffacendo la voce del Grasso, che
pareva tutto lui, disse: «Chi è giù?» Il Grasso, benchè gli paressi piuttosto la voce d'altrui che quella
della madre, disse: «Io sono il Grasso». Di che Filippo
finse, che chi parlassi fussi quello Matteo, che volevano
dare ad intendere al Grasso che fussi diventato, e
disse: «Deh, Matteo, vatti con Dio, ch'io ho briga un
mondo; dianzi essendo Filippo di ser Brunellesco a
casa mia, gli fu venuto a dire come la madre da poche
ore in qua stava in caso di morte; il perchè io ho la
mala sera». E rivoltosi indietro, finse di dire alla
madre: «Fate ch'io ceni; egli è due dì che voi do-
vevate tornare, e tornate anche di notte»: e seguitò
parecchie parole rimbrottose. Udendo il Grasso colui,
che era in casa così rimbrottare la madre; e paren-
dogli non solamente la sua voce, mà tutti i suoi atti
e modi, disse fra sè medesimo: «Che vuole dire questo? e' mi pare che costui ch'è su sia me, a dire che
Filippo era alla bottega sua, e come gli fu venuto a
dire che la madre stava male; ed oltre a ciò grida

---

[1] Cioè ribattuto in modo, che facilmente con un coltello si poteva
aprire.
[2] Filippo, perchè la burla riuscisse, aveva ordinato le cose in modo
da farsi promettere dal Grasso, che questi non sarebbe uscito di bottega,
se prima non fosse passato un certo tempo, allegando come motivo dei
guaj occorsigli, pei quali il Brunellesco avrebbe potuto aver bisogno di
lui. E però il Grasso attese tanto finchè cominciò a credere, che le cose
si fosser messe bene per Filippo e che questi non avesse bisogno di
nessuno.
[3] Per entrare si dovevano salire due gradini.
[4] Avesse.

con monna Giovanna, ed ha tutta la voce mia; sarei
io mai smemorato? » E sceso i due scaglioni, e tiratosi
indietro per chiamare dalle finestre, vi sopraggiunse,
come era ordinato, Donatello intagliatore (che fu della
qualità ch'a ciascuno è noto) che era della brigata
della cena ed amico del Grasso; e giunto a lui,
così al barlume, disse: « Buona sera, Matteo, cerchi tu
il Grasso? poco è che se n'andò in casa, e non si fermò,
ma tirò pe' fatti sua ». Il Grasso, udito questo, se
s'era meravigliato, ora si maravigliò più che mai,
udendo, che Donato lo chiamava Matteo. E rimasto
così stupefatto e come smemorato, che il sì e 'l no nel
capo gli tenciona, si tirò in sulla piazza di Santo Giovanni, dicendo infra sè: « Io starò tanto qui ch'e' ci
passerà qualcuno, che mi conoscerà e dirà chi io sia » ;
seguitando: « Ohimè! sarei io mai Calandrino,[1] ch'io
sia sì tosto diventato un altro senza essermene avveduto? » E così stando mezzo fuori di sè, vi giunse,
come era ordinato, sei famigli di quegli dello ufficiale
della Mercatanzia, e uno messo; e fra loro era uno,
ch'egli avevano finto, che fussi creditore di quello Matteo, che il Grasso si cominciava quasi a dare a intendere d'essere; e accostatosi al Grasso, si volse al messo
ed a' fanti, e disse: « Menàtene qui Matteo; questo è
il mio debitore: vedi ch'io t'ho tanto codiato,[2] ch'io
t'ho còlto ». I famigli e 'l messo lo presono, e cominciarono a menarnelo via. Il Grasso, rivoltosi a costui
che 'l faceva pigliare, e pontato e' piè innanzi,[3] gli
dice: « Che i' ho a fare teco, che tu mi fai pigliare?
Di' che mi lascino: tu m'hai còlto in iscambio, ch'i'
non sono chi tu credi, e fai una gran villania a farmi
questa vergogna, non avendo a fare nulla teco; io
sono il Grasso legnaiuolo, e non Matteo, e non so che
Matteo tu dica ». E volle cominciare a dare loro,[4] come
quegli che era grande e di buona forza; ma e' gli
presono di subito le braccia; e 'l creditore, fattosi innanzi, lo guatò molto bene in viso, e disse: « Come!
Non hai a fare nulla meco? Sì, ch'io non conosco Matteo

---

[1] Troppo bene conosciamo lo scimunito, di cui Bruno e Buffalmacco
si presero tanto gioco lungo il Mugnone, perchè si debba presentarlo.
[2] Pedinato, diremmo noi.
[3] Fatto un passo innanzi e reggendo il corpo sulla gamba protesa....
[4] Delle busse.

mio debitore, e chi è il Grasso legnaiuolo! Io t'ho
scritto in sul libro; [1] ed ècci meglio, ch'io n'ho la
sentenzia [2] un anno fa o più; come? Non hai a fare
nulla meco? E dice anche che non è Matteo, il ribaldo!
Menàtelo via; questa volta ti converrà pagare innanzi
che tu ne sbrighi; vedremola se tu sarai desso o no ».
E così bisticciandosi insieme lo condussero alla Mercatanzia.... e 'l notaio.... che di tutto era informato....
misselo nella prigione.... Stette insino alla mattina, che
quasi mai dormì sodamente [3].... e levatosi come gli
altri, standosi alla finestrella dell'uscio della prigione,
avvisandosi per certo quivi dovere capitare qualcuno
che lo conoscessi, per uscire de' dubbj, in che egli era
entrato quella notte, entrò nella Mercatanzia Giovanni
di messer Francesco Rucellai, il quale era della loro
compagnia e stato alla cena e alla piacevole congiura,
ed era molto noto [4] del Grasso e facevagli in quel tempo
uno colmo [5] per una nostra Donna, e pure il dì dinanzi
era stato con lui un buon pezzo a bottega a solleci-
tarlo, ed avevagli promesso dargliele ivi a quattro dì.
Costui, giunto alla Mercatanzia, misse così il capo
drentro all'uscio, dove rispondeva la finestra de' pri-
gioni, che era in que' tempi il terreno, [6] alla quale il
Grasso era; e veduto Giovanni, cominciollo a guardare
in viso, e ghignò; e Giovanni, come se cercassi di chic-
chessia, guardò lui come se mai non l'avessi veduto,
perchè Matteo non era suo noto, o e' ne fece le viste;
e disse: « Di che ridi, compagno? » Il Grasso disse:
« Non d'altro no »; e veduto che non lo riffigurava,
lo domandò: « Uom dabbene, conosceresti voi uno, che
ha nome il Grasso, che sta in su la piazza di Santo
Giovanni, colà di dietro, che fa le tarsie? » [7] « Di' tu a
me? » disse Giovanni; seguitando: « Come! lo conosco
sì bene: oh! egli è tutto mio, e tosto voglio andare

---

[1] Sul libro dei debitori.
[2] Il magistrato ha emesso la sentenza, che condanna Matteo a pagare.
[3] D'un sonno ininterrotto, ma sempre svegliato bruscamente dalle
preoccupazioni d'essere in prigione per debiti e sconvolto dal dubbio,
che ormai s'insinuava in lui sempre di più d'essere Matteo e non il
Grasso.
[4] Era molto amico.
[5] La parte superiore d'una tavola, su cui era dipinta una Madonna.
[6] Al piano della strada.
[7] Lavori d'intarsio.

insino a lui per un poco di lavorìo, che mi fa: se' tu preso a sua 'stanza? »[1] Disse il Grasso: « No, Santa Maria »; poi seguitò: « Perdonatemi, però io vi richiederò a sicurtà,[2] deh fatemi un piacere, poichè, per altrò avete a ire a lui; deh ditegli: Egli è preso alla Mercatanzia uno tuo amico, e dice che in servigio tu gli faccia un poco motto. » Dice Giovanni, guardandolo in viso continovamente, tenendo con fatica le risa: « Chi se' tu, ch' io ho a dire che mandi per lui? » (acciocchè confessassi esser Matteo, per dargliene poi, qualche volta, noia). Disse il Grasso: « Non vi curate, e' basta dirgli così ». Disse allora Giovanni: « Io lo farò volentieri, se basta »; e partìssi; e trovato Filippo lo ragguagliò, ridendo, d'ogni cosa. Rimasto il Grasso alla finestra della prigione, infra sè medesimo diceva: « Oggimai poss' io esser certo, ch' io non sono più il Grasso; oh! Giovanni Rucellai non mi levò mai occhio d'addosso; e non mi conosce, ch'è a ogni ora in bottega, e non è però smemorato! Io non sono più il Grasso di certo e sono diventato Matteo; che maledetta sia la mia fortuna e la mia disgrazia, chè, se si scuopre questo fatto, io sono vituperato; e sarò tenuto pazzo, e correrannomi dietro e' fanciulli e corròcci[3] mille pericoli ».[4]

GIROLAMO SAVONAROLA.
(21 settembre 1452 - 23 maggio 1498).

Passati nella patria Ferrara i primi anni, e trasferitosi a Bologna per attendere agli studj della medicina, esercitata dal padre suo Nicolò, Girolamo a 21 anni, un po' per disgusto del mondo, un po' per una crisi spirituale, cui forse non fu estraneo l'amore, chiese ai domenicani di quella città d'accoglierlo nell'ordine; ed in breve si distinse al punto da divenire maestro dei novizi. La predicazione esercitava su di lui un fascino irresistibile, onde nel 1481 fu mandato a Firenze pel

---

[1] Dietro sua istanza?
[2] Perdonatemi, perchè io vi domanderò un favore con tutta libertà....
[3] E vi correrò....
[4] Ancora una volta Firenze rivive nella brigata dei suoi artisti e buontemponi, insuperabili nell' arte di architettare atroci beffe; e la prosa sobria del Manetti raggiunge tale efficacia da conferire i caratteri della verisimiglianza e della possibilità ad un fatto, che a prima vista si presenta come incredibile e parto di fantasia.

quaresimale di quell'anno in S. Lorenzo: fu un disastro, tanto
il Ferrarese apparve disgraziato per la voce, pel gesto e per la
pronuncia. Ma quando di lì a dieci anni circa, passati a predicare in varie terre d'Italia, il Savonarola tornò in S. Marco,
destò subito attorno al suo nome quella fama d'oratore, che
nel triennio 1494-1496 doveva portarlo ad essere l'arbitro della
città. Su di lui, cacciato Piero de' Medici, cade la scelta quale
ambasciatore a Carlo VIII; a lui si rivolge la Signoria per
formare il nuovo governo. Attorno a Girolamo si stringono i
Piagnoni: contro di lui sono gli Arrabbiati o Compagnacci,
i quali non possono perdonargli la sua avversione ad un even-
tuale ritorno dei Medici. Eppure il Savonarola era quanto mai
logico e coerente nella sua condotta: ponendo come imprescin-
dibile dovere da parte di ciascuno la conquista della libertà
spirituale, come presupposto necessario ed indispensabile di
quella politica e religiosa, veniva per forza di cose ad affermare esser primo dovere civile opporsi a quei Medici, ch'erano
i più pericolosi insidiatori della libertà fiorentina, e di opporsi
a quelle terrene deviazioni, che gli umani interessi attraverso
i secoli hanno impresse nelle direttive della Chiesa. Sicchè quando nel 1498 uscì eletta una Signoria in gran maggioranza d'Arrabbiati, a costoro non parve vero stringersi alla Curia, che
mostrava di volersi vendicare dell'audace denunziatore della
corruzione del clero, sicchè s'ebbe prima la scomunica del Savonarola, ed a pochi giorni di distanza, l'arresto ed il supplizio
di lui.

Si potrà portare diverso giudizio su questo o sul quel particolare atto, su questa o su quella particolare dottrina, da lui
affermata o enunciata, ma considerando la sua vita in generale, non possiamo non riconoscere in lui un grande maestro di
vita, che sente il suo apostolato di predicatore come una divina
missione, per la quale da bravo soldato soffre, combatte e muore
colla pace nel cuore, colla serenità sulla fronte.

Male si giudica dell'efficacia di queste prediche senza poter
tener conto nè della voce, nè del gesto, nè del mistico ambiente,
in cui eran dette; ma anche alla sola lettura ci sentiamo bene
spesso rapiti dal fervido entusiasmo, che dà a quella prosa
accenti e immagini d'alto lirismo. Il tono predominante è austero, jeratico, solenne, più affine allo stile dei profeti, là dove
il Savonarola s'indugia a predire con tetri colori l'imminente
avverarsi delle vendette di Dìo; del resto è bene spesso variato
con modi di rude franchezza e di realismo popolano, che scuo-
tono ed avvincono.

Compose in prosa molte scritture in italiano e in latino:
Trattati di materia ascetica, teologica, polemica; gran parte
dei quali editi, lui vivente; lettere in italiano e in latino.
Molte cose sue, poi, andarono disperse o bruciate o son rimaste
inedite. Ricordiamo tra le opere conservateci l'esposizione sul
Miserere e sul salmo *In te Domine speravi*, scritti in prigione,

ristampate poi da Martin Lutero; i *Sermoni*, che disse sempre
in italiano, e che durante la sua infaticabile predicazione venivano raccolti e pubblicati da Lorenzo Violi, notaro fiorentino;
il *Trattato circa il reggimento e il governo della città di Firenze*,
stampato vivente l'A., scritto nei primi del 1498. In poesia
scrisse *Canzoni* (1472-1475), *Laudi Spirituali* (1484-1496) per
contrapposizione ai *Canti carniascialeschi*, alcune pubblicate vivente l'autore, e poi sparsamente.

[Su questa figura interessantissima puoi vedere l'opera
classica di P. VILLARI, *La storia di G. Savonarola e dei suoi
tempi*, Firenze, 1888, ed il bellissimo profilo, che del Savonarola
ha fatto A. GALLETTI nella collezione dei *Profili* del Formíggini
(n. 22), Roma, 1924. Per gli scritti v. P. VILLARI e CASANOVA,
Scelta di prediche e scritti di fra G. S. ecc., Firenze, 1898; gli
Scritti a c. di V. PICCOLI, Milano, 1921; gli *Scritti Scelti con
introduzione e note* di E. SANTINI, Palermo, Sandron; e infine
i più recenti *Scritti scelti con introduz. e note* a c. di SIRO A.
NULLI, Milano, Signorelli. Pel testo delle prediche ricorri alle
Prediche Italiane ai Fiorentini a c. di F. COGNASSO, La Nuova
Italia, 1930 in 2 volumi, che son quelle tenute negli anni 1494
e 1495, ed alla vecchia raccolta fatta da G. BACCINI (Firenze,
Salani), che contiene le Prediche del 1496].

Che il governo civile è ottimo nella città di Firenze.

(Dal *Discorso di* G. S. *circa il Reggimento e Governo degli Stati* ecc. Londra 1765, Wilson, cap. III, pp. 12 e segg.).

Non si può dubitare, che se il popolo fiorentino pa-
tisse [1] il governo di uno, saria da instituire in lui [2] un
principe, non un tiranno, il quale fussi prudente, giusto e buono. Ma se noi esaminiano bene le sentenze e
ragioni delli sapienti, così filosofi come teologi, cono-
sceremo chiaramente che, considerata la natura di questo popolo, non li conviene tale governo. Però che dicono tale governo convenirsi ai popoli, che sono di
natura servile, come sono quelli, che mancano di sangue o d'ingegno, o dell'uno e dell'altro: perocchè, av-
vengachè quelli, che abbondano di sangue e son forti
di corpo, siano audaci nelle guerre, nientedimeno, man-
cando d'ingegno, è facile cosa a farli stare subietti ad
un principe; perchè contro di lui non son facili a mac-

---

[1] Tollerasse: è troppo nota l'irreconciliabile ostilità, che i Fiorentini ebbero a qualunque forma di governo monarchico, come fautori ar-
dentissimi delle forme democratiche.
[2] Nel popolo fiorentino, o anche: in questo personaggio.

chinare insidie per la debilità dello ingegno, anzi lo
seguitano come fanno le api il suo re, come si vede
nei popoli aquilonari; [1] e quelli che hanno ingegno, ma
mancano di sangue, essendo pusillanimi, si lasciano
facilmente sottomettere a uno solo principe; e quieta-
mente vivono sotto quello, come sono li popoli orientali, e molto più quando mancassino nell'una e nell'altra parte. Ma li popoli, che sono ingegnosi ed abbondano
di sangue, e sono audaci, non si possono facilmente
reggere da uno, se lui non li tiranneggia; [2] perchè continuamente, per lo ingegno, vanno macchinando insidie
contro il principe; e per la loro audacia facilmente le
mettono in esecuzione, come si è visto sempre nella
Italia, la quale sappiamo, per l'esperienza dei tempi
passati insino al presente, che non ha mai potuto durare sotto il reggimento d'un principe: anzi vediamo
che, essendo piccola provincia, è divisa quasi in tanti
principi, quante sono le città, le quali non stanno quasi
mai in pace.

Essendo dunque il popolo fiorentino ingegnosissimo
tra tutti li popoli d'Italia, e sagacissimo nelle sue im-
prese, ancora è animoso e audace, come si è visto per
esperienza molte volte; perchè, avvenga che sia dedito
alle mercanzie, e che paia quieto popolo, nientedimeno
quando comincia qualche impresa, o di guerra civile
o contro gl'inimici esterni, è molto terribile ed animoso,
come si legge nelle croniche delle guerre, che ha fatte
contro diversi grandi principi e tiranni, alli quali non
ha mai voluto cedere, anzi finalmente si è difeso, ed
ha riportata vittoria. La natura dunque di questo popolo non è da sopportare il governo di un principe,
etiam che fosse buono e perfetto; perchè essendo sempre più li cattivi che li buoni, per la sagacità ed animosità de' cittadini cattivi, o che sarìa tradito e morto
(essendo loro massimamente inclinati all'ambizione); o
che bisognerìa che diventasse tiranno. E, se più diligentemente consideriamo, intenderemo che non solo non
conviene a questo popolo il governo di uno, ma ancora non li conviene quello delli ottimati, perchè la
consuetudine è un'altra natura; perocchè come la na-

---

[1] Settentrionali.
[2] S'impone con la forza.

tura è inclinata a un modo, e non si può cavare di
quello [1] (come la pietra è inclinata a scendere e non si
può far salire se non per forza), così la consuetudine si
converte in natura; ed è molto difficile e quasi impossibile cavare li uomini, e massime li popoli dalle loro
consuetudini, *etiam* male, perchè tali consuetudini sono
fatte a loro naturali.[2]

Ora il popolo fiorentino, avendo preso anticamente
il reggimento civile,[3] ha in questo fatto tanta consuetudine, che, oltre che a lui questo è più naturale e conveniente di ogni altro governo, ancora per la consuetudine è tanto impresso nella mente de' cittadini, che
saria difficile e quasi impossibile a rimuoverli da tale
governo. Ed avvenga che siano stati già molti anni
governati da tiranni, nientedimeno quei cittadini, che
si usurpavano il principato in questo tempo, non tiran-
neggiavano per tale modo, che liberamente si piglias-
sero la signoria del tutto, ma con grande astuzia go-
vernarono il popolo, non lo cavando del suo naturale
e della sua consuetudine: onde lasciavano la forma del
governo nella città, e li magistrati ordinarj; avendo
però l'occhio, che in tali magistrati non entrasse se
non chi era suo amico.[4] E però, essendo rimasta la forma
del governo civile nel popolo, è tanto a lui fatta naturale, che a volerla alterare e dare altra forma di governo, non è altro che fare contro al suo naturale e
contro l'antica consuetudine; la quale cosa genereria
tale turbazione e dissensione in questa comunità, che
la metteria a pericolo di farle perdere tutta la libertà:
e questo molto meglio dichiara l'esperienza, che è maestra delle arti. Perocchè, ogni volta che nella città di
Firenze è stato occupato il governo dai principali, sempre è stata in grande divisione; e mai si è quietata infino che una parte non ha scacciata l'altra, e che un
cittadino non si è fatto tiranno; il quale, poichè è stato

---

[1] E non si può sottrarre a queste modalità, alle quali essa natura
è inclinata o soggetta.
[2] E pertanto essendo i Fiorentini abituati a reggersi con forma popolare e schiettamente democratica, essi non possono rinunciare a questa
loro antica tradizione ed adattarsi ad un governo oligarchico aristocratico (*gli ottimati*).
[3] Cui partecipano per mezzo dei consigli tutti i cittadini.
[4] È la politica seguita scrupolosamente dai Medici per prepararsi il
principato.

fatto, ha per tale modo usurpata la libertà ed il bene
comune, che li animi del popolo sono sempre stati mal-
cotenti ed inquieti.

DALLE PREDICHE.

Nel 1493 il S. riprese la predicazione, che da più d'un anno
aveva dovuto interrompere, ed in una serie di prediche venne
svolgendo il concetto fondamentale della religione dell'*Amore
di Dio*, prendendo quale punto di partenza e di riferimento
(com'era sua consuetudine) un salmo, che in questa circostanza
fu quello, che s'inizia colle parole: *Quam bonus Israel Deus*.
L'indifferenza degli uomini verso Dio provocherà le più atroci
punizioni.

La rovina del tempio.

.... Quando tu vedi gli uomini buoni desiderare, che
venga il coltello [1] e la peste e la fame e gli altri fla-
gelli di Dio, non te ne scandalizzare, perchè lo fanno
per zelo della Chiesa di Dio. Non ti scandalizzare adunque, quando tu hai certi prelati severi (dico a te, religioso), perchè molte volte quello, che dicono e fanno è
tutto zelo. E tu, popolo, non ti scandalizzare, quando
tu vedi qualcuno in magistrato, come sarebbe de' Signori o degli Otto,[2] che è buono e fa l'officio suo, non
dico ingiustamente, nè crudelmente, ma severamente
e rigidamente; e vuole, che s'osservino le leggi e i capitoli che trova; e non perdona così facilmente. Di
questi tali, dico, non te ne scandalizzare, perchè vien
da zelo. E voi, figliuoli miei, non vi scandalizzate dei
padri vostri e delle madri vostre, quando vi puniscono
degli errori, che voi fate; e quando non vi lasciano la
briglia in sul collo, come fanno molti, perchè viene
dall'intenso amore, che vi portano; e vorrebbono, che
voi foste buoni e costumati. E tu altro, non ti scandalizzare di san Girolamo, che parea sempre iracondo
nello scrivere a Ruffino e a sant'Agostino, perchè tutto
procedeva da zelo.

---

[1] La guerra, la strage.
[2] Due magistrature fiorentine, che in quell'anno, in cui questa predica fu tenuta, venivan riprendendo forza e autorità, essendo scomparso
dalla scena della vita e della politica il maggior insidiatore del governo
democratico fiorentino, voglio dire il Magnifico.

.... Perchè lo zelo non è altro che uno intenso amore, che è nel cuore del giusto, che non lo lascia posare, ma sempre cerca di rimuovere tutto quello, che vede essere contro all'onore di Dio, il quale lui veementemente ama. Dice adunque il profeta Asaph: *leva manus tuas in superbias eorum:* eleva, Signore, la potenza tua contro questi iniqui distruttori della tua Chiesa, contro la superbia de' prelati, contra la superbia dei Re e dei Principi, che hanno dissipato [1] il popolo tuo. Estendi loro la mano destra e la sinistra contro di loro: la mano sinistra dando loro punizione temporale, acciocchè e' si convertano o almanco e' si umilino e confondano, e non possano più nuocere agli eletti tuoi; e, quanto a quelli che non si vogliono umiliare nè confondere salubremente, leva la destra tua, cioè puniscigli eternalmente nell'Inferno.... Per che cagione, o Asaph. perchè parli così adirato? Come, non vedi tu, *quanta malignatus est inimicus in sancto?* E quanto ha malignato l'inimico, e quanto malignamente si è egli portato? Udite, dilettissimi, la massima malignità.

Io stavo così pensando da me, e apparsemi innanzi agli occhi un bellissimo tempio di marmo fine, e coperto d'oro con bellissime colonne di porfido. Le porte erano di margherite [2] preziose, il santuario tutto di mosaico, il coro era d'avorio finissimo ben lavorato, il resto del tempio era a nave con superbissimo pavimento, e finalmente di dentro e di fuora era tanto bene ornato, che io non ne vidi mai un simile. E, desiderando di sapere, chi avesse fatto sì bel tempio, mi venne guardato sopra il santuario; e lessi in pietra grandissima certe lettere d'oro: *Rex Salomon summo Regi ac domino dominantium templum hoc aedificavit.* E, fatta l'orazione, mi sentii tutto allegro.

La notte di poi che seguitò mi parea vedere, che di notte segretamente molti venissino con diverse macchine e strumenti per distruggere questo tempio. Alcuni portavano il fuoco per abbruciarlo, altri le scure e ascie per spezzare le porte; e chi avea uno strumento e chi un altro, e tanto fecione che lo distrussono; e vedevo che se ne gloriavano; e posonvi di poi le armi loro, e

---

[1] Rovinato.
[2] Latinismo, per pietra preziosa.

rizzoronvi le loro bandiere e le loro insegne, acciò che ognuno vedesse, che gli avevano ottenuto quello, che desideravano. Poi vidi certi presuntuosi, che aveano le scure; e cavorno le porte da' gangheri; e con quelle scure e ascie, che avevano le spezzarono; gli altri, che avevano il fuoco, abbruciarono il santuario; alcuni andavano e gittavano molte immondizie nel tabernacolo di Dio. Poi che gli ebbono fatto quello, che volsono, vidi che in poco tempo lo riedificarono e assettorno a loro modo; ma era di legno ogni cosa, quasi tutto dipinto a uso di marmo e di porfido: una parte v'era inorpellata, che parea oro fine; gli altari erano ornati con bellissimi paliotti[1] e candelieri d'oro e d'argento con molti lumi. Vedevo venire i sacerdoti con piviali di broccato indosso, con certi ornamenti in capo di gemme preziose; in mano portavano baculi[2] d'argento; innanzi a loro andavano i cantatori con diversi strumenti musici; e cantavano e sonavano tanto dolcemente che parea che s'aprisse il Paradiso.[3] Ognuno stava stupefatto, e diceva: « Il nostro tempio diventa ogni dì più bello; non fu mai più bello il tempio nostro! » Ora stando così ognuno in festa e in tripudio, subito rovinò il tetto di quel tempio, che aveva più peso che non si conveniva; e ammazzò ognuno, che v'era dentro. Ora sta' a udire quel che si voglia significare....

Basta che la primitiva Chiesa era un orto di delizie e un Paradiso in terra. Oh! che consolazione era vedere que' santi pastori, quanto zelo avevano dell'anime, quanta sollecitudine mettevano nelle cose divine, quanta obbedienza ne' sudditi, quanta prudenza e discrezione ne' prelati, quanta sapienza ne' dottori, quanta verità ne' predicatori, quanta santimonia ne' sacerdoti, quanta purità ne' fanciulli, quanta pudicizia nelle vergini, quanta continenza nelle vedove e nei vedovi, quanta onestà nei coniugati, quanto amore e carità in tutti i fedeli! Non è possibile, *fratres mei,* potersi immaginare la felicità di quel tempo, quando *erat omnibus cor unum*

---

[1] Quel telaio ricoperto per lo più di stoffe preziose o ricamate, che si mette dinnanzi alla parte anteriore dell'altare.

[2] Pastorali.

[3] Allusione all'eccessivo culto esterno, sotto cui si dissimula l'aridità dei cuori. Il tempio di Salomone di prima di vero oro e di vere pietre preziose è la r gione fondata sull'amore di Dio; quest'altro tutto orpello e vanità esteriori è la chiesa, che s'è allontanata da Dio.

et anima una in Domino, e però e' potevano cantare
quel bel salmo: *Ecce quam bonum et quam iucundum
habitare fratres in unum!* Ma *quanta malignatus sit
inimicus in sancto*, cioè nel tempo e nella Chiesa di
Cristo Gesù, state ora a udire.

Vedendo il diavolo, che è inimico di Cristo Gesù e
della Chiesa, sì bel tempio, gli venne invidia. E prima
tentò apertamente mediante i Giudei, poi mediante i
Romani, terzo, per gli eretici distruggere la Chiesa di
Cristo Gesù; ma non gli riuscì. Che fece? disse in se
medesimo: « qui bisogna tenere altro modo! » E venne
la notte con molti de' suoi membri. Questa notte è la
notte de' tiepidi e de' falsi fratelli, i quali per non
essere conosciuti vanno di notte e travestiti, *quia veniunt
in vestimentis ovium, intrinsecus autem sunt lupi ra-
paces*.[1] Per poter fare il male, che e' vogliono, si mettono le vesti delle pecorelle. Le vesti delle pecorelle
di Cristo Gesù è digiunare, fare orazione, dare delle
limosine, darsi delle discipline e simili atti. E queste cose usano i tiepidi per poter meglio ingannare,
e perchè le fraudi loro non siano conosciute.[2] Or
questi tiepidi e falsi fratelli con la loro tiepidità hanno
distrutto la Chiesa di Cristo Gesù; con la loro ipocrisia hanno rovinato ogni cosa. Non è cosa, che tanto
abbia nociuto e continuamente nuocia alla Chiesa di
Cristo Gesù, quanto l'ipocrisia. È venuto adunque il
diavolo; questo è l'inimico, che ha fatto tante malignità nel tempio di Dio, ha usati per suoi strumenti
i cattivi prelati, i quali colle prave opere e col cattivo esempio l'hanno distrutto. Il popolo e la plebe
se n'è ito dietro a loro; e sono i popoli diventati una
medesima cosa con loro. È stato levato via il fondamento: non ci è più memoria de' profeti; non sono
più ricordati gli apostoli; le colonne della Chiesa sono
state gittate per terra, cioè non si fa più conto
de' Santi Evangeli, perchè sono mancate le basi, cioè
i dottori; non si trova chi li dichiari, nè chi li esponga

---

[1] Torna spontaneo alla mente il dantesco: *in veste di pastor lupi
rapaci.* Lo sdegno contro i costumi corrotti della Chiesa, contro le malvagità umane e la coscienza d'una grande missione da compiere sono
sentimenti che si manifestano tanto nel poeta fiorentino quanto nel predicatore ferrarese.
[2] Allude a quelli, che allora in Firenze eran noti col nome di *bigi.*

a' popoli. I parieti [1] sono rovinati: questi, dicemmo,
che erano i contemplativi. Tu ne vedi pochi oggi de'
contemplativi.[2] E' stato levato l'oro dal tempio, cioè la
vera sapienza di Dio che luce e risplende, che letifica
il cuore dell'uomo. Non ha più tetto la Chiesa, perchè
il clero, cioè i sacerdoti di quella e i buoni principi,
che la difendevano da' venti e dall'acque, sono stati
levati via. Per tutto piove, per tutto grandina, per tutto
tempesta, in modo che quei pochi buoni, che sono rimasti, non hanno più dove ripararsi e dove ricoverarsi.
Le pietre del tempio sono sconnesse, una qua e una
là e rotte, perchè la calcina è mancata. Dove vedi tu
vero amore e vera carità oggi ne' cristiani? Sono tutti
rotti, non sono più uniti in Cristo Gesù, non sono più
d'accordo insieme; ognuno perseguita il prossimo suo,
ognuno ne leva un pezzo. Vedi adunque *quanta malignatus est inimicus in sancto*. Sono cascati tutti i muri
della Chiesa. Dove è la giustizia de' principi e de' ret-
tori? Dove è la sollecitudine de' pastori? Dove sono
gli esempî buoni de' sacerdoti e de' buoni religiosi?
Dove è l'obbedienza de' sudditi verso i prelati? Dove
è la discrezione de' prelati verso de' sudditi? Dove è
la riverenza de' secolari verso i sacerdoti? Non ci è
rimasto più nulla di buono....

Quelli, che t'hanno in odio, Signore, sono i peccatori e i falsi cristiani e massime quelli, che sono in dignità costituiti.[3] E questi oggi si gloriano d'aver levato
via la rigidità e severità de' canoni,[4] gl'istituti de' santi
padri, la osservanza delle buone leggi. Si vantano
d'avere allargato il vivere cristiano, si gloriano, dico,
vanamente e con dissoluzione; *in medio solemnitatis
tuae*, cioè nel luogo dove si celebravano già devotamente
le tue solennità, ovvero si gloriano nel mezzo delle
tue solennità, perchè le solennità tue e de' tuoi santi
l'hanno convertite in feste del diavolo. Vuoilo tu vedere? Pon mente, che nelle grandi solennità si corrono

---

[1] Da un singolare *il pariete* per *la parete*, più comune e rimasto
solo nell'uso moderno.
[2] Religiosi intenti a raggiungere la contemplazione di Dio attraverso la meditazione e la disciplina del pensiero: attivi sono detti coloro,
che cercano di congiungersi con Dio operando il bene.
[3] I prelati.
[4] Prescrizioni, che hanno il valore di leggi, alle quali non è lecito
in nessun modo sottrarsi.

i palii, si fanno i torneamenti, le giostre, gli spettacoli
disonesti e tutti i giuochi, che facevano già i gentili.
Più peccati si fanno ne' dì festivi che negli altri; e
quanto maggior solennità sono, e tanto più peccati si
fanno. Vedi la notte di Natale, dove tutti i cristiani
dovrebbero andare alla chiesa a udire gli uffici santi
e ringraziare Iddio di tanto beneficio, *tamen* molti in
tal notte vanno alle taverne a empiersi il ventre: poi
si mettono a giuocare, bestemmiano, lussuriano e fanno
mille mali. Queste sono le grazie, che rendono a Dio
di tanto beneficio; il simile fanno gli altri dì festivi.
Dice quella donna vana: « Quando verrà mai domenica,
che io possa andare a ballare, che io mi possa lisciare [1]
e assettare, e che io mi faccia vedere a questo e a
quello? » Quell'altro giovane dice: « Io sto tutta la
settimana a bottega, io non mi do un'ora di bene, e'
mi pare mill'anni, che venga la tal festa. Io andrò pure
a giuocare un poco e a vagheggiare ». E così *gloriati
sunt qui oderunt te in medio solemnitatis tuae*. Non ti
par egli *quod multa malignatus sit inimicus in sancto?*
Ma se non facessero questi peccati pubblicamente, come
e' fanno, sarebbe manco male.... ma in manifesto pongono fuori, ché ognuno vede i segni de' loro peccati.
Verbi grazia vedi oggi le donne portare le insegne e
gli ornamenti delle meretrici e tutti i modi di ornarsi,
che usano le meretrici, le li vogliono usare ancora loro. [2]
I sacerdoti portano le belle zazzere e belli giubboni di
seta, e vogliono vestire più pomposamente de' secolari.
Non ti par egli, che e' ponghino i segni de' loro peccati, segni, cioè fuori in manifesto, che ognuno vede?
Dimmi, quando tu vedi una donna andare spettorata [3]
e lisciarsi superfluamente, non di' tu: « Che segni sono
questi? Questi non sono segni di donna onesta. Certo
la debbe essere maculata dentro da qualche cattiva
intenzione ». Se tu la vedi tutto 'l dì cicalare coi giovani, tu ne fai cattivo concetto, che la non sia pudica.
Tu vedi là un sacerdote pubblicamente giuocare, seguitare le taverne, e fare simili peccati: tu di' nel cuor

---

[1] Cioè mettermi i *lisci*, ossia ciprie, profumi, belletti e tutto ciò con
cui le donne si aiutano per parer belle.

[2] Gli ornamenti eccessivi e le mode inverecondе.

[3] Col petto scoperto: chi non ricorda anche qui la cruda requisitoria
di Dante contro le sfacciate donne del tempo suo? (v. *Purg.*, c. XXIII,
vv. 110-103).

tuo : costui ha posto le insegne del peccato, suo' segni
cioè in manifesto. Le monache ancora *posuerunt signa,*
perchè stanno tutto 'l di alle grate a cicalare con le
giovani secolari. Che segni sono questi, se non segni
manifesti di poca devozione? Saranno alle volte i
giovani tanto scorretti nel parlare, che eziandio in presenza delle donne dabbene e de' fanciulli non si ver-
gognano a parlare in quel modo.... Dice quel soldato : « Che vale un soldato se non mostra nelle parole
animo, audacia, gagliardezza e bestemmia Iddio con la
sua santa Madre? » Quella donna manda per quelli, che
sanno ballare, che gl'insegnino, perchè la dice, che gli
è gentilezza[1] saper ballare. Vedi quel giovane, che spende
ciò che può in cene e desinari, e ora dona a questo e
ora dona a quell'altro senza ragione alcuna; e, se tu
lo riprendi, dice che è liberalità[2] far così. Quell'altro
manda male di molta roba in lussuria, in giuochi, in
pompe di vesti; riprendilo, *immediate* si scusa, e dice
che 'l fare l'opposto è pigrizia e inerzia, e che i giovani debbono fare il corso loro. L'avaro dice che la
tenacità[3] sua è parcità. Il sapere ingannare il prossimo
suo in vari modi è stimata prudenza. Il vendicarsi delle
ingiurie è animosità[4] e fare onore alla casa. . . . .

Vattene a Roma e per tutto il cristianesimo; nelle
case de' grandi prelati e de' grandi maestri non s'attende se non a poesie e a arte oratoria. Va' pure e
vedi: tu li troverai co' libri d'umanità in mano, e dànnosi ad intendere con Virgilio e Orazio e Cicerone,
saper reggere l'anime,[5] Vuoilo tu vedere, che la Chiesa
si governa per mano d'astrologi?[6] E' non è prelato, nè
gran maestro, che non abbia qualche famigliarità con
qualche astrologo, che gli predice l'ora e il punto, ch'egli

---

[1] Segno di persona fine, diremmo noi.
[2] Generosità mentre è dissipazione, irragionevole prodigalità.
[3] Taccagneria.
[4] Nel senso buono che nell'uso moderno ha conservato solo nell'aggettivo, onde deriva: segno d'animo ardito e coraggioso.
[5] Ecco la condanna dell'umanesimo: tale condanna però, si badi
bene, colpisce non i classici in sè e per sè; ma coloro, che per seguire la
moda, ai classici ricorrevano perfino per risolvere questioni attinenti alla
morale ed alla religione. Si deplora dunque il cattivo uso dei classici.
[6] Gli astrologi riscossero una gran fiducia in quello e nel secolo
successivo: A. Caro nel 1545, alla vigilia della congiura di Piacenza,
supplicava Pier Luigi a guardarsi dagli astrologi e da quelli, che la
mattina andavano a spiegargli i sogni a letto. Il Savonarola aveva per
loro un netto disprezzo e giudicava superstiziosi e peccatori quanti ad
essi si rivolgevano, il che notammo anche nel Passavanti.

ha a cavalcare o fare qualche altra cosa o faccenda. E
non uscirebbero questi gran maestri un passo fuora
della volontà degli astrologi. I nostri predicatori ancora
hanno lasciato la Scrittura Santa, e sonsi dati all'astrologia e filosofia, e quella predicano su' pergami e fan-
nola regina; e la Scrittura Santa l'adoperano come
ancilla, perchè e' predicano la filosofia per parere dotti,
e non perchè la deserva [1] loro a esporre la Scrittura
Sacra. Ora ecco come sono fatte le colonne della nostra
Chiesa. Il santuario e il coro è di legno; perchè nello
stato delle vergini e de' vedovi non è devozione, nè
umore di grazia. Quelle poche vergini,[2] che oggi sono
nella Chiesa, sono vergini fatue, che hanno le lampade,
che non v'è dentro olio, perchè sono aride di devozione.
La nave di questa nostra Chiesa, cioè lo stato coniu-
gale, non è ammattonato ma è pieno di polvere, d'affetti terreni, chè non pensano se non a roba; è ancora
tutto sporco per le spurcizie, che si fanno nello stato
matrimoniale. Non ha porte questa nostra Chiesa, cioè
non si vede più prelati e pastori buoni, non ci sono
predicatori, che predichino la verità, e però in questa
nostra Chiesa entra indifferentemente chi vuole ed è
ripiena di bestie e di animali salvatichi.

Solamente una cosa è in questo nostro tempio, che
ci diletta assai: questo è, ch'egli è tutto dipinto e inor-
pellato. Così la nostra Chiesa ha di fuori molte belle
cerimonie in solennizzare gli offici ecclesiastici, con
belli paramenti, con assai drappelloni,[3] con candelieri
d'oro e d'argento, con tanti bei calici, che è una maestà.[4] Tu vedi là quei gran prelati con quelle belle mitrie d'oro e gemme preziose in capo, con pastorali d'argento. Tu li vedi con quelle belle pianete e piviali di
broccato all'altare cantare quei bei vespri e quelle
belle messe adagio, con tante belle cerimonie, con tanti
organi e cantori, che tu stai stupefatto; e paionti costoro uomini di grande grandità [5] e santimonia,[6] e non
credi che e' possano errare; ma ciò che dicono e fanno,
s'abbia a osservare come l'Evangelo. Ecco come è fatta

---

[1] Pel semplice *serva* a noi più comune.
[2] Suore, monache.
[3] Gonfaloni.
[4] Una magnificenza regale.
[5] Di grande altezza, nobiltà, diremmo noi
[6] Vita ispirata a santità.

la moderna Chiesa! Gli uomini si pascono di queste
frasche, e rellegransi in queste cerimonie; e dicono che
la Chiesa di Cristo Gesù non fiorì mai così bene, e che
il culto divino non fu mai sì bene esercitato quanto al
presente, come disse una volta un gran prelato; che la
Chiesa non fu mai in tanto onore, e che i prelati non
furono mai in tanta reputazione, e che i primi prelati
eran prelatuzzi, a rispetto a questi nostri moderni....

Egli è vero che i primi prelati erano prelatuzzi, perchè erano umili e poverelli; e non avevano tanti grassi
vescovadi, nè tante ricche badie, come i nostri moderni. Non avevano ancora tante mitrie d'oro nè tanti
calici, anzi que' pochi, che gli avevano, li disfacevano
per la necessità dei poveri. I nostri prelati per far de'
calici tolgono quello ch'è de' poveri, senza il quale non
possono vivere....

Poenitentiam agite: appropinquabit regnum coelorum.

O peccatori, o ostinati, o tepidi, o tutti quelli che
s'indugiano all'ultimo a pentirsi, *agite poenitentiam*,
fate penitenza; fatela ora, non indugiate più, chè il Signore ancora v'aspetta, e sì vi chiama. Udite le mie
parole, non come da me, ma come da Dio venute. Io
non posso fare altro che non dica: *agite poenitentiam*.
Vedete quanto Dio è buono e quanto è misericordioso,
e che vorrebbe condurvi nell'Arca e salvarvi! Venite,
peccatori, venite, chè Dio vi chiama. Io ho gran dolore e gran compassione di voi. Venite in questa solennità di Tutti i Santi, che è oggi; la quale, quando
io la considero, accresce assai il mio dolore, perchè
quando io considero il gaudio e la beatitudine loro,
nella quale oggi in questa solennità si ritrovano, com-
parando poi quella con la miseria vostra, in che voi vi
trovate, non posso se non cordialmente per carità do-
lermi.

O uomini insensati, che peccando volete perdere
tanta quiete e tanto riposo, *agite poenitentiam;* fate
penitenza, ritornate a Dio e troverete ogni riposo; pen-
titevi degli errori vostri, confessatevi, fermate il proposito vostro di non più peccare, comunicatevi con
quel santo sacramento, il quale vi farà ancor voi essere beati!...

Super flumina Babylonis illic sedimus et flevimus. Quegl'Israeliti, lamentandosi e ricordandosi della loro cattività babilonica, dicevano: « sopra i fiumi di Babilonia, quivi abbiamo seduto, quivi abbiamo pianto » ; e ricordavansi della patria loro, donde erano stati cavati; e però si lamentavano, e piangevano, e dicevano: *applicavimus organa salicibus*, cioè, « noi non stiamo più in canti e in suoni, anzi abbiamo appiccato i nostri strumenti musici ai salici, e stiamo sopra i fiumi di Babilonia in pianto ». O Firenze, siedi sopra i fiumi de' tuoi peccati! Fa' un fiume di lagrime per lavarli; ricòrdati della patria tua celeste, donde è venuta l'anima tua; cerca con la penitenza tornare a quella patria, come facevano quegl'Israeliti!... e così conoscerai, che Dio manda queste tribolazioni, e che Dio è il capo di questi eserciti, e che le conduce: [1] e però farai penitenza dei tuoi peccati, se sarai savio e vorrai, che Dio ti aiuti in queste angustie. E perchè te l'ho detto tante volte innanzi che le tribolazioni venissero; e che Dio le manderà per purgare la Chiesa sua di tanti mali, però dovresti credere oramai, vedendone l'effetto....

Le tue scelleratezze adunque, o Italia, o Roma, o Firenze, le tue empietà, le tue fornicazioni, le tue crudeltà, le tue scelleratezze fanno venire queste tribolazioni. Ecco la causa! E se tu hai trovato la causa di questo male, cercane la medicina. Rimuovi il peccato, che è causa di questo male; e sarai medicata *quia, remota causa, removetur effectus.* Leva via i peccati, e non ti noceranno le tribolazioni; e se non fai questo, credi a me, che null'altro ti gioverà. Tu t'inganni, Italia e Firenze, se non credi questo, che ti dico. Null'altro ti può giovare se non la penitenza; fa' quanto vuoi, tutto sarà invano senza questa: tu lo vedrai.

O sacerdoti, udite le mie parole; o preti, o prelati della Chiesa di Cristo, lasciate i beneficj, i quali non potete tenere; lasciate le vostre pompe e i vostri conviti e desinari, i quali fate tanto splendidamente; lasciate, dico,... ch'egli è tempo, dico, da far penitenza, chè ne vengano le gran tribolazioni, per le quali Dio vuol racconciar la sua Chiesa. Dite le vostre messe con

---

[1] Siamo nell' anno della discesa di Carlo VIII: 1494.

devozione; altrimenti, se non vorrete intendere quel
che vuole Dio, voi alfine perderete i beneficj e la vita.

O monaci, lasciate la superfluità delle veste e degli
argenti e di tanta grassezza delle vostre badie e beneficj. Datevi alla semplicità; e lavorate con le mani vostre come facevano gli antichi monaci, vostri padri e
vostri antecessori; altrimenti, se non lo farete volentieri, verrà tempo che lo farete per forza.

O monache, lasciate ancora voi le vostre superfluità;
lasciate le vostre simonie,[1] quando accettate le monache
che vengono a star nei vostri monasteri; lasciate tanti
apparati e tante pompe, quando si sacrano le vostre
monache; lasciate i canti figurati; piangete, dico, più
presto i vostri difetti e i vostri errori; perchè vi dico,
che viene più presto tempo da piangere che da cantare e da far feste, perchè Dio vi punirà se non mutate
vita e costumi. Se non lo farete, non vi meravigliate poi
se viene lo sterminio e se pericolerà ogni cosa.

O frati miei, a voi dico: lasciate le superfluità e
vostre dipinture e vostre frasche. Fate le tonache non
con tanta larghezza e di panni ben grossi. Con le vostre superfluità non vi accorgete, che togliete le elemosine a' poveretti? O fratelli, o figliuoli, egli è bisogno
di dire apertamente a questo modo, acciocchè nessuno
possa poi dire « Io non lo sapevo », e scusarsi. A me
è forza dire così, *et vae mihi si non evangelizavero!*
Guai a me, se io nol dicessi! Io vi annunzio, che, se
non udirete la voce di Dio, egli vi punirà.

O mercatanti lasciate le vostre usure, restituite il
mal tolto e la roba d'altri; altrimenti voi perderete
ogni cosa.

O voi che avete del superfluo, datelo ai poveri, chè
non è vostro. Portatelo alla Compagnia di S. Martino,
acciocchè lo distribuiscano alle povere persone vergo-
gnose,[2] che molte volte muoiono di fame; e a voi avanza
molto del superfluo. Datelo, dico, a quei Buonuomini
di S. Martino, portatelo là a loro; non dico a me nè ai

---

[1] V'era la pessima consuetudine (contro cui invano insorse l'opinione pubblica e scagliarono perfino i papi le loro bolle) di accogliere
nei conventi donne di costumi notoriamente corrotti, purchè portassero
doti cospicue al convento.

[2] Ancora sono visibili in certi luoghi della vecchia Firenze le cassette
destinate a raccogliere le offerte dei benefattori per i poveri vergognosi
ai quali veniva e viene anche oggi in aiuto detta compagnia.

miei frati, perchè non tocca a noi a distribuire le elemosine ai poverelli. Voi, poveretti, andate da coloro,
che distribuiscono le elemosine della città; e sarete sov-
venuti. Io vi dico, che chi ha del superfluo lo dia ai
poveri; e ancora più oltre vi dico, ch'egli è tempo da
dare ancora più che il superfluo.

O sacerdoti, bisogna che io ritorni a voi; io dico
dei cattivi, con riverenza sempre dei buoni. Lasciate,
dico, quel vizio indicibile; lasciate quel maledetto vizio,
che tanto ha provocato l'ira di Dio sopra di voi; chè,
guai, guai a voi! O lussuriosi, vestitevi di cilizio e
fate penitenza, che vi bisogna! O voi, che avete le case
vostre piene di vanità e di figure e cose disoneste e
libri scellerati e il *Morgante* [1] e altri versi contro la
fede, portateli a me per farne fuoco o un sacrificio a
Dio. E voi, madri, che adornate le vostre figliuole con
tanta vanità e superfluità e capigliature, portatele tutte
qua a noi per mandarle al fuoco, acciocchè, quando
verrà l'ira di Dio, non trovi queste cose nelle case
vostre. E così vi comando, come padre vostro. In questo caso, se farete così in queste cose come io v'ho
detto, sarete sufficienti voi soli a placare l'ira a Dio:
altrimenti non vorrei avervi a dare qualche mala nuova.

La missione divina.

(Dalla predica del 21 dicembre 1494).

Io sono contento quanto a predicare ordinariamente,
in reprensione dei vizi ed aumento delle virtù, qui a Firenze e dove ti piace, ma che ho io a fare, io, dello Stato
di Firenze, a predicarne?... Allora il Signore disse:
« Il predicare, che tu attendi, è cosa spirituale; ma bisogna ancora, attendendo principalmente allo spirito,
fermare tutte quelle cose, che conservino e mantenghino
lo spirito, e le cose che con lo spirito governa. Così
qui volendo fare una città spirituale e che viva con
rettitudine, bisogna fare un fondamento ed una clausura,
che lo spirito e la bontà vi si conservi, e che la non
sia tolta via e dissipata dagli uomini perversi. Tu sai,
che per vivere e conservare gli eletti di Dio è fatto

---

[1] Non si può negare certo spirito antireligioso, che qua e là tra-
spare dal poema del Pulci.

tutto questo universo, è composto tutto questo mondo
per loro e a loro beneficio. Così bisogna fare a Firenze; volendo che ella sia buona, farle uno stato
che le conservi la bontà, se lei vorrà essere buona».
Allora io risposi al Signore, e dissi: « Io non sono strumento atto a questa cosa. Vorrei, Signore, che ti piacesse un altro più atto e migliore strumento di me ».
Lui rispose: « Non sai tu, *quod Deus elegit infirma
huius mundi, ut confundat fortia,* Dio elegge le cose
vili e inferme per confondere e superare le cose forti
e gagliarde; e non vuole, che la lode si attribuisca allo
strumento, ma a Dio? Tu sarai solamente strumento;
ed io sarò il maestro, che farò l'edificio? Che strumento
si sia, io non me ne curo, o nobile o ignobile. La virtù
ha a venire da me, disse il Signore, e non dallo strumento; e non voglio, che lo strumento possa dire: io
ho fatto, io ho detto ». Allora io convinto dissi: « Signore, eccomi parato alla tua volontà. Ma io vorrei
sapere, se ti piace, che premio si conseguirà di questo
nell'altra vita ». Rispose il Signore: « *Quod oculus non
vidit, nec auris audivit,* » cioè il premio di vita eterna
è tanto grande, che occhio, nè orecchio, nè cuore umano
non lo può comprendere, nè intendere qua. Ed io sog-
giunsi: « E in questo mondo che ne seguirà? » Il Signore disse: « *Non est maior servus domino suo,* non
è maggiore il servo che il suo signore. Tu hai pur letto,
che dopo le predicazioni mie fatte al popolo giudaico
che ei mi crocifisse. Così interverrà a te, e non altrimenti! O Signore, dissi io allora, *da mihi hoc mar-
tirium,* concedimi che io muoia per te, come tu mo-
risti per me. Io vedo il coltello già arrotato per me!
Aspetta pure un poco, disse il Signore, che sien fatte
quelle cose, che s'hanno a fare; e poi usa quella for-
titudine che Dio ti concederà ».

Or, tu hai inteso, Firenze, che io veggo e conosco
il grado in che io mi trovo. Impara, tu che vuoi essere predicatore, che cosa è entrare in alto mare! Ti
bisogna poi navigare secondo che piace al Signore e
al padrone della barca. Sta' in umiltà, e lascia fare a
Dio. Lui ti guiderà e nessuno ti potrà nuocere, se non
quando Dio vorrà; e alla volontà sua tu devi stare
contento....

Apocalittiche predizioni.

(Dalla predica dell' 8 marzo 1496).

.... Io ho detestato, dice Iddio, la superbia vostra, peccatori, ed io ho in odio le vostre case. L'odio è quello, che non può patire la cosa odiata; e vollela escludere; e però dice: « *Et tradam civitatem cum habitatoribus suis* »; per la qual cosa Iddio dice: Io darò la città con gli abitatori suoi nelle mani d'altri. O Italia, o Roma, io ti darò nelle mani di gente, che ti dissiperà in fino ai fondamenti. Io condurrò in Italia e in Roma uomini bestiali, uomini crudeli, che saranno affamati come leoni e come orsi; e morrà tanta gente, che stupirà ognuno.

Quando verrà questo male saranno tanti morti per le case, che andranno gli uomini per le strade dicendo: « mandate fuori i morti! » E metterannoli in su i carri e in su i cavalli: sarannone monti, e arderannoli. Altri passeranno per le vie gridando forte: « Chi ha morti? chi ha morti? ognuno che n' ha, porti fuori! » Verranno fuori alcuni e diranno: « Ecco il mio figliuolo; ecco il mio fratello; questo è il mio marito ». Faranno coloro quelle fossacce grandi per sotterrarli. Andranno di poi ancor di nuovo per le strade gridando: « Ecci più nessuno morto? ecci chi ha più morti? » e rarificherassi la gente in modo che ne rimarranno pochi. Nascerà l'erba per le strade della città, saranno le vie come boschi e selve, e empierassi l'Italia di barbari e gente estranea. Cesserà poi tanta rovina, e rimarrà pur qualche buono e qualche cattivo.

Il Signore minaccia Roma, e minaccia il clero. O tu, che scrivi a Roma,[1] scrivi questo; e non scrivere, ch' io abbia detto male del Papa e dei cardinali, perchè io non nomino qua nessuno, ma scrivi questo a Roma, e di': « Quel frate dice, che egli minaccia Roma in generale, minaccia il clero e i prelati; ma dice, che non è lui, ma che Dio è quello che li minaccia ». La seconda cosa, che tu scrivi a Roma è questa, che i principi

---

[1] L' apostrofe va diretta a coloro, che da Firenze mandavano informazioni a Roma, in curia, per mettere il Savonarola e l' opera sua sempre più in cattiva luce.

dell'Italia non ti dicano,[1] che io sia quello, che faccia
venire il male in Italia; perchè il dire e prenunziare
il male, non è farlo venire, perchè questo solo appartiene a Dio *qui solus dixit, et facta sunt*. Adunque
bisogna che, se dopo il mio dire viene il male, che io
prenunzio, o che io sia Dio, o che le mie parole vengano da Dio; ma, *sic est,* che io non sono Dio, ma sono
un peccatore: adunque è segno, che questo dire vien
da Dio.

Firenze, secondo che tu farai più o manco bene,
così saranno le tue tribolazioni piccole o grandi....

Praeterea, io v'ho a dire questa mattina a voi magistrati, cominciando dalla Signoria: Non piace al Signore la vostra tanta dolcezza, perchè voi non fate giustizia; e' vi bisogna, dico, declinare alla parte crudele [2]
(io non vi aggiungo parola nessuna), altrimenti Lui si
adirerà. Io ve lo dico un'altra volta: punite crudel·
mente; io vi dico, che non piace a Dio questa vostra
tanta dolcezza.

L'altra cosa, ch'io v'ho a dire, è questa: Io son qua
per difendere questa verità, e per Cristo; e non son qua
per predicare a Firenze sola, ma a tutta l'Italia. Tu
sai, che tu m'hai conosciuto per i tempi passati; e sai
che non ero atto a questa impresa, chè non avrei saputo muovere una gallina; [3] e *tamen,* oggi, tu vedi che
per questa predica tutta l'Italia, e ogni cosa è commossa. Io sono tenuto per Cristo a difendere questa
verità, e sono tenuto a star qua, infino che avrò spirito. Firenze, fa' quanto tu vuoi; fa' che fantasia tu
vuoi; immàginati quel che tu vuoi, chè ic t'ho a dir
questo, questa mattina, che questa opera tu non la
getterai per terra, ma ella andrà innanzi, sebbene io
fossi morto, perchè ella è opera di Cristo. E quando
bene io fossi cacciato da questa città, cacciatemi pure,
io non me ne curo, perchè mi starò là in un desertuc-

---

[1] La frase è negativa di forma ma non di sostanza: quel *non* equi-
varrebbe al *ne* latino usato dopo i *verba timendi*: indica cioè soltanto
il desiderio dell'A. che la cosa non succeda, il qual desiderio non impedisce però che la cosa stessa avvenga.

[2] Severa.

[3] È troppo noto, che nelle prime prediche in Firenze il Savonarola
non ottenne alcun seguito nel pubblico dei fedeli, sia per la pessima sua
pronunzia di romagnolo; sia per certo difetto di balbuzie, che ben presto
però scomparve del tutto. Non potevan credere i Fiorentini, che l' avevan
udito le prime volte, ch' egli fosse lo stesso; e sembrava loro e·idente
l' intervento di Dio nell' operare così miracolosa metamorfosi.

cio; e colla nostra Bibbia e in più quiete, ch'io non
sto a questo modo ora.[1] Sicchè, quando io fossi cacciato
di qua, io vi avviso questa mattina, e hovvelo a dire
(scrivilo a Roma, e dove tu vuoi), che questo fuoco e
questo lume è attaccato in tanti luoghi, e in tutte le
religioni, e loro ancora non lo sanno; ma, tu lo vedrai,
susciterà[2] in molta gente; e leveransi sù molti contro
di loro medesimi e del loro ordine, nei quali è acceso
questo fuoco. Vai, scrivilo a Roma, e di':[3] « Ei dice
quel frate, che tu faccia quanto tu vuoi, Roma; chè tu
non spengerai questo fuoco; e se tu ne spengerai uno,
ne verranno fuori degli altri, e più forti che questo; e
susciterassene per tutta l'Italia di questi fuochi; e susciterassene ancora a Roma, benchè sieno ancora oc-
culti. » Io ti dico, che vi è acceso di questo fuoco in ve-
scovi, prelati e cardinali, che v'è anche qualche cardinale, che difende questa verità; ed è acceso questo fuoco
in diverse parti d'Italia, e in gran maestri[4] secolari,
chè, quando sarà il tempo, la scoppierà fuori questa verità; e io anche n'ho lettere da certi gran maestri, ch'io
non ti voglio dire al presente,[5] che sono contenti met-
terci la vita per questa verità. E scrivi, che io invito
tutti i savi di Firenze, di Roma e di tutta l'Italia, a
disputare questa verità: e se loro superano me e quelli,
che son meco in questa verità, son contento cedere,
ed *etiam* morire se bisogna.[6]

Profezia dei guaj d'Italia.

(Dalla Predica del 5 giugno 1496).

In Geth nolite annuntiare, lachrymis ne ploretis ec.,
dice il profeta Michea a quella gente del tempo suo:
« Voi sarete tagliati a pezzi, voi sarete menati in cat-

---

[1] Allusione alle occupazioni e preoccupazioni di natura politica, nelle
quali dagli avvenimenti contro sua volontà era stato involto.
[2] Divamperà.
[3] Allude all'informatore o agli informatori, che Roma teneva in Firenze, come s'è visto più sopra.
[4] I grandi sapienti: nel senso medioevale della parola. Di fronte ai
grandi maestri laici o secolari c'erano i grandi maestri religiosi o teologi.
[5] Il Ficino, Pico Mirandolano? nomi che vengono spontanei alla
mente: del secondo dette la notizia della morte nella fine d'una predica
e disse sapere per rivelazione essere l'anima sua andata in Purgatorio.
[6] Frequente torna sulle labbra del S. la previsione del martirio, cui
effettivamente di lì a qualche anno, com'è noto, andò incontro. L'intre-
pida serenità, con cui ne parla è l'indice della grandezza della sua coscienza.

tività e saravvi gran vergogna; sarete confusi di ignominia ». Così a te, Italia, ti sarà gran vergogna, tu
rimarrai piena d'ignominia. Italia, e' ti saranno tolte
le cose tue, come ti dissi l'altra volta. Italia, tu non
gli potrai resistere. *In Geth nolite annuntiare.* Geth
era luogo de Filistei. Geth vuol dire *torcular, idest*
strettoio; e Filistei vuol dire *ruina duplex,* doppia
ruina. Questo significa i gran maestri, i gran capi, come
strettoj, oppressori de' popoli, i quali sono ancora doppia ruina, cioè ruina loro e ruina de' loro sudditi. Dice
adunque qui il profeta: « Non annunziate più in Geth,
idest non dite più nulla a' vostri vicini; non annunziate
più loro, non predicate più loro, egli è perduto ogni
cosa, *et desperata est plaga eius.* La loro piaga è disperata, egli è data la sentenzia: che volete voi fare più?
Lachrymis ne ploretis. Non piangete più, non vi afflig-
gete più ». Oh tu hai detto di sopra, che noi stiamo in
tristizia, e che gli è meglio andare alla casa del pianto,
che alla casa del convito! Dico che piangete per voi e
per i vostri peccati, ma per loro non piangete più;
perchè tutti andranno a casa del diavolo; per loro non
ci è rimedio, reputategli come se fussino nello inferno:
tu lo vedrai poi quando saremo di là.

In domo pulveris pulvere vos conspergite, nella casa
della polvere copritevi di polvere. Questa casa di polvere significa la Chiesa, cioè i fedeli, cha per umiltà
si reputano polvere e cenere: *Memento homo quia cinis
es, et in cinerem reverteris.* Vuol dire: « Voi, fedeli
della chiesa, seguitate pure la vita vostra in penitenzia, *et transite, vobis habitatio pulchra confusa ignominia* ». Costoro cercano di stare qua nelle belle case,
e fannosi di qua paradiso. E' resteranno, dico, tutti
confusi di ignominia.

Oh! e' si potria pure salvare il tale gran maestro,
e il tale. Tu m'hai detto altre volte: « Frate, va' un
po' là, e' si potrebbono pure convertire ». Io ti dico
che gli è desperata la piaga loro. Beata te, Firenze,
che Dio t'ha aperto la chiavicina; [1] ed atti [2] voluto fare
grazia! Ma voi, che abitate nelle belle case ornate con
tanto oro e tante cose, anderete in cattività o di uomini

---

[1] Del fonte della grazia.
[2] E t' ha voluto.

o del diavolo, o forse dell'uno e dell'altro. E' verrà
quella gente estranea, che piglieranno te savio, e daranti
delle bastonate; e le donne nobili piglieranno, ed ogni
cosa sarà confuso di ignominia. Sarà grandissima vergogna, chè sarete trattati come bestie. *Non est egressa
quae habitat in exitu.* Dicevano quelli del tempo di Michea queste parole: « Siamo pure ancora qua noi, che
savamo [1] nel fine »; e Michea racconta queste loro parole. Così dico a te, Italia, tu se' nel fine: tu non vuoi
credere, e questo anno tu hai fatto più iniquità che
gli altri tempi; e dicono a Roma, come dicevano costoro
di Michea: « Noi trionfiamo,[2] noi: il frate si sta là a
rompersi il petto: noi siamo pure ancora qua, e non
veggiamo tanti miracoli ».[3] *Plantum domus vicina ac-
cipiet ex vobis,* la casa vicina piglierà il pianto da voi.
Udite bene, gran maestri. Questi, che piglieranno il
pianto sono i tepidi vostri vicini, i quali vi stanno
sempre a gli orecchi e dicono: « E' non sarà poi tante
cose »; e sì vi remuovono dalla verità. Questi tepidi
cercano sempre di stare appresso a' gran maestri per
acquistare onori e cose terrene; ma come e' viene il
flagello, cominceranno ancora loro a piangere, che sono
la vostra casa vicina. Vedranno piangere voi, gran
maestri; e vedendosi privati della speranza loro, converrà, che pianghino, sì che questa casa vostra vicina
piangerà per vostro amore. *Quae stetit sibimet.* La quale
casa è stata in sè medesima; cioè, i tepidi si sono con-
fidati nelle sue cerimonie, e confidonsi nella virtù propria, la quale non gli gioverà niente. *Quia infirmata
est in bonum, quae habitat in amaritudinibus.* E' infirmata questa casa nel bene, cioè si infermerà.

Ma Michea pone quello, che ha a venire, come cosa
presente; e parla per modo di profezia. Vuol dire, che
i tepidi s'infermeranno nel ben vivere, perchè non ci
sarà più la poppa, e sarà perduto il loro guadagno, e
diranno: « Ohimè! che gli è morto il magnifico tale,
il signore tale, e' mi è mancata la mia speranza ». Tu

---

[1] Fiorentinismo per *eravamo*; a Michea con ironia si rivolgevano
gli Ebrei dicendo: siamo ancora qui noi, ai quali tu avevi predetto l'ultima fine. Così i Fiorentini rivolgevano al Savonarola lo stesso rimpro-
vero.
[2] Molto usato nel quattrocento e cinquecento nel senso di darsi bel
tempo, godersela.
[3] Non vediamo avverarsi le sue profezie di castighi imminenti.

eri appiccato alle cose del mondo, e però ti duole il
perderle; ma colui, che sta con Cristo, non cura niente
di questo, sì che i tepidi a questo modo abiteranno in
amaritudine.

*Quia descendit malum a Domino in portam Hieru-
salem,* perchè egli è disceso questo male insino alla
porta di Gerusalemme. Io ti ho detto, che le porte sono
i vostri padri confessori e i predicatori (io parlo de'
cattivi), nei quali descenderà il flagello, verrà la guerra,
la carestia, e la pestilenzia.

Et tumultus quadrigae stuporis habitanti Lachis.
Lachis era la città, dove venne lo esercito de' Sirj.
Lachis è interpretata *sibimet,* cioè che si confida in sè
medesima. Roma, tu sarai Lachis; tu ti vuoi confidare
in te medesima. E' verrà il tumulto dello esercito, cre-
detelo a me, che farà stupire gli abitanti di Lachis.
Verranno grandi squadre a Roma, verravvi grande esercito, credilo a me, chè io ti dico il vero; apparecchiati,
chè tu non hai a stare. *Principium peccati filiae Syon.*
O Roma, figliuola di Sion, tu se' il principio de' peccati, tu se' la regina d'ogni iniquità, tu se' la regina
di superbia, di lussuria e d'ogni vizio. Tu se' principio e cagione de' peccati degli altri preti e degli altri
cristiani. *Quia in te inventa sunt scelera Israel.* In te
è congregata ogni scelleratezza, la quale è poi discesa
negli altri membri della Chiesa. E però, o figliuola di
Sion, tu se' principio di tutti i peccati, a te ha a venire prima la spada.

*Tumultus quadrigae stuporis habitanti Lachis, prin-
cipium peccati est filia Syon, quia in te inventa sunt
scelera Israel.* Sarà grande tumulto: non lo credono
costoro, che gli abbia a venire gran tumulto, ma vedranno presto rannugolare. Dicono a Roma: « Noi cam-
pammo all'altra volta; il frate dice che noi avamo [1] andare sotto sopra: noi siamo pure qua ». Io non ti dissi
mai che Roma a quella volta avessi andare sotto sopra;
io non ti ho neanche detto mai, che sia quello o quel-
l'altro, che l'abbia a fare. Io t'ho ben detto questo:
che sarà uno, che non arà reverenzia nessuna, nè rispetto a persona. O chi sarà egli? Sarà forse quello

---

[1] Avevamo: allude alla calata di Carlo VIII, avvenuta due anni
prima, nel 1494.

che tu non credi, o forse sarà l'uno e l'altro, o forse
saranno più di due. Io so bene io, chi egli è. Messer
Domeneddio va pian piano; ma come comincia la furia, vedrai che sarà un gran tumulto. Tu non hai mai
forse udito negli antiqui uno tale; ma lasciamo andare
gli antiqui, che furono pure grandi; questo sarà almanco eguale, perchè questo sarà male universale per
tutto; ma la Italia è quella, che ha a sostenere il peso!
Io vado qualche volta pensando i Goti e i Longobardi,
i quali feciono pure di molto male nell'Italia; e non
so che mi dire. Sarà ad ogni modo gran tumulto, e
rimarrà poca gente. Tu dirai: « Io non lo credo. Il tuo
credere non ci dà noia ». Io fo lo ufficio mio. Io, per
la parte mia, del tuo credere non me ne curo: vorrei
bene per tua salute, che tu credessi.

I peccati adunque sono quelli, che chiamano il flagello; e però dice il profeta: *Propterea dabit emissa-
rios super hereditatem Geth*. Per questo manderà il Signore i suoi emissarj, cioè i suoi barbieri.[1] *Emissi*, cioè
mandati fuora delle terre loro; e tale crede pigliare
altri al laccio, che sarà preso lui. Verranno questi
emissarj, e piglieranno le case vostre, la vostra eredità,
i vostri poderi, i vostri famigli, i vostri servi, e tutta
la eredità di Geth, *idest* degli oppressori. *Et domos
mendacii in deceptionem regibus Israel*. Piglieranno le
case della bugia. Questi sono quelli, che voi pagate,
perchè vi dichino le bugie. Colui paga l'astrologo perchè gli dica le bugie.[2] Voi ne anderete tutti in perdi-
zione, perchè voi ingannate i gran maestri e tutti coloro, che si fidano di voi. Tu, astrologo ribaldo, dimmi
che libro hai tu, col quale tu inganni e di' tante bugie?
Con che libro o con che scienzia puoi tu dire il vero?
« O frate, tu non hai studiato astrología, tu nol puoi
sapere ». Se tu avessi studiato tanto tu, ti basterebbe,
perchè conosceresti il vero come ho cognosciuto io, che
ne ho veduto tanto, che cognosco che ella è una de-
cezione.[3]

---

[1] Il S. mostra gran predilezione per l'uso di questa parola nel
senso di inflessibili esecutori di giustizia punitrice.
[2] Gli predíca l'avvenire: è noto che nei secoli XV e XVI l'astrologo
era il personaggio più autorevole nelle corti: i signori l'ammettevano la
mattina in camera per farsi interpretrare i sogni: v. p. 269, n. 6.
[3] Dal lat. *deceptio*, un inganno.

La Curia romana ottiene che la Signoria impedisca la predicazione al Savonarola; il quale il 18 marzo del 1498 tenendo
l'ultima predica si congedava dai suoi uditori; e tra l'altro
così diceva loro dell'opera sua fino allora tra essi perseguita
dal pergamo:

Ignis estuans.... in ossibus meis.

Io vedevo ben qualche cosa, da principio, che en-
travo in mare; [1] ma mi fu detto: « Non dubitare; pas-
seremo presto questo mare ». Se io avessi veduto allora
il tutto da principio, io mi sarei forse fuggito, come
fece Jona in Tharsis. *Omnes subsannant me,* ognuno si
fa beffe de' fatti miei. Io son fatto in derisione a tutto
il mondo. Ognuno dice di me come di pazzo e d'un
uomo insensato, *quia iam olim loquor vociferans*, perchè, un gran pezzo fa, io non so altro che gridare e
chiamare ognuno a penitenza, e che verranno tribolazioni. *Iniquitatem et vastitatem clamito;* io ho tanto
tempo già gridato contro all'Italia e contro a Roma che
la sarà guasta, e che verranno i barbieri che la dissi-
peranno; [2] e perchè par che non venga ancora nulla,
la brigata non crede quasi più niente; e però io son
fatto in derisione a tutto il mondo, son fatto in obbro-
brio a ciascheduno....
Così io qualche volta ho fatto pensiero, quando io
son giù, [3] e detto: « Io non voglio più parlare, nè predicar
di queste cose; ma voglio starmene e lasciare ora fare
a Dio ». E *tamen*, come io son poi salito quassù, non son
potuto contenermi. *Et factus est in corde meo quasi
ignis estuans clausus que in ossibus meis, et defeci ferre
non sustinens*, io non ho potuto fare altro. Il parlare
del Signore si è fatto quassù a me, come un fuoco
estuante,[4] rinchiuso nelle ossa mie e nel cuore mio, e
non ho potuto sostenerlo, e non posso fare che io non
dica,[5] perchè io mi sento tutto ardere, io mi sento tutto
infiammato dallo spirito del Signore; ma poi, quando
io son giù, io dico da me: « Io non voglio più parlare

---

[1] I pericoli della predicazione, considerata pelago burrascoso.
[2] Metafora che torna di frequente per indicare coloro che, come dice
altrove, dovevan radere l'Italia fino all'osso, e cioè gli strumenti del-
l'immancabile punizione divina.
[3] Dal pulpito.
[4] Bruciante.
[5] Che io non predichi, che io non parli.

di queste cose » ; e *tamen* come io sono rimontato quassù, non si può frenare questa lingua, non si posson tenere queste parole. O Signor mio, o spirito, oh! tu non hai paura di persona del mondo. Tu non guardi in faccia di uomo, e sia che 'l si voglia, tu di' la verità a cïascheduno. O spirito, tu vai eccitando persecuzioni e tribolazioni còntro di te; tu vai commovendo le onde del mare, come fa il vento; tu vai eccitando le tempeste. Deh! Non fare, spirito. Non si può fare altro! Questa è la conclusione, e bisogna far così. Or lasciami dunque un poco riposare questo fuoco delle ossa mie....

Dicono costoro: « Vediamo se possiamo tòrre costui, e cavarlo di qua con mandarlo a Roma ». Ma Jeremia risponde, e dice: *Dominus autem mecum est, tamquam bellator fortis*, il Signore è con esso meco. Non ho paura alcuna di voi, diceva Jeremia. Ei diventava, ti so dire, gagliardo. Così dirò io arditamente, che il Signore è meco. O Signore, non lo posso dire io? Sì che lo posso dire, *quia dominus mecum est*. O Roma, fa' quanto tu vuoi, chè io ti fo certa di questo, *quia Dominus mecum est*. O Roma, *durum est contra stimulum calcitrare*, ti sarà cosa dura calcitrare contro lo stimolo. Tu ti purgherai, credilo a me. Tu vedi solamente questo legno; ma tu non vedi lo stimolo e il ferro, che vi è dentro. Egli t'ha punto tanto, che tu ne sei malcontento; e vorresti poter tornare ìndietro con tuo onore. Ma credi a me, ch'egli ti purgherà ancora più. Italia, *Dominus mecum est,* il Signore è con esso meco. Tu non potrai far nulla. Firenze, Firenze, *idest*, cittadini cattivi di Firenze, armatevi quanto volete, e fate scale,[1] quanto volete. Voi sarete vinti, e questa volta non potrete calcitrare contro lo stimolo, perchè il Signore è meco, come un forte combattitore. *Idcirco qui persecuuntur me cadent et infirmi erunt et confundentur vehementer;* per questo io ti dico, che questi, che mi perseguitano cadranno, e le forze loro saranno invalide e inferme come di formiche, e saranno confusi veementemente, e la loro confusione sarà grandissima....

Ricordatevi voi in quei principii, quando cominciammo a predicare queste cose (io ve lo dirò pur

---

[1] Le scale servono per l'espugnazione d'una città per dare l'assalto alle mura: qui *scale* è in senso lato di armi e macchine da guerra.

chiaro: al tempo di Lorenzo de Medici). E' vennero a
me cinque cittadini vostri principali che allora regge-
vano nella città, de' quali n'è vivi ancora quattro, e
fecero ammonizione, come da loro,[1] che io non dicessi
quelle cose. Io gli risposi. Tra l'altre cose dissi: « Voi
dite, che non siete stati mandati; e io vi dico di sì.
Andate, e rispondete a Lorenzo de Medici, che faccia
penitenza de' suoi peccati, che Dio lo vuole punire lui
e i suoi ». Io non so, se essi glie lo dissero. Io gli feci
questa risposta, se vogliono dire la verità. E dipoi,
seguitando io, molti mi dicevano, che io non dicessi,[2] o
che io sarei confinato; ai quali io risposi: « Abbiate paura
voi dei confini, che avete moglie e figliuoli. Io non ho
paura, chè, quando bene io non stessi qua, questa vostra terra è come un granello di lente a comparazione
del resto di tutta la terra. Io non me ne curo. Faccia
lui![3] Ma sappia questo: che io son forestiero e lui è
cittadino, e il primo della città; io ho a star qua, e lui
se ne ha andare. Io ho a stare, e non lui. Ricordatevi
ancora, che quando, anno, fu levata via la predica,[4] che
a chi veniva febbriconi,[5] e a chi pestilenza, e a chi
coltello, di quelli, che furono cagione d'impedirla.[6] E
molti, che volevano diventare grandi, tu sai ora come
sono iti. Sicchè, d'allora in qua, è morta molta gente,
sonne andati molti all'inferno, ti so dire io. Ora che
sarà? Starai a vedere quello, che verrà adesso. Non
voglio dirti altro. Starai pure a vedere; mala nuova
non vorrei averla a dire! Ricòrdati ancora di quelli,
che l'anno passato vennero alla predica, quando era
cominciata la moria, che non ne infermò nessuno. Bi-
sognerebbe notare quelli, che hanno procurato queste
scomuniche, e queste cose;[7] e vedrai poi quello, che
seguirà. Voi dite, che avete paura d'interdetto e di

---

[1] Come di loro iniziativa.
[2] Predicassi, come s'è visto più sopra.
[3] Lorenzo il Magnifico.
[4] Mi fu fatto divieto di predicare....
[5] Febbri maligne, ossia perniciose, generalmente mortali.
[6] Di coloro che s'adoprarono perchè mi si vietasse di predicare
a chi vennero i febbriconi ecc.
[7] Allude ai falsi zelatori della fede, che colle loro arti subdole e maligne avevano ottenuto che al S. fosse fatto divieto di predicare e venissero inflitti severi rimproveri e minaccie di punizioni canoniche, se
avesse continuato.

perdere la roba.[1] Or dite loro, che Dio manderà lui un
interdetto, che perderanno la roba e la vita; e dite
ancora a quei cattivi, che sono causa di questo male,
che per questo non avranno l'intento loro ma il contrario di quello, che disegnano. Faremo colle orazioni
quello, che avrebbe fatto la predica; raccomanderemo
al Signore i buoni e retti di cuore. E circa l'aver levato [2] questa predica, io ti dico il vero, per me, quanto
alla parte sensitiva [3] l'ho caro a starmi più presto nei
miei studj; e a me non potevi fare il maggior piacere.
Parlo, come ha fatto di sopra Jeremia, quanto alla parte
sensitiva; non dico così già quanto alla ragione. « O
padre,[4] noi aspettavamo, che tu facessi ora qualche cosa.
Tu avevi detto di mostrare questa cosa con ragioni naturali e con ragioni e segni soprannaturali ». Tu hai
ritardato quello, che forse la predica avrebbe accele-
rato; ma noi faremo colle orazioni quello, che avevo a
fare colla predica. O Signore, io ti raccomando i buoni
e retti di cuore; e prego, che tu non voglia guardare
alla negligenza dei buoni, perchè la fragilità umana è
grande, la fragilità dico, è grande. Bisogna che ti sian
raccomandati i buoni e retti di cuore. *Benefac, Domine,
bonis et rectis corde.*

LEONARDO DA VINCI.
(1452-2 maggio 1519).

« Nacque in Anchiano in quel di Vinci, castello del Valdarno
di sotto, nel 1452, figlio naturale di Ser Piero d'Antonio, che
fu quindi notaro della Signoria, e di una Caterina, che andò
poi a nozze con Accattabriga Del Vacca, e non ebbe più relazioni col figlio. Il padre ebbe tre mogli e nove figli legittimi,
ma tenne presso di sè Leonardo in Vinci ed in Firenze. Circa
il 1466 entrò nella bottega del Verrocchio; e tra gli artisti ebbe
amici, del numero dei quali furono e Lorenzo di Credi e il Botticelli. Studiò presto matematica, coltivò la musica, si fornì di
svariata cultura scientifica, ed ebbe conoscenza di scrittori anti-

---

[1] L'interdetto avrebbe portato un colpo mortale al commercio fiorentino.
[2] L'aver vietato.
[3] Per quanto riguarda i miei comodi, diremmo noi.
[4] Immagina che qualcuno degli uditori gli rivolga la parola.

chi e moderni.... Nel 1483, anche per intromissione di Lorenzo de'
Medici, da Firenze andò a Milano, presso Lodovico il Moro, allora reggente per il nipote Gian Galeazzo; e ve lo troviamo fino
al 1499, sempre intento a insigni opere di scultura, di pittura, di
architettura e d'idraulica e circondato da una famiglia numerosa
di discepoli, ch'egli soleva chiamare la sua *Accademia*. Tornò
dipoi a Firenze; e continuò quindi le sue peregrinazioni per
molte città d'Italia, alternando gli studj dell'arte con le spe-
culazioni della scienza, al servizio da prima di Cesare Borgia,
poi di Luigi XII, re de' francesi. Nel 1513 fu a Roma, dove
ebbe onoranze e contrasti; nel 1516 andò in Francia alla Corte
di Francesco I. Il suo testamento è del 22 aprile 1518: morì il
2 maggio 1519 a Cloux (Clos-Lucé) presso Amboise.

Gli scritti di Leonardo (di questi soltanto ci conviene occu-
parci) pervennero a noi, per molte vicende, trasmessi da prima,
per testamento, a Francesco Melzi, e qua e là dispersi.... I mano-
scritti di Leonardo, che contengono note su ogni ordine di fatti,
sono uno dei più grandi monumenti innalzati dall'uomo allo
studio della pittura e della natura. Una curiosità inestinguibile,
l'acutezza e la prontezza delle osservazioni sono la caratteristica dell'ingegno del Vinci. Precedendo di gran lunga il suo
secolo, vedeva e segnava i cómpiti della scienza naturale negli
stessi termini, in cui vedremo porli da Galileo. Egli scrive, ma
con grande chiarezza ed energia; e talora nelle sue note trovi
profonde sentenze e quadri stupendi....

Bello e forte della persona, ebbe mente universale, alto e
svariato ingegno, ancor più dell'Alberti e di Michelangelo, suo
rivale. La sua gloria maggiore è nelle arti del disegno e pla-
stiche; ma non minore ormai ne avrebbe come precursore delle
scienze moderne, se i tempi e le circostanze, nelle quali visse, gli
avessero dato agio di manifestare liberamente quelle idee, che
affidò al segreto delle sue pagine».

[Copiosissima è la bibliografia su L. da V. (cfr. Ettore
Verga, *Gli studi intorno a Leonardo da V. nell'ultimo Cin-
quantenario*, 1872-1922); noi qui ci limitiamo a rimandare a
qualche raccoltina scolastica o a qualche studio di facile consultazione: E. Solmi, *Frammenti letterari e filosofici di L.
d. V.* (Firenze, Barbèra, 1892) della Collez. Diamante: edizion-
cina passata per una serie fortunatissima di ristampe; L. Bel-
trami, *Leonardo, Scritti*, Milano, Istituto Editoriale; G. Fuma-
galli, *Leonardo prosatore*, Milano, Roma, 1915; G. Séailles,
L. da V. l'artiste et le savant, Paris, 1912; E. Müntz, *Leonard*,
Paris, 1899; G. Mazzoni, *L. d. V. scrittore* in «Nuova Antol.»,
1º genn. 1900; *Conferenze fiorentine su Leonardo*, Milano, 1900;
E. Solmi, *Leonardo*, Firenze, Barbèra, 1923; ed il volume an-
tologico *Alberti, Leonardo, Michelangelo, Vasari, Cellini, Galilei*,
a cura di G. R. Ceriello, Messina, Principato].

Pensieri.

I. IL PITTORE E LA NATURA. — Il pittore avrà la
sua pittura di poca eccellenza, se quello piglia per
autore l'altrui pitture; ma s'egli imparerà dalle cose
naturali farà buon frutto: come vediamo ne' pittori dopo
i Romani, i quali sempre imitarono l'uno dall'altro; e
di età in età sempre mandarono detta arte in declina-
zione. Dopo questi venne Giotto fiorentino, il quale,
nato in monti solitarj, abitati solo da capre e simili
bestie, questo, essendo vòlto dalla natura a simile arte,
cominciò a disegnare su per li sassi li atti delle capre,
de le quali lui era guardatore; e così cominciò a fare
tutti li animali, che nel paese trovava: in tal modo
che questo, dopo molto studio, avanzò non che i maestri della sua età, ma tutti quelli di molti secoli passati. Dopo questo l'arte ricade, perchè tutti imitavano
le fatte pitture; e così di secolo in secolo andò decli-
nando, insino a tanto che Tomaso fiorentino, scogno-
minato Masaccio,[1] mostrò con opra perfetta, come quegli, che pigliavano per autore altro che la natura,
maestra de' maestri, s'affaticavano in vano. Così voglio dire di queste cose matematiche, che quegli, che
solamente studiano gli autori e non l'opre di natura,
son per arte nipoti, non figlioli d'essa natura, maestra
de' buoni autori.

II. L'ESPERIENZA, FONTE DI SAPERE DI FRONTE ALLA
VANITÀ DEI TRADIZIONALISTI. — So bene, che per non
essere io letterato, che alcuno prosuntuoso gli parrà
ragionevolmente potermi biasimare coll'allegare io essere omo sanza lettere: gente stolta! Non sanno questi
tali, ch'io potrei, sì come Mario rispose contro a' patrizi romani,[2] io sì rispondere, dicendo quelli che dal-
l'altrui fatiche sè medesimi fanno ornati, le mie a me
medesimo non vogliano concedere. Or non sanno questi,
che le mie cose son più da esser tratte dalla sperienzia
che d'altrui parola, la quale [3] fu maestra di chi bene

---

[1] Il grande maestro del secolo XV, dal quale comincia la nuova
scuola, seguace della natura, che attraverso a Raffaello metterà capo
sulla fine del '500 a Michelangelo: Guidi Tommaso (1401-1443).

[2] Plutarco racconta che Mario era solito inveire contro i primari
della città dicendo che egli in faccia al popolo poteva mostrare le sue
ferite, mentre essi non potevano mostrare altro che i monumenti dei
morti....

[3] Esperienza.

scrisse; e così per maestra la piglio, e quella in tutti
i casi allegherò.

III. Se bene come loro [1] non sapessi allegare gli
autori, molto maggiore e più degna cosa a leggere è,
allegando la sperienza, maestra ai loro maestri. Costoro
vanno sgonfiati e pomposi, vestiti e ornati non delle
loro ma delle altrui fatiche; e le mie a me medesimo
non concedono; e se me inventore disprezzeranno,
quanto maggiormente loro, non inventori ma trombetti
e recitatori delle altrui opere potranno esser biasimati?

IV. NATURA È DINAMISMO. — La natura è costretta
dalla ragione della sua legge, che in lei infusamente
vive.[2]

V. BUON USO DELLA GIOVINEZZA. — Acquista cosa
nella tua gioventù, che ristori il danno della tua vecchiezza. E se tu intendi la vecchiezza aver per suo cibo
la sapienza, adoperati in tal modo la gioventù, che a
tal vecchiezza non manchi il nutrimento.

VI. SOLO L'ESPERIENZA ED IL PROCEDIMENTO MATEMA-
TICO DANNO LA CERTEZZA. — Nessuna umana investigazione si può dimandare vera scienza, s'essa non passa
per le matematiche dimostrazioni. E se tu dirai, che le
scienze, che principiano e finiscono nella mente [3] abbino
verità, questo non si concede, ma si nega per molte
ragioni; e prima, che in tali discorsi mentali non accada
sperienza, senza la quale nulla dà di sè certezza.

VII. Fuggi i precetti di quelli speculatori,[4] che le
loro ragioni non sono confermate dalla isperienza.

VIII. La sapienza è figliola della sperienza.

IX. Dicono quella cognizione esser meccanica,[5] la
quale è partorita dall'esperienza: e quella esser scientifica, che nasce e finisce nella mente;[6] e quella esser semi-
meccanica che nasce dalla scienza e finisce nella operazione manuale. Ma a me pare, che quelle scienze sieno
vane e piene di errori, le quali non sono nate dall'esperienza, madre di ogni certezza; e che non terminano

---

[1] Gli eruditi, che non sanno far altro che citare l'autorità degli
altri.
[2] È il concetto moderno della legge, che regola e determina il manifestarsi dei fenomeni.
[3] Che da principj astratti muovono ed a principj astratti metton capo.
[4] Teorici, diremmo noi.
[5] Include un senso di disprezzo, come il moderno *empirico*.
[6] V. sopra n. 3.

in nota esperienza, cioè che la loro origine o mezzo o
fine non passa per nessuno de' cinque sensi.

E se noi dubitiamo di ciascuna cosa, che passa per
li sensi, quanto maggiormente dobbiamo noi dubitare
delle cose ribelli a essi sensi, come dell'essenza di
Dio e dell'anima e simili, per le quali sempre si disputa e si contende? E veramente accade, che sempre
dove manca la ragione, supplisce le grida,[1] la qual cosa
non accade nelle cose certe. Per questo diremo, che
dove si grida[2] non è vera scienza, perchè la verità ha
un sol termine, il quale essendo pubblicato, il litigio
resta in eterno distrutto; e s'esso litigio risurge, è bu-
giarda e confusa scienza, e non certezza rinata.

Ma le vere scienze son quelle, che la esperienza ha
fatto penetrare per li sensi e posto silenzio alla lingua
de' litiganti; e che non pasce di sogni li suoi investi-
gatori, ma sempre sopra li primi veri e noti principî
procede successivamente e con vere seguenze[3] fino al
fine; come si dinota nelle prime matematiche, cioè numero e misura, dette Aritmetica e Geometria, che trattano con somma verità della quantità discontinua e
continua.

X. La meccanica è il paradiso delle scienze matematiche, perchè con quella si viene al frutto delle matematiche.

XI. IL FLUIRE DEL TEMPO. — L'acqua che tocchi de'
fiumi è l'ultima di quella che andò; e la prima di quella
che viene: così il tempo presente.

XII. IL TEMPO ED I FOSSILI. — Oh tempo, veloce pre-
datore delle create cose, quanti re, quanti popoli hai
tu disfatti e quante mutazioni di stati e vari casi sono
seguiti, dopochè la maravigliosa forma di questo pesce[4] qui morrà per le cavernose e ritorte interiora!
Ora, disfatto dal tempo paziente, giaci in questo chiuso
loco; colle spolpate e ignude ossa hai fatto armadura
e sostegno al sovrapposto monte![5]

XIII. IL TEMPO E LE COSE. — Oh tempo consuma-

---

[1] La disputa, la discussione.
[2] Si discute, si disputa.
[3] Conseguenze.
[4] Nel campo della geologia ebbe, primo di tutti, meravigliose intui-
zioni: i fossili gli dischiusero gran parte del segreto della loro formazione.
Così dalla contemplazione d'un fossile la mente leonardesca risale
alla lenta formazione delle inmani volte rocciose d'una caverna.

tore delle cose! Oh invidiosa antichità, per la quale tutte
le cose sono consumate dai duri denti della vecchiezza
a poco, a poco con lenta morte! Elena, quando si
specchiava, vedendo le vizze grinze del suo viso fatte
per la vecchiezza, piagne e pensa seco, perchè fu ra-
pita due volte! [1]

Il grande uccello. [2]

Il predetto uccello si debbe coll'aiuto del vento, levare in grande altezza; e questa fia la sua sicurtà,
perchè, ancora che intervenissi tutto l'atto delle rivo-
luzioni, [3] esso ha tempo di ritornare nel sito delle qualità, [4] purchè le sue membra sieno di grande resistenzia, acciò che possa sicuramente resistere al furore e
impeto del discenso colli antidetti ripari e le sue giun-
ture di forti mascherecci, [5] e li sua nervi di corde di
seta cruda fortissima; e non s'impacci alcuno con fer-
ramenti, perchè presto si schiantano nelle lor torture, [6]
o si consumano, per la qual cosa non è da impacciarsi
con loro.

Ricórdatisi come il tuo uccello non debbe imitare
altro che 'l pipistrello, per causa che i pannicoli fanno
armadura, over collegazione alle armadure, cioè mae-
stre delle alie. [7]

E se tu imitassi l'alie de gli uccelli pennati, esse
son di più potente ossa e nervatura per essere esse tra-
forate, cioè che le lor penne son disunite e passate dal-
l'aria.

Ma il pipistrello è aiutato dal pannicolo, che lega
il tutto e non è traforato....

Piglierà il primo volo il grande uccello sopra del

---

[1] Peccato che questo pensiero non si sia concretato in un quadro:
certo avremmo avuto un capolavoro di più e dei più umanamente in-
teressanti.
[2] La macchina per volare, cui tenne per tanto tempo rivolta Leonardo la mente.
[3] Dei capovolgersi, diremmo noi.
[4] Rimettersi in equilibrio.
[5] *Maschereccio* dicevasi la congiuntura di due pezzi di legno a incastro, il che importa un pezzo con pernio (maschio) e l' altro pezzo
che offre il foro per l' incastro (femmina).
[6] Nel punto dove sono costretti dallo sforzo a torcersi, ossia a grave
contrasto.
[7] Nei ms. vinciani quanti disegni di ali da applicarsi all' uomo! Ma
evidentemente egli pensava a prendere a modello quelle del pipistrello.

dosso del suo magno Cecere; [1] e empiendo l'universo
di stupore, empiendo di sua fama tutte le scritture e
gloria eterna al nido, ove nacque. Del monte che tiene
il nome del grande uccello [2] piglierà il volo il famoso
uccello, ch'empierà il mondo di sua fama.

Fantasie pittoriche.

(Dal *Trattato della Pittura e dai Frammenti*: passim).

I. PER BEN FIGURARE UNA TEMPESTA. — Se tu vuoi
figurare bene un fortuna, [3] considera e poni bene i suoi
effetti, quando il vento, soffiando sopra la superfice del
mare e della terra, rimove e porta seco quelle cose,
che non sono ferme con la universale massa. E per ben
figurare questa fortuna, farai prima i nuvoli spezzati
e rotti drizzarsi per il corso del vento, accompagnati
dall'arenosa polvere, levata da' lidi marini; e rami e
foglie, levati per la potenza del furore del vento, sparsi
per l'aria ed in compagnia di quelle molte altre leggiere cose; gli alberi e le erbe, piegati a terra, quasi
mostrar di voler seguire il corso de' venti, con i rami
storti fuor del natural corso e con le scompigliate e
rovesciate foglie; e gli uomini, che lì si trovano, parte
caduti e rivolti per i panni e per la polvere, quasi sieno
sconosciuti; [4] e quelli che restano ritti sieno dopo qualche albero, abbracciati a quello, perchè il vento non
li trascini; altri con le mani agli occhi per la polvere,
chinati a terra, ed i panni ed i capelli dritti al corso
del vento. Il mare turbato e tempestoso sia pieno di
ritrosa spuma infra le elevate onde; ed il vento faccia
levare infra la combattuta aria della spuma più sottile,
a uso di spessa ed avviluppata nebbia. I navigli, che
dentro vi sono, alcuni se ne faccia con la vela rotta,
ed i brani d'essa ventilando infra l'aria in compagnia
d'alcuna corda rotta; alcuni alberi rotti caduti col naviglio attraversato e rotto infra le tempestose onde, ed
uomini, gridando, abbracciare il rimanente del naviglio.
Farai i nuvoli, cacciati dagli impetuosi venti, battuti

---

[1] Monte presso Fiesole.
[2] Cecere è lo stesso che cigno.
[3] Tempesta. Anche oggi i marinai parlan di fortunale quando intendono parlare d' una bufera.
[4] In modo da essere irriconoscibili.

nelle alte cime delle montagne, fare, a quelle avviluppati, ritrosi [1] a similitudine delle onde, percosse negli scogli: l'aria spaventosa per le scure tenebre fatte nell'aria dalla polvere, nebbia e nuvoli folti.

II. COME SI DEVE FIGURARE UNA BATTAGLIA. — Farai prima il fumo dell'artiglieria, mischiato infra l'aria, insieme con la polvere, mossa dal movimento de' cavalli de' combattitori; la qual mistione userai così: la polvere, perchè è cosa terrestre e ponderosa, e benchè per la sua sottilità facilmente si levi e mischi infra l'aria, nientedimeno volentieri ritorna in basso ed il suo sommo montare è fatto dalla parte più sottile: adunque il meno sarà veduta, e parrà quasi del color dell'aria. Il fumo, che si mischia infra l'aria polverata, quando più s'alza a certa altezza, parrà oscure nuvole, e vedrassi nella sommità più espeditamente il fumo che la polvere. Il fumo penderà in colore alquanto azzurro, e la polvere terrà il suo colore. Dalla parte che viene il lume, parrà questa mistione d'aria, fumo e polvere, molto più lucida che dalla opposita parte. I combattitori quanto più saranno infra detta turbolenza, tanto meno si vedranno; e meno differenza sarà da' loro lumi [2] alle loro ombre. Farai rosseggiare i visi e le persone e l'aria vicina e gli archibusieri insieme co' loro vicini; e detto rossore quanto più si parte dalla sua cagione,[3] più si perda; e le figure, che sono infra te ed il lume, essendo lontane, parranno oscure in campo chiaro; e le lor gambe quanto più s'appresseranno alla terra, meno saranno vedute; perchè la polvere è lì più grossa e spessa. E se farai cavalli correnti fuori della turba, fa' i nuvoletti di polvere distanti l'uno dall'altro quanto può esser l'intervallo de' salti fatti dal cavallo; e quel nuvolo, che è più lontano da detto cavallo, meno si veda, anzi sia alto, sparso e raro, ed il più presso sia il più evidente e minore e più denso. L'aria sia piena di saettume [4] di diverse ragioni; [5] chi monti, chi discenda, qual sia per linea piana: e le pallottole degli scoppettieri sieno accompagnate d'alquanto fumo dietro ai loro corsi. E le prime

---

[1] Vortici, mulinelli.
[2] Le parti illuminate.
[3] La sorgente luminosa.
[4] Armi da lancio di diversa foggia.
[5] Di varie specie.

figure farai polverose ne' capelli e ciglia e altri luoghi
piani, a sostenere la polvere. Farai i vincitori correnti
con i capelli e altre cose leggiere sparse al vento, con
le ciglia basse; e caccino contrarie membra innanzi,
cioè se manderanno innanzi il piè destro, che il braccio
manco ancor esso venga innanzi; e se farai alcuno caduto, gli farai il segno dello sdrucciolare su per la polvere condotta in sanguinoso fango; ed intorno alla
mediocre liquidezza della terra farai vedere stampate
le pedate degli uomini e de' cavalli di lì passati. Farai
alcuni cavalli strascinar morto il lor signore, e di dietro
a quello lasciare per la polvere ed il fango il segno
dello strascinato corpo. Farai i vinti e battuti pallidi
con le ciglia alte nella loro congiunzione; [1] e la carne,
che resta sopra di loro, sia abbondante di dolenti crespe.[2]
Le faccie del naso sieno con alquante grinze, partite
in arco dalle narici, e terminate nel principio dell'occhio. Le narici alte, cagione di dette pieghe, e le labbra
arcuate scoprano i denti di sopra. I denti spartiti in
modo di gridare con lamento. Una delle mani faccia
scudo ai paurosi occhi, voltando il di dentro [3] verso il
nemico, l'altra stia a terra a sostenere il levato busto.
Altri farai gridanti con la bocca sbarrata, e fuggenti.
Farai molte sorte d'armi infra i piedi de' combattitori,
come scudi rotti, lance, spade rotte, ed altre simili
cose. Farai uomini morti, alcuni ricoperti mezzi dalla
polvere, ed altri tutti.[4] La polvere che si mischia con
l'uscito sangue convertirsi in rosso fango, e vedere il
sangue del suo colore correre con torto corso dal corpo
alla polvere. Altri morendo stringere i denti, stravol-
gere gli occhi, stringer le pugna alla persona, e le
gambe storte. Potrebbesi vedere alcuno, disarmato ed
abbattuto dal nemico, volgersi a detto nemico, e con
morsi e graffi far crudele ed aspra vendetta. Potriasi
vedere alcun cavallo leggiero correre con i crini sparsi

---

[1] Osserva la verità psicologica: il vincitore ha le ciglia basse, come
colui che tutto preso dall'orgoglio della vittoria passa e disprezza, tra-
scinato da crudeli e fieri propositi; il vinto ha le ciglia visibili come
uscenti dall'orlo della palpebra, il che succede in occhi supplichevoli
che si fissano colla maggiore intensità sul vincitore per indurlo a sensi
pietosi e per scrutare sul suo volto qualche indizio d'animo placabile
e umano.

[2] La deformazione del volto prodotta da un vivo senso di dolore
e di spavento.

[3] La parte interna della mano, cioè la palma.

[4] Completamente ricoperti.

al vento fra i nemici e con i piedi far molto danno;
e vedersi alcuno stroppiato cadere in terra, farsi co-
perchio col suo scudo, ed il nemico chinato in basso
far forza per dargli morte. Potrebbersi vedere molti
uomini caduti in gruppo sopra un cavallo morto. Vedransi alcuni vincitori lasciare il combattere, ed uscire
della moltitudine, nettandosi con le mani gli occhi e
le guance, ricoperti di fango, fatto dal lacrimar del-
l'occhio per causa della polvere. Vedransi le squadre
del soccorso [1] star piene di speranza e di sospetto, con
le ciglia aguzze, facendo a quelle ombra colle mani, e
riguardare infra la folta e confusa caligine per essere
attente al comandamento del capitano; il quale potrai
fare col bastone levato, e corrente inverso al soccorso,[2]
mostrandogli la parte, dov'è bisogno di esso. Ed alcun
fiume, dentrovi cavalli correnti, riempiendo la circostante acqua di turbolenza d'onde, di schiuma e d'acqua
confusa saltante inverso l'aria, e tra le gambe e i corpi
de' cavalli. E non far nessun luogo piano, senza le
pedate ripiene di sangue.

III. COLORAZIONE DEL MARE. — Il mare ondeggiante
non ha colore universale, ma chi lo vede di terra
ferma, è di colore oscuro; e tanto più oscuro, quan-
t'egli è più vicino all'orizzonte; e vedevi alcuni chia-
rori over lustri, che si movono con tardità a uso
di pecore bianche nelli armenti; e chi vede il mare
stando in alto mare lo vede azzurro. E questo nasce,
che da terra il mare pare oscuro, perchè tu vedi in
lui l'onde, che specchiano la scurità della terra; e d'alto
mare paiono azzurre, perchè tu vedi nell'onde l'aria
azzurra, da tali onde specchiata.

IV. NUBI SUL LAGO MAGGIORE. — Io sono già stato
a vedere tal multiplicazione [3] di arie; e già sopra a
Milano, in verso lago Maggiore, vidi una nuvola in
forma di grandissima montagna, piena di scogli info-
cati, perchè gli raggi del sole, che già era all'orizzonte,
che rosseggiava, la tigneano del suo colore. E questa
tal nuvola attraeva a sè tutti li nuvoli piccioli, che in-

---

[1] Le truppe che noi diciamo *di rincalzo*, in attesa del momento di
entrare in azione.

[2] Il comandante indica il luogo ove si deve portare aiuto col bastone.

[3] Parla nel brano precedente degli effetti luminosi di rifrazione della
luce, che si possono avere in alta montagna.

torno le stavano; e la nuvola grande non si movea di
suo loco, anzi riservò nella sua sommità il lume del
sole insino a un'ora e mezzo di notte, tant'era la sua
immensa grandezza: e infra due ore di notte generò
sì gran venti, che fu cosa stupenda e inaudita.

V. PAESAGGIO DI MONTAGNA. — Quell'erbe e piante
saranno di color tanto più pallido, quanto il terreno,
che le nutrisce è più magro e carestioso [1] d'umore: il
terreno è più carestioso e più magro sopra i sassi,
di che si compongono li monti. E li alberi saranno
tanto minori e più sottili, quanto essi si fanno più vicini alle sommità de' monti; e il terreno è tanto più
magro, quanto s'avvicina più alle predette sommità de'
monti; e tanto più abbondante il terreno e di grassezza,
quanto esso è più propinquo alla concavità delle valli.

Adunque tu, pittore, mostrerai nelle sommità de'
monti li sassi, di che esso si compone, in gran parte
scoperti di terreno, e l'erbe, che vi nascono, minute e
magre e in gran parte impallidite e secche per carestia
d'umore, e l'arenose e magre terre si veda transparire
infra le pallide erbe; e le minute piante, stentate e in-
vecchiate in minima grandezza con corte e spesse ramificazioni e con poche foglie, scoprendo in gran parte
le rugginenti [2] e aride radici, tessute con le falde e
rotture [3] delli rugginosi [4] scogli, [5] nate [6] dalli ceppi, storpiate dalli omini e dalli venti; e in molte parti si vegga
li scogli superare li colli de li alti monti, vestiti di
sottile e pallida ruggine; e in alcuna parte dimostrare
i lor veri colori scoperti mediante la percussione delle
folgori del cielo, il corso delle quali non sanza vendetta
di tali scogli spesso son impedite. [7]

E quanto più discendi alle radici de' monti, le piante
saranno più vigorose e spesse di rami e di foglie; e le
lor verdure di tante varietà, quante sono le specie

---

[1] Arido, scarso d' acqua: è neologismo creato dal sostantivo *carestia*.
[2] È espressione coloristica per indicare la rivestitura di licheni e
di crittogame, che col tempo prendono un colore tendente al rossiccio,
come ruggine.
[3] Le fratture e gli strati delle roccie.
[4] V. n. 2.
[5] Scogli è rimasto nell' uso moderno solo per indicare le roccie in
riva al mare; non nel senso di rupi alpestri, com' è qui.
[6] Concorda col sost. piante, naturalmente.
[7] Il corso della folgore è deviato dalle rupi, che essa incontra nel
suo corso, le quali ne restano squarciate o scheggiate: questa è la *vendetta* che si prende la folgòre della roccia.

delle piante, di che tai selve si compongono, delli quali
la ramificazione e con diversi ordini e con diverse spes-
situdini [1] di rami e di foglie, e diverse figure ed al-
tezze; e alcuni con istrette ramificazioni, come il cipresso; e similmente degli altri con ramificazioni sparse
e dilatabili, com'è la quercia e il castagno e simili,
alcuni con minutissime foglie; altri con rare, com'è il
ginepro e il platano e simili; alcune quantità di piante,
insieme nate, divise da diverse grandezze di spazi, l'altre
unite senza divisioni di parti e altri spazi.

VI. Scena notturna. — Quella cosa, ch'è privata
interamente di luce, è tutto tenebre. Essendo la notte
in simile condizione, e tu vi vogli figurare una storia,
farai, che sendovi 'l grande fuoco, che quella cosa, ch'è
propinqua di detto foco, più si tinga nel suo colore,
perchè quella cosa più vicina all'obietto più partecipa
della sua natura. E facendo il foco pendere in color
rosso, farai tutte le cose alluminate da quello ancora
loro rosseggiare, e quelle che sono più lontane a detto
foco più tinte del colore nero della notte. Le figure
che sono fra te e 'l foco appariscano scure, nella oscurità della notte e non della chiarezza del foco; e quelle
che si trovano dai lati sieno mezze oscure, e mezze
rosseggianti, e quelle che si possono vedere dopo i termini delle fiamme saranno tutte alluminate di rosseggiante lume in campo nero.

In quanto agli atti, farai quelli, che li sono presso,
farsi scudo con le mani e con li mantegli a riparo
del superchio calore, e, torto col volto in contraria
parte, mostrare fuggire da quelli più lontani,[2] farai gran
parte di loro farsi delle mani riparo alli occhi offesi di
superchio splendore.

VII. Studio pel Diluvio. — L'aria era oscura per la
spessa pioggia, la qual con obliqua discesa, piegata dal
trasversal corso dei venti, faceva onde di sè per l'aria
non altrimenti che far si vegga alla polvere; ma sol si
variava, perchè tale inondazione era traversata dai li-
neamenti, che fanno le gocciole dell'acqua. Ma il colore suo era dato dal fuoco, generato dalle saette fen-
ditrici e squarciatrici delli nuvoli, i vampi delle quali
percotevano e aprivano li gran pelaghi de le riempiute

---

[1] Volume di rami.
[2] Verso la parte dei più lontani.

valli, li quali aprimenti mostravano nelli lor vertici le
piegate cime delle piante. E Nettuno si vedea in mezzo
alle acque col tridente; e vedeasi Eolo colli sua venti
ravviluppare notanti piante diradicate miste colle immense onde.[1]

L'orizzonte con tutto lo emisperio era turbo [2] e
focoso per le ricevute vampe de le continue saette.
Vedevansi li omini e li uccelli, che riempivan di sè li
grandi alberi, scoperti dalle dilatate onde, componitrici
delli colli, circondatori de li gran baratri.[3]

Vedeasi la oscura e nebulosa aria essere combattuta
dal corso di diversi venti, e avviluppati dalla continua
pioggia e misti colla gragnuola, li quali or qua, or là
portavano infinite ramificazioni delle stracciate piante,
miste con infinite foglie. D'intorno vedeasi le antiche
piante diradicate e stracciate dal furor dei venti. Vedeasi le ruine de' monti, già scalzati dal corso de' lor
fiumi, ruinare sopra i medesimi fiumi e chiudere le
loro valli; li quali fiumi ringorgati [4] allagavano, e sommergevano le moltissime terre colli lor popoli.

Ancora avresti potuto vedere nella sommità di molti
monti essere insieme ridotte molte varie spezie d'animali, spaventati e ridotti alfin [5] dimesticamente, in compagnia de' fuggiti omini e donne colli lor figlioli. E le
campagne coperte d'acqua mostravan le sue onde in
gran parte coperte di tavole, lettiere, barche e altri
vari strumenti, fatti dalla necessità e paura della morte,
sopra li quali eran donne, òmini colli lor figlioli misti,
con diverse lamentazioni e pianti, spaventati dal furor
de' venti, li quali con grandissima fortuna [6] rivolgevan
l'acque sotto sopra insieme con li morti, da quelle annegati. E nessuna cosa più lieve che l'acqua era, che
non fusse coperta di diversi animali, i quali, fatta tre-

---

[1] È la scena virgiliana della tempesta del 2º libro dell'*Eneide*, in
cui Nettuno lancia ai venti il suo *quos ego....*
[2] Tempestoso.
[3] Le chiome degli alberi non ancora sommerse, cariche di uomini
ed uccelli che cercavano così una via di salvezza, formavano allo scoperto, come delle piccole alture o colline che si specchiavano nei bacini
d'acqua, ch'esse venivan così a limitare.
[4] Respinti in senso contrario alle loro correnti.
[5] Il terrore della distruzione generale imminente assorbe ogni altro:
sicchè gli animali prima selvaggi e soliti a sfuggire l'uno all'altro, ora
stanno tremanti l'uno vicino all'altro aspettando l'ultimo momento
di vita: ecco il valore di quell'*alfine*.
[6] Violenza di tempesta.

gua, stavano insieme con paurosa collegazione [1] infra
quali eran lupi, volpi, serpi e d'ogni sorta, fuggitori
della morte. E tutte l'onde percotitrici de' lor lidi,
combattevan quelli colle varie percussioni di diversi
corpi annegati, le percussioni de' quali uccidevan quelli,
alli quali era restata vita.

Alcune congregazioni d'omini avresti potuto vedere,
le quali con armata mano difendevano li piccioli siti,
che loro eran rimasti, da lioni, lupi e animali rapaci,
che quivi cercavan lor salute. Oh quanti romori spaventevoli si sentivan per l'aria scura, percossa dal
fulmine de' tuoni e delle folgori, da quelli scacciate,
che per quella ruinosamente scorrevano percotendo ciò
che s'opponea al suo corso! Oh quanti avresti veduti
colle proprie mani chiudersi gli orecchi per schifare [2]
l'immensi rumori fatti per la tenebrosa aria dal furore
di venti misti con pioggia, tuoni celesti e furore di
saette!

Altri non bastando loro il chiudere delli occhi, ma
colle proprie mani ponendo quelle l'una sopra dell'altra,
più se li coprivano per non vedere il crudele strazio
fatto della umana spezie dall'ira di Dio. Oh! quanti
lamenti e quanti spaventati si gittavano dalli scogli!
Vedeasi le grandi ramificazioni delle gran quercie, cariche d'omini, esser portate per l'aria dal furore delli
impetuosi venti.

Quante eran le barche volte sotto sopra, e quelle
intere e quelle in pezzi esservi sopra gente, travaglian-
dosi per loro scampo con atti e movimenti dolorosi
pronosticanti di spaventevole morte. Altri con movimenti disperati si toglievano la vita, disperandosi di
non potere sopportare tal dolore: de' quali alcuni si
gittavano dalli alti scogli, altri si stringevano la gola
colle proprie mani, alcuni pigliavan li propri figlioli,
e con grande rapidità li sbattevan interi, alcuni colle
proprie sue armi si ferivano e uccidean sè medesimi,
altri gittandosi ginocchioni si raccomandavano a Dio.
Oh! quante madri piangevano i suoi annegati figlioli,

---

[1] Vedi n. 5 a pag. 297. Aggiunge qui Leonardo un tocco da maestro con quell' aggettivo *paurosa*. La pecora ed il lupo vinti dall' ansia
e dallo spavento al punto di stare vicini, ma non al punto da cancel-
lare del tutto l' antica diffidenza della vittima pel suo persecutore.
[2] Per evitare, per difendersi dai....

quelli tenendo sopra le ginocchia, alzando le braccia
aperte inverso al cielo, e con voci composte di diversi
urlamenti riprendevan l'ira delli Dei; altri con le man
giunte le dita insieme tessute mordevano; e con sangui-
nosi morsi quelle divoravano, piegandosi col petto alle
ginocchia per lo immenso e insopportabile dolore.

Vedeansi li armenti delli animali come cavalli, buoi,
capre, pecore esser già attorniati dalle acque e essere
restati in isola nell'alte cime dei monti, già restrigniersi
insieme; e quelli del mezzo elevarsi in alto e camminare sopra degli altri e fare infra loro gran zuffe, de'
quali assai ne morivan per carestia di cibo.

E già li uccelli si posavan sopra li omini e altri
animali, non trovando più terra scoperta, che non fusse
occupata dai viventi; già la fame, ministra della morte,
aveva tolto la vita a gran parte delli animali; quando
li corpi morti, già levificati,[1] si levavano dal fondo delle
profonde acque e surgevano in alto. E infra le combat-
tenti onde, sovra le quali si sbattevan l'un nell'altro;
e come balle piene di vento risaltavano indrieto dal
sito della lor percussione, questi [2] si facevan base de'
predetti morti. E sopra queste maledizioni[3] si vedea
l'aria coperta di oscuri nuvoli, divisi dalli serpeggianti
moti delle infuriate saette del cielo, alluminanti or qua,
or là la oscurità delle tenebre.

SULL'ORLO D'UN ANTRO. — Non fa sì gran mugghio
il tempestoso mare, quando il settentrionale aquilone
lo ripercote colle schiumose onde fra Scilla e Cariddi;
nè Stromboli o Mongibello, quando le sulfuree fiamme,
essendo rinchiuse per forza, rompendo e aprendo il gran
monte, fulminando per l'aria pietre, terra insieme con
l'uscita e vomitata fiamma; né quando le infocate caverne di Mongibello, rivomitando il male tenuto ele-

---

[1] È noto che i corpi tumefacendosi nell' acqua, venendo a spostare
un volume d' acqua maggiore del loro peso, salgono a galla.

[2] I superstiti tentano salvarsi arrampicandosi e cercando di soste-
nersi sui cadaveri galleggianti.

[3] È un astratto che ha nel lettore vaste risonanze: nessun' altra parola si sarebbe prestata così bene ad esprimere in sintesi il complesso
di questi orribili spettacoli. A lettura finita senti di trovarti dinnanzi ad
una terribile fantasia, che ha una grandezza veramente biblica: nello
stesso tempo è mirabile la concretezza del particolare, attraverso cui
l' idea si esprime. Si direbbe che L. ricordasse la grandiosità dell' affresco di P. Uccello nel Chiostro Verde di S. Maria Novella.

mento, spignendolo alla sua regione [1] con furia cacciano
innanzi qualunque ostacolo s'interpone alla sua impe-
tuosa furia.... E tirato dalla mia bramosa voglia, vago
di vedere la gran commistione delle varie e strane forme
fatte dalla artifiziosa natura, raggiratomi alquanto fra
gli ombrosi scogli, pervenni all'entrata d'una gran
caverna, dinnanzi alla quale, restato alquanto stupefatto e ignorante di tal cosa, piegato le mie rene in
in arco, e, ferma la stanca mano sopra il ginocchio, colla
destra mi feci tenebra alle abbassate e chiuse ciglia.
E spesso piegandomi in qua e in là per vedere s'entro
vi discernessi alcuna cosa, questo vietatomi per la
grande oscurità, che là entro era, e stato alquanto,
subito si destarono in me due cose: paura e desiderio;
paura per la minacciosa oscura spelonca, desiderio per
vedere se là entro fussi alcuna miracolosa [2] cosa....

ECCELLENZA DELL'INDAGINE ANATOMICA. — E tu, che
dici esser meglio il vedere tali disegni, che fare l'anatomia, diresti bene, se fusse possibile vedere tutte queste cose, che in tali disegni si dimostrano in una
sola figura; nella quale con tutto il tuo ingegno non
vedrai e non avrai la notizia, se non d'alquante poche
vene, delle quali io per averne vera e piena notizia ho
disfatti più di dieci corpi umani, distruggendo ogni [3] altri
membri, consumando con minutissime particule tutta
la carne, che d'intorno a esse vene si trovava, sanza
insanguinarle, se non d'insensibile insanguinamento
delle vene capillari. E un sol corpo non bastava a tanto
tempo, che bisognava procedere di mano in mano in
tanti corpi, che si finisca la intesa cognizione; [4] la qual
replicai due volte per vedere le differenze.

E se tu avrai l'amore a tal cosa, tu sarai forse impedito dallo stomaco; [5] e se questo non ti impedisce,

---

[1] La sfera del fuoco, che, com'è noto, era una fantastica crea-
zione della scienza medievale: vedendo che la fiamma tende all'alto,
immaginavano per spiegare il fenomeno che il fuoco tendesse per natura
sua a ricongiungersi con quella sfera del fuoco, ch'era tra la terra ed
il cielo della luna, e dalla quale sfera del fuoco precipitavano sotto l'im-
pulso dei venti le folgori. Il fuoco, imprigionato nelle viscere interne
dei vulcani, cerca pertanto di ricongiungersi al suo luogo di origine.
[2] Tale da destare meraviglia; non nel senso in cui usiamo oggi quest'aggettivo.
[3] Ogni usato al plurale.
[4] Per completare il disegno dei particolari anatomici d'una deter-
minata regione del corpo umano bisogna condurre la ricerca successivamente su diversi cadaveri.
[5] Nausea, ripulsione, schifo.

tu sarai forse impedito dalla paura coll'abitare nelli
tempi notturni in compagnia di tali morti, squartati e
scorticati, e spaventevoli a vederli; e se questo non
t'impedisce, forse ti mancherà il disegno bono, il quale
s'appartiene a tal figurazione; e se tu avrai il disegno,
e' non sarà accompagnato dalla prospettiva; e se sarà
accompagnato, e' ti mancherà l'ordine delle calcula-
zioni delle forze e valimento de' musculi; o forse ti
mancherà la pazienza, chè tu non sarai diligente.

Delle quali se in me tutte queste cose sono state o
no i cento 20 libri da me composti ne daran sentenza
del sì e del no, nelli quali non sono stato impedito nè
d'avarizia o negligenza, ma sol dal tempo. Vale.[1]

Apologhi.

I. L'ACQUA. — Trovandosi l'acqua nel superbo mare,
suo elemento, le venne voglia di montare sopra l'aria,
e confortata dal foco elemento, elevatasi in sottile va-
pore, quasi parea della sottigliezza dell'aria. Montata
in alto, giunse in fra l'aria più sottile e fredda, dove
fu abbandonata dal foco; e i piccoli granicoli, sendo ri-
stretti, già s'uniscono e fannonsi pesanti; ove, cadendo,
la superbia si converte in fuga. E cade dal cielo; onde
poi fu bevuta dalla secca terra, dove, lungo tempo
incarcerata, fece penitenza del suo peccato.

II. IL RASOIO. — Uscendo un giorno il rasoio di quel
manico, col quale si fa la guaina a se medesimo, e
postosi al sole, vide il sole specchiarsi nel suo corpo;
della qual cosa prese somma gloria, e, rivolto col pensiero indirieto, cominciò con seco medesimo a dire:
« Or tornerò io a quella bottega, della quale novamente
uscito sono? certo no: non piaccia alli Dei, che sì
splendida bellezza caggia in tanta viltà d'animo! Che
pazzia sarebbe quella, la qual mi conducesse a radere
le insaponate barbe de' rustici villani e fare meccani-
che operazioni? E' questo corpo da simili esercizi? Certo
no. Io mi voglio nascondere in qualche occulto loco,
e lì con tranquillo riposo passare mia vita. E nascosto

---

[1] L'entusiasmo dell'artista per l'anatomia non pregiudica minimamente la scientifica precisione con cui L. rileva le qualità dell'anatomico
ideale, il quale deve conoscere il disegno, la geometria, le forze che i
muscoli possono esplicare e la potenza delle loro leve ossee.

per alquanti mesi, un giorno, ritornato all'aria, e uscito
fori della sua guaina, vide sè essere fatto a similitudine
d'una rugginosa sega; e la sua superficie non rispec-
chiare più lo splendente sole. Con vano pentimento
indarno pianse lo irreparabile danno con seco dicendo;
« Oh quanto meglio era esercitare col barbiere il mio
perduto taglio di tanta sottilità! Dov'è la lustrante superficie? Certo la fastidiosa e brutta ruggine l'ha consumata ».

Questo medesimo accade nelli ingegni, che in scam-
bio dello esercizio si danno all'ozio; i quali, a similitudine del sopradetto rasoio, perdono la tagliente sua
sottilità e la ruggine dell'ignoranza guasta la sua forma.

III. LA CARTA E L'INCHIOSTRO. — Vedendosi la carta
tutta macchiata dall'oscura negrezza dell'inchiostro,
di quello si duole; il quale mostra a essa, che per le
parole, che sono sopra lei composte, essere cagione
della conservazione di quella.[1]

IV. LE PIANTE E IL PERO. — Vedendo il lauro e
mirto tagliare il pero, con alta voce gridarono: « O
pero, ove vai tu? Ov'è la superbia, che avevi, quando
avevi i tua maturi frutti? Ora non ci farai tu ombra
colle tue folte chiome!» Allora il pero rispose: « Io
ne vo coll'agricola, che mi taglia; e mi porterà alla
bottega d'ottimo scultore, il quale mi farà con su' arte
pigliare la forma di Giove Iddio; e sarò dedicato nel
tempio, e dagli omini adorato invece di Giove; e tu ti
metti in un punto a rimanere ispesso storpiata e pelata
de' tua rami, i quali mi fieno da li omini, per ono-
rarmi posti d'intorno.[2]

V. LA VITALBA. — La vitalba, non istando contenta
nella sua siepe, cominciò a passare co' sua rami la comune strada, e appiccarsi all'opposita siepe; onde da'
viandanti poi fu rotta.[3]

VI. IL NOCE. — Il noce, mostrando sopra una strada
ai viandanti la ricchezza de' sua frutti, ogni omo lo
lapidava.[4]

VII. LA NOCE E IL CAMPANILE. — Trovandosi la noce
essere dalla cornacchia portata sopra un alto campanile,

---

[1] Non l'apparenza, sì la sostanza delle cose è quella che conta.
[2] Coloro che più presumono restano talora delusi.
[3] Come nella nota precedente.
[4] Poca saggezza di colui che ostenta.

e per una fessura, dove cadde, fu liberata dal mortale
suo becco; pregò esso muro, per quella grazia, che Dio
li aveva dato dall'essere tanto eminente e magnò e
ricco di sì belle campane e di tanto onorevole suono,
che la dovessi soccorrere; perchè, poi che la non era
potuta cadere sotto i verdi rami del suo vecchio padre,
e essere nella grassa terra ricoperta delle sue cadenti
foglie, che non la dovessi lui abbandonare: imperò
ch'ella, trovandosi nel fiero becco della fiera cornacchia, ch'ella si votò, che, scampando da essa, voleva
finire la vita sua in un picciolo buco. Alle quali parole, il muro, mosso a compassione, fu costretto ricet-
tarla nel loco, ov'era caduta. E in fra poco tempo, la
noce cominciò aprirsi, e mettere le radici infra le fes-
sure delle pietre, e quelle allargare, e gittare i rami
fori della sua caverna; e quegli, in breve, levati sopra
lo edifizio e ingrossate le ritorte radici, cominciò aprire
i muri, e cacciare le antiche pietre de' loro vecchi lochi. Allora il muro tardi e indarno pianse la cagione
del suo danno, e, in brieve aperto, rovinò gran parte
delle sue membra.[1]

VIII. Il rovistrice [2] e il merlo. — Il rovistrice,
sendo stimolato nelli sua sottili rami, ripieni di novelli
frutti, dai pungenti artigli e becco delle importune merle, si doleva con pietoso rammarico inverso essa merla,
pregando quella, che, poichè lei li toglieva i sua diletti
frutti, almeno non lo privasse de le foglie, le quali lo
difendevano dai cocenti raggi del sole, e che coll'acute
unghie non iscorticasse e devestisse [3] della sua tenera
pelle. A la quale la merla, con villane rampogne, rispose: « Oh! taci, salvatico sterpo! Non sai, che la
natura t'ha fatti produrre questi frutti per mio notrimento? Non vedi, che se' al mondo per servirmi di
tale cibo? Non sai, villano, che tu sarai, nella pros-
sima invernata, notrimento e cibo del foco? »

Le quali parole ascoltate dall'albero pazientemente
non sanza lacrime; infra poco tempo, il merlo preso
dalla ragna, e còlti de' rami per fare gabbia, per in-

---

[1] Ingratitudine dell' ipocrita beneficato.
[2] Frutice, che fa bacche di sapore aromatico e di colore nero di cui
i merli sono assai ghiotti.
[3] La corteccia è come una veste dell' albero, onde questo verbo, sostituito nell' uso moderno dall' altro disvestire.

carcerare esso merlo, toccò, infra l'altri rami al sottile
rovistrice a fare le vimini de la gabbia; le quali vedendo essere causa della persa libertà del merlo, ral-
legratosi, mosse tali parole: « O merlo! i' son qui
non ancora consumato, come dicevi, dal foco: prima
vederò te prigione, che tu me bruciato! » [1]

IX. IL RAGNO E L'UVA. — Trovato il ragno uno
grappolo d'uva, il quale per la sua dolcezza era molto
visitato da ape e diverse qualità di mosche, li parve
avere trovato loco molto comodo al suo inganno. E ca-
latosi giù per lo suo sottile filo, e entrato nella nova
abitazione; lì ogni giorno, facendosi alli spiraculi fatti
dalli intervalli de' grani dell'uva, assaltava, come la-
drone, i miseri animali, che da lui non si guardavano.
E passati alquanti giorni, il vendemmiatore, còlta essa
uva e messa con l'altre, insieme con quelle fu pigiato.
E così l'uva fu laccio e inganno dello ingannatore ragno, come delle ingannate mosche.[2]

X. I TORDI E LA CIVETTA. — I tordi si rallegrarono
forte vedendo, che l'omo prese la civetta e le tolse la
libertà, quella legando con forti legami ai sua piedi.
La qual civetta fu poi, mediante il vischio, causa non
di far perdere la libertà ai tordi, ma la loro propria vita.

Detta per quelle terre, che si rallegran di vedere
perdere la libertà ai loro maggiori,[3] mediante i quali
poi perdano il soccorso e rimangono legati in potenza
del loro nemico, lasciando la libertà e spesse volte la
vita.

XI. LA FORMICA E IL CHICCO DI GRANO. — La formica, trovato un grano di miglio, il grano sentendosi
preso da quella, gridò: « Se mi fai tanto piacere di
lasciarmi fruire il mio desiderio del nascere, io ti renderò cento me medesimi ». E così fu fatto.[4]

XII. L'OSTRICA, IL RATTO E LA GATTA. — Sendo
l'ostrica insieme colli altri pesci in casa del pescatore
scaricata vicino al mare, pregò il ratto, che al mare
la conduca; e 'l ratto, fatto disegno di mangiarla, la

---

[1] Superbia punita.
[2] Chi fa male, male ha.
[3] Alle terre, cioè alle città più di loro potenti.
[4] Il frutto d' un piccolo beneficio.

fa aprire; e mordendola, questa li serra la testa, e sì
lo ferma: viene la gatta e l'uccide.[1]

XIII. IL FALCONE E L'ANITRA. — Il falcone, non potendo sopportare con pazienza il nascondere, che fa
l'anitra, fuggendosegli dinanzi e entrando sotto acqua,
volle, come quella, sott'acqua seguitare, e, bagnatosi
le penne, rimase in essa acqua; e l'anitra, levatasi in
aria, schernìa il falcone, che annegava.[2]

XIV. LA FARFALLA E IL LUME. — Andando il dipinto parpaglione[3] vagabondo, e discorrendo per la
oscurata aria, li venne visto un lume, al quale subito
si dirizzò; e, con vari circuli quello attorniando, forte
si maravigliò di tanta splendida bellezza; e non istando
contento solamente al vederlo, si mise innanzi per fare
di quello, come delli odoriferi fiori fare solìa; e, diriz-
zato suo volo, con ardito animo passò presso 'l lume,
el quale gli consumò gli stremi delle alie e gambe e
altri ornamenti. E, caduto a' piè di quello, con ammirazione considerava, esso caso d'onde intervenuto fussi;
non li potendo entrare nell'animo, che da sì bella cosa
male o danno alcuno intervenire potessi; e, restaurato
alquanto le mancate forze, riprese un altro volo; e,
passato attraverso del corpo d'esso lume, cadde subito
bruciato nell'olio, ch'esso lume notrìa; e restògli solamente tanta vita, che potè considerare la cagion del
suo danno, dicendo a quello: « Oh, maledetta luce!
Io mi credevo avere in te trovato la mia felicità; io
piango indarno il mio matto desiderio, e con mio danno
ho conosciuto la tua consumatrice e dannosa natura ».
Alla quale il lume rispose: « Così fo io a chi ben
non mi sa usare ». Detta per quelli, i quali, veduti
dinanzi a sè questi lascivi e mondani piaceri, a similitudine del parpaglione, a quelli corrono, sanza considerare la natura di quelli, i quali da essi omini dopo
lunga usanza con loro vergogna e danno conosciuti
sono.

---

[1] Come al n. IX.
[2] Chi vuol far l' altrui mestiere.... con quel che segue.
[3] Dal franc.: *papillon*, farfalla.

Dalle Allegorie.[1]

I) AMORE DI VIRTÙ. — Calendrino [2] è uno uccello,
il quale si dice, che essendo portato dinanzi a uno infermo, che se 'l detto infermo deve morire, questo uccello li volta la testa per lo contrario e mai lo riguarda ;
e, se esso infermo deve iscampare, questo uccello mai
l'abbandona di vista, anzi è causa di levarli ogni malattia.

Similmente l'amore di virtù non guarda mai cosa
vile nè trista, anzi dimora sempre in cose oneste e
virtuose, e ripara sempre in cor gentile [3] a similitudine
degli uccelli nelle verdi selve sopra i fioriti rami ; e si
dimostra più esso amore nelle avversità che nelle prosperità, facendo come lume, che più risplende, dove
trova più tenebroso sito.

Dalle Lettere.

A Lodovico il Moro (1483).[4]

Avendo, signore mio illustrissimo, visto e considerato ormai a sufficenza le prove di tutti quelli, che si
reputano maestri e compositori di instrumenti bellici ;
e che le invenzioni di operazione di detti instrumenti
non sono niente aliene dal comune uso, mi sforzerò,
non derogando a nessun altro, farmi intendere da Vostra Eccellenzia, aprendo a quella li secreti miei: e
appresso offerendoli ad ogni suo piacimento in tempi
opportuni operare cum effetto ancora quelle cose, che
sub brevità in parte saranno qui sotto notate:

1. Ho modi de ponti leggerissimi e forti e atti ad
portare [5] facilissimamente e con quelli seguire e alcuna
volta fuggire [6] li inimici, e altri securi e inoffensibili da

---

[1] Sono ricavate dalle vite e dai costumi degli animali, proprio come
era d' uso fare nei *bestiarii* del Medio Evo (cfr. G. B. TONI, *Le piante
e gli animali in L. d. V.*, Bologna, Zanichelli, 1922).
[2] La calandra; questo stesso pregiudizio trovi in B. LATINI, *Il Tesoro* (Bologna, Romagnoli, 1879), p. 171 (P. VI).
[3] Torna alla mente il verso iniziale della canzone famosa del GUINI-
CELLI: *Al cor gentil ripara sempre Amore....*
[4] Insieme a questa lettera L. faceva pervenire come saggio della sua
perizia di meccanico e d' artista una lira d' argento in forma di teschio di
cavallo.
[5] Facili ad essere portati.
[6] Mettere in fuga.

foco e battaglia, facili e comodi da levare e ponere. E
modi di ardere e disfare quelli dell'inimico.

2. So in la obsidione de una terra togliere via
l'acqua de fossi: e fare infiniti ponti, gatte [1] e scale e
altri instrumenti pertinenti a dicta espedizione.

3. Item, se per altezza di argine o per forza di
loco e di sito non si potesse in la obsidione di una
terra usare l'officio delle bombarde, ho modi di ruinare
omni forte rocca o altra fortezza, se già non fusse fondata in sul sasso.

4. Ho ancora modi di bombarde comodissime e
facili a portare: e con quelle buttare minuti sassi a similitudine quasi di tempesta; e con el fumo di quella
dando grande spavento all'inimico con grave suo danno
e confusione.

5. E quando accadesse essere in mare, ho modi
di molti strumenti attissimi da offendere e difendere
i navili, che faranno resistenzia al trarre di omni gros-
sissima bombarda e polvere e fumi.

6. Item, ho modi per cave e vie secrete e distorte,
fatte senza alcun strepito per venire ad uno....[2] dise-
gnato, ancora che bisognasse passare sotto fossi o alcuno
fiume.

7. Item, farò carri coperti e sicuri inoffensibili, i
quali, intrando intra li inimici con sue artiglierie, non
è sì grande moltitudine di gente d'arme, che non rom-
pessino. E dietro a questi potranno seguire fanterie
assai illese e senza alcuno impedimento.[3]

8. Item, occorrendo di bisogno, farò bombarde,
mortari e passavolanti [4] di bellissime e utili forme, fuori
del comune uso.

9. Dove mancasse la operazione delle bombarde,
componerò briccole,[5] mangani,[6] trabucchi [7] e altri strumenti di mirabile efficacia e fora dell'usato. E insomma
secondo la varietà de casi componerò varie e infinite
cose da offendere e difendere.

---

[1] Chiatte o barconi coperti allo scopo di nascondervi armati.
[2] *Luogo* evidentemente, per quanto il testo nell'originale sia corrotto,
e perciò indecifrabile.
[3] Si pensa alle moderne autoblindate.
[4] Specie d'artiglieria leggiera.
[5] Specie di *balliste* per lanciar sassi o altri proiettili.
[6] Altra macchina simile alla precedente, più solida e resistente per
proiettili più pesanti.
[7] Terza specie di macchina pel lancio dei fuochi lavorati.

10. In tempo di pace credo di satisfare benissimo al paragone di ogni altro in architettura, in composizione di edifizi, e pubblici e privati, e in condurre acqua da uno loco ad uno altro.

Item conducerò in scultura di marmore, di bronzo, e di terra; simile in pittura ciò che si possa fare al paragone di ogni altro, e sia chi vuole. Ancora si potrà dare opera al cavallo di bronzo, che sarà gloria immortale e eterno onore della felice memoria del Signore vostro padre [1] e dell'inclita casa Sforzesca.

E se alcuna delle sopradette cose a alcuno paressino impossibili e infattibili, mi offro paratissimo a farne esperimento nel parco vostro, o in quel loco piacerà a Vostra Eccellenzia, alla quale umilmente quanto più posso mi raccomando.

Al mio Ill. Signore Ludovico Duca di Bari
Leonardo da Vinci
Fiorentino

----

[1] Francesco Sforza: il modello finito di questa famosa statua fu distrutto nel 1500 quando gli arcieri di Luigi XII entrarono in Milano.

PAGINE LATINE

DI

PONTANO, POLIZIANO E SANNAZARO.

GIOVANNI PONTANO

(7 maggio 1426-1505).

Elegantissimo scrittore in lingua latina, della quale
si valse come di lingua viva. Nato in Cerreto Spoletano
il 7 maggio 1426 e cresciuto a Perugia, passò presto ai
servigi d'Alfonso I d'Aragona, ch'egli seguì a Napoli e dal
quale fu incaricato dell'educazione del figlioletto Alfonso II,
duca di Calabria. Fece in corte una rapida carriera fino ad
arrivare all'alto ufficio di segretario di stato degli Aragonesi. Quando Carlo VIII s'impadronì del Regno, egli passò
ai servigi del nuovo signore e gli fu largo di elogi, sicchè,
al ritorno in Napoli degli Aragonesi, egli fu messo in disparte come sospetto. Fu l'anima del *Porticus Antoniana*
(fondato da Antonio Beccadelli), che da lui prese il nome
di *Accademia Pontaniana*.

Ha scritto di morale, di letteratura, d'astrologia, di
storia, ma è noto specialmente pei dialoghi (*Charon, Anto-
nius, Actius, Aegidius, Asinus*) e pei poemi (*Urania, Me-
teora, De hortis Hesperidum*), per le *Eclogae* e per le liriche
(*De amore coniugali, libri III, De tumulis, Hendecasyllabi,
Lyra, Eridani*, ecc.). Possiede in modo così mirabile il
senso della lingua latina che la sua poesia sembra cosa
dei tempi d'Augusto: non solo ravviva con arte finissima
e vigorosa miti ben noti, ma ne crea di nuovi con arte
antica.

L'edizione completa migliore è sempre quella curata
da B. SOLDATI (Firenze, Barbèra, 1902 in 2 voll.) *Ioviani
Pontani Carmina*, e sull'A. buone notizie puoi ricavare
da C. M. TALLARIGO, *Giov. Pontano e i suoi tempi* (Napoli) :
non mancano poi raccolte scolastiche di poeti umanisti,
tra i quali trova posto cospicuo il Pontano: *Alterae Musae*
a c. di G. BARTOLI (Signorelli, Milano) ; *Prose e Poesie
Latine di Scrittori Italiani* a c. di U. E. PAOLI (Le Monnier) ;
Poeti Umanisti a c. di M. STERZI (Vitagliano, Milano). Ottime sono le traduzioni poetiche di brani di vari autori
raccolte da L. GRILLI nel volumetto : *Poeti Umanisti*,
Lanciano, Carabba, 1908,

I. — La leggenda di Cola Pesce.[1]

.... Alta Pelori
Saxa virum [2] genuere, aluit quoque sicilis [3] Aetna,
Et puer humanos hausit de matre liquores ; [4]
Instructusque hominum curis et ab arte magistra.
Sed tamen, ut paulatim aetas tulit, avia montis
Nulla petit, nulla ipse feris venabula torquet :
Litoribus tantum assistit, neptunniaque antra
Sola placent, solis gaudet piscator arenis.
Saepe pater sinuantem hamos plumboque onerantem
Retia [5], nexilibus mater persaepe sagenis [6]
Intentum increpuit, dictisque exarsit amaris.
Ille autem irato[7] sese committere ponto
Audet, Nereidum et thalamos intrare repostos,
Tritonum penetrare domos, Glaucique recessus,
Et tentare imi pulsans clausa ostia Nerei.[8]
Saepe illum Galatea,[9] cavo dum prodit ab antro
Mirata est, stupuitque viri per caerula gressum ; [10]
Saepe suas Arethusa [11] comas dum siccat, euntem
Obstupuit simul et vitreo caput abdidit amne.
Nec vero maris occultos invadere saltus
Addubitat, ferro aut latebras violare ferarum ;
Ense canes, ense et tauros, ense horrida cete,[12]

---

[1] Leggenda questa del catanese Cola, popolarissima tra i pescatori delle due rive dello stretto di Messina.
[2] Cola.
[3] Forma grecizzante per Siculus.
[4] Il latte materno.
[5] Il padre sorprese il giovanotto mentre metteva i piombi alle reti.
[6] Le nasse di vimini.
[7] In tempesta.
[8] Tutto un mondo di divinità marine per descrivere l'audacia di Cola nello spingersi a nuoto nei fondi abissali dello stretto.
[9] Figlia di Nereo e di Dori.
[10] Ammirò stupita l'inoltrarsi dell'uomo tra le onde azzurre.
[11] Ninfa eponima della fonte siciliana che, secondo la leggenda, serbava pure le sue acque dolci nel mare fino a confonderle con quelle del greco Alfeo, il giovinetto da lei amato e convertito in fiume.
[12] Col ferro affronta i cani marini (mostri fantastici, se non s'intendessero per avventura le foche) ; col ferro i vitelli marini (*tauros*), col ferro le orribili balene.

Et totas sese ante acies agit unus, et antris
Includit. Natat elato per Nerea telo,
Reginoque mari, sicula et regnator in unda.
Namque etiam quo Scylla[1] cavo fremit abdita in antro,
Cui latrant centum ora canum, centum ora luporum
Exhululant, ferro irrupit. Siluere remisso
Ore canes ; siluit rabidorum turba luporum
Victa metu : Scylla immanis dum pandit hiatus,
Perforat hic gladio assurgens [2] cava guttura : ibi illa
In latebras fugit et ponti procul abdita quaerit.
Ingressusque antrum juvenis catinensis adesa [3]
Ossa hominum attritosque artus et pabula cernit
Dira canum, truncasque manus et pectora et armos ; [4]
Tum puppes videt effractas, divulsaque transtra
Saxa super, rostra aeratis squalentia truncis.[5]
Et jam tertia lux roseo surgebat ab ortu,
Cum juvenis laetus spoliis tantoque labore
Summa petit ; summae nanti famulantur et undae,
Et pelagus posito praestat se ad iussa tumultu.
Occurrit laeta ad litus messenia [6] turba,
Gratantur matres reduci, innuptaeque puellae
Mirantur, stupet effusum per litora vulgus.
Ille [7] suos peragit cursus ; aestuque secundo
Et portum petit et cursu portum intrat amicum.
Victorem pelagi e muris urbs laeta salutat,
Praedaque per scopulos strataque exponitur alga ;
Alga Colan, litusque Colan, Colan antra sonabant.
    Hinc omnem pelago vitam atque in fluctibus egit
Nereidum choreis mixtus, quem caerula Protei [8]
Iam norant armenta, vagique per aequora circum

---

[1] Ninfa eponima dello scoglio sulla sponda calabrese, mutata in
mostro per gelosia da Circe.
[2] Assaltandola.
[3] Spolpate, mangiate.
[4] I resti dei naviganti, rimasti vittime di Scilla e di Cariddi, i
due mostri situati l'uno di fronte all'altro.
[5] Orridi, funerei (o simili) per alberi fasciati di metallo.
[6] La gioventù messinese ; chè Messina si diceva colonia di Messeni.
[7] Cola.
[8] Figlio d'Oceano e di Teti : divinità marina, che poteva prendere
le forme più svariate : conduceva al pascolo le greggi di mostri marini di Nettuno.

Adnabant delphines, et Ionio in toto
Mulcebat vario Tritonum [1] buccina cantu.
Saepe etiam mediis sub fluctibus alta [2] secantem
Obstupuere virum nautae, quibus ipse, reposto
Mox scopulo madidum exsicca s sub sole capillum,
Horrentem caeco signat sub   armore cautem [3]
Declinent qua arte et cumulos variantis [4] arenae.
Quin etiam maris occultos instare [5] tumultus,
Incumbant quibus aut caeli de partibus Euri, [6]
Quaque die cogant atro se turbine nubes,
Immineantque hiemes pelago, et nox horreat umbra,
Neptunnique minnas inceptaque tristia monstrat.
Hinc illi vela in portum expediuntque rudentes, [7]
Ac juveni ingentem Baccho cratera coronant.
Ille autem, gratam ut cepit per membra quietem
Stratus humi, pelagoque atrox desaevit et Auster, [8]
Non mora, spumantem in laticem se deiicit alto
E saxo relegens pontum, vadaque invia tentat.
Sola illi intacta et fatum exitiale Charybdis ; [9]
Hanc timet, huic ausus numquam contendere monstro.

Forte diem solemnem urbe Federicus [10] agebat,
Et promissa aderant celeris spectacula cymbae ; [11]
Victori meritum chlamys ac super aurea torquis.
Hinc certant, quibus est vis et gloria nandi ;
Praemia caelatus [12] crater atque insuber ensis.
Ingentem tum rex pateram capit atque ita fatur :

---

[1] Formavano il corteo di Nettuno, e dando di fiato alle ritorte conchiglie salutavano il suo passaggio.

[2] L'alto mare.

[3] Lo scoglio.

[4] L'arena, che si sposta qua e là, secondo il verso dell'onda, che la spinge.

[5] Retto dal *monstrat* messo in fine al periodo : il soggetto è Cola, s'intende. Cola avverte i naviganti delle tempeste, che stanno salendo dal fondo alla superficie (*occultos*).

[6] Da quali parti del cielo spirino i venti, ed in qual giorno le nuvole s'addensino in nere procelle.

[7] Per questi servigi i naviganti procurano a lui e vele e funi ; cioè tengono a sua disposizione le loro imbarcazioni.

[8] E non appena lo Scirocco sconvolge il mare.

[9] Solo non aveva mai dato l'assalto a Cariddi, mostro che dà a chiunque la morte.

[10] Federico II, seguendo alcune leggende: il Barbarossa, secondo altre.

[11] Gare di velocità di barche.

[12] Una coppa cesellata.

« Victorem maris ista Colan manet »;[1] et iacit illam
In pontum, qua saepe ferox latrare Charybdis
Assuevit, cum caeruleo sese extulit antro.
Insonuere undae jactu, ac lux candida fulxit
Sole repercussa et flammis radiantis aheni.[2]
Cunctatur juvenis fatoque exterritus haeret.
At rex, ni pateram ex imo ferat ille profundo,
Vinciri jubet attutum,[3] expediuntque catenas.
« Vincant fata, inquit, fato et rex durior ; haud me
Degenerem aspiciet tellus mea ! », seque sub undas
Demisit. Quantumque acer per inane columbam
Delapsus caelo accipiter sequiturque, feritque,
Iamque alis, jamque ungue petens, tantum ille rotatam
Per fluctus, per saxa secans, imum usque profundum
Sectatur pateram, atque illam tenet impiger.[4] Ecce
De latebris fera[5] proripiens latrantia contra
Obiecit rabida ora canum, quibus ille nitentem
Pro clipeo obiecit pateram, seque ense tuetur.
Dùmque aciem huc illuc ferri jacit, et micat acer
Perque lupos perque ora canum versatur, et agmen
Datque locum rursusque locum tenet, ilia[6] monstri
Incumbens telo strinxit. Dedit icta fragorem
Alta cutis ; squama horrisonas natat acta per undas.
Stridorem hic illa ingentem de faucibus imis
Sustulit, infremit quo aequor, cava rupibus Aetna
Assultat, tremit aeratis sub postibus antrum
Vulcani, siculae nutant cum moenibus urbes,
Horrescitque novos procul Ausonis ora tumultus.[7]
Tum caudam explicitans totoque illata Charybdis
Corpore ter pavidum assultu ter verbere torto[8]

---

[1] È destinata.
[2] Il bacile affondando nell'acqua manda gli ultimi lampeggia-
menti : è bellissimo particolare.
[3] Da *attundo* : cioè battuto.
[4] Cola svelto afferra il bacile.
[5] Ecco *Charybdis*, l'*exitiale monstrum*.
[6] Le reni.
[7] E la spiaggia italica per lungo tratto rintrona per nuovi scoti-
menti ; si allude all'antico terremoto per cui la Sicilia si staccò dal
continente. *Ausonis, idis* per *Italica*.
[8] Gettandosi con tutto il suo corpo tre volte ripiegato su sè stesso
nell'assalto ; tre volte agitato a guisa di sferza strascinò sul fondo del

Excussitque solo, caudaeque volumine cinctum
Illisit tandem scopulo, traxitque sub antrum,
Impastosque canes et hiantia guttura pavit.
Ille igitur caelo impulsus, tellure relicta,
In ponto degit vitam, et fatum aequore clausit.

II. — Quinquennio.[1]

Quinquennius. Dic, mater Pelvina, fragor quis tantus
                                              [et unde?
    Dolia num stringitque cados vindemia et arctat?[2]
    Hei mihi, quam crebri rutilant de nubibus ignes!
Pelvina. Abde sinu te, nate, meo, atque amplectere
                                              [matrem,
    Ne trepida; di, nate, focis genialibus [3] adstant,
    Castaneasque suo prunis cum cortice torrent.
    Illae, ubi sub cinere ardentem sensere favillam,
    Displosae crepitant; hinc tanta tonitrua caelo
    Disiectique ruunt ignes.[4] Caput exere, nate,
    Di mensas liquere, neque est metus ullus ab igne.
Qu. Me miserum, properat, procul en vestigia nosco;
    Orcus adest atque ore minax ac dente cruentus.
    Hunc, mater, mihi pelle manu; trahit horrida
                                              [crura
    Et quassat caput, et mento riget hispida barba.
    Hunc abigas,[5] Pelvina, mihi.

---

mare Cola atterrito, ed imprigionatolo nelle spire della coda lo sca-
gliò infine contro lo scoglio e lo trasse nell'antro.

[1] Dall'età del piccino (non ha che cinque anni) il nome *Quinquennius.* In cielo brontola il temporale imminente: il bimbo cerca di
farsi una qualche ragione dei tuoni, e la mamma paziente dal canto
suo si studia di soddisfarlo quanto meglio può e sa. Questo quadretto è
un gioiello: solo chi conosce per prova la psicologia ingenua e curiosa
dei bimbi e l'inesauribile pazienza materna può gustarne l'alta poesia.

[2] Il bimbo non ha altra esperienza che quella della campagna:
i tuoni egli crede sieno il rimbombare dei tini sotto i colpi dei martelli
dei falegnami al tempo della vendemmia.

[3] Stan presso ai focolari delle loro case.

[4] Ecco come la mamma rende ragione al piccolo dei tuoni e dei
lampi! Sono gli dei che mettono le castagne ad arrostire nella cenere calda e quelle danno gran tonfi e scoppi.

[5] Mandalo via di qua!

Pel.   Fuge, saeve ; quid
                                              [audes
In puerum? Fuge, claude.[1] Meus iam nocte quie-
                                              [scit,
Inque diem queritur nihil hic meus.[2] I, pete tes-
                                              [qua[3],
Atque famem solare faba ingluviemque lupino.

Qu. Quid, mater? Baculumne quatit ferus et riget
                                              [aure?

Pel. Illum ego, nate, antro inclusi scuticaque cecidi.[4]

Qu. Anne etiam zona vinxisti? [5]

Pel.   Et compede cruda.[6]

Qu. Nunc, mater, tete amplector, novaque oscula
                                              [iungo.

Pel. Quinquenni mihi care, tua haec sunt oscula ;
                                              [iunge,
Atque itera.

Qu.   En itero : dic, o mea, dic, age : quid-
                                              nam
Hic Orcus deus est?

Pel.   Deus est hic, nate, malignum
Numen et in pueros saevum grassatur.[7] It umbra,
Dentivorax umbra, horrificans noctemque diem-
                                              [que,
Et baculo ferit, et dextra rapit, et trahit unco,
Fauce et hiat puerum, queritur qui nocte, die qui
Oblatrat matri mammaeque [8] irascitur ; illum
Et dextra fovet et cauda demulcet amica,
Qui ridet matri, inque sinu nutricis amatae
Dormiscit, capit absinthi et cum melle liquorem ;[9]

---

[1] O zoppo : la mamma per accontentare il piccino finge di cacciar via l'Orco ; e questo è figurato zoppo come Vulcano.
[2] *Puer*, si capisce : il mio piccino ecc.
[3] Le solitudini.
[4] E l' ho battuto colla sferza.
[5] L' hai legato anche con una cintura?
[6] E con terribili ceppi.
[7] Aggredisce.
[8] Cerca Pelvina mediante la storiella dell'Orco d'incutere al bambino una salutare paura, atta a renderlo più buono : la *mamma* presso i latini era la balia.
[9] Vuole togliere a Quinquennio l'avversione a prendere le medicine amare (*liquor absinthi*) dolcificate col miele negli orli della tazza.

Quin cui brasiculae semen [1] placet, huic dat ab
[ipso
Blandus avem nido, dat pictae colla columbae,
Quam tibi pollicitus.

Qu. Num perlita crustula melle [2]
Est quoque pollicitus?

Pel. Dabit haec tibi, nate, be-
[nignum
Numen et ille deus, cui nos atque omnia curae.

Qu. Dic, mater: deus iste qui est numenque beni-
[gnum?

Pel. Qui tenerum lactis florem ac ientacula [3] praebet,
Dum matri puer obsequitur, dum paret alenti ; [4]
Qui plena melimela [5] manu croceasque placentas[6]
Dat pueris, dum litterulas et carmina discunt.

Qu. Num det fraga mihi, cerasi num molle quasillum,[7]
Ad ferulam cum discipulis si crastinus adsto?

Pel. Quin et cariculas,[8] quin mitia [9] sorba nucemque
Pineolam [10] et dulci perfusa Cydonia musto.[11]
En crustum, en prunum aridulum,[12] en mu-
[stacea [13] et offas.

Qu. Num, genetrix, deus hic panem post vina canenti
Mulsa sacerdoti miscet, dat sorbile et ovum? [14]

Pel. Quin et avem : pinguem ipse suum volt esse mi-
[nistrum

---

[1] Una medicina detestata dai bambini pel sapore disgustoso.
[2] Anche i pasticcini sparsi di miele....
[3] Marziale ricorda i pasticcini (*ientacula*) pei ragazzi in vendita presso i fornai: il *flos lactis* poi sarà la panna.
[4] Alla nutrice.
[5] Mele di sapore molto dolce.
[6] Focaccie dorate perchè ben cotte.
[7] Un panierino di ciliegie : *molle* perchè fatto di giunchi pieghevoli (*mollis, e*).
[8] I fichi secchi.
[9] Mature.
[10] Una pina.
[11] E mele cotogne mescolate con zucchero e mosto : la cotognata insomma.
[12] La prugna secca.
[13] Dolci con mosto : i mostaccioli.
[14] Ma, o mamma, questo dio al prete che canta la messa dà il pane dopo il vino indolcito e gli dà l'uovo da bere? Quinquennio ha la buffa idea, che questo dio benigno tratti il sacerdote con un vitto speciale.

Det tibi avellanas ficumque uvamque recentem,
Invises quotiens templum et veneraberis aram
Et faris [1] bona verba.

Qu.   Monedula [2] si mihi detur,
Quive gemat cavea turtur, vel tympana pulsem, [3]
Dum facit antistes rem sacram atque incubat
                                          [arae.

Pel. His ego citriolum frondenti et praecoqua [4] ramo
Addiderim....

— dice la mamma — se sarai buono, altrimenti l'avrai a
che fare coll'Orco, che prende a frustate i birichini e se li
inghiotte d'un colpo.

Mitescit tamen et rictus compescit hiantis,
Pectendum quotiens matri buxoque [5] colendum
Praebueris caput et purgandum lende [6] capillum.
Nam secus intortum orditur de vertice funem, [7]
Quo puerum trahit et deserta exponit in alga, [8]
Invitatque avidas adaperto gutture phocas,
Quare, age, care, mihi cervicem amplectere, et
                                          [ipso
Lude sinu, simul abde oculos et collige somnum.
Qu. An, mater, mihi blanditias et carmina dices?
Pel. Dicam, nate ; etiam cunas modulabor ad ipsas
Naeniolam ; cape naeniolam et nigra lumina
                                          [conde. [9]

---

[1] Da *for* onde *fatur* ecc. E dici cose buone.
[2] Gazza.
[3] Suono il campanello alla messa.
[4] Aggettivo del sost. sottinteso *poma* : *praecoquus* è forma paral-
lela di *praecox*, frutti primaticci, e come tali, s'intendevano promi-
scuamente quelli del pesco, dell'albicocco, del susino. Questa forma
fu al Pontano suggerita dal dialettale napoletano *percoche* per albi-
cocche, ancora in uso.
[5] Col pettine di bosso.
[6] Ahimè ! Si vede che la povera igiene era assai poco curata.
La *lende* è l'uovo del pidocchio.
[7] Altrimenti ti si lega dalla testa una fune....
[8] Altra storiella, che si racconta ai bambini nel mezzogiorno affinchè si lascino pettinare ; altrimenti i pidocchi fanno una fune e
pei capelli li trascinano in mezzo al mare.
[9] Pelvina è stanca e vorrebbe che il suo Quinquennio chiudesse
i suoi occhietti neri per avere un po' di pace.

III. — Prima nenia.

Somne, veni ; tibi Luciolus [1] blanditur ocellis,
    Somne veni, venias, blandule Somne, veni.
Luciolus tibi dulce canit, Somne, optime Somne ;
    Somne, veni, venias, blandule Somne, veni.
Luciolus vocat in thalamos te, blandule Somne,
    Somnule dulcicule, blandule Somnicule. [2]
Ad cunas te Luciolus vocat : huc, age, Somne,
    Somne, veni ad cunas, Somne, age, Somne, veni.
Accubitum [3] te Luciolus vocat, eia age, Somne,
    Eia age, Somne, veni, noctis amice, veni.
Luciolus te ad pulvinum [4] vocat, instat ocellis ; [5]
    Somne, veni, venias, eia age, Somne, veni.
Luciolus te in complexum vocat, innuit [6] ipse,
    Innuit ; en venias, en modo, Somne, veni.
Venisti, bone Somne, boni pater alme Soporis
    Qui curas hominum corporaque aegra levas.

IV. — Ottava nenia.

Lisa [7], veni, expectata veni, quid lenta moraris ?
    En age, quid cessas ? Nil remorata [8] veni ;
Et sistit [9] et vagit, tibi nunc convicia dicit
    Lucius, et caros quaeritat usque sinus.
Iam properat Lisella, pedum vestigia sensi, [10]
    Ecce venit nudo Lisa parata sinu ;

---

[1] Il piccolo Lucio, gioia e speranza del padre, cui dalla morte
doveva essere strappato non ancora trentenne.
[2] Diminutivi di grazia catulliana.
[3] A dormire.
[4] Al guanciale.
[5] Ti fissa, ti segue coi suoi piccoli occhi....
[6] Ti accenna.
[7] La nutrice. È la mamma, al solito, che canta.
[8] Senza indugiare più oltre, vieni.
[9] Si dispone per prendere il latte : allude all'annaspare del piccolo colle manine come per far capire che vuole stringere il petto della
nutrice e prendere il latte.
[10] Conforta il bimbo, che piange, perchè vuole il latte.

En tibi lacteolae, Luci formose, papillae,
   En tibi turgidulo plena mamilla sinu.
Tota tibi Lisa vacat, tua Lisula tota est;
   Sume, venuste puer, ubera, carpe sinus,
Carpe sinus, formose, tuos, somnumque capesse
   Dicetur cunis naenia grata tuis.

V. — Decima nenia.

Ne latra, ne pelle bonum, bona Luscula,[1] Somnum;
   Et tibi iam Somnus, Luscula, gratus erit.
Ingredere, o bone Somne; nihil bona Luscula latrat,
   Luscula Luciolo, Luscula blanda tibi est;
Innuit ipsa oculis tibi Luscula, Lucius ipse
   Innuit, et dicunt: « Somnule lenis, ades!»
Luscula jam dormit, stertit quoque bella catella,
   Et sua Luciolo lumina fessa cadunt.
Dormi, Luciole, Luci dilecte, quiesce;
   En canit ad cunas garrula Lisa [2] tibi.
« Mulcet languidulos, saturat quoque Somnus ocellos;
   Somnus alit venas, corpora Somnus alit,
Et sedat curas, requiemque laboribus affert,
   Odit tristitiam, gaudia semper amat.
Somne bone o cunctis, adsis mihi, candide Somne,
   Somne bone et pueris, Somne bone et senibus
Ipse mihi tumidas satura, bone Somne, mamillas
   Ubera Luciolo quo mea plena fluant.
Sentit Luciolus, dormitque et ridet et optat
   Et mammas digitis prensitat usque suis.
Euge puer, sitibunde puer, cape, lassule, somnos;
   Mox tibi iam vigili [3] lacteus amnis erit».

---

[1] La canina.
[2] La nutrice. Questa volta è lei che canta.
[3] Non appena desto, avrai a tua disposizione un fiume di latte.

VI. — Lucio è morto!

Quid, o rosae, quid lassulae reflectitis
Caput, comaeque decidunt e vertice,
Honosque foliis deciduus omnis perit?
Vobis nec aër officit, nec aëris
Nocens status ; vernus tepor sed vos fovet ;
Aurae salubres ventilant, nox hudula
Humore tingit roscido. Quid, heu, quid est
Quod languidae, quod lassulae reflectitis
Caput comasque? Honos et omnis concidit?
Lugetis an vos Lucium colonolum,[1]
Qui vos colebat aureis rastellulis,
Argenteis qui vos putabat [2] falculis?
Heu, heu, miser parens, miser quid agam senex?
Senex miser, pater miserior, quidnam ages?
Senex quid aget, aut quid pater miserrimus?
Lugete mecum, o hortuli miserrimi,
Lugete, amaraci, fleant et lilia,
Fleantque myrti longe amatum villicum,[3]
Foliis comisque, et ramulis maerentibus.
Quis vos, misellae arbusculae, quis, herbulae,
Colet? Rigabit? Quis manu tenerrima
A sole, ab aestu, aut ab gelu tuebitur?
Quis noxias aut bestias, aut impetum
Caeli procellosum sacro abigat carmine? [4]
Heu, heu, misellae arbusculae, heu, heu, haerbulae,
Miselli et horti, mortuo colonulo,
Squalebitis, tabescet et vester decor,
Honos peribit omnis. Ah senex miser,
Sic ipse tabesces, agro velut obsito [5]

---

[1] Piccolo giardiniere.
[2] Rimondava, potava.
[3] Giardiniere. L'amato agricoltore: cfr. la n. 1.
[4] Chi potrebbe allontanare, recitando gli scongiuri di rito, da voi il vento impetuoso ecc.
[5] In un campo alberato....

Tabescit arens truncus igne ab lentulo
Correptus, in cinerem qui abit, ac sensim, sine
Nitore, flamma, luce adempta, fumigat.[1]

VII. — Venere e le rose.

Pectebat Cytherea comas madidumque capillum
    Siccabat ; Charites carmina lecta canunt :
Ad cantum Satyri properant, ad carmina nymphae,
    Carmina de tacitis saepibus hausta [2] bibunt.
Hinc aliquis petulans ausus prodire [3] Dionen [4]
    Intuitur, docta dum linit ora manu : [5]
Erubuit pudibunda, ruborque per ora cucurrit,
    Occupat et teneras purpura grata [6] genas.
Mox interque rosas interque roseta refugit,
    Delitet et molles spirat ab ore crocos.[7]
Dum spirat funditque crocos, dum purpura fulget,
    Concipit afflatus daedala terra deae ; [8]
Hinc et purpureum flores traxere colorem,
    Quaeque prius candor, purpura facta rosa est.
Has legite, his tenerae crines ornate, puellae,
    Pestano [9] niteat lucida rore coma.[10]
Vere rosas, aestate rosas diffundite divae,
    Spirent templa rosas, ipsae et olete rosas.[11]

---

[1] In quell'albero consumato ora per ora dal fuoco occulto che lo ridurrà in cenere è ritratto il vecchio poeta, consumato dall'intimo strazio.

[2] Par di vedere quei satiri e quelle ninfe intenti tra il folto delle siepi a gustare nel massimo silenzio i canti delle Cariti o Grazie.

[3] Osando di farsi avanti.

[4] Essendo Venere figlia di Dione, la dea della bellezza era chiamata anche con questo appellativo.

[5] Mentre coll'arte rende il suo volto ancora più bello.

[6] Soave incarnato.

[7] Molli rossori.

[8] La terra (*daédala* : industre) che, direbbe S. Francesco, *produce diversi fructi e fiori colorati et herba* accoglie il sospiro di Venere.

[9] Pesto era noto per la bellezza delle rose che produceva. Non solo, ma il clima era così adatto che i rosai vi facevano una doppia fioritura all'anno.

[10] I vostri nitidi capelli risplendano per la rugiada delle rose (per le rose rugiadose) di Pesto, delle quali v'inghirlandate.

[11] Quale ebbrezza di profumi e di colori !

VIII. — Triste tramonto.

. . . .

At mea canities et despectata senectus,
 Orba suo innisu,[1] non ope fulta sua,[2]
Nuda jacebit, egens et desolata nepotum,
 Sola toro ac mensis, sola die ac tenebris.[3]
Non haeres mihi, non nostro qui sanguine crescat,
 Quique suum blanda voce salutet avum.
Ante focumque hiemes nec qui soletur iniquas
 Garrulus et nostros lusitet ante pedes.
Deserti thalami, deserta cubilia et ignes,[4]
 Quaeque viris fuerat ante frequens ;[5]
Omnia sunt male amica seni :[6] non aura, nec umbra,
 Non citharae, aut cantus, non juvat ipse sopor,
Non choreae, non serta placent ; quaeque aura nepo-
 Sola juvat, soli nulla relicta mihi.[7]   [tum
Non spes ventura prolis. Tuque, o nex coniux,
 Nis succurre malis, et mea dumna leva.

IX. — Il cipresso.

Misella cupressus puer quondam fui ;
Mater rigabat me tenellam lacrimis ;
Exin adulta lacrimis crevi senis.
Quem me daturam creditis fructum, nisi,
Heu, heu pater miselle nato mortuo
Aetate in ultima, heu adempto filio,
Heu, heu, miselle, hoc lacrymarum praemium?

---

[1] Sostegno : il vecchio poeta considerava suo sostegno quel figlio Lucio che la morte gli aveva strappato.
[2] Non è sorretta dall'aiuto che doveva avere.
[3] Non speranza di nipoti : il povero vecchio solo in letto, solo alla mensa, solo giorno e notte.
[4] Squallore e solitudine ovunque.
[5] Prima, quando c'era il figlio Lucio, argomento di tante speranze, quanti amici in quella casa in liete riunioni !
[6] Tutto è contrario a questo povero vecchio.
[7] Nessuna speranza di nipoti, unica a lui cara.

ANGELO POLIZIANO.

Per l'informazione bio-bibliografica vedi il MANUALE, v. II,
p. 178.

I. — Un vestito !

Ad Laurentium Medicem.

Cum referam attonito, Medices, tibi carmina plectro
   Ingeniumque tibi serviat omne meum,
Quod tegor attrita ridet plebecula veste ;
   Tegmina quod pedibus sint recutita [1] meis ;
Quod digitos caligae, disrupto carcere, nudos
   Permittunt caelo liberiore frui,
Intima bombycum vacua est quod stamine [2] vestis,
   Sectaque de caesa vincula fallit ove. [3]
Ridet ; et ignarum sic me putat esse poëtam
   Nec placuisse animo carmina nostra tuo.
Tu contra effusas toto sic pectore laudes
   Ingeris, [4] ut libris sit data palma meis.
Hoc tibi si credi cupis et cohibere popellum, [5]
   Laurenti, vestes jam mihi mitte tuas.

II. — Ma la Musa non mi riconosce più !

Ad eundem.

Dum cupio ingentes numeris [6] tibi solvere grates,
   Laurenti, aetatis gloria prima tuae,

---

  [1] Squarciate : da *recutio*.
  [2] Il vestito non è foderato di seta.
  [3] Perchè la veste per essere consunto il tessuto sfugge alla povera cintola, ricavata dalla pelle d'una pecora.
  [4] Tu invece accumuli con profonda convinzione così sperticate lodi che.
  [5] Diminutivo e dispregiativo ad un tempo di *populus*, e perciò sinonimo di *plebecula*, adoperato più sopra : la *gentaglia*, come si dice noi, il popolino.   [6] Con versi.

Excita jamdudum longo mihi murmure,[1] tandem
    Adstitit arguta Calliopaea [2] lira.
Adstitit ; inque meo preciosas corpore vestes
    Ut vidit, pavidum rettulit inde pedem,
Nec potuit culti [3] faciem Dea nosse poëtae
    Corporaque in tyrio [4] conspicienda sinu.
Si minus ergo tibi meritas ago carmine grates
    Frustrata est calamum Diva vocata meum.
Mox tibi sublato modulabor pectine versus
    Cultibus assuerit [5] cum mea Musa novis.

III. — Morte bella parea nel suo bel viso !

In Albieram Albitiam[6]
puellam formosissimam morientem.
Ad Sigismundum Stupham eius sponsum.

Iam fera virgineas populatur flamma medullas,
    Iam gelida torpent horrida membra nive :
Liquitur infelix ; non ars operosa medentum,[7]
    Non facta a misero ·coniuge [8] vota juvant.
Liquitur ; et quamquam dirae vestigia mortis
    Cernit et extremum sentit adesse diem,
Corde tamen gemitum premit et spem fronte serenat,
    Tristitiamque acie dissimulante [9] tegit ;

---

[1] Dalle alte grida, colle quali l'ho invocata.
[2] Musa della lirica.
[3] Calliope, abituata a riconoscere il suo poeta in un poveraccio malvestito, ora che il Poliziano veste il ricco abito, regalatogli da Lorenzo, essa non lo riconosce più.
[4] Di porpora.
[5] Per *assueverit* : quando la dea si sarà abituata a riconoscermi in questi panni sontuosi.
[6] Figlia di Maso degli Albizzi, fidanzata a Sigismondo d'Agnolo Lotteringhi Della Stufa : morì nel 1473, non ancora sedicenne, destando il più largo compianto. Il giorno di S. Giovanni di quell'anno, racconta il Poliziano nei versi precedenti, Albiera, tornata a casa da certe feste, date in onore di Eleonora d'Aragona, di passaggio per Firenze, è colpita da una tremenda dea invisibile : la Febbre.
[7] Dei medici ; participio di *medeor*.
[8] Fidanzato.
[9] E collo sguardo cerca di dissimulare la preoccupazione per non accrescere attorno a sè la tristezza.

Scilicet augeret trepidi ne dura mariti [1]
    Lamenta et curas anxietate graves.
Iam decima infaustam referebat lampade lucem
    Cynthius,[2] et picea texerat ora face,[3]
Cum miserae extremus jam presserat horror ocellos,[4]
    Fugerat heu vultus, fugerat ora color.
Aspicit illa tamen dulcem moritura maritum,[5]
    Illum acie solum deficiente [6] notat,
Illius aspectu morientia lumina pascit,
    Mens illum e media morte reversa videt.
Quis tibi nunc, Sismunde, dolor, cum virginis artus
    Aspiceres, anima jam fugiente, mori?
Non tamen illa tui, non illa oblíta parentum,
    Te vocat, et tales fundit ab ore sonos :
« Pars animae, Sismunde, meae, si coniugis [7] in te
    Quicquam juris habent ultima verba tuae,
Parce, precor, lachrymis : vixi, cursumque peregi,
    Jam procul a vobis me mea fata vocant.
Immatura quidem morior, sed pura sub umbras
    Discedam, et nullis sordida de maculis.
Discedam virgo facibus nec victa maritis ; [8]
    Cessi, coniugii nil nisi nomen habens :
Est mihi dulce mori, vitamque impendere famae : [9]
    Edita mortali conditione fui :
At nisi nunc morerer, fueram moritura subinde ;
    Est mihi dulce etiam, te superante, mori.[10]
Nil mihi jam poterant anni conferre seniles,
    Vita brevis longi temporis instar habet.[11]

---

[1] Fidanzato.
[2] Dal monte Cintho : Apollo, cioè il sole.
[3] E' dieci volte era tramontato.
[4] L'ediz. DEL LUNGO porta *error*, ma credo sia errore per *horror*, intendendo l'estremo pallore indizio di morte imminente.
[5] Fidanzato; come nel 1° verso in questa pagina.
[6] Collo sguardo che si spegne a poco a poco.
[7] Fidanzata.
[8] È l'ablativo dell'agg. *maritus, a, um* e sta con *facibus* : Albiera muore pura, e perciò dice : non vinta da faci nuziali.
[9] Sacrificare la vita alla fama della mia purezza.
[10] Si pensa ad Alcesti : m'è dolce morire, purchè resti tu in vita.
[11] La mia breve vita m' ha dato tutte le soddisfazioni che potevo desiderare, come fosse stata una lunga vita.

Mi dederat teneri leges natura pudoris,
　　Mi dederat mores cum probitate pios.
Nil mutari in me cuperes, nisi tristia fata ;
　　Humanae vici conditionis opus.[1]
Vidi ego te summi defunctum munere honoris,[2]
　　Vidi omnem festa pace nitere domum.

ʒ . . . .

Parce, precor, lachrymis, coniunx;[3] sic laetus in auras
　　Evadet tenues spiritus inde meus.
Moesta sed amborum, nimis ah nimis, ora parentum
　　Solare.... Heu nostro torpet in ore sonus.[4]
Heu rapior ! Tu vive mihi, tibi mortua vivam,[5]
　　Caligant oculi jam mihi morte graves.
Iamque vale, o coniunx, carique valete parentes
　　Heu procul hinc nigra condita nocte feror ! »
Sic ait ; et dulcem moriens complexa maritum
　　Labitur, inque illo corpus inane jacet ;
Corpus inane jacet, cara cervice recumbens
　　Coniugis ! Heu fati tristia jura gravis !

Disperazione del marito e dei parenti : le esequie.

Jam virgo effertur nigro composta feretro,
　　Desectas [6] humili fronde revincta comas.
Heu ubi nunc blandi risus, ubi dulcia verba,
　　Quae poterant ferri frangere duritiem ?
Lumina sidereas ubi nunc torquentia [7] flammas,
　　Heu ubi puniceis aemula labra rosis ?
Proh superi, quid non homini brevi eripit hora ?
　　Ah miseri, somnus et levis umbra sumus !

---

　[1] Ebbi tutte le condizioni favorevoli, per quanto è umanamente possibile.
　[2] Dal maggio al giugno 1473 Sigismondo era stato priore di Firenze.
　[3] Fidanzato; come è stato notato anche precedentemente.
　[4] Albiera si sente intorpidire la lingua e mancare col fiato la parola.
　[5] Il giuramento, che dalla fidanzata nel giorno delle nozze doveva esser fatto all'altare per la vita ; ora è fatto per l'eternità dinanzi alla Morte.
　[6] Chiome bionde, bellissime : eran state recise. Si soleva, specie quando morivano dei giovani, farne le esequie, portando per le vie della città il cadavere in bare scoperte per destare più largo compianto nel pubblico (desectas da deseco). 　[7] Che lanciavano.

Non tamen aut niveos pallor mutaverat artus,
  Aut gelido macies sederat ore gravis :
Sed formosa levem mors est imitata soporem,
  Is nitidos vultus oraque languor habet!
Virginea sic lecta manu candentia languent
  Liliaque et niveis texta corona rosis.[1]
Hic, ceu nulla prius fuerint lamenta, novatur
  Luctus, et indignis imbribus [2] ora madent.
Praecedit jam pompa frequens, iam maesta sacerdos
  Verba canit, sacris turribus aera sonant.
Funerea cives pullati [3] veste sequuntur,
  Et spargunt [4] maestas, ore madente, genas :
Densaque plebs vidui deplorant fata mariti,
  Atque illum digito luminibusque notant.
O quantum impexi crines, oculique, genaeque
  Noctis habent; [5] quantus nubilat ore dolor!
Quid nunc exequias celebres opulentaque dicam
  Munera? Quid donis templa referta piis?
Omnis ceratis radiat funalibus [6] ara,
  Omnis odoratis ignibus ara calet ;
Aeternamque canunt requiem lucemque verendi
  Sacricolae,[7] et lymphis corpus inane rigant.[8]
Et tandem gelidos operosi [9] marmoris artus
  Includit tumulus et breve carmen habet :
« Hoc jacet Albierae pulchrum sub marmore corpus ;
  Nulla quidem tantum marmora laudis habent.
Exornat tumulum corpus, sed spiritus astra :
  O quanta accessit gloria lausque polo ! »

---

[1] Si pensa alla morte di altre gentili creature della poesia : di Beatrice, com'è ritratta nel XXIII paragrafo della *Vita Nova* ; di Laura, com'è ritratta nel mirabile e notissimo tratto del *Trionfo della Morte* ; d'Ermengarda, nel secondo coro dell'*Adelchi*.
[2] Pianti dirotti che deformano i volti (*indignis*).
[3] Vestiti a lutto, di nero.
[4] Di lacrime : questo complemento lo si ricava dall'ablativo *ore madente*.
[5] I capelli scompigliati, gli occhi, i volti di tutti esprimono il terrore fosco della Notte !
[6] I ceri.
[7] I reverendi sacerdoti.
[8] La benedizione della salma coll'acqua santa.
[9] Un sepolcro riccamente scolpito : dicono fosse in S. Maria Maggiore, ma ora di esso non v'è traccia.

IV. — La poesia di Virgilio è eterna![1]

At manet aeternum et seros excurrit in annos
Vatis opus ; dumque in tacito vaga [2] sidera mundo
Fulgebunt, dum sol nigris [3] orietur ab Indis,
Praevia luciferis aderit dum curribus Eos,[4]
Dum ver tristis hiems autumnum proferet aestas,
Dumque fluet spirans refluetque reciproca Thetis,[5]
Dum mixta alternas capient elementa figuras,[6]
Semper erit magni decus immortale Maronis,
Semper inexhaustis ibunt haec flumina venis,[7]
Semper ab his docti ducentur fontibus haustus,
Semper odoratos fundent haec gramina flores,
Unde piae libetis [8] apes, unde inclyta nectat
Serta comis triplici [9] juvenalis Gratia dextra.
Et quis, io juvenes, tanti miracula lustrans
Eloquii, non se immensos terraeque marisque
Prospectare putet tractus? Hic ubere largo
Luxuriant segetes ; hic mollia gramina tondet
Armentum ; hic lentis amicitur vitibus ulmus ;
Illinc muscoso tollunt se robora trunco ;
Hinc maria ampla patent ; bibulis hoc squallet arenis
Littus ; ab his gelidi decurrunt montibus amnes ;
Huc vastae incumbunt rupes ; hinc scrupea [10] pandunt

---

[1] Dal poemetto *Manto*, letto dinanzi agli scolari dal Poliziano come prolusione al corso su Virgilio, da lui fatto nello Studio Fiorentino durante l'anno 1482-83 : la lettera di dedica a Lorenzo, figlio di Pier Francesco Medici, è del 2 novembre 1482. Questo e gli altri che ci restano son noti col nome di *Silvae* perchè, annota il Beroaldo, *silvam dicimus poëma calore quodam et subito furore ac poëtico spiritu factum.* [2] Erranti.

[3] Il colore scuro della pelle.

[4] Fino a tanto che l'Aurora precederà sui lucidi cocchi il sole.

[5] Fino a quando Teti respirando con alterno ritmo ora si gonfia, ora si ritira : allusione al flusso ed al riflusso marino.

[6] Fintantochè gli elementi componendosi, prenderanno ora questa, ora quella figura.

[7] A differenza dei fiumi materiali, questi della poesia virgiliana sono alimentati da inesauribile ispirazione.

[8] Si rivolge ai giovani, che stanno ad ascoltarlo e che da Virgilio, quali nuove api, liberanno il nettare pel loro miele.

[9] Ognuna delle tre Grazie colla destra coglierà i fiori virgiliani per farne ghirlanda al capo : perciò *triplici dextra*, ma non è espressione nè bella, nè chiara. [10] Rocciose.

Antra sinus ; illinc valles cubuere reductae :
Et discors pulchrum facies ita temperat orbem.
Sic varios sese in vultus facundia dives
Induit ; [1] et vasto nunc torrens impete fertur
Fluminis in morem, sicco nunc aret in alveo ;
Nunc sese laxat, nunc expatiata coërcet ;
Nunc inculta decet, nunc blandis plena renidet
Floribus ; interdum pulchre simul omnia miscet.
O vatum pretiosa quies ! o gaudia solis
Nota piis, dulcis furor, incorrupta voluptas,
Ambrosiaeque deûm mensaè ! Quis talia cernens
Regibus invideat? Mollem sibi prorsus habeto
Vestem, aurùm, gemmas, tantum hinc procul esto
                                        [malignum
Vulgus. Ad haec nulli perrumpant sacra prophani !

V. — Pastorale. [2]

Spectant innisi baculis gaudentque magistri. [3]
Inde ubi pregnantes partu Lucina [4] recenti
Solvit, ut exaequet numero foetura [5] parentes,
Ipse [6] rudem nec adhuc vestigia certa prementem
Fert sobolem gremio, sed ovem gracilemve capellam
Enisus humero subit, [7] atque in stramine molli
Componit sensim pastor stabuloque recondit.
Mox ut convaluere, rubos haec [8] rupibus altis,
Illa [9] recens campo gramen decerpit aprico,
Aut dulces gelido delibant amne liquores ;
Ut sua conclusis ne desint pocula [10] natis,

---

[1] Varietà negli argomenti, cui corrisponde varietà d'espressione.
[2] Dalla prolusione ad un corso su Esiodo, letta nell'autunno del 1483 nello Studio Fiorentino.
[3] I pastori.
[4] La dea preposta alle partorienti.
[5] Affinchè la prole adegui il numero dei genitori : cioè la prole nasca a doppio, sieno gemelli.
[6] Il pastore.
[7] Dunque in braccio gli agnelli, e sulle spalle la pecora o la capra, che ha figliato.
[8] La capretta.   [9] La pecora.
[10] Le tazze di latte, ma qui vuol dire : perchè non manchi grande quantità di latte agli agnelli, che chiusi negli ovili aspettano le madri.

Utque fluat plenis dives mulsura [1] papillis.
Subrumi [2] expectant haedique agnique petulci,
Cornigerasque vocant tremulo clamore parentes ;
Bruta gregem plenum densis [3] alit uberibus sus
Exporrecta solo, et grunnitu allectat amico
Fellantes, [4] turpique luto se immunda volutat ;
Radices eadem calloso avidissima rostro
Eruit et bulbum, aut madida se pulte [5] saginat.
Flet vitulum maesta absentem mugitibus altis
Mater, et immensam raucis miseranda querellis
Sylvam implet ; boat omne nemus vallesque lacusque :
Illa nigros late lucos saltusque peragrat
Crebra gemens, crebra ad montem stabulumque revisit
Tabescens desiderio : non ulla dolorem
Pabula nec salicum frondes nec gramina rore
Sparsa levant, non quae viridi vaga flumina ripa
Perspicuam tenui deducunt murmure lympham. [6]
Prata tener persultat equus libatque [7] volucri
Aequora summa fuga, aut alti subit aspera montis
In juga, saxosumque amnem pede plaudit inermi : [8]
Cui pulchro micat acre caput, [9] luduntque decorae
Fronte comae, vibrant aures, atque orbe nigranti
Praegrandes extant oculi, tum spiritus [10] amplis
Naribus it fervens, stat cervix ardua qualem
Praefert marmaricis metuenda leonibus ales ; [11]

---

[1] Il latte abbondante.
[2] Lattanti.
[3] Colle numerose mammelle, come ha la scrofa.
[4] Poppanti.
[5] Da *puls, pultis* : minestrone di legumi; ma qui si tratta della *broda*, che si dà ai maiali.
[6] Ognuno ricorda la descrizione analoga in LUCR., *De rer. nat.*, II, 855-66 ; più nota certo, ma, a mio vedere, non più bella.
[7] Come VIRGILIO nelle *Georgiche* (IV, 54) aveva cantato a proposito delle api, che *flumina libant* ; così il Poliziano dice qui che il polledro *libat summa aequora* per rappresentare la leggerezza con cui l'animale pare sfiori nella corsa le erbe.
[8] Il piede non ancora ferrato : il *plaudit* esprime bene il rumore caratteristico dello zoccolo che batte sul fondo ghiaioso d'un torrente quando il polledro lo traversi in corsa.
[9] La testa piena di vita : c'è lo splendore degli occhi, e lo splendore della pelle.
[10] Il respiro.
[11] In PLINIO (X, 24) si legge, che il leone sente una gran paura del gallo, sia quando questo canta ; sia quando irrigidisce la cresta.

Ales, quae vigili lucem vocat ore morantem ;
Crescunt spissa toris lateque animosa patescunt
Pectora, consurguntque humeri, et jam sessile tergum
                              [est
Spinaque depressos gemino subit ordine lumbos,
Et castigatum cohibent crassa ilia ventrem.
Fundunt se laetae clunes, subcrispaque densis
Cauda riget setis, et luxuriantia crebrae
Velant colla jubae ac dextra cervice vagantur ;
Tum tereti substricta genu mollissima flectit
Crura ferox, celsum ingrediens, fremituque superbit.

VI. — I diletti della campagna.

At jacet in molli projectus cespite membra,
Qua cavus exesum pumex testudinat [1] antrum,
Quave susurranti crinem dat aquatica vento
Arbor ; [2] et aut calamos, aut fixa hastilia jungit [3]
Cortice : statque levi casa frondea nisa tigillo, [4]
Quam metuant intrare pavor curaeque sequaces,
Sub qua jucundos tranquillo pectore sensus
Nutrit inabruptoque fovet [5] sua corpora somno
Sylvarum et pecoris dominus : stant sedula circum
Turba canes, audaxque lacon, acerque molossus. [6]
Dant ignem extritum silices, dant flumina nectar
Hausta manu, dat ager cererem, non caseus aut lac
Lucorumve dapes absunt ; stat rupibus ilex,
Mella feret trunco plenoque cacumine glandem.
Illi sunt animo rupes frondosaque tesqua, [7]
Et specus, et gelidi fontes, et roscida tempe [8]

---

[1] Là dove il tufo scavato apre un antro a volta.
[2] Il salice è l'albero, che più spesso scioglie i suoi sottili rami, quasi molle cascata di capelli, in riva ai fiumi.
[3] Il contadino intreccia giunchi o canne colle striscie di scorza.
[4] Appoggiata a piccoli pali.
[5] Il soggetto è sempre il contadino, *sylvarum et pecoris dominus.*
[6] Il primo così detto da Sparta, luogo d'origine ; l'altro da Molossis, regione dell'Epiro : cani ottimi tutte e due per la caccia.
[7] Boschi solitari.
[8] E Tempe rugiadosa : nome di un'incantevole valle della Tessaglia e poi passato in uso per indicare un delizioso luogo di campagna.

Vallesque, zephyrique, et carmina densa volucrum,
Et nymphae et fauni et capripedes satyrisci,[1]
Panque rubens,[2] et fronte cupressifera Silvanus,[3]
Et montana Pales [4] et quo pastore [5] pheraei
Gaudebant campi et crinem resoluta mimallon,[6]
Et qui cornigera bicolores fronte corymbos,
Pampineamque manu tenera quatit Evius [7] hastam.
Semper amor, semper cantus et fistula cordi est,
Semper odorati Venerisque stipendia [8] flores,
Vitarumque ultrix urbi male nota voluptas.[9]
Talibus in studiis pastor molle exigit aevum.
Post ubi raucisonae pinna vibrante cicadae
Increpuere, ardensque metentibus [10] ingruit aestus,
Paulisper tum cessat opus ; saxique sub umbra
Prostrati indulgent genio ; non mollia pleno
Desunt vina cado, non lacti mixta polenta,
Aut pinguis tergum vitulae, placidusque sonorae
Lapsus aquae, crinemque aurae frontemque lacessunt.[11]
Inde opus integrant, donec sub nocte coruscent
Flammigero parvae stellantes clune volucres.[12]
Ecce autem dulces labris [13] pater ingerit uvas
Autumnus, crebraeque elisus verbere plantae [14]

---

[1] Piccoli satiri.
[2] Rosseggiante, quale dio solare.
[3] Silvano, divinità dei boschi, amò Ciparisso; e perciò è rappresentato con corona di cipresso : *fronte cupressifera.*
[4] Divinità dei Pastori.
[5] Apollo : quand'esso era stato pastore di Admeto, re di Fere, i
campi attorno a quella città godevano di lui.
[6] Più spesso *mimallis, idis*: la baccante, dalle treccie sciolte.
[7] Bacco, così detto dal grido dionisiaco Evohè !
[8] Sempre fiori odorosi da offrire in cambio di amore.
[9] In campagna poco nota la lussuria, nemica capitale della vita
che si conduce in città (*ultrix vitarum*).
[10] Ai mietitori.
[11] Qui s'ispira a quell'Esiodo, che il Poliziano avrebbe spiegato
agli scolari in quell'anno, e cui preludeva con questo poemetto : dice
Esiodo : « Quando.... la canora cicala sull'albero standosi spande l'e-
cheggiante canto frequentemente sotto le ali nella faticosa stagione
dell'estate.... allora sia e l'ombra della rupe e vino di Biblo e pane
ben cotto e latte di capre non più allattanti e carne di giovenca pa-
scente in bosco, la quale non abbia ancora partorito e di capretti
primonati: anche bevi vin nero, sedendo all'ombra, sazio il ventre
di cibo, verso la brezza di zefiro volgendo il viso ; e di fonte perenne e corrente e pura tre mesci d'acqua, una di vino ».
[12] La lucciola : che perfetta espressione !
[13] Nei recipienti, nei tini : è la vendemmia.
[14] Pigiato fortemente coi piedi.

It per praela latex,[1] puerique examine [2] denso
Exultant, lasciva cohors, circumque supraque.
Ille manu panda pronus bibit, alter ab ipso
Sugit musta lacu crepitantibus hausta labellis.
Hic sua suspensum resupinus in ora racemum
Exprimit, hic socii patulos irrorat hiatus
Inriguumque mero sordet mentumque sinusque ;
Ebriaque incertis titubant vestigia plantis.[3]
Postquam acris successit hiems et pendula tectis
Diriguit glacies, larga strue [4] tollitur alte.
Collucetque focus ; coëunt vicinia [5] simplex
Una omnes, juvenesque probi materque severa
Coniuge cum duro [6] et pueris et virgine grandi,
Convigilantque hilares et primae tempora noctis
Decerpunt, molli curas abigente Lyaeo.[7]
Mutuaque inter se ludunt : tum tibia folle [8]
Lascivum sonat inflato ; tum carmina cantant,
Carmina certatim cantant ; tum tenta recusso
Tympana [9] supplodunt baculo, et cava cymbala [10] pul-
                                                    [sant,
Et laeti saltant, et tundunt aeribus aera,[11]
Et grave conspirat cornu tuba flexilis [12] unco ;
Conclamantque altum unanimes tolluntque cachinnos.

VII. — Sull'aia.

Murmur apricantes nivea dant turri [13] columbi ;
Expandunt alas, et amicam blanda rogantes

---

[1] Il mosto geme dai torchi.   [2] Sciame.
[3] Quadretti di mirabile verità ; l'artista riesce colla parola a fare prodigi.
[4] Catasta di legna.
[5] La gente semplice del vicinato si raduna.
[6] Coll'austero marito.
[7] Soprannome di Bacco, liberatore d'ogni preoccupazione.
[8] *Follis* è il sacco di cuoio ; qui è la zampogna.
[9] I tamburi.
[10] Le nacchere.
[11] I piatti di bronzo percossi l'uno contro l'altro.
[12] La zampogna (*tuba flexilis*) dal *suono di chiesa*, del Pascoli, bene s'accorda col corno ricurvo (*uncus*) dalle note tristi.
[13] La colombaia fatta a forma di torretta e tinta di bianco.

Oscula circumeunt [1] insertantque oribus ora ;
Iam vicibus [2] nido incubitant genitrixque paterque,
Iamque ova excudunt, natisque implumibus escam
Commansam alternant,[3] rostellaque hiantia complent :
Adde gregem cortis cristatarumque volucrum
Induperatores,[4] laterum qui sidera pulsu [5]
Explaudunt, vigilique citant Titana canore,[6]
Et regnum sibi marte parant ; [7] quippe obvia rostris [8]
Rostra ferunt, crebrisque acuunt assultibus iras : [9]
Ignescunt animis, et calcem calce [10] repulsant
Infesto, adversumque affligunt pectore pectus ;
Victor ovans cantu palmam testatur, et hosti
Insultans victo, pavidum pede calcat iniquo.
Ille silet, latebrasque petit, dominumque superbum
Ferre gemit ; comes it merito plebs cetera regi,
Formoso regi, cui vertice purpurat alto
Fastigatus apex ; dulcique errore coruscae
Splendescunt cervice jubae, perque aurea colla
Perque humeros it pulcher honos ; palea [11] ampla de-
[center
Albicat ex rutilo, atque torosa in pectora pendet
Barbárum in morem ; stat adunca cuspide rostrum,
Exiguum spatii rostrum ; flagrantque tremendum
Ravi [12] oculi ; niveasque caput late explicat aures ;
Crura pilis hirsuta rigent, juncturaque nodo
Vix distante sedet : durus vestigia mucro [13]
Armat ; in immensum pinnaeque irtique lacerti
Protenti excurrunt, duplicique horrentia vallo
Falcatae ad coelum tolluntur acumina caudae.[14]

---

[1] Fanno la ruota e mettono l'uno il becco in quello dell'altro.
[2] Alternandosi, ora il maschio, ora la femmina covano.
[3] Portano l'imbeccata : *commansam* perchè il colombo rigurgita nel becco del piccioncino il becchime già mezzo digerito : tutto vero, cavato dalla più scrupolosa osservazione diretta !
[4] Gli orgogliosi padroni degli uccelli crestati : i galli.
[5] Con un battito delle ali sui fianchi gettano un grido alle stelle.
[6] E con vigile canto chiamano il sole.
[7] E col combattimento si conquistano il comando del pollaio.
[8] Come quelli che drizzano i becchi contro i becchi ; lottano con colpi di becco.   [9] E con assalti frequenti rinfocolano le ire.
[10] Colpo di zampa contro colpo di zampa.
[11] I bargigli, pendenti come barbe.   [12] Grigi, traenti al giallo.
[13] Lo sperone che arma la zampa.
[14] Anche qui il Poliziano ha avuto sott'occhio Plinio, ma come

. . . .
. . . .

Rimaturque cibos, nunc edita nubila visu
Explorat cauto. Non illum squamea tuto
Aggreditur serpens, non raptor ab aethere milvus.
Vocibus interea crebrum singultat acutis
Parturiens coniunx ; quae scilicet ova subinde
Tollit anus, signatque dies, vigilemque lucernam
Consulit ; et lunae crescentis tempore servans,
Ut primum gallina glocit, numerum impare subdit,
Versatisque diu, solers auscultat an intus
Pipiat involucer pullus, tenerumque putamen
Pertuderit molli rostro atque erumpere tentet.

VIII. — All'amica risanata.[1]

In Lalagen.

Quam non mortalem se fert ! quae haec ora manusque !
    Quantus in explicita fronte superbit honos.
Laetior ut cervus, protracto naribus angui,
    Exuit annoso cornua cum senio ; [2]
Aurea Callaicis [3] ut nuper dempta caminis
    Lamna repercusso dulcius igne tremit ;

---

ha saputo mutare tutto in oro schiettissimo ! Giudicane tu stesso :
ecco PLINIO (X. 24) : « *diemque venientem nunciant cantu, ipsum vero
cantum plausu laterum. Imperitant suo generi et regnum in quacumque
sunt domo exercent. Dimicatione paritur hoc quoque inter ipsos, velut
ideo tela agnata cruribus suis* (gli sproni) *intelligentes. Quod si palma
contigit, statim in victoria canunt, seque ipsi principes testantur. Victus
occultatur silens, aegreque servitium patitur. Et plebs tamen aeque superba graditur....* ». Ma anche dal *De re rustica* di VARRONE (III, 9)
il Poliziano ha cavato colori per questa bellissima descrizione.

[1] Questo titolo foscoliano ci è suggerito dall'analogia d'argomento
tra questa e l'ode d'Ugo Foscolo per la Fagnani-Arese. I due poeti si
sono incontrati anche nel paragonare l'uno e l'altro la dolce amica
all'astro di Venere, ispirandosi credo tutti e due a quel luogo dell'ot-
tavo dell'*Eneide*, dove si accenna a Pallante.

[2] Che il cervo muti annualmente le corna è cosa risaputa : si diceva anche che aspirando fortemente colle narici là dove s'aprivan co-
vili di serpenti, costringesse questi a uscire dalle tane e con un morso
li uccidesse.

[3] Come una lamina d'oro or ora estratta dalle fornaci delle miniere della Galizia trema più soavemente se rifletta la fiamma.

Pulchrior eois ut Phosphorus [1] emicat undis,
  Phosphorus, idaliae fax adamata deae [2],
Sic mea, frigidulo nuper languore soluta,
  Purpureo Lalage fulgurat ore magis.
Aspice sidereis ut blandus arridet ocellis,
  Utque sub his geminam lampada [3] quassat Amor ;
Aureoli ut ludunt per lactea colla capilli,
  O Superi, anne Jovis dignior ulla toro? [4]
Nunc lachrimae, nunc ipsa juvant suspiria ; sed tu
  Quam mage formosa es, tam mage mitis ades. [5]
Omnibus ante aliis, nunc te quoque pulchrior ipsa es,
  Deque avida volucer febri triumphat Amor. [6]
Sed tu ne posthac per tanta pericula formam
  Quaesieris, metam [7] contigit illa suam :
Pulchrior esse nequis : vel si potes, aequius est te
  Iam, Lalage, nostris parcere luminibus. [8]
Vix te, vix talem ferimus ; quod si auxeris illam
  Fiam ego, qui nunc sum, nil nisi flamma, cinis. [9]

IACOPO SANNAZARO.

Per la notizia bio-bibliografica vedi il MANUALE, v. II,
p. 299. L'edizione completa delle opere in latino è quella
d'Amsterdam 1728 : D. GRILLI nel 1899 pel Carabba ha
curato un'ediz. delle Egloghe contenente il testo e la versione poetica in italiano.

---

[1] Come Lucifero splende più bello sul mare ad oriente.... Cfr. il
FOSCOLO, *Qual dagli antri marini — l'astro più caro a Venere — coi
rugiadosi crini* ecc.
[2] Lucifero (ch'è il corrispondente latino del greco *Phosforus*). *l'astro
più caro a Venere* (dal monte Ida detta Idalia).
[3] *Tornano i grandi occhi al sorriso — insidiando,* canterà ilFoscolo.
[4] Ma che forse v' ha altra mortale più degna di costei d'essere
scelta sposa da Giove?
[5] Ma quanto più.... tanto più.
[6] Accenno alla guarigione : amere alato ha vinto l'insaziabile
febbre.
[7] Ma tu non cercare d'esser più bella (cosa pericolosissima per noi
poveri mortali); la bellezza ha toccato in te l'estremo.
[8] Se tu potessi crescere di bellezza dovresti risparmiare i nostri occhi.
[9] Chiusa un po' epigrammatica, colla sua brava *freddura*, come
si direbbe oggi : ricorda certi modi del Cariteo e dell'Aquilano. Se tu
cresci in bellezza io mi ridurrò ad un pugno di cenere.

I. — Il salcio.

Forte inter virides, si vera est fama, genistas,[1]
Capripedes Satyri, passimque agrestia Panes
Numina cum Faunis et montivagis Silvanis,
Exercet dum Sol raucas per rura cicadas,
Vitabant aestus, qua [2] pinguia culta vadosus
Irrigat, et placido cursu petit aequora Sarnus,[3]
Grata quies nemorum, manantibus undique rivis
Et Zephyris densas inter crepitantibus alnos.[4]
Dumque leves aptant calamos, dum sibila pressis
Explorant digitis, tenuique foramina cera
Obducunt, vario modulantes carmina cantu,
Auricomae viridi speculantur ab ilice Nymphae
Dulcia clarisonis solventes ora cachinnis.[5]
Sed prope ferre pedem [6] metuunt ; nam saepe labores
Audierant, Penaea,[7] tuos, et qualibus olim
Infelix eheu Virgo Nonacria [8] fatis,
Infelix Virgo (quid enim non illa moveret?)
Pana metu fugiens e vertice Cylleneo,[9]
Pana Deum Arcadiae, quamvis pulcherrima, quamvis
Dianae sacros inter lectissima coetus,
Nodosa tenerum mutarit arundine pectus.[10]
Quas simul ac nemorum petulans, effrenaque pubes
Semiferi videre per herbida prata vagantes,
Occultamque imis flammam [11] traxere medullis ;
Sic timidas blandis hortantur vocibus ultro :

---

[1] Le ginestre.   [2] Per dove....
[3] Fiume della Campania : passa presso Pompei.
[4] Ontani.
[5] Quanta umanità in questo gruppo di dei boscherecci !
[6] Soggetto : le ninfe.
[7] O figlia di Peneo : Dafni, cioè, mutata in alloro.
[8] Siringa, vergine Arcade mutata in canna palustre : infatti *Nonacris* era una regione d'Arcadia.   [9] Monte d'Arcadia.
[10] Si sentisse mutare il giovane petto in nodosa canna. Dice infatti il mito che la ninfa Siringa per sfuggire al dio che la inseguiva fosse dagli dei trasformata in canna palustre : Pane adirato, tagliate alcune di quelle canne, si fece una specie di flauto col suono del quale sfogò il dolore suo. Cfr. in Manuale, p. 682, la bellissima parafrasi Cariana.   [11] Si sentirono vinti da un amore impetuoso.

« Huc huc, o tenerae, placidissima turba, puellae :
Quid procul adstatis ? potius succedite ripae,
Et viridi in prato molles de more choreas
Ducite ; quandoquidem calamos inflamus inertes,[1]
Et frustra ad surdas jactamus carmina silvas ».
Illae nil contra : celeri sed nudā parabant
Crura fugae, tutosque agitabant mente receptus,[2]
Siqua forte via per saxa irrumpere, et altis
Evasisse jugis, Deus aut sua fata dedissent.
Tum juvenes, « Procul o, clamant, procul iste, puellae,
Sit timor, ignavas animo depellite curas :
Nullae hic insidiae, nullae per aperta latebrae :
Cuncta patent, nullas abscondunt haec loca fraudes.
Nos quoque non Lernae monstris, non igne Chimaerae
Scyllaeisve lupis geniti,[3] aut latrante Charybdi,
Qui vestra immani laceremus viscera morsu ;
Sed Divûm genus, et qui semper rupibus altis
Vobiscum crebris venatibus insultemus ».[4]
His dictis permulsi animi, securaque tristem
Corda metum ejiciunt ; gressuque per uda citato
Prata, Deis tandem cupidis ripaeque propinquant.
Tum manibus simul implicitis per gramina festas
Exercent choreas ; aliosque, aliosque reflexus [5]
Inter se laetae repetunt ; nunc corpora librant
In saltus, nunc molle latus, nunc candida jactant
Brachia, et alterna quatiunt vestigia planta.[6]
Hic Satyri, quamquam voces audire canentum [7]
Crudeles,[8] quamquam niveas spectare papillas
Exsultant, oculisque bibunt sitientibus ignem,

---

[1] Dal momento che noi stiamo suonando ad ozio e suoniamo invano per le selve, che non ci sentono.
[2] Correvano colla mente alle grotte dei monti per cercarvi rifugio.
[3] Noi non siamo nati nè dall'idra di Lerna, nè dalla Chimera che getta fuoco, nè dai lupi di Scilla, nè dalla latrante Cariddi : enumerazione dei soliti mostri di ferocia e di crudeltà : il primo fu ucciso da Ercole, il secondo da Bellerofonte.
[4] Balziamo a salti.
[5] Movenze.
[6] Spettacolo di grazia e di bellezza espresso con versi soavissimi.
[7] Delle ninfe che cantano.
[8] Sta con *voces* ; delle quali si vuol dire che non erano educate attraverso un allenamento artistico : Canti primitivi, selvaggi.

Tanta tamen saevi gliscit vis effera morbi
Pectoribus, praecepsque amor, et malesana libido,
Ut calamis sensim ejectis, ruptoque repente
Foedere,[1] surgentes ab humo, vento ocius omnes
Exsiliant ; spretaque Deûm [2] pietate fideque,
Ah pavidas Nymphas, subitoque horrore rigentes
Invadant avidi, saevorum more luporum,
Qui laetas mediis proturbant lusibus agnas,
Oblitasque sui passim rapiuntque, trahuntque,
Dum viridi in campo cursant, aut valle sub alta,
Et custos ignarus abest, et amica canum vis.[3]
Sic illi ; at miserae, descisso pectore, Nymphae
Frondiferam moestis silvam clamoribus implent.
Atque huc, atque illuc fugiunt ; non saxa, neque altis
Tuta putant loca senta rubis : hinc ardua montis
Praerupti juga, diffusos hinc stagna per agros
Adtonitae circumspiciunt, via nulla salutis,
Et jam spes praerepta fugae. Tum denique ad undas
Consistunt trepidae, flavosque a vertice crines
Cum lacrimis, gemituque, et flebilibus lamentis
Abscindunt, Sarnumque vocant, liquidasque sorores ; [4]
Dumque vocant, fundo properat chorus omnis ab imo
Naiadum ; properat vitreae rex caerulus undae [5]
Sarnus, inexhaustumque vadis ciet agmen aquarum
Rauca sonans. Sed quid Sarnusve, aut illa natantum
Agmina Naiadum possint, ubi ferrea contra
Stant fata, et duro leges adamante rigescunt?
Ergo dejectae cura, auxilioque Deorum,[6]
Ac caelum pariter Nymphae, lucemque perosae,[7]
Unum illud, rebus tandem quod restat in arctis,
Finem optant, jamque in fluvium se mergere adortae[8]

---

[1] Avevan fatto il patto di non dar noia alle ninfe.
[2] In nome dei quali avevan giurato.
[3] Questa similitudine coi lupi che assaltano il gregge mentre non c'è il pastore e non c'è il cane da guardia, rendé alla perfezione la scena violenta dei Fauni e dei Silvani, gettatisi all'inseguimento delle Ninfe.
[4] Le Naiadi, divinità fluviali, loro sorelle.
[5] Sarno : ogni fiume aveva una divinità eponima.
[6] Sfinite pel terrore, abbandonate dall'aiuto degli Dei.
[7] Ed odiando ugualmente....
[8] Incominciavano ad immergersi nell'acqua....

Membra reclinabant, et aquas prono ore petebant :
Quum subito obriguere pedes ; lateque per imos
Exspatiata ungues radix, fugientia tardat,
Adfigitque solo vestigia. Tum vagus ipsis
Spiritus emoritur venis, indignaque pallor
Occupat ora, tegit trepidantia pectora cortex.
Nec mora : pro digitis ramos exire videres,
Auratasque comas glauca canescere fronde,
Et jam vitalis nusquam calor, ipsaque cedunt
Viscera paullatim venienti frigida ligno.
Sed quamvis totos duratae corporis artus,
Caudicibusque latus, virgultisque undique septae,[1]
Ac penitus salices, sensus tamen unicus illis :
Silvicolas vitare Deos ; et, margine ripae
Haerentes, medio procumbere fluminis alveo.[2]

II. — Il gelso bianco.

. . . .
. . . .
Olim Bajanis fuerat pulcherrima silvis
     Naias, errantes figere [3] docta feras.
Quam liquidus clausis Lucrinus [4] saepe sub antris
     Optavit lateri jungere posse suo.[5]
Nec semel illius pharetram laudavit, et arcum
     Pastorum incultis fistula carminibus.
Testes Cumaeae, testes Linternides undae,[6]
     Sanctaque Gauranae [7] Numina Hamadryades,
Illam Silvanos, Panasque odisse bicornes,
     Et quoscumque colit silva, nemusque Deos.

---

[1] Sebbene circondato il fianco di tronchi e d'ogni parte di virgulti.
[2] Tutta la narrazione non ha nulla ad invidiare alle migliori dell'autore delle *Metamorfosi*.
[3] Infallibile nell'arte di ferire, ecc.
[4] Divinità eponima del lago presso Baia, sulla spiaggia campana.
[5] Desiderò stringerla al suo petto.
[6] Tutti luoghi prossimi a Lucrino : Cuma è molto nota, Literno o Linterno era dove ora sorge Patria.
[7] Il massiccio orografico del Massico, dominante Sessa Aurunca; ad occidente finisce nel monte Gauro, tutto coperto di lecceti ; perciò il poeta fa le Amadriadi (ninfe amanti dei querceti) del luogo.

Sed quid fata parant? solitis Morinna redibat
  Montibus (hoc illi nomen, et omen [1] erat)
Quum subita caelum texit caligine nimbus,
  Et multa canam grandine fecit humum.
Illa hiemem [2] fugiens, diversa per arva cucurrit,
  Tecta caput sertis, grandine tecta caput.
Vallis erat prope sulfureos male pervia [3] montes,
  Candida quam Grajo nomine signat humus.
Hanc super excisis pendebat cautibus [4] antrum,
  Agricolûm hirsutis nota domus gregibus. [5]
Pugnantes huc forte coëgerat impiger hircos
  Semideusque caper, semicaperque Deus. [6]
Qui procul ut vidit Nymphe, [7] sic pectore toto
  Insequitur; tales et jacit ore sonos :
« Quo properas, ah dura, measque ingrata querelas
  Despicis? aspectus ne fuge, Nympha, meos.
Mecum capreolos, mecum venabere dammas ;
  Parebit jussis hoc pecus omne tuis.
Nil est, quod fugias : mihi, crede, recentia semper
  Pocula de niveo fagina [8] lacte madent.
Semper picta rosis, semper contexta ligustris
  De nostro poteris munera ferre sinu ».
Dixit ; at illa volans celeres praevertitur auras,
  Imbre nihil motos impediente gradus. [9]
Jamque petens tristesque lacus, sterilemque paludem, [10]
  Consitaque arbustis non minus arva novis

---

[1] Dunque la bellissima najade si chiamava Morinna : questo
nome fu per lei anche augurio e auspicio, perchè, come vedremo, sarà
mutata in pianta di gelso o moro.
  [2] La tempesta.
  [3] Di difficile accesso.
  [4] Roccie scavate.
  [5] Capre.
  [6] Fauno, divinità silvana, più tardi identificato col greco Pan.
Venendo esso rappresentato cogli arti posteriori e zampe di capra e
con due piccole corna sulla fronte, poteva dirsi un capro semidio, e
reciprocamente un semicapro dio.
  [7] Accusativo alla greca.
  [8] Di faggio.
  [9] Il rovescio d'acqua non impedendole la fuga.
  [10] Essendo il paesaggio tutto di natura vulcanica è naturale sia
in certi tratti così desolato per acque sulfuree sorgive e per mancanza
di vegetazione, e subito dopo succedano campi feraci e tutti coltivati
a piantagioni nuove : la Campania felix è rievocata con tocco da
maestro.

Adspicit exesi longe sub faucibus antri
    Obscurum caeco pulvere noctis iter.[1]
Huc, tamquam in latebras, se conicit ; haud minus ille[2]
    Insequitur praedae tractus amore suae.
Jamque patens caelum rursus, solemque videbat ;
    Liquerat et montem post sua terga cavum ;
Dextra pontus erat, praeruptaque saxa sinistra,
    Et jam defessam, iamque premebat amans.[3]
Protinus exclamans, « Fer opem mihi, Delia »,[4] dixit ;
    Oraque supremo diriguere sono.
Attulit auxilium Nymphae Dea ; seque vocanti
    Praebuit ; illa cadens sponte recumbit humi.
Fitque arbor subito : Morum dixere priores,[5]
    Et de Morinna nil nisi nomen habet.
Pes in radicem, in frondes ivere capilli ;
    Et quae nunc cortex, caerula vestis erat.
Brachia sunt rami ; sed quae nitidissima poma,[6]
    Quas male vitasti, Nympha, fuere nives,[7]
Flevit Misenus, mutatam flevit Avernus ;
    Fontibus et calidis ingemuere Deae,[8]
Quia etram flevere suis Sebethides antris
    Najades, et passis Parthenopea comis.[9]
Sed tamen ante alios lacrimas in stipite fudit
    Faunus, et haec tristes addit ad inferias :
« Inter silvicolas o non ignota[10] sorores,
    Nunc Morus, duris candida corticibus,
Vive diu ; et nostros semper tege fronde capillos ;
    Cedat ut ipsa tuis pinus acuta comis.[11]

---

[1] Una specie di galleria sotto il monte.   [2] Fauno.
[3] Fauno, s'intende.   [4] Diana, così detta dalla nativa isola di Delo.
[5] Gli antichi lo chiamaron *moro*, più noto forse sotto il nome di gelso.
   [6] C'è il gelso che fa i frutti dolcissimi bianchi, e c'è l'altro che fa i frutti d'un rosso molto cupo : di questi racconta la storia il mito di Piramo e Tisbe ; di quelli ci narra la presente vaghissima leggenda il Sannazaro : le more bianche sono in ricordo dei chicchi di grandine, che Morinna volle per sua disgrazia evitare.
   [7] In senso lato : chicchi di grandine.
   [8] Quelle eponime dei luoghi come le Gaurane, quelle di Amiterno.
   [9] Eponima di Partenope (Napoli), colle chiome disciolte.
   [10] Famosa, nota.
   [11] Fauno era rappresentato inghirlandato di rami di pino : immagina il Sannazaro che Fauno da quel momento abbia per le sue ghirlande dato la preferenza al gelso.

Tu numquam miserae maculabere sanguine Thysbes :[1]
  Immemor heu fati ne videare tui.[2]
Tu, nec fata negant, niveis uberrima pomis,
  His olim stabis frondea limitibus ;
Et circum puerique canent, facilesque [3] puellae ;
  Ducentes festos ad tua sacra choros ».
Hactenus insigni cecinit testudine [4] Musa ;
  Aoniasque volans laeta revisit aquas.[5]

III. — Cuma e le sue rovine.

Hic, ubi Cumaeae [6] surgebant inclyta famae
  Moenia, Tyrrheni gloria prima maris ;
Longinquis quo saepe hospes properabat ab oris,
  Visurus tripodas, Delie [7] magne, tuos ;
Et vagus [8] antiquos intrabat navita portus,
  Quaerens Daedaliae conscia signa fugae : [9]
(Credere quis quondam potuit, dum fata manebant?)[10]
  Nunc silva agrestes occulit alta feras.

---

[1] Il mito è notissimo per l'appassionato racconto fatto da Ovidio : la bella babilonese Tisbe si uccide presso il suo Piramo, ch'essa credeva morto ; i frutti del gelso rosso divennero del colore del sangue raggrumato.
[2] Perchè ti ricordi sempre della tua sorte.
[3] E le fanciulle miti.
[4] Sulla dotta lira : Mercurio tendendo corde sulla concavità dello scudo d'una tartaruga fece la prima cetra, che regalò ad Apollo. *Testudo* perciò equivale a lira, cetra.
[5] E la mia Musa tornò a vedere la fonte d' Ippocrene ; la fonte della poesia.
[6] Qui dove sorgevan le mura formidabili della gloria di Cuma ; per dire : le mura, ecc. della gloriosa Cuma, la quale antichissima colonia greca godette veramente gran fama, sia per ragioni di traffici e commerci e di industrie ; sia per ragioni d'indole religiosa, essendo qui l'antro famoso della Sibilla, di cui si canta anche nel VI dell'*Eneide.*
[7] Apollo, come la sorella Diana, detto così dalla nativa Delo. Dunque venivano frequenti visitatori all'oracolo di Cuma per avere responsi. La Pizia dava le sue predizioni vicino al sacro tripode, su cui bruciavano incensi.
[8] Dopo molto navigare.
[9] Il *remigium alarum*, appeso da Dedalo, secondo una leggenda, nel tempio d'Apollo in Cuma, in ringraziamento dell'assistenza a lui data nel volo felicemente compiuto da Creta, era la testimonianza certa (*conscia signa*) del fatto memorando.
[10] Finchè Cuma fu così fiorente (*dum fata manebant*, è frase Virgiliana) chi avrebbe potuto credere si riducesse alla presente rovina?

Atque ubi fatidicae latuere arcana Sibyllae,
    Nunc claudit saturas vespere pastor oves.
Quaeque prius sanctos cogebat curia [1] patres,
    Serpentum facta est, alituumque domus.
Plenaque tot passim generosis atria ceris, [2]
    Ipsa sua tandem subruta mole jacent.
Calcanturque olim sacris onerata trophaeis
    Limina : [3] distractos et tegit herba Deos. [4]
Tot decora, artificumque manus, tot nota sepulcra,
    Totque pios cineres una ruina premit.
Et jam intra solasque domos disjectaque passim
    Culmina [5] setigeros advena [6] figit apros.
Nec tamen hoc Graiis cecinit Deus ipse [7] carinis,
    Praevia nec lato missa columba mari, [8]
Et querimur, cito si nostrae data tempora vitae
    Diffugiunt? Urbes mors violenta rapit.
Atque utinam mea me fallant oracula vatem,
    Vanus et a longa posteritate ferar : [9]
Nec tu semper eris, quae septem amplecteris arces, [10]
    Nec tu, quae mediis aemula surgis aquis, [11]
Et te (quis putet hoc?) altrix mea, [12] durus arator
    Vertet ; et : « Urbs, dicet, haec quoque clara fuit».
Fata trahunt homines ; fatis urgentibus, urbes.
    Et quodcumque vides, auferet ipsa dies. [13]

---

[1] Il Senato.
[2] Gli atrii dei ricchi patrizi, adorni dei busti in cera degli antenati.
[3] Gli aditi sacri dell'oracolo carichi di voti un tempo e riservati ai sacerdoti, ora sono calcati da chiunque.
[4] L'erba copre le statue degli dei abbattuti.
[5] Le colonne infrante.
[6] Il forestiero viene a cacciare i cinghiali.
[7] Apollo, come dio che prevedeva il futuro, doveva prevedere tutto ciò ; ma così grande mutamento neppure Apollo poteva presagire.
[8] L'avvenire si prevedeva anche dal volo degli uccelli ed il Sannazaro dice che nemmeno per mezzo di tale consultazione nessuno potè mai prevedere che sarebbe avvenuta così grande desolazione.
[9] Dio volesse che i destini smentissero me poeta ed alungo tra i posteri io fossi ritenuto bugiardo ! Perchè, se così avvenisse, egli sopravviverebbe nel ricordo dei posteri.
[10] Roma.   [11] Venezia, emula di Roma.
[12] Napoli, patria del Sannazaro (perciò *altrix*).
[13] Tutto finisce, tanto più l'uomo dilegua nel tempo (cfr. Dante, *Par.*, XVI, vv. 73-78) : *Se tu riguardi Luni ed Urbisaglia — come son ite e come se ne vanno — diretro ad esse Chiusi e Sinigaglia* ; — *udir come le schiatte si disfanno, — non ti parrà nuova cosa, nè forte, — poscia che le cittadi termine hanno.*

IV. — Sulla via dell'esilio.

Parthenope mihi culta, vale, blandissima Siren :
   Atque horti valeant, Hesperidesque tuae,[1]
Mergillina,[2] vale, nostri memor : et mea flentis [3]
   Serta cape, heu Domini munera avara [4] tui.
Maternae salvete umbrae : salvete, paternae :
   Accipite et vestris thurea dona focis ; [5]
Neve nega optatos, Virgo Sebethias,[6] amnes :
   Absentique tuas det mihi somnus aquas.
Det fesso aestivas umbras sopor : et levis aura,
   Fluminaque ipsa suo leni sonent strepitu.
Exsilium nam sponte sequor. Fors ipsa favebit ;
   Fortibus haec solita est saepe et adesse viris.
Et mihi sunt comites Musae : sunt Numina vatum :
   Et mens laeta suis gaudet ab [7] auspiciis.
Blanditurque animi constans sententia : quamvis
   Exsilii meritum sit satis ipsa fides.[8]

---

[1] Addio o mia cara Partenope, addio, bellissima Sirena, addio ai tuoi giardini, addio alle tue Esperidi ! In quest'apostrofe alle mitiche figlie d'Atlante, custodi dei famosi giardini d'alberi dai pomi d'oro, pei quali Ercole sostenne una delle sue fatiche, è evidente l'allusione ai giardini d'agrumi, che sono una particolarità della Campania e dell' Italia meridionale in genere.

[2] Sobborgo amenissimo di Napoli : qui il Sannazaro aveva la villa e più precisamente ove ora è la Chiesa di S. Maria del Parto.

[3] Costruzione a senso : il genitivo va ricavato dal possessivo : e ricevi le ghirlande di me che piango....

[4] Povero dono....

[5] Reminiscenza del rito pagano di bruciare incensi ai Mani ed ai Lari sui focolari.

[6] La dea del Sebeto, il fiume di Napoli : nell'atto d'allontanarsi da Napoli il Sannazaro accarezza colla fantasia la possibilità di poter continuare le dolci consuetudini in sogno. Essendo esilio volontario, pensava che avrebbe potuto tornare in tempi migliori.

[7] L'animo gode di lieti auspicî ; come dicesse : il pensiero mi dice che presto tornerò.

[8] Mi conforta il sicuro presentimento dell'animo mio ; sebbene la fede incrollabile sia sufficiente premio del mio esilio. Nel settembre del 1501, quando le armi alleate di Spagna e Francia tolsero lo stato al buon re Federigo, il Sannazaro seguì in Francia il suo signore ; mise a sua disposizione 15.000 ducati e non lo abbandonò mai finchè visse. Nobilissimo esempio di costanza e di fedeltà in un tempo, che fu molto scarso di fatti consimili ! Ricorre per contrasto alla mente il confronto coll'altro grande umanista Giov. Pontano per cui cfr. p. 1·

V. — Calendimaggio.

Majus adest ; da serta, puer ; sic sancta vetustas
    Instituit, prisci sic docuere patres.
Junge hederam violis ; myrtum subtexe ligustris ;
    Alba verecundis lilia pinge [1] rosis.
Fundat inexhaustos mihi decolor [2] Indus odores,
    Et fluat [3] Assyrio sparsa liquore coma.
Grandia fumoso [4] spument crystalla Lyaeo,
    Et bibat in calices lapsa corona [5] meos.
Post obitum non ulla mihi carchesia ponet
    Aeacus ; [6] infernis non viret uva jugis.
Heu vanum mortale genus, quid gaudia differs?
    Falle diem : mediis mors venit atra jocis. [7]

VI. — Natalizio.

Aureli, perfunde meis unguenta capillis,
    Tu super et vernas [8] sparge, Nearche, rosas.
Sed prius aestivum ramis defendite solem ;
    Et viridi mollem sternite fronde torum.
Non plumae, non picta iuvant me stragula, nec quae
    Pavonis vario sponda [9] colore nitet.
Largă coronată disponite pocula mensa ;
    Setino [10] et gelidas adsociate nives ;

---

[1] Gigli e rose ; nota vivacissima di colore : perciò *pinge*.
[2] L'Indo abbronzato dal sole (*decolor*) sparga attorno a me abbondanti profumi.
[3] Ed i miei capelli stillino profumo orientale.
[4] Per meglio conservare i vini prelibati, sottoponevano le anfore, nelle quali erano conservati all'affumicamento : perciò quell'epiteto *fumoso*.
[5] La ghirlanda di fiori caduta dal capo nel nappo colmo di vino, beva anch'essa.
[6] Il mitico re dell'isola di Egina, che, dopo la morte, con Minosse e Radamante fu posto nell' Inferno come giudice : *carchesia* sono tazze a due manichi per bere il vino.
[7] Il solito *carpe diem* dell'elegante epicureismo oraziano.
[8] Primaverili.
[9] La parte pel tutto : il letto del triclinio. Non mi piace un triclinio lussuoso di marmi a intarsio, riproducenti i colori del pavone....
[10] Vino di Sezze.

Certatimque leves potanti inducite somnos.[1]
   Sic juvat aetatis ducere fila meae.
An scimus miseri, quid lux ventura minetur?
   Vivamus : mortem fallere nemo potest.[2]

---

[1] E conciliatemi il sonno a gara, mentre bevo....
[2] Catullo e Orazio si uniscono per esortarci a vivere allegramente dal momento che tutti ci attende la morte, *nos in aeternum — exilium impositura cymbae.*

INDICE

—

SECOLO QUINDICESIMO

346 # 356   INDICE.

PAGINE LATINE
DI PONTANO, POLIZIANO E SANNAZARO.